공익법인회계기준 실무해설

삼일회계법인 비영리법인지원센터 저

SAMIL | 삼일인포마인

www.samili.com 사이트 **제품몰** 코너에서 본 도서 **수정사항**을 클릭하시면
정오표 및 중요한 수정 사항이 있을 경우 그 내용을 확인하실 수 있습니다.

사회와 경제가 발전할수록 다양한 사회문제 해결을 위해 존재하는 공익법인의 역할과 중요성이 커지고 있습니다.

실제 매년 양적 성장을 거듭한 결과 2019년 기준 34,843개의 공익법인이 활동 중이고, 이 중 국세청 공시대상(총자산가액이 5억원 이상 또는 당해 수입금액이 3억원 이상) 공익법인의 수는 9,663개로 이들의 공익목적사업비 지출액은 약 118조원에 달합니다.

이러한 공익법인의 성장은 기부자들의 지지를 기반으로 이루어진 것임에도 불구하고 최근 일부 공익법인의 회계투명성이 논란이 되면서 공익법인 전반에 대한 신뢰도가 하락하고 있는 것도 사실입니다.

회계투명성은 공익법인의 재무상태와 운영성과를 보여주는 중요한 잣대인 동시에 공익법인과 기부자 간의 신뢰를 구축하고 기부의사를 증가시켜 지속가능한 경영을 할 수 있도록 하는 최소한의 소통장치입니다.

정부는 공익법인의 회계투명성을 높이기 위해 2018년 1월 1일 공익법인회계기준을 최초 도입하였고 그후 2년이 경과하였습니다. 2개 사업연도 동안 많은 공익법인 관계자들이 이를 적용하는 과정에서 다양한 시행착오를 거쳐 현재는 공익법인회계기준에 대한 이해가 높아졌을 것으로 예상합니다.

다만, 2020년부터는 한시적으로 적용유예되었던 자산 20억원 이하의 공익법인이 공익법인회계기준을 도입해야 하고, 국세청 홈페이지 결산공시 의무도 규모에 상관없이 모든 공익법인으로 확대되었는 바, 단식부기를 기반으로 하는 대다수 소규모 공익법인 입장에서는 새로운 회계기준을 도입하는 것이 쉽지 않은 상황일 것입니다.

본 서에서는 공익법인회계기준을 도입함에 따라 가장 많은 어려움이 예상되는 소규모 공익법인 회계실무자에게 도움을 드리고자 회계에 대한 기본 개념부터 시작하여 회계순환과정, 발생주의와 복식부기를 설명하고, 공익법인회계기준 적용 이전에 반드시 알아야 할 일반기업회계기준의 내용과 공익법인의 특성이 반영된 공익법인회계기준의 내용을 개념과 사례를 중심으로 알기 쉽게 서술하였습니다.

삼일회계법인 비영리법인지원센터가 마련한 본 서를 통해 공익법인회계기준을 규제가 아닌 회계투명성 확보를 위한 기부자와의 소통장치로 활용하여 지속가능한 조직으로 성장해 나가시길 기원합니다.

마지막으로 본서의 출간을 위해 비영리법인지원센터에 아낌없는 격려와 지원을 해주시는 한국공인회계사회 김영식 회장님, 삼일회계법인 고성천 대표님, 주정일 대표님, 삼일인포마인 이희태 대표이사님, 조원오 전무님 그리고 항상 고민하고 의논하시는 공익법인 회계담당자 여러분께 감사의 말씀을 올립니다.

2020년 11월

삼일회계법인 비영리법인지원센터

차 례

제1편 총 론 / 15

제3편 운영성과표 / 243

차례

제5편 공 시 / 335

부 록 / 383

총 론

공익법인회계기준

제1조(목적)

공익법인회계기준(이하 '이 기준'이라 한다)은 「상속세 및 증여세법」 제50조의 4 및 같은 법 시행령 제43조의 4에 따라 같은 법 제16조 제1항에 따른 공익법인등(이하 '공익법인'이라 한다)의 회계처리 및 재무제표를 작성하는 데 적용되는 기준을 제시하는 것을 목적으로 한다.

제2조(적용)

이 기준은 공익법인이 「상속세 및 증여세법」 제50조 제3항에 따라 회계감사를 받는 경우 및 같은 법 제50조의 3에 따라 결산서류 등을 공시하는 경우 등에 적용한다.

제3조(보고실체)

이 기준에 따라 재무제표를 작성할 때에는 공익법인 전체를 하나의 보고실체로 하여 작성한다.

제6조(다른 법령과의 관계 등)

① 공익법인의 회계처리 및 재무제표 작성에 관하여 이 기준에서 정하지 아니한 사항은 일반기업회계기준에 따른다.

② 제4조 제2항 및 제3항에 따른 공익법인의 회계처리 및 재무제표 작성에 관하여 다른 법령에서 특별한 규정이 있는 경우 외에는 이 기준에 따른다.

부 칙

제1조(시행일) 이 기준은 2018년 1월 1일부터 시행한다.

제2조(일반적 적용례) 이 기준은 이 기준 시행 이후 개시하는 회계연도부터 적용한다.

제3조(재무제표 작성 적용례) 이 기준이 최초 적용되는 재무제표에 대하여는 제9조에 따른 비교재무제표를 작성하지 아니할 수 있다.

제4조(재무제표 작성 경과규정) 이 기준은 공익법인이 원하는 경우 이 기준 시행 이전에 개시하는 회계연도에 적용할 수 있다.

제5조(소규모 공익법인의 한시적 단식부기 등 적용특례) 이 기준 시행 이후 최초로 개시하는 회계연도의 직전 회계연도 종료일의 총자산가액의 합계액이 20억원 이하인 공익법인과 이 기준 시행일부터 2018년 12월 31일까지의 기간 중에 신설되는 공익법인은 이 기준 시행 이후 최초로 개시하는 회계연도와 그 다음 회계연도에는 단식부기를 적용할 수 있으며, 제41조의 필수적 주석기재사항의 기재를 생략할 수 있다.

제 1 장

공익법인회계기준의 이해

제 1 절 회계와 회계기준의 정의

2018년 1월 1일 공익법인회계기준이 최초 도입된 이후 2년이 경과하였다. 많은 공익법인 관계자들이 공익법인회계기준을 적용하는 과정에서 다양한 시행착오를 거쳤을 것으로 예상되나, 2개 사업연도가 지나면서 기준에 대한 이해가 높아졌을 것으로 기대한다.

그러나 공익법인회계기준에 대한 이해와는 별개로 많은 공익법인들이 투명성의 가장 큰 축을 이루는 회계를 공익법인이 지켜야 할 또 하나의 규제로 생각하고 있는 것으로 보인다. 이러한 회계에 대한 인식의 차이는 단지 회계와 회계기준에 대한 이해의 차이로만 그치는 것이 아니라 공익법인 관리 업무의 중요성 특히 **회계투명성의 인식에 많은 영향**을 미치게 된다. 따라서 회계에 대한 기본 개념을 바로 이해하고 실천하는 것이 무엇보다 중요하고 시급한 일이라 생각한다.

회계를 정의하는 다양한 표현들이 있지만 가장 쉽게 이해할 수 있는 정의는 '회계는 기업의 언어이다.'라는 표현이다.

공익법인이 작성한 수십 장에 달하는 사업보고서를 읽는 것보다 재무상태표와 운용계산서 2장을 읽어내면 1년간의 활동내용과 성과를 가늠하는 것은 그리 어렵지 않다. 오히려 글보다 더 정확하게 읽어낼 수 있다.

그럼 이것을 가능하게 만드는 회계와 회계기준이 무엇인지 먼저 알아보고자 한다.

'회계'란 조직의 내부 또는 외부 이해관계자가 합리적인 판단과 의사결정을 할 수 있도록 조직에 관한 정보를 측정하고 전달하는 언어라고 할 수 있다. 즉 조직에서 발생한 거래나 사건을 자산, 부채, 자본(또는 순자산), 수익, 비용의 각 항목으로 구분하고 화폐단위로 측정하여 재무제표의 형태로 만들어 전달하는 일련의 과정에서 사용되는 방법을 의미한다.

공익법인의 이해관계자로는 기부자, 설립자, 임직원, 주무관청, 국세청, 수혜자 등이 있을 것이다. 주무관청에서는 당해 비영리법인이 목적사업을 계획대로 잘 수행하고 있는지와 사업을 지속할 수 있도록 재산을 유지·관리하고 있는지에 대한 실적을 보고받게 된다. 또 국세청은 수익사업에 대한 법인세와 출연재산에 대한 사후관리사항을 잘 이행하고 있는지에 대하여 보고받게 된다. 또 기부자는 연차보고서를 통하여 기부금이 어떠한 목적사업에 얼마만큼 사용되고 있는지 확인할 수 있게 된다. 이때 필요한 언어가 바로 회계이며 회계를 통하여 생성된 재무제표가 그 역할을 하게 된다. 이런 일련의 과정에서 다양한 이해관계자가 이해 가능하도록 **공통의 표준언어, 즉 일반적으로 인정되는 회계규칙을 마련해야만 되는데 이를 '회계기준**(accounting standards)'이라 한다.

따라서 '회계기준이 제정된다'는 것은 그 동안 다양한 회계처리방법을 적용하여 재무상태와 운영성과를 통일성 없이 각자의 보고 목적에 맞게 처리하여 왔다면 앞으로는 회계기준에 따라 거래나 사건을 측정, 평가하고 이를 재무제표에 표준화된 방법으로 기술하여야 한다는 것이다.

이는 새로운 규제가 도입되는 것이 아니고 이미 사용하고 있는 다양한 회계처리방법 중에서 표준화된 방법을 정해주는 것으로 공익법인 입장에서는 오히려 실무적으로 유용한 처리기준이 마련된 것이다. 또 다양한 이해관계자들에게 통일된 회계기준에 따른 정보를 제공하여 신뢰성과 유용성을 제고시키고 재무제표의 이해가능성과 비교가능성을 높일 수 있게 된다.

제2절 공익법인회계기준의 제정

우리나라 영리조직의 회계처리기준은 주권상장법인 등에 대해 의무적으로 적용되는 '한국채택국제회계기준'과 「주식회사의 외부감사에 관한 법률」의 적용대상기업 중 한국채택국제회계기준에 따라 회계처리 하지 아니하는 기업의 회계처리에 적용되는 '일반기업회계기준'(단, 「주식회사의 외부감사에 관한 법률」의 적용대상이 아닌 기업의 회계처리에도 준용 가능)과 관계 법령 등의 요구사항이나 한국의 고유한 거래나 기업환경 등의 차이를 반영하기 위한 '특수분야회계기준'이 존재한다. '중소기업회계기준'은 「주식회사의 외부감사에 관한 법률」 제13조에 따른 회계기준(한국채택국제회계기준 또는 일반기업회계기준을 말한다)을 적용하지 않는 주식회사의 회계처리에 적용한다.

반면 우리나라 비영리조직에게 공통적으로 적용되는 회계처리기준은 그동안 존재하지 않았다. 다만 대표적인 비영리법인이라 할 수 있는 의료법인, 학교법인, 사회복지법인, 공공기관 등이 각각의 설립법에 근거하여 특성에 맞는 다음 표와 같은 회계규정을 가지고 있었을 뿐이다.

한국회계기준원은 이러한 문제점을 인식하고 2003년에 '비영리조직의 재무제표 작성과 표시지침서'와 2017년 7월 '비영리조직회계기준'을 발표하였으나 법률에 따라 의무적으로 적용하는 것이 아니라 비영리조직이 자발적으로 선택하여 적용하도록 하였다.

따라서 공익법인의 경우 상속세및증여세법에 따라 의무직으로 '공익법인회계기준'을 적용하여야 하는 반면 '비영리조직회계기준'은 권고안으로 특정 회계처리시 참조할 수 있을 것이다. 또 공익법인이 아닌 비영리법인 예를 들면, 협회, 공제회, 연합회 등의 비영리조직에게 적용되는 통일된 회계기준으로서 비영리조직회계기준을 활용하면 좋을 것이다.

| 비영리조직의 다양한 회계기준 |

종류	회계규정	회계원칙 및 방법	구분회계	재무제표
공기업 및 준정부 기관	• 공기업 · 준정부기관 회계사무규칙 • 상기 규칙의 시행에 필요한 사항 : 공기업 · 준정부기관 회계기준 (기획재정부 고시) • 상기 규칙에서 정하지 아니한 사항: 국제회계기준위원회의 국제회계기준을 채택하여 정한 회계처리기준	• 발생주의 • 복식부기방식	• 재원의 원천 또는 목적사업별 등으로 구분 • 통합결산서 작성 • 기금결산서는 별도 작성	• 재무상태표 • 손익계산서 또는 포괄손익계산서 • 현금흐름표 • 자본변동표 및 주석 (이익잉여금처분계산서 또는 결손금처리계산서 포함)
학교법인	• 사학기관 재무 · 회계규칙	• 복식부기 단, 규모와 실정에 따라 법인회계와 유치원은 단식부기 가능	• 법인용 재산과 학교용 재산의 구분 • 법인회계와 학교회계의 구분	
	• 사학기관재무 · 회계규칙에 대한 특례규칙	• 복식부기 원리		• 자금계산서 • 대차대조표 • 운영계산서 • 부속명세서, 주기, 주석
	• 국립 유치원 및 국립 초 · 중등학교 회계규칙	• 학교회계는 복식부기 방식		• 세입 · 세출결산서
의료법인	• 의료기관 회계기준 규칙 • 재무제표세부작성방법(보건복지부 고시)	• 복식부기	• 병원의 개설자인 법인의 회계와 병원의 회계를 구분 • 2 이상의 병원은 각 병원마다 구분	• 대차대조표 • 손익계산서 • 기본금변동계산서 • 현금흐름표
사회복지 법인	• 사회복지법인 및 사회복지시설 재무 · 회계 규칙	• 단식부기 다만 법인회계와 수익사업회계에 있어서 복식부기의 필요가 있는 경우에는 복식부기	• 법인회계 • 시설회계 • 수익사업회계	
공익법인 (공익법인의 설립 · 운영에 관한 법률에 따른)	• 공익법인법 시행령에서 정한 것 외에는 기업회계원칙을 적용, 재무제표규칙을 준용		• 목적사업회계와 수익사업회계로 구분 • 목적사업회계와 수익사업회계로 구분하기 곤란한 공동비용의 배분계산은 법인세법 규정을 준용	

상기에서 살펴본 바와 같이 공익법인의 회계담당자는 영리법인의 일반기업회계기준, 설립근거법에서 규정하는 회계규칙, 법인세법에서 요구하는 구분경리와 고유목적사업준비금 회계처리, 보조금 사업자가 요구하는 회계처리방법 등 각각의 이해관계자들이 요구하는 복잡하고 다양한 회계처리기준을 가지고 재무제표를 작성해 오고 있었다. 따라서 공익법인의 재무제표는 누구나 이해할 수 있는 표준화된 방법으로 작성되기도 어려웠을 뿐만 아니라 공익법인간 비교가능성도 저하되는 문제가 발생하게 되었다.

또 「상속세 및 증여세법」에서는 공익법인에 대한 투명성을 제고하기 위하여 결산서류의 공시, 외부회계감사 등을 받도록 의무를 부과하고 있다. 그러나 공익법인이 이러한 의무를 이행하더라도 적용되는 통일된 회계기준이 없어 공익법인마다 제 각각의 방법으로 재무제표를 작성하여 외부공시와 외부감사를 받더라도 이를 제재할 방법이 없었다. 따라서 그 동안 공익법인의 재무정보의 신뢰성과 통일성, 비교가능성은 현저히 떨어질 수밖에 없었다.

이러한 문제점의 가장 큰 원인은 공익법인에게 공통적으로 적용되는 회계기준이 존재하지 않았기 때문이다. 이러한 문제 인식을 바탕으로 기획재정부는 2016년 12월 20일 「상속세 및 증여세법」 개정시 **제50조의 4 [공익법인등에 적용되는 회계기준] 조항을 신설하여 공익법인의 회계처리 및 재무제표를 작성하는데 적용되는 '공익법인회계기준'을 제정**하기로 하였고 2017년 12월 고시하였다. 또 이 기준에 따라 동법 제50조의 3에 따른 결산서류 등을 공시하고, 동법 제50조 제3항에 따른 외부회계감사를 받도록 하였다.

비로소 공익법인의 회계투명성과 비교가능성, 신뢰성을 제고하여 건전한 기부문화를 조성할 수 있는 전제조건을 갖추게 된 것이다.

상속세 및 증여세법 제50조의 4 【공익법인등에 적용되는 회계기준】

① 공익법인등(사업의 특성을 고려하여 대통령령으로 정하는 공익법인등은 제외한다)은 제50조 제3항에 따른 회계감사의무 및 제50조의 3에 따른 결산서류등의 공시의무를 이행할 때에는 대통령령으로 정하는 회계기준을 따라야 한다.

② 제1항에 따른 회계기준의 제정 · 개정 등 회계제도의 운영과 절차 등에 관하여 필요한 사항은 대통령령으로 정한다.

동법 시행령 제43조의 4 【공익법인등에 적용되는 회계기준】

① 기획재정부장관은 법 제50조의 4에 따라 제43조의 5에 따른 공익법인회계기준 심의위원회의 심의를 거쳐 법 제50조의 4에 따른 공익법인등에 적용되는 회계기준과 그 밖에 회계제도의 운영과 절차 등에 관하여 필요한 사항을 정한다.

② 법 제50조의 4 제1항에서 "대통령령으로 정하는 공익법인등"이란 「의료법」에 따른 의

료법인 또는 「사립학교법」에 따른 학교법인, 그 밖에 이와 유사한 공익법인등으로서 기획재정부령으로 정하는 공익법인등을 말한다.

동법 시행규칙 제14조의 4 【회계기준이 적용되는 공익법인등】
영 제43조의 4 제2항에서 "기획재정부령으로 정하는 공익법인등"이란 다음 각 호의 공익법인등을 말한다.
1. 「국립대학법인 서울대학교 설립 · 운영에 관한 법률」에 따른 국립대학법인 서울대학교
2. 「국립대학법인 인천대학교 설립 · 운영에 관한 법률」에 따른 국립대학법인 인천대학교

제3절 공익법인회계기준의 적용 대상

1 공익법인의 범위

공익법인회계기준에서 말하는 공익법인이란 종교 · 자선 · 학술 또는 그 밖의 공익을 목적으로 하는 법인 및 단체 등으로서 **「상속세 및 증여세법 시행령」 제12조에 열거된 사업을 영위하는 자**를 의미한다.

한편, 2018년 2월 13일 시행령 개정시 「법인세법」 및 「소득세법」상 기부금단체와 공익법인간 일관성을 제고하기 위해 공익법인의 범위를 기부금단체 기준으로 정비하면서 종전의 시행령 제12조 제5호부터 제8호까지 및 제11호를 삭제하였다.

다만, 2018년 12월 31일에 종전의 시행령 제12조 제5호부터 제8호까지 및 제11호에 따라 공익법인등에 해당하는 자는 개정규정에도 불구하고 2020년 12월 31일까지 공익법인등에 해당하는데, 2021년 1월 1일부터는 공익을 목적으로 하는 법인 또는 단체라 하더라도 공익법인에 해당하기 위해서는 「법인세법」 또는 「소득세법」상 기부금단체에 해당하거나 또는 기획재정부로부터 기부금단체로 지정받아야 한다.

특히 「공익법인의 설립 · 운영에 관한 법률」의 적용을 받는 공익법인인 학술 · 장학재단과 예술 · 문화재단 등의 경우 2021년 1월 1일 이후 「상속세 및 증여세법」상 공익법인에 해당하기 위해서는 반드시 기획재정부로부터 기부금단체로 지정받아야 함을 주의하기 바란다.

상속세 및 증여세법 제12조 【공익법인등의 범위】

법 제16조 제1항에서 “대통령령으로 정하는 사업을 하는 자”란 다음 각 호의 어느 하나에 해당하는 사업을 하는 자(이하 “공익법인등”이라 한다)를 말한다. 다만, 제9호를 적용할 때 설립일부터 1년 이내에 「법인세법 시행령」 제39조 제1항 제1호 바목에 따른 지정기부금단체등으로 고시된 경우에는 그 설립일부터 공익법인등에 해당하는 것으로 본다.

1. 종교의 보급 기타 교화에 현저히 기여하는 사업
2. 「초 · 중등교육법」 및 「고등교육법」에 의한 학교, 「유아교육법」에 따른 유치원을 설립 · 경영하는 사업
3. 「사회복지사업법」의 규정에 의한 사회복지법인이 운영하는 사업
4. 「의료법」에 따른 의료법인이 운영하는 사업
5. ~~「공익법인의 설립 · 운영에 관한 법률」의 적용을 받는 공익법인이 운영하는 사업~~(삭제, 2018. 2. 13.)
6. ~~예술 및 문화에 현저히 기여하는 사업중 영리를 목적으로 하지 아니하는 사업으로서 관계행정기관의 장의 추천을 받아 기획재정부장관이 지정하는 사업~~(삭제, 2018. 2. 13.)
7. ~~공중위생 및 환경보호에 현저히 기여하는 사업으로서 영리를 목적으로 하지 아니하는 사업~~(삭제, 2018. 2. 13.)
8. 「법인세법」 제24조 제3항에 해당하는 기부금을 받는 자가 해당 기부금으로 운영하는 사업 (2019. 2. 12. 개정)
9. **「법인세법 시행령」 제39조 제1항 제1호 각 목에 의한 지정기부금단체등 및 「소득세법 시행령」 제80조 제1항 제5호에 따른 기부금대상민간단체가 운영하는 고유목적사업.** 다만, 회원의 친목 또는 이익을 증진시키거나 영리를 목적으로 대가를 수수하는 등 공익성이 있다고 보기 어려운 고유목적사업을 제외한다. (2019. 2. 12. 개정)
10. **「법인세법 시행령」 제39조 제1항 제2호 다목에 해당하는 기부금을 받는 자가 해당 기부금으로 운영하는 사업.** 다만, 회원의 친목 또는 이익을 증진시키거나 영리를 목적으로 대가를 수수하는 등 공익성이 있다고 보기 어려운 고유목적사업은 제외한다.
11. ~~제1호 내지 제5호 · 제7호 또는 제8호와 유사한 사업으로서 기획재정부령이 정하는 사업~~(삭제, 2018. 2. 13.)

② 공익법인회계기준 적용 대상

공익법인회계기준은 공익법인이 회계처리와 재무제표를 작성하여 「상속세 및 증여세법」 제50조 제3항에 따른 회계감사의무 및 제50조의 3에 따른 결산서류등의 공시의무를 이행할

때 적용된다.

① 회계감사의무 대상(상속세및증여세법 시행령 제43조 제3항, 제4항)

- 사업연도 종료일의 재무상태표상 총자산가액의 합계가 100억원 이상인 공익법인
- 해당 사업연도의 수입금액과 출연받은 재산가액의 합계액이 50억원 이상인 공익법인
- 해당 사업연도에 출연받은 재산가액이 20억원 이상인 공익법인
- 단, 종교법인과 「초 · 중등교육법」 및 「고등교육법」에 의한 학교, 「유아교육법」에 따른 유치원은 제외함

② 결산서류등의 공시의무 대상(상속세및증여세법 시행령 제43조의 3 제1항)

- 모든 공익법인 단, 종교법인은 제외함

2019년 12월 31일까지는 공익법인 중에서 결산서류등의 공시의무가 없는 종교법인과 자산규모 5억원 미만이면서 수입금액 3억원 미만의 공익법인은 자연스럽게 공익법인회계기준 적용대상에서도 제외되었으나, 2019년 12월 31일 법 개정시 종교법인을 제외하고 규모에 상관없이 모든 공익법인이 결산서류등의 공시의무를 이행하도록 개정되었다(상속세및증여세법 시행령 제43조의 3 제1항).

따라서 2020년 1월 1일부터는 자산규모 5억원 미만이면서 수입금액 3억원 미만의 소규모 공익법인도 공익법인회계기준을 적용하여 회계처리하여야 한다.

3 공익법인회계기준 적용 제외

(1) 상속세 및 증여세법에서 제외

종교법인을 제외한 모든 공익법인은 공익법인회계기준을 적용하는 것이 원칙이나, 다음에 해당하는 공익법인은 사업의 특수성을 감안하여 적용대상에서 제외된다(상속세및증여세법 시행령 제43조의 4 제2항, 동법 시행규칙 제14조의 4).

- 의료법에 따른 의료법인
- 사립학교법에 따른 학교법인
- 국립대학법인 서울대학교 설립 · 운영에 관한 법률에 따른 국립대학법인 서울대학교
- 국립대학법인 인천대학교 설립 · 운영에 관한 법률에 따른 국립대학법인 인천대학교

(2) 공익법인회계기준에서 제외(다른 법령과의 관계)

공익법인회계기준 제6조에서는 발생주의 회계원칙과 복식부기방식에 따른 공익법인의 회계처리 및 재무제표 작성에 관하여 **다른 법령에서 특별한 규정이 있는 경우에는 해당 회계기준을 우선적으로 적용할 수 있도록 예외 규정**을 두고 있으므로 「상속세 및 증여세법」상 적용이 제외되는 공익법인이 아니더라도 관련 다른 법령 등에서 회계기준을 두고 있는 경우에는 적용이 제외된다.

각 공익법인 유형별로 공익법인회계기준 적용대상인지 여부를 살펴보면 다음과 같다.

① 의료법인과 학교법인

「의료법」에 따른 의료법인과 「사립학교법」에 따른 학교법인 등은 해당 근거법률에 따른 별도의 회계기준이 존재하며, 동시에 그 특수성을 인정하여 「상속세 및 증여세법」에서도 공익법인회계기준 적용을 제외하고 있다.

② 사회복지법인

「사회복지사업법」에서는 사회복지법인에게 당해 법률에서 정하는 바에 따라 「사회복지법인 및 사회복지시설 재무・회계규칙」을 적용하도록 규정하고 있다. 그러나 동 재무・회계규칙은 단식부기를 원칙으로 하며, 법인회계와 수익사업회계에 있어 복식부기가 필요한 경우 선택적으로 복식부기를 적용하도록 규정하고 있다(사회복지법인 및 사회복지시설 재무・회계 규칙 제23조).

따라서 **사회복지법인은 설립근거법에 따른 별도의 재무・회계규칙이 있음에도 불구하고, 동 재무・회계규칙은 발생주의 회계원칙과 복식부기방식에 따른 회계기준으로 볼 수 없기 때문에 공익법인회계기준의 적용 대상**에 해당한다.

③ 학술・장학, 예술・문화, 기타 공익목적

학술・장학 등 기타 공익을 목적으로 하는 공익법인의 경우 그 설립근거법에서 당해 공익법인에게 적용되는 회계기준을 규정하고 있지 않으므로 공익법인회계기준의 적용대상이 된다.

한편, 「공익법인의 설립·운영에 관한 법률 시행령」에 회계와 관련된 개별 규정을 일부 포함하고 있어 복식부기와 발생주의에 따른 회계처리 인지의 판단이 쉽지 않으나, 2018년 12월 기획재정부가 고시한 '공익법인회계기준 실무지침서[1]'에 따르면 「공익법인의 설립・

1) 기획재정부는 공익법인들이 공익법인회계기준 적용에 도움을 주고자 2018년 12월 조세재정연구원이 작성한 '공익법인회계기준 실무지침서'를 고시하였다.

운영에 관한 법률 시행령」에서와 같이 "기업회계의 원칙에 따라 처리한다." 같은 규정의 경우 별도의 회계규칙이나 회계기준으로 보기 어렵고, 통일성 있는 공익법인 재무제표를 위해 달리 적용할 수 없다고 설명하고 있다.

공익법인의 설립·운영에 관한 법률 시행령

제22조 【회계원칙】
① 공익법인의 회계는 이 영에 특별한 규정이 있는 경우를 제외하고는 그 사업의 경영성과와 수지상태를 정확하게 파악하기 위하여 모든 회계거래를 발생의 사실에 의하여 기업회계의 원칙에 따라 처리한다.
② 공익법인의 회계조직은 재무제표규칙을 준용한다.

제23조 【회계의 구분】
① 공익법인의 회계는 법인의 목적사업경영에 따른 회계(이하 "목적사업회계"라 한다)와 수익사업경영에 따른 회계(이하 "수익사업회계"라 한다)로 구분한다.
② 제1항의 경우에 「법인세법」에 따른 법인세과세대상이 되는 수익과 이에 대응하는 비용은 수익사업회계로 처리하고, 그 밖의 수익과 비용은 목적사업회계로 처리한다. (2014. 12. 9. 개정)
③ 제2항의 경우에 목적사업회계와 수익사업회계로 구분하기 곤란한 비용은 공동비용의 배분계산에 관한 법인세에 관한 법령의 규정을 준용하여 배분한다.

제24조 【재산의 평가】
공익법인의 모든 재산의 평가는 취득당시의 시가에 의한다. 다만, 재평가를 실시한 재산은 재평가액으로 한다.

④ 공기업 및 준정부기관

공기업 및 준정부기관의 경우 「공공기관의 운영에 관한 법률」에 따라 발생주의와 복식부기를 기반으로한 「공기업·준정부기관 회계사무규칙」 및 「공기업·준정부기관 회계기준」에 따라 회계처리하여야 하므로 공익법인회계기준에 우선하여 「공기업·준정부기관 회계기준」을 적용하여야 한다.

⑤ 기타공공기관

기타공공기관의 경우 관련 법령에 의해 별도의 회계기준이 있는 경우와 법령에 근거하지 않고 일반기업회계기준, K-IFRS 등을 적용하고 있는 공익법인의 경우로 구분할 수 있다.

공익법인회계기준 실무지침서에 따르면 기타공공기관 중에서도 관련 법령에 의해 별도의 회계기준이 있는 경제인문사회연구기관, 과학기술분야 정부출연연구기관, 특정연구기관 등의 경우에도 공익법인회계기준에 우선하여 해당 회계기준을 적용할 수 있도록 하고 있다.

반면에 법령에 근거하지 않고 일반기업회계기준, K-IFRS 등을 적용하고 있는 공익법인의 경우라면 공익법인회계기순을 적용하는 것이 원칙이다. 왜냐하면 공익법인회계기준은 일반기업회계기준이나 K-IFRS에서 언급하고 있지 않은 기부금, 순자산 등 공익법인 특성을 감안한 기준으로, 이를 적용할 경우 공익법인의 재무상태 및 운영성과를 명확하게 표시하기에 적절하기 때문이다.

⑥ 그 외 공익법인

앞서 설명한 유형 외의 공익법인의 경우 관련 법령에 따라 발생주의·복식부기를 기반으로 하는 회계기준을 별도로 마련한 경우 공익법인회계기준 적용대상에서 제외한다.

제4절 공익법인회계기준의 보고실체

공익법인회계기준에 따라 재무제표를 작성할 때에는 공익법인 전체를 하나의 보고실체로 하여 작성해야 한다.

공익법인들은 본사 또는 본점 한 곳에만 사업장을 두기도 하지만 전국적으로 지점, 지사, 센터, 시설, 복지관, 지부, 분사무소 등 다양한 명칭으로 본점 외 조직을 운영하고 있는 곳도 다수이다.

공익법인회계기준 도입 전에는 단일 보고단위의 종합 재무보고가 아닌 사업부별 재무보고가 이루어지거나 일부 공익법인의 경우 주된 사업장만을 대상으로 재무제표를 제공하고 있어 법인 전체의 재무상태와 운영성과를 파악하기 어려운 경우가 종종 있었다.

공익법인 전체의 재무상태 및 운영성과를 파악하기 위해서는 회계단위를 구분하지 않은 통합된 보고실체에 대한 정보가 필요한데, 이 경우 어느 범위까지 재무제표에 포함(통합)시켜야 하는지에 대한 판단기준이 필요하다.

'공익법인회계기준 실무지침서'에 따르면 지점, 지부, 사업장 등 본점 외 조직이어도 하나의 공익법인이라면 통합해서 재무제표를 작성할 의무가 있으며, 하나의 공익법인이라는 판단 기준의 예는 동일한 법인등록번호가 될 수 있다. 법인등록번호 이외에 하나의 공익법인이라는 다른 판단 근거가 있을 경우에도 하나의 보고실체로 재무제표를 작성할 수 있다고 설명하고 있다.

제5절 공익법인회계기준의 적용시기와 적용특례

공익법인회계기준은 2018년 1월 1일 이후 개시하는 회계연도부터 적용한다. 다만, 공익법인회계기준 제정시 이 기준을 적용함에 있어 어려움이 예상되는 공익법인(①)에 대하여는 한시적(②)으로 적용특례(③)를 두었다.

① 어려움이 예상되는 공익법인

가) 이 기준 시행 이후 최초로 개시하는 회계연도의 직전 회계연도 종료일의 총자산가액의 합계액이 20억원 이하인 공익법인

나) 이 기준 시행일부터 2018년 12월 31일까지의 기간 중에 신설되는 공익법인

② 한시적 : 이 기준 시행 이후 최초로 개시하는 회계연도(2018년)와 그 다음 회계연도(2019년)

③ 적용특례 : 단식부기를 적용할 수 있으며, 제41조의 필수적 주석기재사항 생략 가능

그러나 적용특례기간이 경과하고 공시의무가 규모에 상관없이 모든 공익법인으로 전면 확대된 2020년 1월 1일부터는 자산규모 5억원 미만이면서 수입금액 3억원 미만의 소규모 공익법인을 포함한 모든 공익법인이 공익법인회계기준을 적용하여 회계처리해야 한다.

이때 공익법인회계기준을 최초 적용하는 재무제표에 대하여는 제9조에 따른 전기와 당기를 비교하는 형식의 비교재무제표를 작성하지 아니할 수 있다. 즉 2020사업연도에 최초 적용하는 경우에는 2019사업연도 재무제표를 비교식으로 표시하지 않아도 된다.

제6절 공익법인회계기준의 구성

공익법인회계기준은 총5개의 장과 43개 조문, 부칙과 별지 서식으로 구성되어 있다.

제1장 총칙	제1조(목적)
	제2조(적용)
	제3조(보고실체)
	제4조(복식부기와 발생주의)
	제5조(재무제표)
	제6조(다른 법령과의 관계 등)
	제7조(회계정책, 회계추정의 변경 및 오류수정)
	제8조(재무제표의 구분·통합 표시)
	제9조(비교재무제표의 작성)
제2장 재무상태표	제10조(재무상태표의 목적과 작성단위)
	제11조(재무상태표 작성기준)
	제12조(유동자산)
	제13조(투자자산)
	제14조(유형자산)
	제15조(무형자산)
	제16조(기타비유동자산)
	제17조(유동부채)
	제18조(비유동부채)
	제19조(고유목적사업준비금)
	제20조(기본순자산)
	제21조(보통순자산)
	제22조(순자산조정)
제3장 운영성과표	제23조(운영성과표의 목적과 작성단위)
	제24조(운영성과표 작성기준)
	제25조(사업수익)
	제26조(기부금 등의 수익인식과 측정)
	제27조(사업비용)

제3장 운영성과표	제28조(사업외수익)
	제29조(사업외비용)
	제30조(공통수익 및 비용의배분)
	제31조(고유목적사업준비금 전입액과 환입액)
	제32조(법인세비용)
제4장 자산 · 부채의 평가	제33조(자산의 평가기준)
	제34조(미수금, 매출채권 등의 평가)
	제35조(유형자산과 무형자산의 평가)
	제36조(유형자산의 재평가)
	제37조(유가증권의 평가)
	제38조(퇴직급여충당부채의 평가)
	제39조(공통자산 · 부채의 배분)
제5장 주석	제40조(주석의 정의)
	제41조(필수적 주석기재사항)
	제42조(선택적 주석기재사항)
	제43조(주석기재방법)
부칙	제1조(시행일)
	제2조(일반적 적용례)
	제3조(재무제표 작성 적용례)
	제4조(재무제표 작성 경과규정)
	제5조(소규모 공익법인의 한시적 단식부기 등 적용특례)
별지 제1호 서식	재무상태표
별지 제2호 서식	운영성과표

제7절 • 공익법인회계기준 최초 적용에 관한 경과조치

'공익법인회계기준 실무지침서'에 따르면 공익법인회계기준을 최초로 적용하게 되는 경우 기존의 회계처리와 차이가 있는 부분에 대하여 소급하여 적용할 수 있으며, 전진적으로 처리할 수도 있도록 하였다.

소급적용은 처음부터 공익법인회계기준을 적용하였다고 가정하고 재무제표를 작성하는 것이며, 전진적으로 처리하는 것은 공익법인회계기준 적용시점 이전의 회계처리는 그대로 인정하고 당기 및 그 이후의 회계연도에만 공익법인회계기준에 따라 회계처리하는 것이다.

회계기준을 최초 적용하는 경우 소급해서 적용하는 것이 원칙이지만, 공익법인회계기준에서는 공익법인의 작성부담을 줄이기 위해 전진적으로 회계처리하는 것을 허용하였다.

다만, 주의할 사항은 소급적용하지 않고 전진적으로 처리한 경우라도 공익법인회계기준을 적용한 회계연도 말에는 공익법인회계기준에서 인식을 요구하는 모든 자산과 부채를 재무제표에 인식하여야 한다는 점이다.

구체적인 사례를 통하여 소급하는 방법과 전진적으로 처리하는 방법을 비교하면 다음과 같다.

사 례

(재)공익은 현금주의·단식부기를 사용하여 회계처리를 수행하고 있었으며, 자산을 따로 인식하지 않았다. 그러나 2020년 1월 1일부터는 발생주의·복식부기에 따른 공익법인회계기준을 적용해야 하며, 그 동안 인식하지 않았던 자산과 감가상각비를 재무제표에 반영하여야 한다.

- 전기 이전 비품구입　1천만원 이상으로 추정되나 정확한 금액 산정 불가
- 2017. 1. 1. 건물구입　20억원(기본재산에 해당하며 현재 보유 중, 정액법 40년 상각 결정)
- 2020. 1. 1. 비품구입　2천만원(정액법 5년간 상각 결정)

(소급적용 - 원칙)

2020. 1. 1. 회계처리

(차) 건물	2,000,000,000	(대) 기본순자산	2,000,000,000
(차) 보통순자산(*)	150,000,000	(대) 감가상각누계액(건물)(**)	150,000,000
(차) 비품	20,000,000	(대) 현금	20,000,000

(*) 소급적용시 당기 이전에 발생한 거래에 대해서는 당기 손익이 아니라 보통순자산(잉여금)의 증감으로 처리한다.

(**) 20억(취득원가) × 3/40(경과된 내용연수 3년/총 내용연수 40년)

☞ 정확한 자산가액 산정 불가한 비품의 회계처리

실무적으로 과거에 취득한 비품(책상, 의자 등과 같은 집기나 비품) 등의 경우에는 공익법인이 현재 보유하고 있더라도 취득시기나 정확한 개별 취득가액, 개수를 파악하는 것이 어려운 경우가 많다.

그리고 비품 등의 경우 통상 5년의 내용연수를 적용하여 감가상각하는데 실제 5년이 경과한 자산이 있거나 5년은 경과하지 않았지만 잔존 내용연수가 얼마 안남은 경우에는 재단의 재무상태에 미치는 영향이 크지 않기 때문에 그 중요성이 낮다. 이처럼 중요성이 낮은 자산에 대해 과거 지출내용을 모두 찾아 자산으로 반영하는 것이 실무적으로 불가능한 경우에는 전진적으로만 반영한다.

단, 건축물, 토지 등과 같이 사용 내용연수가 장기간이고 취득가액과 공정가치가 큰 자산의 경우에는 반드시 공익법인의 재무재표에 인식하여야 할 것이다.

2020. 12. 31. 회계처리

(차) 감가상각비(건물)	50,000,000	(대) 감가상각누계액(건물)	50,000,000
(차) 감가상각비(비품)	4,000,000	(대) 감가상각누계액(비품)	4,000,000

재무상태표

2020년 12월 31일 현재

자산		부채	
건물	2,000,000,000		0
(감가상각누계액)	(200,000,000)	순자산	
비품	20,000,000	기본순자산	2,000,000,000
(감가상각누계액)	(4,000,000)	보통순자산(*)	(204,000,000)
		순자산조정	0

(*) −150,000,000(2020. 1. 1.건물 과거 감가상각 인식) −50,000,000(당기 건물 감가상각비) −4,000,000(당기 비품 감가상각비)

(전진적 처리−최초 적용시 허용)

2020. 1. 1. 회계처리 없음

2020. 12. 31.

(차) 건물	2,000,000,000	(대) 기본순자산	2,000,000,000
(차) 감가상각비(건물)	200,000,000	(대) 감가상각누계액(건물)	200,000,000
(차) 비품	20,000,000	(대) 현금	20,000,000
(차) 감가상각비(비품)	4,000,000	(대) 감가상각누계액(비품)	4,000,000

☞ 기존의 회계처리는 인정하되, 2020년 12월 31일에는 공익법인회계기준에 따라 자산·부채가 인식되도록 당기에 전체 효과를 반영하는 방법이다.

재무상태표

2020년 12월 31일 현재

자산		부채	
건물	2,000,000,000		0
(감가상각누계액)	(200,000,000)	순자산	
비품	20,000,000	기본순자산	2,000,000,000
(감가상각누계액)	(4,000,000)	보통순자산(*)	(204,000,000)
		순자산조정	0

☞ 공익법인회계기준 최초 적용시 소급적용하는 방법과 전진적으로 처리하는 방법의 경우 당기 인식하는 손익의 변화는 있으나, 결과적으로 두 방법 모두 회계연도 말에는 공익법인회계기준에서 인식을 요구하는 모든 자산과 부채, 순자산을 재무제표에 인식하게 된다.

공익법인회계기준

제4조(복식부기와 발생주의)

① 이 기준에 따라 회계처리 및 재무제표를 작성할 때는 발생주의 회계원칙에 따라 복식부기 방식으로 하여야 한다.

② '복식부기'란 공익법인의 자산, 부채, 순자산의 증감 및 변화과정과 그 결과를 계정과목을 통하여 대변과 차변으로 구분하여 이중기록 · 계산이 되도록 하는 부기형식을 말한다.

③ '발생주의'란 현금의 수수와는 관계없이 수익은 실현되었을 때 인식하고 비용은 발생되었을 때 인식하는 개념으로서 기간손익을 계산할 때 경제가치량의 증가나 감소의 사실이 발생한 때를 기준으로 수익과 비용을 인식하는 것을 말한다.

복식부기와 발생주의 회계

공익법인회계기준에 따라 회계처리 및 재무제표를 작성할 때는 발생주의 원칙에 따라 거래를 인식하고 복식부기 방식으로 기록하여야 한다.

본 장에서는 복식부기와 발생주의 회계에 대한 기본개념을 설명하기로 한다.

제1절 단식부기와 복식부기

① 개념

부기란 '장부기입'의 약자로 거래나 그 밖의 사건이 발생하였을 때 재산의 증감 변화를 기록, 계산, 정리하여 그 결과를 장부에 기입하는 것을 말한다.

이러한 부기의 종류는 기록방법에 따라 아래와 같이 단식부기와 복식부기로 나눈다.

구분	단식부기	복식부기
기록방법	거래를 현금의 수입과 지출이라는 하나의 관점에서 정리하는 방식	회계처리의 대상이 되는 거래의 양면성*을 파악하고, 자산, 부채, 순자산(자산-부채), 수익, 비용의 증감 및 변화과정을 계정과목을 통하여 차변과 대변으로 구분하여 이중기록 · 계산하는 방식
기록대상	"외상으로 비품을 구입한다"	
	→ 현금지출이 없으므로 기록대상이 없음(차후 외상대금 지급시 현금지출로 기록)	→ 비품이라는 자산의 증가와 미지급금이라는 부채의 증가가 있으므로 기록의 대상이 됨

구분	단식부기	복식부기
장점	간단한 작성법	• 자산, 부채 그리고 순자산의 변동원인과 그 내역을 쉽게 파악할 수 있음 • 대차평균의 원리**에 의해 장부가 적정하게 작성되었는지 자체 검증이 가능함
단점	• 일정기간 동안의 수입과 지출 총액을 계산하여 그 차액으로 현금잔액만을 파악할 수 있고 그 결과로 남는 자산, 부채, 순자산의 상태를 파악할 수 없음 • 모든 거래 내역을 전수 조사하지 않는 이상 장부가 적정하게 작성되었는지 검증할 방법이 없음	복잡한 작성법

(*) 회계처리의 대상이 되는 거래 및 그 양면성에 대해서는 '2. 복식부기에 따른 회계처리 대상'의 설명을 참조하기로 한다.
(**) 대차평균의 원리에 대해서는 '3. 분개와 대차평균의 원리'의 설명을 참조하기로 한다.

공익법인회계기준은 공익법인 회계처리의 통일성을 기하고 투명성을 높여서 기부자 등 공익법인 재무정보 이용자에게 유용한 정보를 제공하기 위하여 제정되었는데, 단식부기 방식을 적용할 경우 일정한 원리 · 원칙 없이 장부를 기록하기 때문에 이를 근거로 공익법인의 재산 및 손익상태를 파악하는 것은 불완전하고 신뢰성이 떨어진다.

이러한 이유로 공익법인회계기준에서는 단식부기를 인정하지 않고, 회계처리 및 재무제표를 작성할 때 복식부기 방식으로 하도록 규정하고 있다.

2 복식부기에 따른 회계처리 대상

복식부기에서 기록(회계처리)대상이 되는 사건을 "거래"라 하는데, 거래란 자산, 부채, 순자산, 수익, 비용의 변동을 초래하는 사건을 말한다.

예를 들어 기부자로부터 현금 ₩100,000을 기부 받았다고 한다면 현금이라는 자산이 증가하고 기부금 수익이 발생하여 자산 및 수익의 변화를 가져오므로 이런 사건은 회계상 거래가 된다.

회계상 거래에는 원인과 결과가 있다. 기부자로부터 현금을 기부 받은 거래의 경우 다음과 같이 원인과 결과로 나눌 수 있다.

"기부자로부터 기부를 받아서(원인) 현금이 증가하였다(결과)"

이를 거래의 양면성이라 하는데 복식부기에서는 이와 같은 거래의 원인과 결과를 동시에 기록해야 한다.

그리고 거래에 따라 변동되는 것은 자산, 부채, 순자산, 수익, 비용인데 이들 거래의 변동요소는 각 거래마다 결합하여 동시에 나타난다. 이들 거래의 변동요소를 거래요소라고 하며, 거래요소는 다음과 같이 8가지로 구분할 수 있다.

| 거래의 8요소 |

차변(왼쪽) 거래 요소	대변(오른쪽) 거래 요소
자산의 증가	자산의 감소
부채의 감소	부채의 증가
순자산의 감소	순자산의 증가
비용의 발생	수익의 발생

모든 거래는 양면성을 가지고 있기 때문에 반드시 차변요소와 대변요소가 포함되어 있다. 즉 모든 거래는 차변요소 4가지와 대변요소 4가지가 상호 어우러져 발생한다.

3 분개와 대차평균의 원리

거래가 발생하면 이를 거래의 양면성에 따라 차변(왼쪽)과 대변(오른쪽)으로 나누어 기록하는 방식을 "분개"라고 한다.

이때 동일한 거래를 차변과 대변에 각각 기재하기 때문에 차변과 대변의 합계액이 항상 일치하게 되는데 이를 "대차평균의 원리"라 한다.

앞서 설명한 "기부자로부터 현금 ₩100,000을 기부 받았다"는 거래를 거래의 8요소로 분석하면, 현금의 증가(자산의 증가, 차변) ₩100,000과 기부금수익의 발생(수익의 발생, 대변) ₩100,000의 두 가지 거래요소로 이루어졌음을 알 수 있다.

이를 분개하면 다음과 같다.

(차) 현금및현금성자산　　100,000　　(대) 기부금 수익　　100,000

차변 = 대변　☜ 대차평균의 원리, 자기검증 기능

그리고 복식부기에 따라 정확히 장부를 기록했다면 차변과 대변의 합계액이 항상 일치하여야 하며, 이러한 대차평균의 원리를 통해 오류에 대하여 자체적으로 검증이 가능한 것이다.

결국 회계기록이 정확하게 이루어지려면 분개를 정확하게 하여야 하고, 분개를 정확하게 하기 위해서는 거래의 내용을 '어떤 계정의', '어느 변(차변 또는 대변)에', '얼마의 금액'으로 기록할 것인가를 정확하게 결정하여야 한다.

4 단식부기와 복식부기의 비교

구체적인 사례를 통하여 단식부기와 복식부기를 비교하면 다음과 같다.

사 례

(재)공익은 2020년 12월 15일 본사의 집기비품을 외상매입하고 대금 ₩5,000,000은 3개월 후에 지급하기로 하였다(비품의 감가상각에 대한 회계처리는 고려하지 않기로 한다).

날짜	단식부기	복식부기
2020. 12. 15.	회계처리 없음	(차) 비품 5,000,000 (대) 미지급금 5,000,000 ☞ 비품(자산)이 늘어나는 동시에 미지급금(부채)이 증가 ☞ 차변에는 '자산의 증가', 대변에는 '부채의 증가'를 인식
2021. 3. 15.	비품 구입 ₩5,000,000	(차) 미지급금 5,000,000 (대) 현금및현금성자산 5,000,000 ☞ 미지급금(부채)이 감소하는 동시에 현금(자산)도 감소 ☞ 차변에는 '부채의 감소', 대변에는 '자산의 감소'를 인식

이 거래로 인한 (재)공익의 자산과 부채의 변동 상태는 다음과 같다.

날짜	단식부기		복식부기	
2020. 12. 15.	기초	자산(현금) ₩5,000,000 부채 ₩0	기초	자산(현금) ₩5,000,000 부채 ₩0
	변동	N/A	변동	(+) 비품 ₩5,000,000 (+) 미지급금 ₩5,000,000
	기말	자산(현금) ₩5,000,000 부채 ₩0	기말	자산(현금) ₩5,000,000 자산(비품) ₩5,000,000 부채(미지급금) ₩5,000,000
2021. 3. 15.	기초	자산(현금) ₩5,000,000 부채 ₩0	기초	자산(현금) ₩5,000,000 자산(비품) ₩5,000,000 부채(미지급금) ₩5,000,000
	변동	(+) 비품 ₩5,000,000 (-) 현금 ₩5,000,000	변동	(-) 현금 ₩5,000,000 (-) 미지급금 ₩5,000,000
	기말	자산(현금) ₩0	기말	자산(비품) ₩5,000,000 부채 ₩0

제2절 현금주의와 발생주의

① 개념

법인의 경영성과를 파악하기 위하여 인위적으로 1년 등의 기간으로 구분하는데, 이것을 사업연도 또는 회계연도라고 한다. 이때 특정 거래에 대한 기록을 올해 장부에 기록할지 내년 장부에 기록할지 여부에 따라 각 회계연도의 경영성과가 달라질 수 있다.

예를 들어 2020년도에 기부자가 공익법인에 10억원의 현금을 기부하기로 약정하였는데, 실제 현금이 입금된 시기는 2021년이라면 동 10억원의 기부금수익을 2020년도의 수익으로 기록하느냐 아니면 2021년도의 수익으로 기록하느냐에 따라 해당 공익법인의 경영성과가 달라지게 된다.

이러한 이유로 거래를 기록하는 시점에 대하여 일정한 기준을 둘 필요가 있는데, 그 기준은 거래를 인식하는 방법에 따라 아래와 같이 현금주의와 발생주의로 구분된다.

구분	현금주의	발생주의
거래 인식	거래가 발생한 시점과 관계없이 실제 현금이 수수된 때를 기준으로 기록하는 방식	현금의 수수 여부와 무관하게 기간손익 계산시 수익은 실현된 때, 비용은 발생된 때 인식하는 개념으로서 자산, 부채, 순자산, 수익, 비용의 증감 사실이 발생한 때를 기준으로 수익과 비용을 인식하는 방식
장점	• 절차가 간편하고 이해가 용이 • 현금흐름 파악 용이	• 재정의 투명성 · 신뢰성 · 책임성 제고 • 자기검증기능으로 회계오류 시정 • 자산 · 부채의 파악이 가능하여 재정의 실질적 건전성 확보
단점	• 장부의 적정성 검증이 불가능 • 경영성과 파악 어려움 • 자산 · 부채의 경제적 실질 가치 파악 어려움 • 감가상각비 등 기간비용 인식 불가	• 복잡한 절차 • 현금흐름 파악 어려움

공익법인회계기준에서는 공익법인 재정의 투명성 · 신뢰성 · 책임성 제고 등을 이유로 회계처리 및 재무제표를 작성할 때는 발생주의 회계원칙에 따라 복식부기 방식으로 하도록 규정하고 있다(공익법인회계기준 제4조).

다만, 공익법인의 특성에 따라 기부금수익 등에 대해서는 일부 현금주의를 적용하고 있으며 이에 대한 설명은 본서의 '제3편 제2장 사업수익'을 참조하기로 한다(공익법인회계기준 제26조).

2 현금주의와 발생주의의 비교

현금주의는 거래가 발생한 시점과 관계없이 실제 현금이 수수된 때를 기준으로 장부에 기록하기 때문에 선수금, 미수금, 미지급금 등의 계정과목이 발생하지 않고, 수익이나 비용을 기간의 경과에 따라 배분하여 인식하는 것도 불가능하다. 반면, 발생주의에 따를 경우 현금주의와 달리 선수금, 미수금, 미지급금 등의 계정과목이 발생하고, 수익과 비용을 기간의 경과에 따라 배분하여 인식하게 된다.

구분	현금주의	발생주의
미수수익 및 미수금, 미지급비용 및 미지급금	인식하지 않음	자산과 부채로 인식
선급비용 및 선급금, 선수수익 및 선수금	수익과 비용으로 인식	자산과 부채로 인식
감가상각비, 대손상각비, 기타 충당금 전입액 등	인식하지 않음	비용으로 인식
이자수익, 임대수익, 이자비용, 임대료 등	현금 수수된 때 전액 수익 또는 비용으로 인식	경과기간에 따른 수익 또는 비용 인식
현금 수수가 없는 무상 거래(현물 기부 등)	인식 안됨	이중거래로 인식(자산, 부채, 순자산, 수익, 비용의 변동)

구체적인 사례를 통하여 현금주의와 발생주의를 비교하면 다음과 같다.

사 례

(재)공익은 2020년 1월 1일 甲법인에게 사무실을 3년간(2020. 1. 1. ~ 2022. 12. 31.) 임대하기로 하고 임대차 계약을 체결하였다. 3년치 임대료 ₩36,000,000은 계약체결일(2020. 1. 1.)에 현금으로 일시에 수령하였다.

날짜	현금주의 회계처리	발생주의 회계처리
2020. 1. 1.	(차) 현금 36,000,000 (대) 임대료수익 36,000,000 ☞ 현금을 수령한 시점에 전액 수익으로 인식	(차) 현금 36,000,000 (대) 선수임대료 36,000,000 ☞ 현금수령시점에는 실제 임대가 이루어지지 않았기 때문에 수이이 아닌 부채(선수임대료)로 인식
2020. 12. 31.	회계처리 없음	(차) 선수임대료 12,000,000* (대) 임대료수익 12,000,000 (*) 36,000,000 × 12/36 ☞ 각 회계연도 말에 실제 사무실을 임대한 기간에 비례하여 수익이 인식되며, 동일한 금액의 부채가 감소
2021. 12. 31.	회계처리 없음	(차) 선수임대료 12,000,000 (대) 임대료수익 12,000,000
2022. 12. 31.	회계처리 없음	(차) 선수임대료 12,000,000 (대) 임대료수익 12,000,000

만일 상기 거래를 현금주의에 따라 회계처리하였다면, 다음과 같은 수정분개를 통하여 발생주의에 따른 회계처리로 조정 가능하다.

○ 현금주의에 따른 분개

2020. 1. 1. :	(차) 현금	36,000,000	(대) 임대료수익	36,000,000

○ 발생주의로 조정

2020. 12. 31. :	(차) 임대료수익	24,000,000 *	(대) 선수임대료	24,000,000

(*) 현금주의에 따라 인식한 임대료수익 36백만원은 3년치 임대료에 해당하므로 그 중 1년치 임대료수익인 12백만원만 2020년에 인식하고, 나머지 2년치 임대료수익인 24백만원은 선수임대료(선수수익)으로 조정한 뒤 추후 임대기간에 비례하여 수익으로 인식함.

☞ 추후 회계처리

2021. 12. 31. :	(차) 선수임대료	12,00,000	(대) 임대료수익	12,000,000
2022. 12. 31. :	(차) 선수임대료	12,00,000	(대) 임대료수익	12,000,000

회계순환과정

회계순환과정이란 거래의 발생에서 재무제표작성에 이르기까지의 모든 과정이 매 회계기간마다 반복하여 순환하는 일련의 회계처리 절차를 의미한다.

본 장에서는 '회계순환과정'에 대하여 설명하기로 한다.

제1절 개념

회계는 법인의 자산, 부채, 순자산, 수익, 비용 등 재무 정보를 제공해준다. 그런데 매일 재무 정보를 제공하기에는 너무나 많은 시간과 노력이 들기 때문에 법인은 인위적으로 일정기간을 회계기간으로 정하고 재무제표(재무상태표, 운영성과표)를 작성하여 재무 정보를 제공하게 된다.

- 회계기간 : 주로 1년 단위로 정하나, 법인의 특성에 따라 분기 또는 반기 등을 정하기도 함
- 재무상태표 : 일정시점(분기말, 반기말, 사업연도 기말 등)의 재무상태에 대한 정보를 제공함
- 운영성과표 : 일정기간(분기, 반기, 사업연도 전체 등) 동안의 운영성과에 대한 정보를 제공함

공익법인이 회계기록의 대상인 거래를 인식하여 정리하고 회계정보 이용자들에게 제공할 정보의 구체적 수단인 재무제표를 작성하기까지 많은 과정을 거쳐야 하는데, 이러한 일련의 과정을 '회계순환과정'이라 한다. 그리고 공익법인이 존속하는 한 이러한 회계순환과정을 매 회계기간마다 반복적으로 거치게 된다.

제 2 절 회계순환과정

① 회계순환과정의 흐름

회계순환과정은 다음과 같이 6단계로 구분할 수 있다.

구분	회계순환과정	내용
1단계	회계거래의 분석 및 기록	거래를 분석하고 분개장에 기록하는 단계
2단계	회계거래의 분류	분개장에 기록된 거래를 계정과목별로 분류하여 원장에 기록하는 단계
3단계	계정과목별 정보의 요약	원장에 기록된 계정과목별 총액을 한 곳에 모은 시산표를 작성하는 단계
4단계	결산분개	일정기간의 재무상태와 운영성과를 정확하게 파악하기 위하여 장부를 정리 · 마감하는 일련의 절차
5단계	회계정보의 보고	시산표상에 표시된 계정과목별 금액을 공익법인회계기준에서 정하는 방법에 따라 재무제표로 작성하는 단계
6단계	마감절차	다음 회계기간 기록을 위하여 당기 회계장부를 마감 · 정리하는 단계

| 기업의 회계순환과정 |

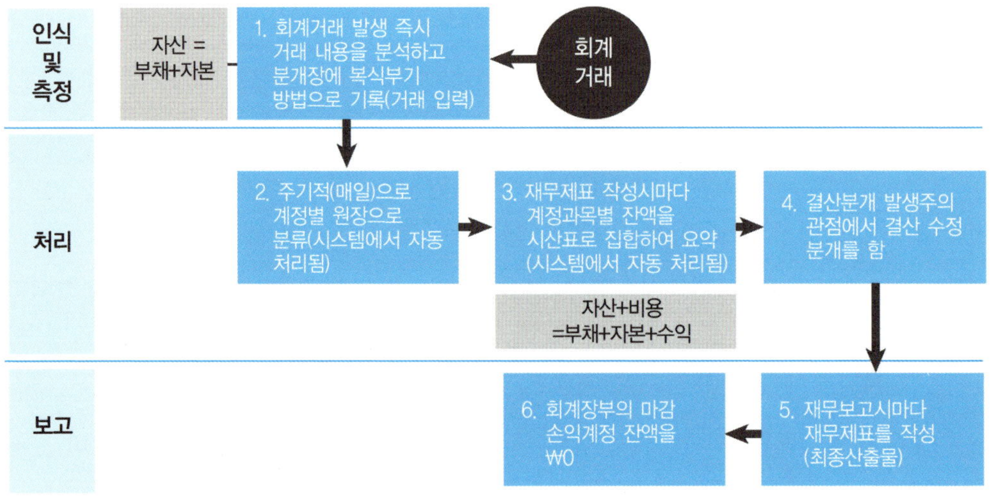

1 단계 회계거래의 분석 및 기록

회계담당자가 거래가 발생하였을 때, 이를 분석하여 공익법인의 재무상태와 운영성과에 어떤 영향을 미치는지를 파악하여 분개장에 기록하는 단계를 의미한다. 해당 단계에서는 기록대상이 되는 거래를 누락없이 기록하는 것이 중요하다.

이러한 기록은 앞서 제2장에서 살펴본 발생주의 원칙에 따른 복식부기 방식에 따른다. 즉, 거래가 발생한 시점에 거래의 8요소를 분석하여 차변과 대변에 인식할 계정과목과 금액을 파악하여 장부에 기록하게 된다.

차변(왼쪽) 거래 요소	대변(오른쪽) 거래 요소
자산의 증가	자산의 감소
부채의 감소	부채의 증가
자본의 감소	자본의 증가
비용의 발생	수익의 발생

일반적으로 해당 단계에서는 회계처리 대상거래를 발생시킨 직원이 직접 대상거래를 전표 등에 수기 또는 시스템에 입력하고 적격증빙을 갖추어 위임전결규정에 따른 결재과정을 거치면서 최종 승인권자의 승인을 득하게 된다. 승인을 득한 후 회계시스템에서 자동으로 또는 회계부서에서 일괄하여 회계처리를 하게 된다.

2 단계 계정과목별 분류

분개장에 기록한 거래를 계정과목별로 분류하여 해당 원장에 옮겨 적음으로써, 동일 유형의 거래를 계정과목별로 분류하고 모으는 단계이다. 해당 단계에서는 분개장에 기록된 거래를 계정과목별 원장에 올바르게 분류하는 것이 중요하다. 일반적으로 해당 단계는 전산으로 자동처리되는 경우가 많기 때문에 1단계에서 수행된 분석 및 기록이 정확하다면 오류는 거의 발생하지 않는다.

3 단계 계정과목별 정보의 요약

원장에 기록된 모든 계정에 대하여 기말시점 혹은 재무제표 작성 기준시점의 잔액 혹은 총액을 계산하여 그 금액을 계정과목별로 한 곳에 모아서 집계표를 만드는데 이를 시산표(trial balance)라고 한다. 따라서 시산표에는 각 계정별 잔액을 모두 한 곳에 집합표시된다.

이때 중요한 것은 대차평균의 원리에 따라 시산표상 차변(왼쪽) 합계액과 대변(오른쪽) 합계액이 일치하는지를 확인하는 것이다. 만약 일치하지 않는다면 분개나 앞서 수행한 단계 중에 오류가 발생한 것이므로 확인이 필요하다.

4 단계 결산분개

보고 기간말이 되면 공익법인은 재무제표를 만들기 전에 먼저 각 원장계정의 잔액이 발생주의 관점에서 적정한지를 검토하여 필요한 경우 수정하는 절차를 수행한다.

5 단계 회계정보의 보고

시산표상에 집계된 계정과목별 금액을 공익법인회계기준에서 정하는 방법에 따라 재무제표를 작성하는 단계로서, 각 계정과목별 금액을 자산, 부채, 순자산으로 구분하여 재무상태표를 작성하고, 또한 수익과 비용의 과목을 적절하게 배열하여 운영성과표를 완성하는 등 재무제표를 작성하는 단계이다.

공익법인의 재무제표는 재무상태표, 운영성과표, 주석으로 구성되며, 이에 대한 자세한 설명은 본서의 '제1편 제4장 재무제표'에서 설명하기로 한다.

6 단계 마감절차

다음 기간의 회계기록으로 연결시키기 위하여 당기말의 회계장부를 마감시키는 보조절차가 필요하다. 마감절차는 손익계정 등을 ₩0으로 마감하여 다음 회계기간의 기초잔액이 ₩0에서 시작할 수 있도록 정리하는 기술적 절차이다.

② 회계순환과정의 사례

구체적인 사례를 통하여 회계순환과정에 대하여 알아보고자 한다.

(재)공익의 2020년 거래내역은 다음과 같다.
① 2020년 1월 1일 현금 1천만원을 출연받았다(기본순자산에 해당).
② 2020년 3월 5일 임차인A로부터 임대료 1백만원을 수령하였다.
③ 2020년 5월 31일 비품을 구입하며 현금 50만원을 지급하였다.
④ 2020년 7월 31일 건물 보험료 10만원을 지급하였다.
⑤ 2020년 8월 8일 임차인 B로부터 임대료 2백만원을 수령하였다.
⑥ 2020년 12월 10일 비품을 구입하면서 현금 30만원을 지급하였다.
⑦ 2020년 12월 20일 비품을 구입하면서 대금 10만원은 다음달에 지급하기로 하였다.
⑧ 2020년 중 비품과 관련하여 인식하여야 할 감가상각비는 10만원으로 가정한다.

1 단계 회계거래의 분석 및 기록

분개장

일자	계정과목 및 설명	차변	대변
2020년 1월 1일	- 현금 1천만원을 출연받았다. 현금및현금성자산(자산증가) 기본순자산(순자산증가)	10,000,000	10,000,000
2020년 3월 5일	- 임차인A로부터 임대료 1백만원을 받았다. 현금및현금성자산(자산증가) 임대료수익(수익발생)	1,000,000	1,000,000
2020년 5월 31일	- 비품을 50만원에 구입하였다. 비품(자산증가) 현금및현금성자산(자산감소)	500,000	500,000
2020년 7월 31일	- 건물 보험료 10만원을 지급하였다. 보험비용(비용발생) 현금및현금성자산(자산감소)	100,000	100,000
2020년 8월 8일	- 임차인 B로부터 임대료 2백만원을 받았다. 현금및현금성자산(자산증가) 임대료수익(수익발생)	2,000,000	2,000,000
2020년 12월 10일	- 비품을 30만원에 구입하였다. 비품(자산증가) 현금및현금성자산(자산감소)	300,000	300,000
2020년 12월 20일	- 비품을 10만원에 구입하였다. 비품(자산증가) 미지급금(부채증가)	100,000	100,000

2 단계 계정과목별 분류

(1) 현금및현금성자산 원장

일자	적요	차변	대변	잔액
2020년 1월 1일	현금 출연	10,000,000		10,000,000
2020년 3월 5일	임대료 수령	1,000,000		11,000,000
2020년 5월 31일	비품구입비 지급		500,000	10,500,000
2020년 7월 31일	보험비용 지급		100,000	10,400,000
2020년 8월 8일	임대료 수령	2,000,000		12,400,000
2020년 12월 10일	비품구입비 지급		300,000	12,100,000

(2) 비품 원장

일자	적요	차변	대변	잔액
2020년 5월 31일	비품구입	500,000		500,000
2020년 12월 10일	비품구입	300,000		800,000
2020년 12월 20일	비품구입	100,000		900,000

(3) 미지급금 원장

일자	적요	차변	대변	잔액
2020년 12월 20일	비품구입비용 미지급(부채)		100,000	100,000

(4) 기본순자산 원장

일자	적요	차변	대변	잔액
2020년 1월 1일	기본순자산 수증		10,000,000	10,000,000

(5) 임대료수익 원장

일자	적요	차변	대변	잔액
2020년 3월 5일	임대료 수익		1,000,000	1,000,000
2020년 8월 8일	임대료 수익		2,000,000	3,000,000

(6) 보험료비용 원장

일자	적요	차변	대변	잔액
2020년 7월 31일	보험료 비용	100,000		100,000

3 단계 계정과목별 정보의 요약

시산표

2020년 12월 31일

(재)공익 (단위 : 원)

구분	차변	대변
현금및현금성자산	12,100,000	
비품	900,000	
미지급금		100,000
기본순자산		10,000,000
임대료수익		3,000,000
보험료비용	100,000	
합계*	13,100,000	13,100,000

차변 = 대변 ☜ 대차평균의 원리

(*) 거래가 발생하면 거래의 이중성에 의하여 차변과 대변에 같은 금액이 기입되므로, 아무리 많은 거래가 발생하더라도 계정 전체를 통하여 본다면 차변과 대변의 합계액이 일치하게 된다. 만약 차변과 대변의 합계액이 일치하지 않는다면, 이는 분개나 앞서 수행한 단계 중에 오류가 발생한 것이기 때문에 확인과 오류수정이 필요하다.

4 단계 결산분개

비품의 사용과 관련하여 실제 지출한 비용은 없지만 발생주의 원칙에 따라 사용된 기간에 비례하여 감가상각비를 비용으로 인식하여야 한다. 따라서 2020년 중 사용된 것에 비례하여 감가상각비(10만원으로 가정)를 결산단계에서 다음과 같이 추가로 인식하여야 한다.

① 회계처리

(차) 감가상각비 100,000 (대) 감가상각누계액 100,000

② 시산표에 추가 반영

수정 시산표

2020년 12월 31일

(재)공익 (단위 : 원)

구분	차변	대변
현금및현금성자산	12,100,000	
비품	900,000	
(감가상각누계액)		100,000
미지급금		100,000
기본순자산		10,000,000
임대료수익		3,000,000
보험료비용	100,000	
감가상각비	100,000	
합계	13,200,000	13,200,000

5 단계 회계정보의 보고

(아래의 운영성과표와 재무상태표는 이해를 돕기 위한 것으로 공익목적사업과 기타사업의 구분경리를 반영하지 않고, 약식으로 작성하였음)

운영성과표

2020년 1월 1일부터 2020년 12월 31일까지

(재)공익 (단위: 원)

수익		3,000,000
임대료수익	3,000,000	
비용		200,000
보험료비용	100,000	
감가상각비	100,000	
당기운영이익		2,800,000

재무상태표

2020년 12월 31일 현재

(재)공익 (단위 : 원)

자산		부채	
현금및현금성자산	12,100,000	미지급금	100,000
비품	900,000	**부채총계**	100,000
(감가상각누계액)	(100,000)	순자산	
		기본순자산	10,000,000
		보통순자산(잉여금)	2,800,000*
		순자산총계	12,800,000
자산총계	12,900,000	**부채 및 순자산총계**	12,900,000

(*) 당기운영이익은 보통순자산(잉여금)으로 적립되어 다음 회계기간으로 이월된다.

6 단계 마감절차

① 손익계정 조정

(차) 임대료 수익	3,000,000	(대)	보험료비용	100,000
			감가상각비	100,000
			당기운영이익	2,800,000

② 보통순자산(잉여금) 적립

(차) 당기운영이익	2,800,000	(대)	보통순자산	2,800,000

공익법인회계기준

제5조(재무제표)

이 기준에서 재무제표는 다음 각 호의 서류로 구성된다.

1. 재무상태표
2. 운영성과표
3. 위 제1호 및 제2호의 서류에 대한 주석

제8조(재무제표의 구분 · 통합 표시)

중요한 항목은 재무제표의 본문 또는 주석에 그 내용을 가장 잘 나타낼 수 있도록 구분하여 표시한다.

제9조(비교재무제표의 작성)

① 재무제표의 기간별 비교가능성을 제고하기 위하여 전기 재무제표상의 모든 계량정보를 당기와 비교하는 형식으로 표시한다.

② 전기 재무제표상의 비계량정보가 당기 재무제표를 이해하는데 관련된 경우에는 이를 당기의 정보와 비교하여 주석으로 기재한다.

재무제표

공익법인회계기준에서 재무제표는 재무상태표, 운영성과표, 재무상태표 및 운영성과표에 대한 주석으로 구성된다. 본 장에서는 공익법인회계기준에서 규정하고 있는 재무제표의 개념 및 종류, 작성 원칙, 작성 사례 등에 대하여 설명하기로 한다.

제1절 재무제표의 개념 및 종류

① 개념

재무제표는 법인의 재무상태와 성과를 체계적으로 표현한 재무보고서이다. 재무제표는 정보이용자들이 의사결정을 하는 데 유용한 정보(공익법인의 재무상태, 성과 및 재무상태 변동 등)를 제공하기 위하여 작성된다. 이는 앞서 제3장에서 살펴본 회계순환과정에 따라 산출된 결과물이라고 볼 수 있다.

② 재무제표의 종류

공익법인회계기준에서 재무제표는 ① 재무상태표, ② 운영성과표, ③ 재무상태표와 운영성과표에 대한 주석으로 구성된다(공익법인회계기준 제5조).

이는 영리법인의 필수 재무제표(재무상태표, 손익계산서, 자본변동표, 현금흐름표, 주석)와 비교하였을 때 다음과 같은 차이가 있다.

- 운영성과표 : 영리기업은 '이익'이라는 단일 성과지표가 존재하는 반면, 공익법인은 '이익'을 목적으로 하지 않기 때문에 자원의 유입과 유출의 성격 및 이들의 상호관계에 관한 정보와 서비스의 희생과 성취에 관한 정보가 중요하다. 따라서 공익법인에게는

'이익'을 기준으로 경영성과를 측정하는 손익계산서에 비해 공익목적사업의 활동 내역을 사업수행비용을 통해 비교적 상세하게 표현하는 운영성과표가 더 적합하다.

- 자본변동표 및 현금흐름표 : 공익법인회계기준에서는 공익법인의 재무제표 작성 비용과 노력을 경감하고자 자본변동표 및 현금흐름표의 작성을 의무화하지 않았다. 다만, 순자산에 대한 변동내역에 대해서는 주석으로 공시하여야 한다.

(1) 재무상태표

<table>
<tr><td colspan="2">재무상태표
회계연도 말 현재 공익법인이 보유하고 있는 자산, 부채 및 순자산의 구성상태를 나타내기 위해 작성되는 재무보고서</td></tr>
<tr><td rowspan="2">자산
과거의 거래나 사건의 결과로 현재 공익법인에 의해 지배되고 미래에 경제적 효익을 창출할 것으로 예상되는 자원</td><td>부채
과거의 거래나 사건의 결과로 현재 공익법인이 부담하고 있고 미래에 자원이 유출되거나 사용될 것으로 예상되는 의무</td></tr>
<tr><td>순자산
자산총액에서 부채총액을 차감한 잔여 금액</td></tr>
</table>

재무상태표는 회계연도 말 현재 공익법인의 자산, 부채 및 순자산을 표시함으로써 다음의 정보를 정보이용자 등에게 제공하는 것을 목적으로 한다(공익법인회계기준 제10조 제1항).

① 공익법인이 정관상 목적사업을 지속적으로 수행할 수 있는 능력

② 공익법인의 유동성 및 재무건전성

즉, 일정 시점 현재 기업이 보유하고 있는 경제적 자원인 자산과 경제적 의무인 부채, 그리고 순자산에 대한 정보를 제공함으로써 정보이용자들이 공익법인의 지속가능성, 재무적 탄력성, 위험 등을 평가하는 데 유용한 정보를 제공한다.

다음으로 공익법인회계기준에 따른 재무상태표의 구성요소를 구체적으로 살펴보면 다음과 같다.

<table>
<tr><td rowspan="5">자산</td><td>유동자산 :
회계연도 말부터 1년 이내에 현금화되거나 실현될 것으로 예상되는 자산</td><td colspan="2">▪ 현금및현금성자산, 단기투자자산, 매출채권, 선급비용, 미수수익, 미수금, 선급금 및 재고자산 등으로 구성
▪ 매출채권, 미수금 등에 대한 대손충당금은 해당 자산의 차감계정으로, 재고자산평가충당금은 재고자산 각 항목의 차감계정으로 재무상태표에 표시</td></tr>
<tr><td rowspan="4">비유동자산 :
유동자산을 제외한 모든 자산</td><td>투자자산</td><td>▪ 장기적인 투자 등과 같은 활동의 결과로 보유하는 자산
▪ 장기성예적금, 장기투자증권과 장기대여금 등</td></tr>
<tr><td>유형자산</td><td>▪ 재화를 생산하거나 용역을 제공하기 위하여, 또는 타인에게 임대하거나 직접 사용하기 위하여 보유한 물리적 형체가 있는 자산으로 1년을 초과하여 사용할 것으로 예상되는 자산
▪ 토지, 건물, 구축물, 기계장치, 차량운반구와 건설중인자산 등
▪ 감가상각누계액과 손상차손누계액은 각 항목의 차감계정으로 재무상태표에 표시</td></tr>
<tr><td>무형자산</td><td>▪ 재화를 생산하거나 용역을 제공하기 위하여, 또는 타인에게 임대하거나 직접 사용하기 위하여 보유한 물리적 형체가 없는 비화폐성자산
▪ 지식재산권, 개발비, 컴퓨터소프트웨어, 광업권, 임차권리금 등
▪ 상각누계액과 손상차손누계액을 취득원가에서 직접 차감한 잔액으로 재무상태표에 표시</td></tr>
<tr><td>기타비유동자산</td><td>▪ 투자자산, 유형자산 및 무형자산에 속하지 않는 비유동자산
▪ 임차보증금, 장기선급비용과 장기미수금 등</td></tr>
<tr><td>부채</td><td>유동부채 :
회계연도 말부터 1년 이내에 상환 등을 통하여 소멸할 것으로 예상되는 부채</td><td colspan="2">단기차입금, 매입채무, 미지급비용, 미지급금, 선수금, 선수수익, 예수금과 유동성장기부채 등</td></tr>
</table>

부채	비유동부채 : 유동부채(고유목적사업준비금을 부채로 인식하는 경우 유동부채와 고유목적사업준비금)를 제외한 모든 부채	장기차입금, 임대보증금과 퇴직급여충당부채 등
	고유목적사업준비금	▪ 법인세법 제29조에 따라 고유목적사업이나 지정기부금에 사용하기 위해 미리 비용으로 계상하면서 동일한 금액으로 인식한 부채 계정 ▪ 고유목적사업준비금을 부채로 인식할지 여부는 선택 가능 ▪ 유동부채 및 비유동부채와 구별하여 별도 표시
순자산	기본순자산	▪ 사용이나 처분에 '영구적 제약'이 있는 순자산 ▪ '영구적 제약'이란 법령, 정관 등에 의해 사용이나 처분시 주무관청 등의 허가가 필요한 경우를 말함
	보통순자산	▪ '기본순자산'이나 '순자산조정'이 아닌 순자산 ▪ 잉여금과 적립금(미래 특정 용도로 사용하기 위하여 적립해 두는 준비금이나 임의적립금 등)으로 구분
	순자산조정	▪ 순자산 가감성격의 항목으로서 매도가능증권평가손익, 유형자산재평가이익 등

(2) 운영성과표

운영성과표는 해당 회계연도의 모든 수익과 비용을 표시함으로써 다음 각 호의 정보를 제공하는 것을 목적으로 한다(공익법인회계기준 제23조 제1항).

① 공익법인의 사업 수행 성과

② 관리자의 책임 수행 정도

공익법인회계기준에 따른 운영성과표의 구성요소를 구체적으로 살펴보면 다음과 같다.

<table>
<tr><td colspan="3">운영성과표
해당 회계연도의 공익법인의 사업 수행 성과와 관리자의 책임 수행 정도에 대한 정보를 제공해 주는 재무보고서</td></tr>
<tr><td rowspan="2">사업수익 :
공익목적사업과 기타사업의 결과 경상적으로 발생하는 자산의 증가 또는 부채의 감소</td><td>공익목적사업 수익</td><td>기부금수익, 보조금수익, 회비수익, 공연수익 등</td></tr>
<tr><td>기타사업수익</td><td>▪ 공익목적사업 외의 사업수익
▪ 구분표시가 요구되지 않지만, 공익법인이 필요하다고 판단하는 경우 그 구분정보를 본문 표시 또는 주석 기재 가능</td></tr>
<tr><td rowspan="2">사업비용 :
공익목적사업과 기타사업의 결과 경상적으로 발생하는 자산의 감소 또는 부채의 증가</td><td>공익목적사업 비용</td><td>▪ 사업수행비용, 일반관리비용, 모금비용으로 구분
▪ 상기 비용은 다시 분배비용, 인력비용, 시설비용, 기타비용 등으로 구분하고, 분석 정보를 본문 표시 또는 주석 기재</td></tr>
<tr><td>기타사업비용</td><td>▪ 공익목적사업비용 외의 사업비용
▪ 구분표시가 요구되지 않지만, 공익법인이 필요하다고 판단하는 경우 그 구분정보(예: 매출원가, 판매관리비 등)를 본문 표시 또는 주석 기재 가능</td></tr>
<tr><td>사업외수익</td><td colspan="2">▪ 사업수익이 아닌 수익 또는 차익
▪ 유형 · 무형자산처분이익, 유형 · 무형자산손상차손환입, 전기오류수정이익 등
▪ 이자수익, 배당수익, 금융자산처분손익 등이 공익목적사업의 주된 원천이 되는 경우 사업수익으로 구분</td></tr>
<tr><td>사업외비용</td><td colspan="2">▪ 사업비용이 아닌 비용 또는 차손
▪ 유형 · 무형자산처분손실, 유형 · 무형자산손상차손, 유형자산재평가손실, 기타의 대손상각비, 전기오류수정손실 등</td></tr>
<tr><td>고유목적사업준비금 전입액</td><td colspan="2">▪ 고유목적사업준비금을 부채로 인식하는 회계정책과 부채로 인식하지 않는 회계정책 중 하나를 선택 가능
▪ 공익법인이 법인세법에 따라 수익사업부문에서 발생한 소득 중 일부를 고유목적사업부문이나 지정기부금에 지출하기 위하여 적립한 금액
▪ 고유목적사업준비금전입액을 비용으로 인식한 경우 이에 상응하여 동일한 금액을 '고유목적사업준비금'이라는 부채로 인식</td></tr>
<tr><td>고유목적사업준비금 환입액</td><td colspan="2">▪ 고유목적사업준비금이 법인세법에 따라 수익사업부문에서 고유목적사업부문에 전출되어 목적사업에 사용되었거나 미사용되어 임의 환입된 금액</td></tr>
<tr><td>법인세비용</td><td colspan="2">▪ 법인세법에 따라 납부하여야 할 법인세 관련 비용
▪ 일반기업회계기준 제22장 '법인세회계'와 제31장 '중소기업 회계처리 특례' 중 선택 가능</td></tr>
<tr><td>당기운영이익(손실)</td><td colspan="2">상기 모든 수익에서 비용 등을 차감하여 계산한 잔액</td></tr>
</table>

(3) 주석

주석이란 재무제표 본문(재무상태표, 운영성과표)과 관련된 다음의 정보 등을 추가하여 기재하는 것을 말한다(공익법인회계기준 제40조).

① 전반적인 이해를 돕는 일반사항에 관한 정보

② 재무제표 본문에 표시된 항목을 구체적으로 설명하거나 세분화하는 정보

③ 재무제표 본문에 표시할 수 없는 회계사건 및 그 밖의 사항으로 재무제표에 중요한 영향을 미치거나 재무제표의 이해를 위하여 필요하다고 판단되는 정보

주석은 필수적 기재사항과 선택적 기재사항으로 구분되는데, 이에 대한 자세한 설명은 본서의 '제4편 주석'을 참고하기로 한다.

제2절 재무제표의 작성

1 재무제표의 작성원칙

(1) 보고실체

공익법인회계기준에 따라 재무제표를 작성할 때에는 공익법인 전체를 하나의 보고실체로 보고 작성하여야 한다(공익법인회계기준 제3조). 재무상태표 및 운영성과표의 작성단위에 대해서는 본서의 '제1편 제1장 공익법인회계기준의 이해'에서 설명하고 있다.

(2) 재무제표의 구분 · 통합표시

재무제표 작성시 성격이나 금액이 중요한 항목은 재무제표의 본문 또는 주석에 그 내용을 가장 잘 나타낼 수 있도록 구분하여 표시하되, 중요하지 않은 항목은 성격이나 기능이 유사한 항목과 통합하여 표시할 수 있다(공익법인회계기준 제8조 및 일반기업회계기준 제2장 문단 2.9).

아래와 같은 자산을 보유하고 있는 상황에서 유사한 성격의 자산인 정기예금과 유가증권은 개별 항목의 중요성에 따라 각각 구분표시하거나 '단기투자자산'이라는 항목으로 통합표시할 수 있음.

구분표시		통합표시	
당좌자산		당좌자산	
현금및현금성자산	100	현금및현금성자산	100
정기예금	*500*	*단기투자자산*	*1000*
유가증권	*500*	......	
......			

(3) 비교재무제표의 작성

재무제표의 기간별 비교가능성을 제고하기 위하여 전기 재무제표상의 모든 계량정보를 당기와 비교하는 형식으로 비교재무제표를 작성하여야 한다. 그리고 전기 재무제표상의 비계량 정보가 당기 재무제표를 이해하는 것과 관련된 경우에는 이를 당기의 정보와 비교하여 주석으로 기재한다(공익법인회계기준 제9조).

다만, 공익법인회계기준이 최초 적용되는 재무제표에 대하여는 제9조에 따른 비교재무제표를 작성하지 아니할 수 있다(공익법인회계기준 부칙 제3조).

2 재무제표의 작성과 양식

재무제표는 이해하기 쉽도록 간단하고 명료하게 표시하여야 하며, 공익법인회계기준 별지 서식에 예시된 재무제표의 양식을 참조하여 작성한다. 이때 각 재무제표에서 예시하고 있는 계정과목명보다 내용을 잘 나타내는 계정과목명이 있을 경우에는 그 계정과목명을 사용할 수 있다(일반기업회계기준 제2장 문단 2.15).

(1) 재무상태표

재무상태표에는 회계연도 말 현재 공익법인의 모든 자산, 부채 및 순자산을 적정하게 표시하여야 하며, 공익법인회계기준에서 예시하고 있는 다음의 재무상태표의 양식을 참조하여 작성한다(공익법인회계기준 별지 제1호 서식).

[별지 제1호 서식] (2017. 12. 13. 제정)

재 무 상 태 표

제×기 20××년×월×일 현재

제×기 20××년×월×일 현재

공익법인명 (단위 : 원)

과 목	당 기			전 기		
	통합	공익목적사업	기타사업	통합	공익목적사업	기타사업
자 산						
유동자산	×××	×××	×××	×××	×××	×××
현금및현금성자산	×××	×××	×××	×××	×××	×××
단기투자자산	×××	×××	×××	×××	×××	×××
매출채권	×××	×××	×××	×××	×××	×××
(-) 대손충당금	(×××)	(×××)	(×××)	(×××)	(×××)	(×××)
선급비용	×××	×××	×××	×××	×××	×××
미수수익	×××	×××	×××	×××	×××	×××
미수금	×××	×××	×××	×××	×××	×××
(-) 대손충당금	(×××)	(×××)	(×××)	(×××)	(×××)	(×××)
선급금	×××	×××	×××	×××	×××	×××
재고자산	×××	×××	×××	×××	×××	×××
……	×××	×××	×××	×××	×××	×××
비유동자산	×××	×××	×××	×××	×××	×××
투자자산	×××	×××	×××	×××	×××	×××
장기성예적금	×××	×××	×××	×××	×××	×××
장기투자증권	×××	×××	×××	×××	×××	×××
장기대여금	×××	×××	×××	×××	×××	×××
……	×××	×××	×××	×××	×××	×××
유형자산	×××	×××	×××	×××	×××	×××
토지	×××	×××	×××	×××	×××	×××
건물	×××	×××	×××	×××	×××	×××
(-) 감가상각누계액	(×××)	(×××)	(×××)	(×××)	(×××)	(×××)
구축물	×××	×××	×××	×××	×××	×××
(-) 감가상각누계액	(×××)	(×××)	(×××)	(×××)	(×××)	(×××)
기계장치	×××	×××	×××	×××	×××	×××
(-) 감가상각누계액	(×××)	(×××)	(×××)	(×××)	(×××)	(×××)
차량운반구	×××	×××	×××	×××	×××	×××
(-) 감가상각누계액	(×××)	(×××)	(×××)	(×××)	(×××)	(×××)
건설중인자산	(×××)	(×××)	(×××)	(×××)	(×××)	(×××)
……	×××	×××	×××	×××	×××	×××
무형자산	×××	×××	×××	×××	×××	×××
지식재산권	×××	×××	×××	×××	×××	×××
개발비	×××	×××	×××	×××	×××	×××

컴퓨터소프트웨어	×××	×××	×××	×××	×××	×××
광업권	×××	×××	×××	×××	×××	×××
임차권리금	×××	×××	×××	×××	×××	×××
……	×××	×××	×××	×××	×××	×××
기타비유동자산	×××	×××	×××	×××	×××	×××
임차보증금	×××	×××	×××	×××	×××	×××
장기선급비용	×××	×××	×××	×××	×××	×××
장기미수금	×××	×××	×××	×××	×××	×××
……	×××	×××	×××	×××	×××	×××
자 산 총 계	×××	×××	×××	×××	×××	×××
부 채						
유동부채	×××	×××	×××	×××	×××	×××
단기차입금	×××	×××	×××	×××	×××	×××
매입채무	×××	×××	×××	×××	×××	×××
미지급비용	×××	×××	×××	×××	×××	×××
미지급금	×××	×××	×××	×××	×××	×××
선수금	×××	×××	×××	×××	×××	×××
선수수익	×××	×××	×××	×××	×××	×××
예수금	×××	×××	×××	×××	×××	×××
유동성장기부채	×××	×××	×××	×××	×××	×××
……	×××	×××	×××	×××	×××	×××
비유동부채	×××	×××	×××	×××	×××	×××
장기차입금	×××	×××	×××	×××	×××	×××
임대보증금	×××	×××	×××	×××	×××	×××
퇴직급여충당부채	×××	×××	×××	×××	×××	×××
(-) 퇴직연금운용자산	(×××)	(×××)	(×××)	(×××)	(×××)	(×××)
……	×××	×××	×××	×××	×××	×××
고유목적사업준비금	×××	×××	×××	×××	×××	×××
부 채 총 계	×××	×××	×××	×××	×××	×××
순자산[*1]						
기본순자산	×××	×××	×××	×××	×××	×××
보통순자산	×××	×××	×××	×××	×××	×××
적립금	×××	×××	×××	×××	×××	×××
잉여금	×××	×××	×××	×××	×××	×××
순자산조정	×××	×××	×××	×××	×××	×××
순 자 산 총 계	×××	×××	×××	×××	×××	×××
부채 및 순자산 총계	×××	×××	×××	×××	×××	×××

(2) 운영성과표

운영성과표는 그 회계연도에 속하는 모든 수익 및 이에 대응하는 모든 비용을 적정하게 표시하여야 하며, 공익법인회계기준에서 예시하고 있는 다음의 운영성과표의 양식을 참조하여 작성한다(공익법인회계기준 별지 제2호 서식).

[별지 제2호 서식] (2017. 12. 13. 제정)

운 영 성 과 표

제×기 20××년×월×일부터 20××년×월×일까지
제×기 20××년×월×일부터 20××년×월×일까지

공익법인명 (단위 : 원)

과 목	당 기			전 기		
	통합	공익목적사업	기타사업	통합	공익목적사업	기타사업
사업수익	×××	×××	×××	×××	×××	×××
기부금수익	×××	×××	-	×××	×××	-
보조금수익	×××	×××	-	×××	×××	-
회비수익	×××	×××	-	×××	×××	-
투자자산수익	×××	×××	-	×××	×××	-
매출액	×××	×××	-	×××	×××	-
……	×××	×××	-	×××	×××	-
사업비용[*2]	×××	×××	×××[*3]	×××	×××	×××[*3]
사업수행비용	×××	×××	-	×××	×××	-
○○사업수행비용	×××	×××	-	×××	×××	-
△△사업수행비용	×××	×××	-	×××	×××	-
……	×××	×××	-	×××	×××	-
일반관리비용	×××	×××	-	×××	×××	-
모금비용	×××	×××	-	×××	×××	-
……	×××	-	×××	×××	-	×××
사업이익(손실)	×××	×××	×××	×××	×××	×××
사업외수익	×××	×××	×××	×××	×××	×××
유형자산손상차손환입	×××	×××	×××	×××	×××	×××
유형자산처분이익	×××	×××	×××	×××	×××	×××
무형자산손상차손환입	×××	×××	×××	×××	×××	×××
무형자산처분이익	×××	×××	×××	×××	×××	×××
전기오류수정이익	×××	×××	×××	×××	×××	×××
…..	×××	×××	×××	×××	×××	×××
사업외비용	×××	×××	×××	×××	×××	×××
기타의 대손상각비	×××	×××	×××	×××	×××	×××
유형자산손상차손	×××	×××	×××	×××	×××	×××
유형자산처분손실	×××	×××	×××	×××	×××	×××
유형자산재평가손실[*4]	×××	×××	×××	×××	×××	×××
무형자산손상차손	×××	×××	×××	×××	×××	×××
무형자산처분손실	×××	×××	×××	×××	×××	×××
전기오류수정손실	×××	×××	×××	×××	×××	×××
……	×××	×××	×××	×××	×××	×××
고유목적사업준비금전입액	×××	×××	×××	×××	×××	×××
고유목적사업준비금환입액	×××	×××	×××	×××	×××	×××
법인세비용차감전 당기운영이익(손실)	×××	×××	×××	×××	×××	×××
법인세비용	×××	×××	×××	×××	×××	×××
당기운영이익(손실)	×××	×××	×××	×××	×××	×××

(3) 주석

주석기재는 재무제표 이용자의 이해와 편의를 도모하기 위하여 다음의 방법에 따라 체계적으로 작성하여야 하며, 공익법인회계기준에서 상기 [별지 제1호 서식]과 [별지 제2호 서식]과 관련하여 예시하고 있는 아래의 주석을 참조하여 작성한다(공익법인회계기준 별지 제1호 서식 및 제2호 서식의 주석).

*1 순자산의 변동에 관한 사항은 아래와 같이 주석으로 기재한다.

과 목	통합				공익목적사업부문				기타사업부문			
	기본순자산	보통순자산 적립금	보통순자산 잉여금	순자산조정	기본순자산	보통순자산 적립금	보통순자산 잉여금	순자산조정	기본순자산	보통순자산 적립금	보통순자산 잉여금	순자산조정
전기초	×××	×××	×××	×××	×××	×××	×××	×××	×××	×××	×××	×××
회계정책변경누적효과	(×××)	(×××)	(×××)	(×××)	(×××)	(×××)	(×××)	(×××)	(×××)	(×××)	(×××)	(×××)
전기오류수정	(×××)	(×××)	(×××)	(×××)	(×××)	(×××)	(×××)	(×××)	(×××)	(×××)	(×××)	(×××)
수정후 순자산	×××	×××	×××	×××	×××	×××	×××	×××	×××	×××	×××	×××
기본순자산증감	×××		(×××)		×××		(×××)		×××		(×××)	
당기운영이익(손실)			×××				×××				×××	
매도가능증권평가이익				×××				×××				×××
유형자산재평가이익				×××				×××				×××
적립금 전입		×××	(×××)			×××	(×××)			×××	(×××)	
......	×××	×××	×××	×××	×××	×××	×××	×××	×××	×××	×××	×××
전기말	×××	×××	×××	×××	×××	×××	×××	×××	×××	×××	×××	×××
당기초	×××	×××	×××	×××	×××	×××	×××	×××	×××	×××	×××	×××
회계정책변경누적효과	(×××)	(×××)	(×××)	(×××)	(×××)	(×××)	(×××)	(×××)	(×××)	(×××)	(×××)	(×××)
전기오류수정	(×××)	(×××)	(×××)	(×××)	(×××)	(×××)	(×××)	(×××)	(×××)	(×××)	(×××)	(×××)
수정후 순자산	×××	×××	×××	×××	×××	×××	×××	×××	×××	×××	×××	×××
기본순자산증감	×××		(×××)		×××		(×××)		×××		(×××)	
당기운영이익(손실)			×××				×××				×××	
매도가능증권평가이익				×××				×××				×××
유형자산재평가이익				×××				×××				×××
적립금 전입		×××	(×××)			×××	(×××)			×××	(×××)	
......	×××	×××	×××	×××	×××	×××	×××	×××	×××	×××	×××	×××
당기말	×××	×××	×××	×××	×××	×××	×××	×××	×××	×××	×××	×××

*2 사업비용의 기능별 구분과 성격별 구분에 관한 정보를 아래와 같이 주석으로 기재한다.

〈주석기재 예시〉

주석 YY. 사업비용의 성격별 구분

운영성과표에는 사업비용이 기능별로 구분되어 표시되어 있습니다. 이를 다시 성격별로 구분한 내용은 다음과 같습니다.

	분배비용	인력비용	시설비용	기타비용	합계
공익목적사업비용	×××	×××	×××	×××	×××
사업수행비용	×××	×××	×××	×××	×××
일반관리비용	-	×××	×××	×××	×××
모금비용	-	×××	×××	×××	×××
기타사업비용	-	×××	×××	×××	×××
합계	-	×××	×××	×××	×××

※ 분배비용이 없는 공익법인은 해당 계정을 삭제할 수 있다.
또는 공익법인이 선택에 따라 위 정보를 운영성과표 본문에 다음과 같이 직접 표시할 수도 있다.

Ⅰ. **공익목적사업비용**	(×××)
1. **사업수행비용**	(×××)
분배비용	(×××)
인력비용	(×××)
시설비용	(×××)
기타비용	(×××)
2. **일반관리비용**	(×××)
인력비용	(×××)
시설비용	(×××)
기타비용	(×××)
3. **모금비용**	(×××)
인력비용	(×××)
시설비용	(×××)
기타비용	(×××)
Ⅱ. **기타사업비용**	(×××)
인력비용	(×××)
시설비용	(×××)
기타비용	(×××)

*3 공익법인회계기준 제27조 제6항에 따라 기타사업비용을 더 상세하게 구분한 정보를 주석으로 기재할 수 있다. 예를 들어, 기타사업비용을 매출원가와 판매관리비로 구분하여 주석으로 기재할 수 있다.

*4 유형자산재평가손실은 사업외비용으로 표시한다.

제3절 재무제표 작성사례

사례를 통하여 공익법인의 회계처리 및 전반적인 재무제표 작성방법에 대하여 살펴보도록 하자.

기본사항

(재)공익은 장학금 지원을 목적으로 현금 10억원, 건물 4억원, 주식 1억원을 영리법인으로부터 출연받아 2020년 1월 2일 재단법인으로 설립되었다. 설립시 (재)공익은 기본재산을 12억원(구성자산은 현금 7억원, 건물 4억원, 주식 1억원), 보통재산을 3억원(현금 3억원)으로 하여 설립허가를 받았고, 현금 중 기본재산은 정기예금으로 보통재산은 보통예금으로 예치하였다.

거래내역

(재)공익의 2020년 거래 내역은 다음과 같다(법인세 등 세금은 고려하지 않기로 함).

① 2020년 1월 5일 사무실 임차보증금으로 1억원을 지급하고 매월 임차료 1백만원을 매달 말일에 지급하기로 계약하였다. 장학사업부서, 임대사업부서, 모금부서, 일반관리부서의 면적 사용비율은 3:1:1:1로 가정한다.

② 출연받은 건물은 출연시점에 전부 임대사업용으로 사용된다. 매월 15일 임대수익으로 4백만원이 입금되며, 동 건물관리비로 2020년 한 해 동안 2백만원이 지출되었다.

③ 직원 6인의 인건비로 인당 1백만원씩 총 6백만원이 매월 25일에 지급된다(소득세 등 원천징수는 고려하지 않음). 직원 중 3인은 장학사업활동, 1인은 모금활동, 1인은 임대사업활동, 나머지 1인은 일반관리업무를 수행한다.

④ 2020년 1월 5일 장학사업용 컴퓨터와 집기비품으로 25,000,000원을 지출하였다.

⑤ 2020년 2월 1일 장학금 수혜자 모집을 위하여 광고비 3,000,000원을 지출하였다.

⑥ 2020년 3월 3일 장학금 150,000,000원을 지급하였다.

⑦ 2020년 3월 7일 직원 워크샵 비용으로 600,000원을 지출하였다.

⑧ 2020년 5월 5일 공익목적사업으로 보조금 30,000,000원을 지급받았다.

⑨ 2020년 12월 10일 장학금 모금행사로 개인들로부터 80,000,000원을 모금하였다.

⑩ 2020년 12월 10일 장학금 모금행사비로 7,000,000원을 사용하였으나 법인카드로 결제

하여 2020년 1월 중 카드 대금이 지급될 예정이다.

⑪ 2020년 12월 30일 현금이자수입 25,000,000원이 발생되었으며, 미수이자 1,000,000원이 발생하였다.

⑫ 2020년 12월 31일 기준 출연받은 주식의 평가가액이 취득가액 대비 5,000,000원 증가하였다.

⑬ 2020년 12월 31일 공익목적사업 관련 잡이익 50,000원과 잡손실 30,000원이 발생하였다.

⑭ 기타 내역

- 2020년 12월 31일 현재 현금과 예금 잔액은 다음과 같다.

  정기예금　　　　700,000,000원

  보통예금　　　　118,520,000원

- 임대용 건물은 40년간 정액법으로, 그 외 감가상각자산은 5년간 정액법으로 감가상각하기로 한다.
- 기타사업부문에서 고유목적사업준비금을 세법상 한도액인 36,950,000원 만큼 전입하고 전액 현금으로 공익목적사업부문으로 대체하였다.
- 일반관리부서는 장학사업만을 위하여 활동함을 가정하고 개별 언급된 사항 외 공통비용의 안분비율은 (장학사업부서, 임대사업부서, 모금부서, 일반관리부서=3:1:1:1)로 가정한다.

과제

(재)공익의 2020년 거래에 대한 복식부기 방식의 분개와 2020년 12월 31일 기준 재무상태표와 운영성과표를 작성하시오.

풀이

1. 회계처리

(1) 기초 분개(설립시점 분개)

(공익목적사업부문)

(차)	현금및현금성자산(자산)	300,000,000	(대) 기부금수익(수익)	300,000,000
(차)	매도가능금융자산(자산)	100,000,000	(대) 기본순자산(순자산)	1,200,000,000
	건물(자산)	400,000,000		
	정기예금(자산)	700,000,000		

(차) 수익사업출자금(자산:내부거래)	1,200,000,000	(대) 매도가능금융자산(자산)	100,000,000
건물(자산)	400,000,000		
정기예금(자산)	700,000,000		

(기타사업부문)

(차) 매도가능금융자산(자산)	100,000,000	(대) 기본순자산(순자산: 내부거래)	1,200,000,000
건물(자산)	400,000,000		
정기예금(자산)	700,000,000		

(2) 기중 분개

① 사무실 임차 관련(공익목적사업부문)

▪ 2020년 1월 5일

(차) 임차보증금(자산)	100,000,000	(대) 현금및현금성자산(자산)	100,000,000

▪ 2020년 1월 31일 ~ 2020년 12월 31일(매월 말일마다 동일한 분개를 하여야 함)

(차) 임차료(비용)	1,000,000	(대) 현금및현금성자산(자산)	1,000,000

② 건물 임대사업 관련 (기타사업부문)

▪ 2020년 1월 15일 ~ 2020년 12월 15일(매월 15일마다 동일한 분개를 하여야 함)

(차) 현금및현금성자산(자산)	4,000,000	(대) 임대수익(수익)	4,000,000

▪ 건물관리비

(차) 건물관리비	2,000,000	(대) 현금및현금성자산(자산)	2,000,000

③ 직원 인건비 관련(공익목적사업부문 & 기타사업부문)

▪ 2020년 1월 25일 ~ 2020년 12월 25일(매월 25일마다 동일한 분개를 하여야 함)

(차) 급여(비용)	6,000,000[2)]	(대) 현금및현금성자산(자산)	6,000,000

④ 그 밖의 거래(공익목적사업부문 & 기타사업부문)

▪ 2020년 1월 5일

(차) 비품(자산)	25,000,000	(대) 현금및현금성자산(자산)	25,000,000

▪ 2020년 2월 1일

(차) 광고선전비(비용)	3,000,000	(대) 현금및현금성자산(자산)	3,000,000

▪ 2020년 3월 3일

(차) 장학사업비(비용)	150,000,000	(대) 현금및현금성자산(자산)	150,000,000

2) 급여 지급시 종업원분에 해당하는 국민연금, 고용보험, 건강보험, 소득세가 예수되고 다음달에 지출되나 이에 대한 회계처리는 생략하였다.

- 2020년 3월 7일

(차) 교육훈련비(비용)	600,000	(대) 현금및현금성자산(자산)	600,000

- 2020년 5월 5일

(차) 현금및현금성자산(자산)	30,000,000	(대) 보조금수익	30,000,000

- 2020년 12월 10일

(차) 현금및현금성자산(자산)	80,000,000	(대) 기부금수익(수익)	80,000,000

- 2020년 12월 10일

(차) 모금행사비(비용)	7,000,000	(대) 미지급금(부채)	7,000,000

- 2020년 12월 30일

(차) 현금및현금성자산(자산)	25,000,000[3)]	(대) 이자수익(수익)	25,000,000
(차) 미수이자(자산)	1,000,000	(대) 이자수익(수익)	1,000,000

- 2020년 12월 31일

(차) 현금및현금성자산(자산)	50,000	(대) 잡이익(수익)	50,000
(차) 잡손실(비용)	30,000	(대) 현금및현금성자산(자산)	30,000

(3) 기말 결산분개

① 감가상각비

- 2020년 12월 31일

(공익목적사업부문)

(차) 감가상각비(비용)	5,000,000[4)]	(대) 감가상각누계액(자산차감)	5,000,000

(기타사업부문)

(차) 감가상각비(비용)	10,000,000[5)]	(대) 감가상각누계액(자산차감)	10,000,000

② 고유목적사업준비금

- 2020년 12월 31일

---

3) 이자소득은 은행에서 원천징수를 한 후 잔액만을 수령하게 되나 동 사례에서는 이를 반영하지 않았다.

4) 실제 비용을 지출한 것은 아니지만 발생주의 원칙에 따라 자산을 사용한 회계연도에 그에 대응되는 비용을 감가상각비로 인식하는 것으로서, 공익목적사업부문에서 구입한 비품 25,000,000을 5년간 정액법 상각하여 감가상각비 5,000,000원을 계상한다.

5) 감가상각 대상 자산인 건물 400,000,000을 40년 간 정액법 상각하여 감가상각비 10,000,000원을 계상한다. 이 경우 건물과 두 비품을 모두 1월 중에 취득하였기 때문에 월할 계산하지 않는다. 동 내용은 본서의 '제2편 제10장 유형자산'에서 설명하기로 한다.

(기타사업부문)

(차)고유목적사업준비금전입액(비용) 35,950,000[6] (대) 고유목적사업준비금(부채) 35,950,000

(차)고유목적사업준비금(부채) 35,950,000 (대) 현금및현금성자산 35,950,000

(공익목적사업부문)

(차)현금및현금성자산 35,950,000 (대) 고유목적사업준비금(부채) 35,950,000

③ 매도가능금융자산 평가

▪ 2020년 12월 31일

(기타사업부문)

(차)매도가능금융자산(자산) 5,000,000 (대) 매도가능금융자산평가이익(순자산조정) 5,000,000

2. 재무제표 작성

재무상태표[7]

2020년 12월 31일 현재

(재)공익 (단위 : 원)

과 목	당기		
	통합	공익목적사업	기타사업
자산			
유동자산	819,420,000	97,470,000	721,950,000
현금및현금성자산	818,420,000	97,470,000	720,950,000
미수이자	1,000,000		1,000,000
비유동자산	615,000,000	1,320,000,000	495,000,000
투자자산	105,000,000	1,200,000,000	105,000,000
매도가능금융자산	105,000,000		105,000,000
수익사업출자금(내부)		1,200,000,000	
유형자산	410,000,000	20,000,000	390,000,000
건물	400,000,000		400,000,000
(감가상각누계액)	(10,000,000)		(10,000,000)
비품	25,000,000	25,000,000	
(감가상각누계액)	(5,000,000)	(5,000,000)	
기타비유동자산	100,000,000	100,000,000	-

6) 이자수익 26,000,000 - 미수수익 1,000,000 = 25,000,000은 100% 고유목적사업준비금 설정하고 임대사업소득인 48,000,000 - 26,100,000 = 21,900,000의 50% 만큼 고유목적사업준비금 설정하기로 한다.

7) 비교재무제표는 작성하지 아니하였고, 동 사례에 대한 주석 작성은 생략하였다.

과 목	당기		
	통합	공익목적사업	기타사업
임차보증금	100,000,000	100,000,000	
자산총계	1,434,420,000	1,417,470,000	1,216,950,000
부채			
유동부채	7,000,000	7,000,000	–
미지급금	7,000,000	7,000,000	–
고유목적사업준비금	35,950,000	35,950,000	
부채총계	42,950,000	42,950,000	–
순자산			
기본순자산	1,200,000,000	1,200,000,000	1,200,000,000
보통순자산	186,470,000	174,520,000	11,950,000
미처분잉여금	186,470,000	174,520,000	11,950,000
순자산조정	5,000,000		5,000,000
매도가능증권평가이익	5,000,000		5,000,000
순자산총계	1,391,470,000	1,374,520,000	1,216,950,000
부채와 순자산총계	1,434,420,000	1,417,470,000	1,216,950,000

운영성과표

2020년 1월 2일부터 2020년 12월 31일까지

(재)공익 (단위: 원)

과 목	당기		
	통합	공익목적사업	기타사업
사업수익	484,000,000	410,000,000	74,000,000
기부금수익	380,000,000	380,000,000	–
보조금수익	30,000,000	30,000,000	
이자수익	26,000,000	–	26,000,000
임대수익	48,000,000	–	48,000,000
사업비용*	261,600,000	235,500,000	26,100,000
공익목적사업비용	235,500,000	235,500,000	–
장학사업수행비용	200,300,000	200,300,000	–
일반관리비용	14,100,000	14,100,000	–
모금비용	21,100,000	21,100,000	–
기타사업비용	26,100,000	–	26,100,000

과 목	당기		
	통합	공익목적사업	기타사업
사업이익(손실)	222,400,000	174,500,000	47,900,000
사업외수익	50,000	50,000	
잡이익	50,000	50,000	
사업외비용	30,000	30,000	
잡손실	30,000	30,000	
고유목적사업준비금전입액	35,950,000	–	35,950,000
당기운영이익(손실)	186,470,000	174,520,000	11,950,000

(*) 1. 사업비용의 계정과목별 안분(공익법인회계기준에서 요구하는 양식은 아님)

구분	총 발생금액	장학사업수행비용	일반관리비용	모금비용	임대사업비용
광고선전비	3,000,000	3,000,000	–	–	–
장학사업비	150,000,000	150,000,000	–	–	–
모금행사비	7,000,000	–	–	7,000,000	–
급여**	72,000,000	36,000,000	12,000,000	12,000,000	12,000,000
교육훈련비**	600,000	300,000	100,000	100,000	100,000
지급임차료**	12,000,000	6,000,000	2,000,000	2,000,000	2,000,000
건물관리비	2,000,000		–	–	2,000,000
감가상각비	15,000,000	5,000,000	–	–	10,000,000
합계	261,600,000	200,300,000	14,100,000	21,100,000	26,100,000

(**) 공통비용 안분비율 : (장학사업부서, 임대사업부서, 모금부서, 일반관리부서=3:1:1:1)

(*) 2. 사업비용의 성격별 안분(공익법인회계기준 상 주석기재사항)

구분	분배비용	인력비용	시설비용	기타비용	합계
공익목적사업비용	150,000,000	60,500,000	10,000,000	15,000,000	235,500,000
사업수행비용	150,000,000	36,300,000	6,000,000	8,000,000	200,300,000
일반관리비용		12,100,000	2,000,000	–	14,100,000
모금비용		12,100,000	2,000,000	7,000,000	21,100,000
기타사업비용	–	12,100,000	14,000,000	–	26,100,000
합계	150,000,000	72,600,000	24,000,000	15,000,000	261,600,000

공익법인회계기준

제7조(회계정책, 회계추정의 변경 및 오류수정)

① 재무제표를 작성할 때 채택한 회계정책이나 회계추정은 비슷한 종류의 사건 또는 거래의 회계처리에도 동일하게 적용한다.

② '회계정책의 변경'이란 재무제표의 작성에 적용하던 회계정책을 다른 회계정책으로 바꾸는 것을 말한다.

③ 이 기준에서 변경을 요구하거나, 회계정책의 변경을 반영한 재무제표가 신뢰성 있고 더 목적적합한 정보를 제공하는 경우에만 회계정책을 변경할 수 있다.

④ '회계추정의 변경'이란 환경의 변화, 새로운 정보의 입수 또는 경험의 축적에 따라 회계적 추정치의 근거와 방법 등을 바꾸는 것을 말한다. 이 경우 회계추정에는 대손의 추정, 감가상각자산에 내재된 미래 경제적 효익의 예상되는 소비형태의 유의적인 변동, 감가상각자산의 내용연수 또는 잔존가치의 추정 등이 포함된다.

⑤ 변경된 회계정책은 소급하여 적용하며 소급적용에 따른 수정사항을 반영하여 비교재무제표를 재작성한다.

⑥ 회계추정의 변경은 전진적으로 회계처리하여 그 효과를 당기와 그 이후의 회계연도에 반영한다.

⑦ '오류수정'이란 전기 또는 그 이전 회계연도의 재무제표에 포함된 회계적 오류를 당기에 발견하여 수정하는 것을 말한다.

⑧ 당기에 발견한 전기 또는 그 이전 회계연도의 오류는 당기 운영성과표에 사업외손익 중 전기오류수정손익으로 보고한다. 다만, 전기 또는 그 이전 회계연도에 발생한 중대한 오류의 수정은 비교재무제표를 재작성하여 반영한다. 중대한 오류는 재무제표의 신뢰성을 심각하게 손상할 수 있는 매우 중요한 오류를 말한다.

회계정책, 회계추정의 변경, 오류수정

본 장에서는 회계정책, 회계추정의 변경 및 오류수정에 대하여 설명하기로 한다.

제1절 회계정책, 회계추정의 변경

① 개념

매 회계연도 동일한 회계기준이나 방법을 사용하면 기간별 비교가능성이 증대되어 재무제표의 유용성이 향상된다.

그러나 회계기준이 새로 제정 또는 개정되거나, 공익법인이 처한 경제적 · 사회적 환경의 변화 등으로 인하여 지금까지 적용해 오던 회계기준이나 방법을 다른 회계기준이나 방법으로 변경하여야 하는 경우가 발생하기도 하는데, 이러한 변경절차를 회계변경이라 한다.

그런데 회계변경은 회계변경 전과 후의 회계정보의 비교가능성을 훼손할 우려가 있기 때문에 제한적으로 허용되어야 하며, 공익법인회계기준도 해당 기준에서 변경을 요구하거나, 회계변경을 반영한 재무제표가 신뢰성 있고 더 목적적합한 정보를 제공하는 경우에만 회계변경을 허용하고 있다.

② 회계변경의 유형

회계변경의 유형에는 회계정책의 변경과 회계추정의 변경이 있다.

구분	회계정책의 변경	회계추정의 변경
개념	• 회계정책은 재무제표를 작성 · 표시하기 위하여 적용하는 구체적인 원칙(방법)을 의미하며, 자산 · 부채의 평가기준 및 수익과 비용의 인식기준을 포함 • 회계정책의 변경이란 재무제표의 작성에 적용하던 회계정책을 다른 회계정책으로 바꾸는 것을 의미	• 환경의 변화, 새로운 정보의 입수 또는 경험의 축적에 따라 회계적 추정치의 근거와 방법 등을 바꾸는 것 • 회계변경의 효과를 회계정책의 변경효과와 회계추정의 변경효과로 구분하기가 불가능한 경우 이를 회계추정의 변경으로 인식
사유	• 공익법인회계기준에서 회계정책의 변경을 요구하는 경우 • 회계정책의 변경을 반영한 재무제표가 기존 재무제표보다 신뢰성 있고 더 목적적합한 정보를 제공하는 경우	• 추정의 근거가 되었던 환경의 변화, 새로운 정보의 입수, 추가적인 경험의 축적 등으로 인하여 새로운 추정이 요구되는 경우
사례	• 재고자산 평가방법의 변경 • 유가증권의 취득단가산정방법 변경 • 자산관련보조금 : 자산의 차감계정으로 인식하는 방법에서 보조금수익(또는 기본순자산)으로 인식하는 방법으로 변경	• 대손의 추정 • 재고자산의 진부화 판단과 평가 • 우발부채의 추정 • 감가상각자산의 내용연수 • 감가상각자산에 내재된 미래경제적 효익의 기대소비 형태의 변경(감가상각방법의 변경) 및 잔존가액의 추정
처리방법	• 소급법 적용 → 변경된 회계정책은 소급하여 적용하며 소급적용에 따른 수정사항을 반영하여 비교재무제표를 재작성 → 다만, 회계정책의 변경에 따른 누적효과를 합리적으로 결정하기 어려운 경우에는 회계변경을 전진적으로 처리하여 그 효과를 당기와 당기 이후의 기간에 반영	• 전진법 적용 → 회계추정의 변경은 전진적으로 회계처리하여 그 효과를 당기와 그 이후의 회계연도에 반영

사 례

회계추정의 변경

(재)공익은 대손충당금을 매출채권의 1%로 설정하여 왔으나, 사업환경 등의 변화로 매출채권의 2%를 대손충당금으로 설정하기로 하였다. A공익법인의 매출채권과 대손충당금 내역이 다음과 같다.

-2020. 1. 1.	매출채권잔액	8,000,000
-2020. 12. 31.	매출채권잔액	10,000,000
-2020. 12. 31.	대손충당금	100,000 (당기 대손충당금 설정 전 잔액)

2020. 12. 31.

(차) 대손상각비	100,000*	(대) 대손충당금	100,000

* (10,000,000×2%) - 100,000 = 100,000
기말 매출채권잔액 10,000,000의 2%인 200,000을 대손충당금으로 설정하여야 하므로 기말 대손충당금잔액 100,000에 추가로 100,000을 대손충당금으로 인식함.

제2절 오류수정

① 개념

오류수정이란 전기 또는 그 이전 회계연도의 재무제표에 포함된 회계적 오류를 당기에 발견하여 수정하는 것을 말한다(공익법인회계기준 제7조 제7항).

- 공익법인회계기준의 적용 오류 : 발생주의로 인식하여야 하는 수익을 현금주의로 인식한 경우 등
- 계산실수 : 덧셈이나 뺄셈 등 계산의 잘못 등
- 누락 및 오용 : 수익 또는 비용의 기록 누락, 다음 회계연도 이연기재 등

② 처리방법

당기에 발견한 전기 또는 그 이전 회계연도의 오류는 전진적으로 당기 운영성과표에 사업외손익 중 전기오류수정손익으로 보고한다. 다만, 전기 또는 그 이전 회계연도에 발생한

중대한 오류의 수정은 소급하여 비교재무제표를 재작성하여 반영한다. 한편, 여기서 중대한 오류란 재무제표의 신뢰성을 심각하게 손상할 수 있는 매우 중요한 오류를 말한다(공익법인회계기준 제7조 제8항).

사 례

(재)공익은 보험료를 지급할 때 전액 비용으로 계상하고, 수입임대료는 수입시에 전액 수익으로 계상하였다. 그런데 2020년 12월 31일 결산시 다음과 같은 전기의 오류(중대한 오류에 해당하지 않음)를 발견하였다.
즉, 2019년에 4년간 보험료 20,000원(연 보험료 5,000원)을 지급하면서 20,000원을 모두 2019년 보험료로 인식하였고, 6년간의 임대료 60,000원(연 임대료 10,000원)을 수령하면서 60,000원을 모두 2019년 임대료 수익으로 인식하였다. 발생주의에 따라 연도별로 인식해야 할 선급보험료와 선수임대료는 다음과 같다.

1. 각 회계기간 말 인식하여야 할 금액

구분	2019년	2020년
선급보험료	15,000	10,000
선수임대료	50,000	40,000

2. 오류 발견 전 (재)공익이 수행한 회계처리

2019년 기중

(차) 보험료	20,000	(대) 현금및현금성자산	20,000
(차) 현금및현금성자산	60,000	(대) 임대수익	60,000

2020년 기중

- 회계처리 없음

☞ (재)공익이 2020년 결산시 수행하여야 할 오류수정 회계처리

① 선급보험료

(차) 선급보험료	10,000	(대) 전기오류수정이익	15,000
보험료	5,000		

전기에 자산으로 인식했어야 하지만 비용으로 인식한 선급보험료 15,000을 전기오류수정이익으로 인식하고, 당기에 비용으로 인식하지 않은 보험료 5,000(15,000－10,000)을 비용으로 인식함.

② 선수임대료

(차) 전기오류수정손실	50,000	(대) 선수임대료	40,000
		임대수익	10,000

전기에 부채로 인식했어야 하지만 수익으로 인식한 선수임대료 50,000을 전기오류수정손실로 인식하고, 당기에 수익으로 인식하지 않은 임대수익 10,000(50,000-40,000)을 수익으로 인식함.

제 2 편

재무상태표

공익법인회계기준

제10조(재무상태표의 목적과 작성단위)

① 재무상태표는 회계연도 말 현재 공익법인의 자산, 부채 및 순자산을 표시함으로써 다음 각 호의 정보를 제공하는 것을 목적으로 한다.

1. 공익법인이 정관상 목적사업을 지속적으로 수행할 수 있는 능력
2. 공익법인의 유동성 및 재무건전성

② 재무상태표의 작성은 공익법인을 하나의 작성단위로 보아 통합하여 작성하되, 공익목적사업부문과 기타사업부문으로 각각 구분하여 표시한다.

제11조(재무상태표 작성기준)

① 재무상태표에는 회계연도 말 현재 공익법인의 모든 자산, 부채 및 순자산을 적정하게 표시한다. [별지 제1호 서식 참조]

② 재무상태표 구성요소의 정의는 다음 각 호와 같다.

1. '자산'이란 과거의 거래나 사건의 결과로 현재 공익법인에 의해 지배되고 미래에 경제적 효익을 창출할 것으로 예상되는 자원을 말한다.
2. '부채'란 과거의 거래나 사건의 결과로 현재 공익법인이 부담하고 있고 미래에 자원이 유출되거나 사용될 것으로 예상되는 의무를 말한다.
3. '순자산'이란 공익법인의 자산 총액에서 부채 총액을 차감한 잔여 금액을 말한다.

③ 자산과 부채는 각각 다음 각 호의 조건을 충족하는 경우에 재무상태표에 인식한다.

1. 자산 : 해당 항목에서 발생하는 미래경제적 효익이 공익법인에 유입될 가능성이 매우 높고, 그 원가를 신뢰성 있게 측정할 수 있다.
2. 부채 : 해당 의무를 이행하기 위하여 경제적 자원이 유출될 가능성이 매우 높고, 의무의 이행에 소요되는 금액을 신뢰성 있게 측정할 수 있다.

④ 자산, 부채 및 순자산은 다음 각 호에 따라 구분한다.

1. 자산은 유동자산 및 비유동자산으로 구분하고, 비유동자산은 투자자산, 유형자산, 무형자산 및 기타비유동자산으로 구분한다.
2. 부채는 유동부채, 비유동부채로 구분하며 고유목적사업준비금을 부채로 인식할 수 있다.
3. 순자산은 기본순자산, 보통순자산, 순자산조정으로 구분한다.

⑤ 자산과 부채는 유동성이 높은 항목부터 배열한다.

⑥ 자산과 부채는 상계하여 표시하지 않는다.

재무상태표의 작성

제1절 재무상태표의 목적

재무상태표는 회계연도 말 현재 공익법인이 보유하고 있는 자산, 부채 및 순자산에 대한 정보를 제공하는 재무보고서로서 정보이용자들에게 공익법인이 정관상 목적사업을 지속적으로 수행할 수 있는 재정상태와 유동성, 재무건전성 등의 유용한 정보를 제공한다. 따라서 재무상태표가 이러한 정보를 제대로 제공하기 위해서는 회계연도 말 현재 공익법인이 보유하고 있는 모든 자산과 부채의 현황을 공익목적사업과 기타사업으로 구분하여 계상하고 공익법인회계기준에서 정하는 평가방법에 따라 적정하게 평가되어야 한다.

제2절 재무상태표의 작성단위

① 통합 재무상태표의 작성

재무상태표의 작성은 기본적으로 공익법인을 하나의 작성단위로 보아 통합하여 작성하여야 한다. 이는 공익법인회계기준 제3조(보고실체)에서 공익법인 전체를 하나의 보고실체로 하여 작성하라는 것과도 일맥상통한다. 공익법인을 하나의 작성단위 또는 보고실체로 하여 작성하라는 것은 회계담당자 입장에서는 너무도 당연한 것이다. 하지만 과거 비영리조직의 재무정보의 보고 행태를 살펴보면 이것이 상당히 중요한 의미를 가진다는 것을 알게 된다.

공익법인이 그 동안 생성해왔던 재무정보의 생성 목적과 용도를 살펴보면 영리법인처럼 다양한 이해관계자에게 제공되는 일반 재무정보 제공 목적의 재무제표를 생성한 것이 아니었다. 예를 들면 주무관청에는 재산을 잘 관리하고 있고 사업비를 예산에 따라 집행하였음을 보여주는 보유재산 목록, 현금주의 예산과 결산자료를 생성하여 보고하였으며, 국가와 지방자치단체 등 보조금 지급자에게는 보조금 사업별로 결산자료를 생성하였다. 또한 국세청에는 법인세가 과세되는 수익사업부문만 구분하여 재무제표를 생성하여 신고하는 등 공익법인의 각 이해관계자가 요구하는 정보를 그 용도와 목적에 맞게 재구성하여 보고하여 왔다. 따라서 공익법인 전체를 통합한 재무자료를 요구하는 곳도 없었고, 통합자료가 아님이 문제가 된 적도 없었다.

공익법인회계기준을 제정하면서 이러한 문제점을 해소하고자 제3조와 제10조에서 공익법인 전체를 작성단위로 재무제표를 작성할 것을 규정하였다. 공익법인이 재무제표에 포함하여야 할 보고실체의 범위와 관련한 내용은 '제1편 제1장 공익법인회계기준의 이해'를 참조하기 바란다.

② 사업별 구분 재무상태표의 작성

(1) 공익목적사업과 기타사업의 구분

통합 작성된 재무제표는 공익목적사업부문과 기타사업부문으로 각각 구분하여 표시하여야 한다. 이때 공익목적사업부문의 구분은 정관상 목적사업에 해당하는지 여부로 판단한다.

공익법인은 공익목적으로 수행할 사업을 정관에 기재하고 있으므로 정관에 기재된 공익목적사업과 관련된 자산·부채 및 수익·비용을 구분하여 공익목적사업부문으로 표시하고 그 외 사업과 관련된 자산·부채 및 수익·비용은 기타사업부문으로 표시한다.

그런데 **공익법인회계기준에서 의미하는 기타사업은 법인세법에 따라 구분된 수익사업과는 상이할 수 있음**을 유념하여야 한다. 법인세법에서는 열거된 수익사업소득에 한하여 과세하는데, 법에서 수익사업으로 열거된 것을 보면 수익사업의 요건으로서 그 소득원천을 제한적으로 열거하고 있을 뿐 고유목적사업의 자금조달에 충당할 것을 요건으로 하거나 또는 정관상 고유목적사업과 별개의 목적사업을 요건으로 하고 있지 않기 때문에 법인세법상 수익사업의 범위가 공익법인회계기준상 기타사업과 반드시 일치하는 것은 아니다.

예를 들어 미술관, 연주회, 의료업 등의 경우에는 법인세법상 수익사업이지만 공익법인의 정관상 목적사업에 해당하는 사업이므로 공익법인회계기준에 따라 공익목적사업부문으로 구분하지만 법인세법상으로는 수익사업으로 구분하여야 한다. 결과적으로 회계상 공익법인회계기준에 따른 재무제표와 법인세법상 구분경리에 따른 재무제표를 각각 작성하여야 한다.

정관상 목적사업에 해당하더라도 공익목적활동으로 볼 수 없는 사업이나 공익목적활동에 부수적으로 발생하는 기념품 판매, 카페, 금융소득 창출을 위한 적극적인 금융자산 투자 등은 공익목적사업부문이 아닌 기타사업부문으로 구분하여야 한다.

또 공익목적사업부문과 기타사업부문의 구분은 중요성 판단에 따라 구분할 수 있는데 기타사업부문을 구분하지 않아 정보이용자의 판단이나 의사결정에 영향을 미치지 않는다면 이를 구분하지 않을 수 있다.

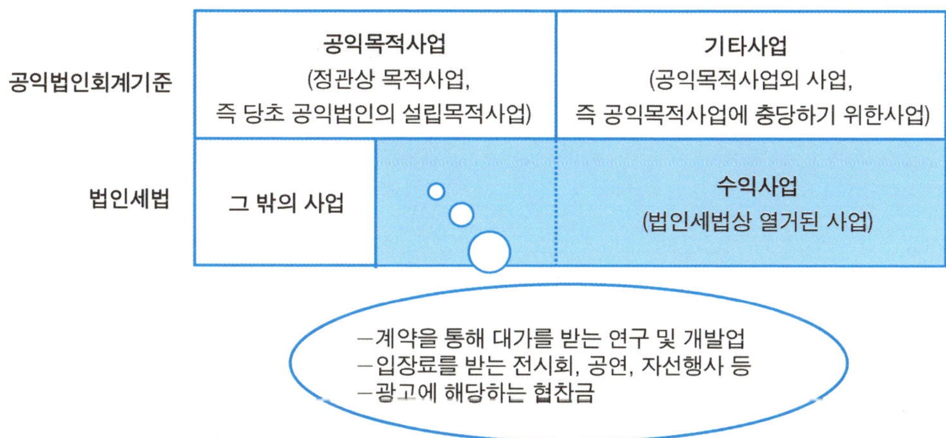

(2) 구분재무제표 작성의 필요성에 대한 논의

공익법인회계기준에서는 공익목적사업부문과 기타사업부문으로 각각 구분한 재무제표와 이를 통합한 재무제표를 함께 작성하도록 규정하고 있다.

공익법인의 정보이용자는 자신이 투입한 자원의 운용상황이나 고유사업의 운영현황 등의 정보에 관심을 갖는데 구분회계 정보는 공익목적사업을 보다 명확하게 나타낼 수 있는 방법으로 정보이용자에게 유용한 정보로 활용될 수 있다는 점에서 구분회계를 규정한 것으로 이해된다.

그러나 다음과 같은 이유로 구분회계가 반드시 필요한지 여부에 대해 의문이 든다.

① 공익법인회계기준 실무지침서에서 공익목적사업을 정관에 기재된 공익목적사업으로 정의하면서 정관에 기재된 사업이라 하더라도 공익목적활동으로 볼 수 없는 사업의 경우에는 공익목적사업부문이 아닌 기타사업부문으로 구분해야 한다고 설명한다. 그러나 공익법인의 경우 근본적으로 정관에 기재되지 않은 사업을 수행할 수 없기 때

문에 모든 사업이 정관에 기재되어 있어 실무 담당자들이 판단하기에 공익목적사업과 기타사업의 구분이 쉽지 않다. 결국 법인의 자의적인 판단에 따라 사업을 구분할 수밖에 없는 상황이며, 정보의 신뢰성이 높지 않을 수 있다.

② 공익법인회계기준이 최초로 도입된 이후 국세청 '공익법인 공시현황'에 따르면 일부 상품판매업 등이 있으나 대부분의 공익법인은 주로 부동산임대사업이나 금융수익을 기타사업부문으로 분류하고 있고, 기타사업의 비중도 법인마다 차이가 있으나 대부분 그 비중이 크지 않은 것으로 확인된다.
결국 구분회계 정보 산출을 위한 투자나 노력(특히 공통 자산・부채・수익・비용의 배분에 있어 배부기준이 명확하지 않음)에 대비하여 산출되는 정보의 중요성이 크지 않을 수 있다.

(단위: 백만원)

구분		자산	부채	사업수익	사업비용	사업내용
A문화재단	기타사업 (A)	274,684	6,689	8,783	33	임대업
	통합 (B)	280,688	7,009	8,783	5,881	
	비율(A)/(B)	97.9%	95.4%	100%	0.6%	
B사회복지법인	기타사업 (A)	21,421	1,870	3,501	2,572	임대업, 보호작업장 운영 등
	통합 (B)	120,456	19,644	72,189	73,796	
	비율(A)/(B)	17.8%	9.5%	4.8%	3.5%	
C사회복지법인	기타사업 (A)	10,768	1,603	3,382	3,149	임대업
	통합 (B)	99,162	5,446	191,560	186,758	
	비율(A)/(B)	10.9%	29.4%	1.8%	1.7%	
D문화재단	기타사업 (A)	45,234	420	4,746	4,007	상품판매 등
	통합 (B)	55,561	1,510	11,983	13,589	
	비율(A)/(B)	81.4%	27.8%	39.6%	29.5%	
E사회복지법인	기타사업 (A)	11,902	741	1,513	1,355	쇼핑몰, 임대업
	통합 (B)	74,523	3,505	172,814	158,868	
	비율(A)/(B)	16.0%	21.1%	0.9%	0.9%	

(*) 2018사업연도에 대한 국세청 공익법인 공시현황 참조

구분회계를 통하여 정보이용자에게 유용한 정보를 제공하고자 하는 취지는 이해되나, 실제 구분회계 정보 산출을 위한 노력과 비용 대비 산출되는 정보의 신뢰성과 중요성이 높지

않기 때문에 이를 개선할 수 있는 방안의 논의가 필요할 것으로 보이며, 다음과 같은 방안을 생각해 볼 수 있다.

(1안) 공익법인회계기준 개정을 통하여 공익법인의 재무제표 작성시 공익목적사업 부문과 기타사업 부문을 구분하지 않고 통합하여 작성하는 방안

(2안) '공익법인회계기준 실무지침서'에서는 기타사업의 구분이 정보이용자의 판단이나 의사결정에 영향을 미치지 않는, 중요하지 않은 정보라고 판단되는 경우 구분하여 표시하지 않을 수 있다고 설명하고 있는데, 이때 유권해석을 통하여 "중요하지 않은 정보"에 대한 구체적인 범위를 제시하는 방안

③ 자산, 부채, 순자산의 구분방안

공익목적사업부문과 기타사업부문의 구분은 수익과 비용에 관한 구분 뿐만 아니라 재무상태표를 구성하는 자산, 부채와 순자산에 관한 구분을 포함한다. 그러나 많은 공익법인이 손익에 대하여는 구분을 하면서 자산과 부채를 구분하는 것에 어려움을 겪고 있다. 실제 재무상태표의 구분, 특히 순자산 항목이 과거부터 구분되지 않고 통합·관리되어 왔거나 임의로 구분되어 온 경우에는 그 실제 수치를 추적해 구분하는 것이 쉽지 않다. 특히 공익법인회계기준의 도입에 따라 기초가액을 공익목적사업부문과 기타사업부문으로 구분하는 문제에 대하여 별도 처리방안이 마련될 필요가 있을 것이다.

개별자산과 부채의 구분방안에 대하여는 각 장의 계정과목별로 서술하기로 한다.

제3절 재무상태표의 작성기준

재무상태표는 자산, 부채, 순자산으로 구성되며 각각의 정의와 인식조건, 구분은 다음과 같다. 자산과 부채는 유동성이 높은 항목부터 배열하고 상계하여 표시하지 않는다.

<table>
<tr><th>구분</th><th>정의와 인식조건</th><th colspan="2">계정과목</th></tr>
<tr><td rowspan="2">자산</td><td rowspan="2">-정의 : 과거의 거래나 사건의 결과로 현재 공익법인에 의해 지배되고 미래에 경제적 효익을 창출할 것으로 예상되는 자원
-인식조건 : 해당 항목에서 발생하는 미래경제적 효익이 공익법인에 유입될 가능성이 매우 높고, 그 원가를 신뢰성 있게 측정할 수 있어야 함</td><td>유동자산</td><td>현금및현금성자산, 단기투자자산, 매출채권, 선급비용, 미수수익, 미수금, 선급금, 재고자산 등</td></tr>
<tr><td>비유동자산</td><td>투자자산, 유형자산, 무형자산, 기타비유동자산(임차보증금, 장기선급비용, 장기미수금 등)</td></tr>
<tr><td rowspan="3">부채</td><td rowspan="3">-정의 : 과거의 거래나 사건의 결과로 현재 공익법인이 부담하고 있고 미래에 자원이 유출되거나 사용될 것으로 예상되는 의무
-인식조건 : 해당 의무를 이행하기 위하여 경제적 자원이 유출될 가능성이 매우 높고, 의무의 이행에 소요되는 금액을 신뢰성 있게 측정할 수 있어야 함</td><td>유동부채</td><td>단기차입금, 매입채무, 미지급비용, 미지급금, 선수금, 선수수익, 예수금, 유동성장기부채 등</td></tr>
<tr><td>비유동부채</td><td>유동부채와 고유목적사업준비금(부채 인식하는 경우)을 제외한 모든 부채</td></tr>
<tr><td>고유목적
사업준비금</td><td>부채로 인식하는 경우에 한함</td></tr>
<tr><td rowspan="3">순자산</td><td rowspan="3">-정의 : 공익법인의 자산총액에서 부채 총액을 차감한 잔여 금액
-주주지분이 없는 공익법인의 순자산은 영리법인의 자본과는 다른 특성을 지니고 있음</td><td>기본순자산</td><td></td></tr>
<tr><td>보통순자산</td><td>잉여금
적립금</td></tr>
<tr><td>순자산조정</td><td>매도가능증권평가손익, 유형자산재평가이익 등</td></tr>
</table>

공익법인회계기준

제33조(자산의 평가기준)

① 자산은 최초에 취득원가로 인식한다.

② 교환, 현물출자, 증여, 그 밖에 무상으로 취득한 자산은 공정가치를 취득원가로 한다.

③ 이 기준에서 별도로 정하는 경우를 제외하고는, 자산의 진부화 및 시장가치의 급격한 하락 등으로 인하여 자산의 회수가능액이 장부금액에 중요하게 미달되는 경우에는 장부금액을 회수가능액으로 조정하고 그 차액을 손상차손으로 처리한다. 이 경우 회수가능액은 다음 제1호와 제2호 중 큰 금액으로 한다.

1. 순공정가치 : 합리적인 판단력과 거래 의사가 있는 독립된 당사자 사이의 거래에서 자산의 매각으로부터 수취할 수 있는 금액에서 처분부대원가를 차감한 금액
2. 사용가치 : 자산에서 창출될 것으로 기대되는 미래 현금흐름의 현재가치

④ 과거 회계연도에 인식한 손상차손이 더 이상 존재하지 않거나 감소하였다면 자산의 회수가능액이 장부금액을 초과하는 금액은 손상차손환입으로 인식한다. 다만, 손상차손환입으로 증가된 장부금액은 과거에 손상차손을 인식하기 전 장부금액의 감가상각 또는 상각 후 잔액을 초과할 수 없다.

자산·부채의 평가기준

자산과 부채는 최초 인식, 후속 측정과 제거의 순서로 회계처리한다.

최초 인식의 경우 자산과 부채를 최초로 인식하는 시점, 인식요건과 자산의 취득원가, 부채의 채무가액에 관한 내용이며, 후속 측정은 평가방법과 평가손익의 분류에 관한 내용이다. 제거의 경우 자산과 부채의 제거 시점과 관련 손익의 분류 등에 관한 내용이다.

제1절 인식의 정의와 요건

'인식'이란 거래나 사건의 경제적 효과를 자산, 부채, 수익, 비용 등으로 재무제표에 표시하는 것을 말한다. 인식기준이 충족되면 화폐단위 측정치가 적절한 계정과목으로 재무제표를 통해 보고된다. 인식은 거래와 사건의 경제적 효과를 최초로 기록하는 것뿐만 아니라 동일한 항목에 대한 후속적인 변화와 기록되었던 항목의 제거를 모두 포함한다(재무회계개념체계 문단 131).

어떠한 항목을 인식하기 위해서는 아래의 기준들이 모두 충족되어야 한다(재무회계개념체계 문단 132).

- 당해 항목이 재무제표 기본요소의 정의를 충족시켜야 하며,
- 당해 항목과 관련된 미래 경제적 효익이 기업실체에 유입되거나 또는 유출될 가능성이 매우 높고,
- 당해 항목에 대한 측정속성이 있으며, 이 측정속성이 신뢰성 있게 측정될 수 있어야 한다.

자산이란 과거 거래나 사건의 결과로 현재 공익법인에 의해 지배되고 있고, 미래에 경제적 효익을 창출할 것으로 예상되는 자원을 의미한다. 자산으로 인식되기 위해서는 해당 자

산으로 인해 미래 경제적 효익이 공익법인에 유입될 가능성이 매우 높고, 그 항목이 화폐단위로 계량화될 수 있는 측정속성을 갖고 있고 또한 그 측정속성이 신뢰성 있게 측정될 수 있어야 한다. 여기서 측정속성이란 취득원가(역사적 원가), 공정가치, 기업특유가치 등을 의미한다(재무회계개념체계 문단 137).

따라서 어떤 거래로 인한 지출이 발생하였을 때 그에 관련된 미래 경제적 효익의 유입가능성이 낮은 경우에는 당해 지출은 자산으로 인식하지 않고 비용으로 인식하여야 한다. 이러한 회계처리는 경영자가 그 지출거래로부터 미래 경제적 효익을 창출하려는 의도가 없었음을 의미하는 것이 아니라, 단지 미래 경제적 효익의 유입가능성이 자산으로 인식하기에는 충분치 않음을 반영하는 것이다(재무회계개념체계 문단 140).

현재의 의무를 미래에 이행할 때 경제적 효익이 유출될 가능성이 매우 높고, 그 금액을 신뢰성 있게 측정할 수 있다면 이러한 의무는 재무상태표에 부채로 인식한다. 그러나 일반적으로 미이행계약에 따른 의무는 부채로 인식하지 않는다. 다만, 계약이행이 법적으로 강제되어 있고 위약금과 같은 불이익의 조건이 있을 때에는, 그러한 의무가 부채의 인식기준을 충족하면 부채로 인식되어야 한다(재무회계개념체계 문단 142).

제2절 자산의 최초 인식

'측정'이란 재무제표의 기본요소에 대해 그 화폐금액을 결정하는 것으로, 재무회계개념체계에서는 자산과 부채의 측정에 사용될 수 있는 측정속성의 종류를 다음과 같이 설명하고 있다(재무회계개념체계 문단 149).

① 취득원가(또는 역사적 원가)와 역사적 현금수취액

자산의 취득원가는 자산을 취득하였을 때 그 대가로 지급한 현금, 현금등가액 또는 기타 지급수단의 공정가치를 말하며, 역사적 원가와 동일한 의미이다. 부채의 역사적 현금수취액은 그 부채를 부담하는 대가로 수취한 현금 또는 현금등가액이다.

② 공정가치

공정가치(또는 공정가액)는 독립된 당사자간의 현행 거래에서 자산이 매각 또는 구입되거나 부채가 결제 또는 이전될 수 있는 교환가치이다. 기업실체가 보유하고 있는 자산에 대해 시장가격이 존재하면 이 시장가격은 당해 자산에 대한 공정가치의 측정치가 된다. 이

시장가격에는 당해 자산으로부터 기대되는 미래 현금흐름의 크기와 그 불확실성에 대한 시장참여자들의 평가가 반영되어 있다. 당해 자산의 시장가격이 관측되지 않는 경우에도 유사한 자산의 시장가격이 있으면 이 가격을 당해 자산의 공정가치 추정치로 사용할 수 있다. 이러한 공정가치 측정방법은 부채에 대해서도 적용될 수 있다. 그러나 시장가격이 존재하지 않는 경우에는 시장참여자의 관점에서 당해 자산 또는 부채로부터의 미래 현금흐름을 추정하고, 그 현재가치를 측정함으로써 공정가치를 추정할 수 있다.

③ 기업특유가치

자산의 기업특유가치는 기업실체가 자산을 사용함에 따라 당해 기업실체의 입장에서 인식되는 현재의 가치를 말하며, 사용가치라고도 한다. 부채의 기업특유가치는 기업실체가 그 의무를 이행하는 데 예상되는 자원 유출의 현재가치를 의미한다. 계약상 현금으로 지급해야 하는 부채의 경우 기업특유가치는 현행유출가치와 동일하다. 자산과 부채에 대한 기업특유가치는 당해 기업실체가 그 자산 또는 부채를 계속 사용 또는 보유할 경우 이로부터 기대되는 미래 현금유입 또는 현금유출의 현재가치로 측정된다. 이러한 기업특유가치는 현재 시점의 가치라는 점에서 공정가치와 공통점이 있다. 그러나 공정가치가 시장거래에서의 교환가치인 데 비해, 기업특유가치는 당해 기업실체의 입장에서 인식되는 가치이다.

④ 상각후가액

금융자산 취득 또는 금융부채 발생 시점의 그 유입가격과 당해 자산 또는 부채로부터 발생하는 미래 명목현금흐름의 현재가치가 일치되게 하는 할인율인 유효이자율을 측정하고, 이 유효이자율을 이용하여 당해 자산 또는 부채에 대한 현재의 가액으로 측정한 것을 상각후가액이라 한다. 상각후가액의 측정에 사용되는 이자율은 현재의 시장이자율이 아닌 역사적 이자율이다.

⑤ 순실현가능가치와 이행가액

자산의 순실현가능가치는 정상적 기업활동과정에서 미래에 당해 자산이 현금 또는 현금등가액으로 전환될 때 수취할 것으로 예상되는 금액에서 그러한 전환에 직접 소요될 비용을 차감한 가액으로 정의되며 유출가치의 개념이다. 부채의 이행가액은 미래에 그 의무의 이행으로 지급될 현금 또는 현금등가액에서 그러한 지급에 직접 소요될 비용을 가산한 가액을 말한다. 순실현가능가치와 이행가액은 현재 시점의 가치로 환산되지 않은 금액이다.

공익법인회계기준에서는 재무상태표에 기재하는 자산의 가액은 당해 자산의 취득원가를 기초로 하여 계상함을 원칙으로 한다. 자산의 측정에 사용될 수 있는 방법 중 하나인 취득원가는 자산을 취득하였을 때 그 대가로 지급한 현금, 현금등가액 또는 기타 지급수단의 공정가치를 말한다.

다만 교환, 증여, 그 밖에 무상으로 취득한 자산의 경우는 당해 자산의 공정가치를 취득원가로 한다. 여기서 공정가치란 공익법인회계기준 제26조 제2항에서 합리적인 판단력과 거래 의사가 있는 독립된 당사자 사이의 거래에서 자산이 교환되거나 부채가 결제될 수 있는 금액으로 정의하고 있다. 즉 시장거래에서의 교환가치를 의미한다. 또 같은 종류의 자산을 교환하였을 때에는 제공한 자산의 장부금액을 취득원가로 한다.

제3절 자산의 후속 측정

일반적으로 취득 시점에는 자산의 취득원가와 공정가치가 동일하다. 그러나 취득 시점 이후에는 양자가 달라질 수 있다. 부채의 경우에도 유사한 문제가 있게 된다. 이때 자산의 진부화 및 시장가치의 급격한 하락 등으로 인하여 자산의 회수가능액이 장부금액에 중요하게 미달하게 되는 경우에는 장부금액을 회수가능가액으로 조정하고, 그 차액을 손상차손으로 처리한다(일반기업회계기준 문단 20.8).

자산과 부채의 후속 측정은 각 장에서 계정과목별로 자세히 설명하고 있다.

공익법인회계기준

제12조(유동자산)

① '유동자산'은 회계연도 말부터 1년 이내에 현금화되거나 실현될 것으로 예상되는 자산을 말한다.

② 유동자산에는 현금및현금성자산, 단기투자자산, 매출채권, 선급비용, 미수수익, 미수금, 선급금 및 재고자산 등이 포함된다.

③ 매출채권, 미수금 등에 대한 대손충당금은 해당 자산의 차감계정으로, 재고자산평가충당금은 재고자산 각 항목의 차감계정으로 재무상태표에 표시한다.

제3장 현금및현금성자산

공익법인회계기준 상 '유동자산'은 회계연도 말부터 1년 이내에 현금화되거나 실현될 것으로 예상되는 자산을 말한다. 그리고 유동자산에는 현금및현금성자산, 단기투자자산, 매출채권, 선급비용, 미수수익, 미수금, 선급금 및 재고자산 등이 포함된다.

본 장에서는 유동자산 중 유동성이 가장 높은 '현금및현금성자산'을 설명하기로 한다.

제1절 개념 및 범위

① 개념

현금및현금성자산은 통화 및 타인발행수표 등 통화대용증권과 당좌예금, 보통예금 및 큰 거래비용 없이 현금으로 전환이 용이하고 이자율 변동에 따른 가치변동의 위험이 경미한 금융상품으로서 취득 당시 만기일(또는 상환일)이 3개월 이내인 것을 말한다(일반기업회계기준 2장 문단 2.35).

② 범위

(1) 현금

일상에서는 지폐, 주화, 외화를 현금으로 인식하지만 회계상으로는 지폐 등과 동일하게 교환의 매개로 사용되는 통화대용증권도 현금의 범위에 포함한다.

통화대용증권의 예 :
타인발행수표, 자기앞수표, 우편환증서, 송금환, 만기도래한 사채이자표, 만기도래한 어음, 일람출급어음 등 기타 통화와 즉시 교환이 가능한 증서

당좌예금과 보통예금은 언제든지 입출금이 가능하기 때문에 현금으로 분류하고, 그 외의 예금 등은 보고기간종료일 현재 만기가 1년 이내에 도래하는지의 여부에 따라 단기투자자산과 장기성예적금으로 분류한다.

(2) 현금성자산

현금성자산이란 큰 거래비용 없이 현금으로 전환이 용이하고 이자율 변동에 따른 가치변동의 위험이 경미한 금융상품으로서 취득 당시 만기일(또는 상환일)이 3개월 이내인 것을 말한다. 이때 3개월 이내 만기 또는 상환일이라는 것은 사업연도 종료일 현재 기준이 아니라 취득 당시의 기준으로 판단하여야 한다.

예를 들어 12월말 결산 공익법인이 2020년 2월 8일이 만기인 채권을 2019년 12월 5일에 취득하였다면 취득일로부터 만기까지 기간이 3개월 이내이기 때문에 현금성자산에 해당하지만, 동일한 채권을 2019년 10월 5일에 취득하였다면 비록 결산일로부터 만기가 3개월 이내이지만 현금성자산에 해당하지 않는다.

현금성자산은 유동성이 매우 높아 언제든지 현금으로 전환할 수 있고, 만기일 또는 상환일까지의 기간이 짧아 이자율변동에 의한 가치변동의 위험이 경미하기 때문에 현금의 범주에 포함된다.

현금성자산의 예 :
취득당시 만기가 3개월 이내에 도래하는 채권, 취득 당시 상환일까지의 기간이 3개월 이내인 상환우선주, 3개월 이내에 상환조건인 환매채

제2절 재무제표 표시 및 회계처리

① 재무제표 표시

현금및현금성자산은 유동자산으로 분류한다. 그러나 차입금 담보 등의 이유로 사용이 제한되어 있는 경우로서 사용에 대한 제한 기간이 보고기간종료일로부터 1년 이하인 경우에는 유동자산으로, 1년을 초과하는 경우에는 비유동자산으로 분류한다(GKQA08-015, 2008. 4. 3.).

그리고 '사용이 제한된 현금및현금성자산의 내용'은 주석으로 기재하여야 한다(공익법인회계기준 제41조 3호).

GKQA08-015, 2008. 4. 3.

【질의】

사용의 제한이 있는 '현금및현금성자산'을 유동자산과 비유동자산 중 어느 항목으로 분류해야 하는가?

【회신】

귀 질의의 경우, '현금및현금성자산'은 유동자산으로 분류합니다. 단 사용에 대한 제한 기간이 보고기간종료일로부터 1년을 초과하는 경우에는 비유동자산으로 분류합니다. 어떤 자산이 '현금및현금성자산'에 해당하는지는 일반기업회계기준 제2장 '재무제표의 작성과 표시I' 용어의 정의에 따라 판단하며 사용제한여부는 고려하지 않습니다.

② 구분경리

공익법인회계기준에서는 재무상태표와 운영성과표의 작성시 공익법인을 하나의 작성단위로 보아 통합하여 작성하되, 공익목적사업부문과 기타사업부문으로 각각 구분하여 표시하도록 규정하고 있다.

따라서 현금및현금성자산의 증감이 발생한 경우 해당 증감이 공익목적사업부문에서 발생한 것인지 아니면 기타사업부문에서 발생한 것인지 먼저 판단한 이후에 각 사업부문에서 회계처리하여야 한다.

예를 들어 재단법인이 모금활동을 통하여 기부금을 수령함으로써 현금이 증가하였다면 이는 공익목적사업부문의 현금및현금성자산의 증가로 처리하여야 할 것이고, 동 재단법인이 부동산을 임대하고 임대료를 수령함으로써 현금이 증가하였다면 이는 기타사업부문의 현금및현금성자산의 증가로 처리하여야 할 것이다.

3 회계처리

현금및현금성자산은 자산이므로 분개시 현금및현금성자산의 증가는 차변에, 감소는 대변에 기재한다.

사 례

(재)공익은 후원금 모금활동을 통하여 개인 기부자들로부터 ₩30,000,000을 기부받았다.

(차) 현금및현금성자산 30,000,000 (대) 기부금수익 30,000,000
→ 공익목적사업부문 자산 증가 → 공익목적사업부문 사업수익 증가

(재)공익은 법인 소유의 토지와 건물을 본사로 사용하고 있으며, 일부 남는 공간을 임대하고 있다. 이번 달에는 임대료로 ₩4,500,000을 수령하였다.

(차) 현금및현금성자산 4,500,000 (대) 임대료수입 4,500,000
→ 기타사업부문 자산 증가 → 기타사업부문 사업수익 증가

제13조(투자자산)

① '투자자산'이란 장기적인 투자 등과 같은 활동의 결과로 보유하는 자산을 말한다.

② 투자자산에는 장기성예적금, 장기투자증권과 장기대여금 등이 포함된다.

제4장 투자자산

투자자산은 공익법인이 여유자금의 활용 목적으로 보유하는 금융상품, 유가증권, 대여금 등을 말하며, 자금운용 목적이나 자금운용 기간에 따라 유동자산인 '단기투자자산'과 비유동자산인 '투자자산'으로 구분된다.

본 장에서는 '단기투자자산'과 '투자자산'에 대하여 설명하기로 한다.

제1절 개념 및 범위

① 단기투자자산

(1) 개념

단기투자자산은 법인이 여유자금의 활용 목적으로 보유하는 단기예금, 단기매매증권, 단기대여금 및 유동자산으로 분류되는 매도가능증권과 만기보유증권 등의 자산으로서 현금및현금성자산과 함께 기업의 단기 유동성을 파악하는 데 중요한 정보이기 때문에 개별 표시한다(일반기업회계기준 제2장 부록 실무지침 2.26).

여기서 단기란 만기(또는 처분일)가 보고기간종료일로부터 1년 이내에 도래하는 것을 말하는데, 이는 일반기업회계기준에서 기업의 정상적인 영업주기를 1년으로 추정하고 있기 때문이다.

(2) 범위

단기투자자산은 단기금융상품, 단기매매증권, 단기대여금 및 유동자산으로 분류되는 매도가능증권과 만기보유증권 등의 자산을 포함한다.

① 단기금융상품

단기금융상품은 정기예금 · 정기적금 등의 단기예금과 기타 정형화된 금융상품 등으로서 단기적 자금운용 목적으로 소유하거나 만기가 1년 내에 도래하는 것을 말한다.

가) 정기예적금

정기예금이란 예금주가 일정한 기간을 정하여 일정 금액을 예치하고 만기가 도래하기 전에는 원칙적으로 현금의 환급을 요구할 수 없는 기한부 예금으로 약정기간이 길수록 높은 이율이 보장되므로 비교적 유리한 재산증식 수단이 되는 예금이다.

정기적금은 일정 기간을 정하여 일정 금액을 납부할 것을 약정하고 매월 일정 일에 일정 금액을 예입하는 예금이다. 동 정기적금의 계약기간은 1년 이상 3년 이내에서 월 단위로 자유로이 정할 수 있는 것이 일반적이다.

정기예금 및 정기적금은 보고기간말 현재 만기가 1년 이상이면 장기성예적금으로 대체하여야 하며, 처음 계약시는 만기가 3년을 초과하여 장기성예적금으로 분류되었더라도 기간이 경과하여 보고기간 종료일을 기준으로 만기가 1년 이내라면 단기금융상품으로 재분류하여야 한다.

나) 정형화된 금융상품

단기금융상품에 해당하는 대표적인 상품으로는 양도성예금증서(CD), 표지어음, 어음관리구좌(CMA) 등이 있다. 그러나 모든 정형화된 금융상품을 금융상품이라는 계정으로 분류하는 것은 아니며, 일반기업회계기준에서는 수익증권, MMF, 투자일임자산, 뮤추얼펀드 등은 수익자의 보유 목적에 따라 단기매매증권, 매도가능증권 또는 만기보유증권으로 분류하도록 하고 있다. 한편 투자신탁의 계약기간이 3개월 이하인 초단기수익증권(MMF를 포함) 중 큰 거래비용이 없고 가치변동위험이 중요하지 않은 수익증권은 현금및현금성자산으로 처리한다.

② 단기대여금

대여금이란 금전소비대차계약에 의하여 상대방에게 대여한 금전에 대한 채권으로서 회수기한이 1년 이내에 도래하는 경우에는 단기대여금(단기투자자산)으로 하며, 그 외의 대여금은 장기대여금(투자자산)으로 구분한다.

이때 '회수기간이 1년 이내'라고 할 때의 기준일은 자금대여 계약일이 아니라 보고기간 종료일을 기준으로 판단하여야 한다. 공익법인회계기준 실무지침서에 따르면, 만약 당초

대여기간이 1년을 초과하더라도 기간이 경과하여 회계연도 말 기준으로 1년 이내 회수일이 도래하는 경우 단기대여금으로 계정재분류해야 한다. 분할상환 약정이 있는 장기대여금의 경우, 회계연도 말 기준으로 회수기간이 1년 이내 도래하는 부분은 단기대여금으로 분류한다. 회수되는 대여금은 단기대여금으로, 그 외의 대여금은 장기대여금으로 구분한다.

③ 단기매매증권, 유동자산으로 분류되는 매도가능증권 및 만기보유증권

단기간 내의 매매차익을 목적으로 취득하는 단기매매증권과 보고기간종료일로부터 1년 이내에 실현되는 매도가능증권이나 만기보유증권은 유동자산으로 분류한다.

단기매매증권과 유동자산으로 분류되는 매도가능증권 및 만기보유증권의 구체적인 설명은 본서의 '제2편 제5장 유가증권'을 참조하기로 한다.

② 투자자산

(1) 개념

투자자산은 법인이 장기적인 투자수익을 목적으로 보유하는 자산이다. 법인이 장기여유자금운용의 결과로 보유하는 자산은 법인 본연의 영업활동을 위해 장기간 사용하는 유형자산이나 무형자산과 성격이 다르기 때문에 구분하여 표시하는 것이 바람직하다(일반기업회계기준 제2장 부록 결론도출근거 2.3).

(2) 범위

투자자산에는 장기성예적금, 장기투자증권과 장기대여금 등이 포함된다(공익법인회계기준 제13조 제2항)

① 장기성예적금

보고기간말 현재 만기가 1년 이상인 정기예금 및 정기적금은 장기성예적금으로 분류한다.

② 장기대여금

장기대여금은 공익법인의 일반적 영업활동과는 관련 없는 대여금으로서 그 회수기한이 보고기간 종료일로부터 1년을 초과하여 도래하는 장기의 대여금을 말한다. 장기대여금에는 임원, 종업원에 대한 대여금을 포함한다.

③ 장기투자증권

유동자산으로 분류되지 않는 매도가능증권과 만기보유증권은 투자자산의 개별항목으로 분류하거나 또는 이를 장기투자증권의 계정과목으로 통합하여 재무상태표에 표시할 수 있다.

매도가능증권 및 만기보유증권의 구체적인 설명은 본서의 '제2편 제5장 유가증권'을 참조하기로 한다.

| 투자자산의 구분 |

구분	종류	만기(처분일)	사용제한	계정과목 구분
금융상품	당좌예금, 보통예금	없음	×	현금및현금성자산
			○ (주석공시)	• 사용제한 1년 이내: 단기금융상품(단기투자자산) • 사용제한 1년 이후: 장기성예적금(투자자산)
	정기예금, 정기적금 등	1년 이내	×	단기금융상품(단기투자자산)
		1년 이후	○ (주석공시)	장기성예적금(투자자산)
유가증권	단기매매증권	단기 처분 목적	×	단기매매증권(단기투자자산)
	매도가능증권, 만기보유증권	1년 이내	×	매도가능증권(단기투자자산) 만기보유증권(단기투자자산)
		1년 이후	×	매도가능증권(투자자산) 만기보유증권(투자자산)
대여금	임직원대여금, 주택자금융자 등	1년 이내	×	단기대여금(단기투자자산)
		1년 이후	×	장기대여금(투자자산)

제2절 재무제표 표시 및 회계처리

① 재무제표 표시

중요한 항목은 재무제표의 본문 또는 주석에 그 내용을 가장 잘 나타낼 수 있도록 구분하여 표시하도록 하고 있다(공익법인회계기준 제8조).

즉, 단기투자자산에 포함된 단기금융상품, 단기매매증권, 단기대여금 및 유동자산으로 분류되는 매도가능증권과 만기보유증권 등의 금액이나 성격이 중요한 경우에는 재무상태표에 별도 항목으로 구분하여 표시하지만, 그 금액이나 성격이 중요하지 아니한 경우에는 '단기투자자산'으로 통합하여 표시하고 그 세부내역을 주석으로 기재할 수 있다.

투자자산의 경우 장기성예적금, 장기투자증권, 장기대여금 등을 구분하여 표시하는 것을 원칙으로 한다. 다만, 장기투자증권에 포함된 매도가능증권과 만기보유증권 등의 금액이나 성격이 중요한 경우에는 재무상태표에 별도 항목으로 구분하여 표시한다.

② 구분경리

공익법인회계기준에서는 재무상태표와 운영성과표의 작성시 공익법인을 하나의 작성단위로 보아 통합하여 작성하되, 공익목적사업부문과 기타사업부문으로 각각 구분하여 표시하도록 규정하고 있다.

따라서 투자자산의 증감이 발생하거나 관련 수익이 발생한 경우 해당 증감이나 수익이 공익목적사업부문에 해당하는 것인지 아니면 기타사업부문에 해당하는 것인지 판단하여야 한다.

이때 공익법인회계기준상 '공익목적사업'은 학술, 문화, 자선 기타 영리 아닌 사업 그 자체를 말하는 것으로 **그 외에 재정마련을 위하여 투자수익을 목적으로 보유하는 투자자산은 '기타사업'으로 분류하는 것이 타당**할 것인 바, 투자와 직접 관련된 금융상품 및 유가증권과 그 수익은 '기타사업'으로 구분하여야 할 것이다.

그리고 이러한 구분은 해당 유가증권 등이 고유목적사업을 위하여 출연한 기본재산이거나 또는 공익법인이 직접 투자목적으로 취득한 자산인지 여부에 따라 달라지는 것은 아니며, **투자활동으로서 수익을 발생시키는 원천이 된다면 이는 '기타사업'으로 구분**하여야 할 것이다.

③ 회계처리

(1) 정기예적금

공익법인회계기준은 수익을 발생주의에 의하여 인식하므로 이자지급시점에 관계없이 기간경과분 이자는 이자수익으로 인식해야 한다.

① 발생주의에 따라 기간경과분을 미수수익으로 인식하였다면 만기에 원금과 함께 또는 기간별로 이자를 지급받는 시점에 이자수익과 상계처리한다.

사 례

당기 말에 정기적금에 대하여 당기분 미수이자 ₩500,000을 인식하였다.

(차)	미 수 수 익	500,000	(대) 이 자 수 익	500,000

다음연도에 전기에 계상하였던 미수이자를 포함하여 ₩1,000,000의 이자를 현금으로 지급받았다.

(차)	현금및현금성자산	1,000,000	(대) 미 수 수 익	500,000
	이 자 수 익	500,000		

② 이자를 일정기간별로 원금에 가산하는 경우에는 원본에 가산하여 정기예적금을 증가시키는 회계처리를 한다.

사 례

정기적금에 대한 미수이자 ₩500,000이 발생하여 원본에 가산되었음을 통보받았다.

(차)	단기(장기)금융상품	500,000	(대) 이 자 수 익	500,000

③ 계정재분류

정기예적금 등 장기금융상품은 매결산기마다 보고기간종료일을 기준으로 만기가 1년 이상인지 여부를 확인하여 만기가 1년 이내에 도래한다면 단기금융상품으로 대체하여야 한다.

사 례

(재)공익은 2년 만기 1억원, 연 이자율 4%(만기시 일시 지급)의 정기예금에 가입하였다.

일자	내역	금액
2020. 7. 1.	정기예금 가입	100,000,000
2020. 12. 31.	이자수익 발생	2,000,000
2021. 12. 31	이자수익 발생	4,000,000
2022. 6. 30.	만기 지급액(원천징수 15% 가정)	108,000,000

2020. 7. 1.

(차)	정기예금(장기금융상품)	100,000,000	(대) 현금및현금성자산	100,000,000

2020. 12. 31.

(차)	미수수익	2,000,000	(대) 이자수익	2,000,000

2021. 12. 31.

(차)	미수수익	4,000,000	(대) 이자수익	4,000,000
(차)	정기예금(단기금융상품)	100,000,000	(대) 정기예금(장기금융상품)	100,000,000

2022. 6. 30.

(차)	현금및현금성자산	106,800,000	(대) 정기예금(단기금융상품)	100,000,000
	선납세금	1,200,000	미수수익	6,000,000
			이자수익	2,000,000

(2) 대여금

대여금에 대한 회계처리는 대여금이 발생되는 시점과 그것이 소멸되는 시점(대여금의 회수, 대손상각, 기타 채권과의 상계 등)의 회계처리로 구분할 수 있다.

① 대여금의 발생

대여금의 발생액은 그 회수기간이 1년 이내인지 이후인지 여부에 따라 단기대여금 또는 장기대여금 계정의 차변에 기록한다.

② 대여금의 소멸

대여금은 회수되거나 대손처리하거나 기타 대물과 상계되는 경우 소멸하게 된다.

대여금의 회수는 금전으로 이루어지는 경우가 대부분이나, 금전 이외에 다른 재화에 의해서 회수가 이루어지는 대물변제가 발생하는 경우도 종종 있다. 이 경우에는 재화에 대한 대물변제 시점에서의 재화의 가치를 평가하여 표시한다.

대여금의 소멸액은 단기대여금 또는 장기대여금 계정의 대변에 기록한다.

③ 계정재분류

대여금은 매결산기마다 보고기간종료일을 기준으로 만기가 1년 이상인지 여부를 확인하여 만기가 1년 이내에 도래한다면 단기대여금으로, 만기가 1년 이상이라면 장기대여금으로 분류한다.

공익법인회계기준

제37조(유가증권의 평가)

① 유가증권은 취득한 후 만기보유증권, 단기매매증권, 그리고 매도가능증권 중의 하나로 분류한다.

② 유가증권의 평가는 일반기업회계기준에 따른다. 다만, 매도가능증권에 대한 미실현보유손익은 순자산조정으로 인식하고 당해 유가증권에 대한 순자산조정은 그 유가증권을 처분하거나 손상차손을 인식하는 시점에 일괄하여 당기손익에 반영한다.

제5장 유가증권

유가증권은 재산권을 나타내는 증권으로서 적절한 액면금액단위로 분할되고 시장에서 거래되거나 투자의 대상이 된다.

공익법인회계기준에서는 공익법인이 취득한 유가증권을 만기보유증권, 단기매매증권, 그리고 매도가능증권 중의 하나로 분류하도록 하고 있으며, 그 평가는 일반기업회계기준에 따르도록 규정하고 있다.

본 장에서는 유가증권의 분류 및 각 유가증권의 취득시점, 보유시점, 처분시점별 회계처리에 대하여 설명하기로 한다.

제1절 개념과 분류

1 개념

유가증권은 재산권을 나타내는 증권을 말하며, 실물이 발행된 경우도 있고, 명부에 등록만 되어 있을 수도 있다. 유가증권은 적절한 액면금액단위로 분할되고 시장에서 거래되거나 투자의 대상이 된다. 유가증권에는 지분증권과 채무증권이 포함된다(일반기업회계기준 제6장 문단 6.20).

여기서 지분증권이란 회사, 조합 등의 순자산에 대한 소유지분을 나타내는 유가증권과 일정 금액으로 소유지분을 취득하거나 처분할 수 있는 권리를 나타내는 유가증권 및 이와 유사한 유가증권을 말하며, 채무증권이란 발행자에게 금전을 청구할 수 있는 권리를 표시하는 유가증권을 말한다.

- 지분증권 : 보통주, 우선주 등
- 지분증권을 취득하거나 처분할 권리 : 신주인수권, 전환권, 콜옵션, 풋옵션 등

• 채무증권 : 회사채, 국 · 공채, 전환사채, 신주인수권부사채 등

• 기타 유가증권 : 수익증권[8] 등

그리고 유가증권은 취득한 후 만기보유증권, 단기매매증권, 그리고 매도가능증권 중 하나로 분류한다(공익법인회계기준 제37조 ①).

2 유가증권의 분류

공익법인이 유가증권을 출연 또는 매입을 통하여 취득하였다면 당해 유가증권을 어떤 계정과목으로 분류해야 할 것인지 결정해야 한다.

공익법인회계기준에서는 취득시 유가증권에 대한 취득목적, 보유의도 및 보유능력, 매매의 빈번한 발생 여부 등에 따라 만기보유증권, 단기매매증권, 매도가능증권 중의 하나로 분류하고, 이를 보유기간에 따라 유동자산 또는 투자자산으로 재무상태표에 표시하도록 하고 있다.

(1) 계정과목의 분류

① 만기보유증권

만기가 확정된 채무증권으로서 상환금액이 확정되었거나 확정이 가능한 채무증권을 만기까지 보유할 적극적인 의도와 능력이 있는 경우에는 만기보유증권으로 분류한다(일반기업회계기준 6장 문단 6.23).

② 단기매매증권

단기매매증권은 주로 단기간 내의 매매차익을 목적으로 취득한 유가증권으로서 매수와 매도가 적극적이고 빈번하게 이루어지는 것을 말한다(일반기업회계기준 6장 문단 6.27).

따라서 단기적인 가격변동으로부터의 수익 획득을 목적으로 보유한 지분증권과 만기보유증권으로 분류되지 아니하는 채무증권은 단기매매증권으로 분류한다.

---

8) 수익증권은 신탁업자가 금전신탁계약에 의해 발행하는 수익증권이 표시된 증권, 투자신탁을 설정한 집합투자업자가 발행하는 증권, 그 밖에 이와 유사한 것으로서 신탁의 수익권이 표시된 것을 말한다. 수익증권은 지분증권으로 분류하되, 투자신탁의 계약기간이 3개월 이하인 초단기수익증권(MMF를 포함한다) 중 큰 거래비용이 없고 가치변동위험이 중요하지 않은 수익증권은 현금 및 현금성자산으로 분류한다.

③ 매도가능증권

단기매매증권이나 만기보유증권으로 분류되지 아니하는 유가증권은 매도가능증권으로 분류한다(일반기업회계기준 6장 문단 6.27).

| 유가증권의 분류[9] |

(2) 유동성에 따른 분류

① 유동자산

단기매매증권과 보고기간종료일로부터 1년 이내에 실현되는 매도가능증권이나 만기보유증권은 유동자산으로 분류한다. 이때 장 · 단기 분류의 적정성은 회계연도 말마다 재검토해야 한다.

그리고 개별 자산의 금액이나 성격이 중요한 경우에는 재무상태표에 별도 항목으로 구분하여 표시하지만, 그 금액이나 성격이 중요하지 아니한 경우에는 '단기투자자산'으로 통합하여 표시하고 그 세부내역을 주석으로 기재할 수 있다.

② 투자자산

유동자산으로 분류되지 않는 매도가능증권과 만기보유증권은 투자자산의 개별항목으로 분류하거나 또는 이를 장기투자증권의 계정과목으로 통합하여 재무상태표에 표시할 수도 있다.

9) 공익법인회계기준 실무지침서(기획재정부, 2018.12, p47)

③ 구분경리

투자자산의 구분경리에 대해서는 본서의 '제2편 제4장 제2절 2. 구분경리'에서 설명하고 있다. 유가증권은 투자자산의 범위에 포함되므로 유가증권의 구분경리에 대해서는 투자자산의 구분경리를 참고하기로 한다.

제2절 단기매매증권

① 개념

단기매매증권은 주로 단기간 내의 매매차익을 목적으로 취득한 유가증권으로서 매수와 매도가 적극적이고 빈번하게 이루어지는 것을 말한다(일반기업회계기준 6장 문단 6.27).

즉, 유가증권을 단기매매증권으로 분류하기 위해서는 일시적 자금의 운용을 목적으로 취득하고 필요하면 즉시 처분할 의사로 보유하여야 하며, 또한 당해 유가증권 자체도 다수의 공급자와 수요자에 의하여 항상 매매가 가능할 정도로 시장성이 있어야 한다.

따라서 수익창출활동의 하나로서 유가증권의 매매를 통하여 이익을 추구하는 경우가 아니라면 일반 공익법인이 유가증권을 단기매매증권으로 분류하는 경우는 드물 것이다.

② 회계처리

(1) 취득시점의 회계처리

① 일반적인 취득

단기매매증권은 최초인식 시 공정가치로 측정하며, 이는 일반적으로 거래가격(제공하거나 수취한 대가의 공정가치)을 의미한다.

이 때 당해 단기매매증권의 취득과 직접 관련되는 거래원가는 공정가치에 가산하지 아니하고 취득시에 비용처리한다(일반기업회계기준 6장 문단 6.12).

사 례

(재)공익은 단기투자 목적으로 상장사인 갑회사의 주식 100주를 ₩1,500,000에 구입하였다. 이 때에 매입수수료 ₩25,000이 발생하여 현금으로 지급하였다.

(차) 단기매매증권	1,500,000	(대) 현금및현금성자산	1,525,000
지급수수료	25,000		

② 기타 취득

기타 상속 및 증여, 유상증자 및 무상증자, 주식배당에 의한 주식취득 등의 취득시 회계처리에 대하여는 '매도가능증권'의 설명을, 이자지급일 사이의 채무증권의 취득시 회계처리에 대하여는 '만기보유증권'의 설명을 참조하기로 한다.

(2) 보유시점의 회계처리

① 이자수익 및 배당수익 발생

단기매매증권을 보유하면 발행회사로부터 배당금이나 이자를 수령하게 되는데, 이때 발생하는 배당금수익과 이자수익은 공익법인의 당기손익으로 인식한다.

② 단기매매증권의 평가

유가증권의 평가는 일반기업회계기준에 따른다(공익법인회계기준 제37조 ②).

일반기업회계기준에 따르면 회계연도 말에 단기매매증권을 보유하고 있는 경우 당해 단기매매증권은 보고기간종료일 현재의 공정가치로 평가하여야 하며, 이때 평가액이 단기매매증권의 새로운 장부가액이 된다.

그리고 공정가치 변동에 따른 평가액와 기존 장부금액의 차액은 단기매매증권평가이익(또는 손실)으로 인식하고, 당기 사업외수익(또는 비용)에 반영한다.

(3) 양도시점의 회계처리

단기매매증권을 양도한 때에는 단기매매증권을 양도한 대가로 받았거나 받을 금액과 장부금액의 차이금액을 단기매매증권처분이익(또는 손실)으로 인식하고, 당기 사업외수익(또는 비용)에 반영한다.

한편 처분과 관련하여 발생한 수수료 및 증권거래세 등 부대비용 처리 문제가 있으나 실무상으로는 이들 부대비용만큼을 매각대금에서 차감한 후 단기매매증권처분손익을 계산하는 것이 일반적이다.

사 례

(재)공익은 12월 말 결산법인으로 단기 투자목적으로 상장사인 갑회사의 주식을 취득하고, 이후 처분하였다. 그 거래 내역은 다음과 같다.

일자	내역	1주당 가액	금액
2020. 4. 2.	10,000주를 1.5억원에 취득	15,000	₩150,000,000
2020. 12. 31.	주식의 종가	18,000	₩180,000,000
2021. 3. 2.	현금배당 수령	1,000	₩10,000,000
2021. 3. 29.	10,000 주를 2억원에 처분	20,000	₩200,000,000

2020. 4. 2.

(차) 단기매매증권	150,000,000	(대) 현금및현금성자산	150,000,000

2020. 12. 31.

(차) 단기매매증권	30,000,000	(대) 단기매매증권평가이익	30,000,000

2021. 3. 2.

(차) 현금및현금성자산	10,000,000	(대) 배당금수익	10,000,000

2021. 3. 29.

(차) 현금및현금성자산	200,000,000	(대) 단기매매증권	180,000,000
		(대) 단기매매증권처분이익	20,000,000

제3절 매도가능증권

① 개념

매도가능증권이란 단기매매증권이나 만기보유증권으로 분류되지 아니하는 유가증권을 말한다.

지분증권의 경우 공익법인이 단기간 내의 매매차익을 목적으로 취득하는 경우는 드물다 할 것이므로 출연자 등으로부터 상속 및 증여 받음으로써 취득하거나 또는 유상으로 취득하는 지분증권은 대부분 매도가능증권으로 분류될 것이다.

② 회계처리

(1) 취득시점의 회계처리

① 일반적인 매입에 의한 취득

매도가능증권은 최초인식시 공정가치로 측정하며, 이는 일반적으로 거래가격(제공하거나 수취한 대가의 공정가치)을 의미한다.

이때 당해 매도가능증권의 취득과 직접 관련되는 거래원가는 공정가치에 가산한다(일반기업회계기준 6장 문단 6.12).

사 례

(재)공익은 갑회사의 주식 100주를 ₩1,500,000에 구입하였다. 이때 매입수수료 ₩25,000이 발생하여 현금으로 지급하였다.

(차) 매도가능증권	1,525,000	(대) 현금및현금성자산	1,525,000

② 상속 및 증여에 의한 취득

공익법인이 출연자 등으로부터 상속 또는 증여에 의하여 매도가능증권을 취득한 때에는 거래가액이 존재하지 않으므로 자산의 공정가치를 취득가액으로 한다.

이때, 시장성 있는 유가증권(한국거래소가 개설한 유가증권시장, 코스닥시장 또는 공신력 있는 외국의 증권거래시장에서 거래되는 유가증권)의 경우 시장가격을 공정가치로 보며 시장가격은 증여로 인한 취득일 현재의 종가로 한다. 그러나 법인세법상 공익법인의 현물 취득가액은 회계상 인식하는 취득가액과 달라질 수 있음에 유의하여야 한다. 이에 대해서는 제3편 제2장 사업수익에서 설명하기로 한다.

사 례

(재)공익은 출연자로부터 을회사의 주식 100주(₩1,500,000 상당)를 증여 받았다. 동 주식은 처분에 제약이 없으나, (재)공익은 배당수익을 목적으로 장기간 보유할 예정이다.

(차) 매도가능증권	1,500,000	(대) 기부금수익	1,500,000

③ 유상증자 및 무상증자에 의한 취득

유상증자 시 주주는 그가 가진 주식 수에 따라서 신주의 배정을 받을 권리가 있으며(상법 제418조), 증자대금을 납입하고 신주를 취득하는 경우에는 일반적인 주식취득과 동일하게 회계처리한다.

반면, 무상증자는 주식을 발행한 회사가 법정준비금(자본준비금, 이익준비금)을 자본전입하는 경우 증가된 자본금에 대하여 무상으로 주식을 발행하는 것이다.

보유하고 있는 지분증권의 발행기업에서 회계연도 중에 무상증자를 실시함으로 인하여 지분증권을 추가로 취득하게 되는 경우, 당해 지분증권의 취득은 자산의 증가로 보지 아니한다(일반기업회계기준 6장 부록 실무지침 6.75).

즉, 무상증자에 의해 주식을 취득하는 경우에는 주식수가 증가할 뿐이며 주주의 지분율과 지분금액에는 변동이 없으므로 추가적인 회계처리를 필요로 하지 않는다.

사 례

(재)공익은 갑회사와 을회사의 주식을 보유하고 있다.
2018년 중 갑회사는 유상증자를 실시하였고 (재)공익은 신주인수권을 행사하여 ₩1,000,000의 주금을 현금으로 납입하였다. 또한 을회사의 무상증자로 인하여 주식 10주(액면 ₩5,000)를 받았다.

갑회사

(차) 매도가능증권	1,000,000	(대) 현금및현금성자산	1,000,000

을회사

분개 없음(단, 주식수는 증가)

④ 주식배당에 의한 취득

주식배당은 기업의 자본계정 중 이익잉여금을 현금이 아닌 주식으로 배당하는 것으로, 주주들이 갖고 있는 지분율이나 기업의 자본총액은 변함이 없고 단지 기업의 자본계정 중 이익잉여금이 자본금으로 재분류되는 것에 불과하다.

따라서 주식배당도 무상증자와 동일하게 추가적인 회계처리를 필요로 하지 않는다.

(2) 보유시점의 회계처리

① 이자수익 및 배당수익 발생

매도가능증권을 보유하면 발행회사로부터 배당금이나 이자를 수령하게 되는데, 이때 발생하는 배당금수익과 이자수익은 공익법인의 당기손익으로 인식한다.

② 매도가능증권의 평가

일반기업회계기준에서는 매도가능증권은 공정가치로 평가하고, 이에 따라 계산된 미실현보유손익은 당기손익에 반영하지 않고, 순자산조정(매도가능증권평가손익)으로 처리한다.

공익법인회계기준 역시 유가증권의 평가는 일반기업회계기준을 따르기 때문에 매도가능증권의 평가로 인한 미실현보유손익은 당기손익으로 반영하지 않는다. 다만, 공익법인회계기준에서는 매도가능증권에 대한 미실현보유손익을 순자산조정으로 인식하고 당해 유가증권에 대한 순자산조정은 그 유가증권을 처분하거나 손상차손을 인식하는 시점에 일괄하여 당기손익에 반영한다(공익법인회계기준 제37조 ②).

그리고 매도가능증권 중 시장성이 없는 지분증권의 공정가치를 신뢰성있게 측정할 수 없는 경우에는 취득원가로 평가한다(일반기업회계기준 6장 문단 6.30).

③ 손상차손

가) 회계처리

유가증권으로부터 회수할 수 있을 것으로 추정되는 금액(이하 "회수가능액"이라 한다)이 채무증권의 상각후원가[10] 또는 지분증권의 취득원가보다 작은 경우에는, 손상차손을 인식할 것을 고려하여야 한다. 손상차손의 발생에 대한 객관적인 증거가 있는지는 보고기간 종료일마다 평가하고 그러한 증거가 있는 경우에는 손상차손이 불필요하다는 명백한 반증이 없는 한, 회수가능액을 추정하여 손상차손을 인식하여야 한다.

---

10) '만기보유증권'의 회계처리를 참조하기 바란다.

손상차손금액은 당기손익에 반영한다(일반기업회계기준 6장 문단 6.32). 이때, 매도가능증권의 공정가치 평가에 따른 미실현보유손실이 순자산조정에 남아 있는 경우에는, 당기에 손상차손으로 인식하여야 할 금액만큼 미실현보유손실을 순자산조정에서 제거하여 먼저 손상차손에 반영한다.

(차) 매도가능증권손상차손 (사업외비용)	×××	(대) 순자산조정	×××

당해 미실현보유손실 금액이 당기에 손상차손으로 인식하여야 할 금액보다 작은 경우에는, 미실현보유손실을 순자산조정에서 제거하여 손상차손으로 반영한 후, 그 미달하는 금액은 유가증권의 장부금액에서 직접 차감한다.

(차) 매도가능증권손상차손 (사업외비용)	×××	(대) 매도가능증권 순자산조정	××× ×××

또한, 당해 매도가능증권과 관련한 미실현보유이익이 순자산조정에 남아 있는 경우에는 그 미실현보유이익 전액을 순자산조정에서 제거하여 유가증권의 장부금액에서 직접 차감한다.

(차) 순자산조정 매도가능증권손상차손 (사업외비용)	××× ×××	(대) 매도가능증권	×××

나) 평가와 손상차손의 구분

매도가능증권의 공정가치 변동을 평가손익으로 인식할지 아니면 손상차손으로 인식할지는 근본적으로 유가증권 발행인의 신용위험이 발생했는지 여부에 따라 판단하여야 할 것이다.

일반기업회계기준에서는 다음의 경우를 손상차손이 발생하였다는 객관적인 증거가 될 수 있다고 예시하고 있다(일반기업회계기준 6장 문단 6.A8).

㉠ 은행법에 의해 설립된 금융기관으로부터 당좌거래 정지처분을 받은 경우, 청산 중에

있거나 1년 이상 휴업 중인 경우, 또는 완전자본잠식 상태에 있는 경우와 같이 유가증권발행자의 재무상태가 심각하게 악화된 경우

㉡ 이자 지급과 원금 상환의 지연과 같은 계약의 실질적인 위반이나 채무불이행이 있는 경우

㉢ 채무자 회생 및 파산에 관한 법률에 의한 회생절차개시의 신청이 있거나 회생절차가 진행 중인 경우와 같이, 유가증권발행자의 재무적 곤경과 관련한 경제적 또는 법률적인 이유 때문에 당초의 차입조건의 완화가 불가피한 경우

㉣ 유가증권발행자의 파산가능성이 높은 경우

㉤ 과거에 그 유가증권에 대하여 손상차손을 인식하였으며 그 때의 손상사유가 계속 존재하는 경우

㉥ 유가증권발행자의 재무상태가 악화되어 그 유가증권이 시장성을 잃게 된 경우

㉦ 표시이자율 또는 유효이자율이 일반적인 시장이자율보다 비정상적으로 높거나 낮은 채무증권(예: 후순위채권, 정크본드)을 법규나 채무조정협약 등에 의해 취득한 경우

㉧ 기업구조조정촉진법에 의한 관리절차를 신청하였거나 진행 중인 경우

㉨ 기타 ㉠ 내지 ㉧의 경우에 준하는 사유

그리고 유가증권이 상장 폐지되어 시장성을 잃더라도 그것이 반드시 손상차손의 증거가 되지는 않는다. 또한 발행자의 신용등급이 하락한 사실 자체가 손상차손의 증거가 되지는 않지만 다른 정보를 함께 고려하는 경우에는 손상차손의 증거가 될 수 있다(일반기업회계기준 6장 문단 6.A9).

(3) 양도시점의 회계처리

매도가능증권을 양도하는 때 당해 매도가능증권과 관련하여 평가손익이 순자산조정에 계상되어 있다면, 양도시 평가손익을 매도가능증권처분손익에 가감하여 처리하여야 한다.

즉, 보유 중에 계상하였던 미실현손익이 처분시에 매도가능증권처분손익을 통해 실현되기 때문에 결과적으로 매도가능증권처분손익은 양도가액과 취득가액의 차액이 된다.

(차)	현금및현금성자산	×××	(대)	매도가능증권	×××
	순자산조정	×××		매도가능증권처분이익 (사업외수익)	×××

사 례

(재)공익은 개인 갑으로부터 상장사인 을회사 주식 10,000주(₩150,000,000 상당)를 증여받았다. 동 주식은 처분에 제약이 없으며, (재)공익은 장기간 배당금을 수령하고 처분할 예정이다. 그 거래 내역은 다음과 같다.

일자	내역	1주당 가액	금액
2020. 4. 2.	10,000주를 증여받음	15,000	₩150,000,000
2020. 12. 31.	주식의 종가	18,000	₩180,000,000
2021. 3. 2.	현금배당 수령	1,000	₩10,000,000
2021. 12. 31.	주식의 종가	12,000	₩120,000,000
2022. 12. 31.	주식의 종가	8,000	₩80,000,000
2023. 12. 31.	파산가능성 증가로 손상인식	1,000	₩10,000,000
2024. 2. 2.	10,000주를 주당 800원에 처분	800	₩8,000,000

2020. 4. 2.

(차) 매도가능증권	150,000,000	(대) 기부금수익	150,000,000

2020. 12. 31.

(차) 매도가능증권	30,000,000	(대) 순자산조정	30,000,000

2021. 3. 2.

(차) 현금및현금성자산	10,000,000	(대) 배당금수익	10,000,000

2021. 12. 31.

(차) 순자산조정	60,000,000	(대) 매도가능증권	60,000,000

2022. 12. 31.

(차) 순자산조정	40,000,000	(대) 매도가능증권	40,000,000

2023. 12. 31.

(차) 매도가능증권손상차손 (사업외비용)	140,000,000	(대) 매도가능증권 순자산조정	70,000,000 70,000,000

2024. 2. 2.

(차) 현금및현금성자산 매도가능증권처분손실	8,000,000 2,000,000	(대) 매도가능증권	10,000,000

제4절 투자일임계약자산 및 투자신탁의 분류

최근 금리의 하락이 장기화되면서 공익법인들의 자금 운용이 원활하지 못하고, 이로 인하여 목적사업 수행이 어려워짐에 따라 안정성과 수익률이 높은 다양한 금융상품에 대한 투자가 증가하고 있다.

공익법인의 경우 투자자산의 운용에 대한 위험부담을 갖고 직접 투자하는 형태보다는 금융중개기관을 통해 간접투자하는 형태가 일반적이다.

대표적인 간접투자의 형태로는 집합투자기구를 이용한 투자신탁과 투자일임 계약방식을 통한 간접운용이 있다.

① 집합투자기구

집합투자기구로서 투자신탁은 자산운용사가 제정한 투자신탁 약관에 따라 자산운용사와 수탁회사가 신탁계약을 체결한 후 수익증권을 투자자에게 판매하여 모은 투자신탁재산을 자산운용사가 주식 등에 투자운용하고 그 결과를 투자자에게 귀속시키는 집합적 투자기구를 말한다. 즉, 집합투자기구는 수익증권 형태로 투자되는 방법이다.

그리고 자본시장과 금융투자업에 관한 법률에 따라 집합투자기구가 발행하는 수익증권 중 단기적 가격변동으로부터의 수익 획득을 목적으로 보유한 수익증권은 단기매매증권으로 처리하고 그 이외의 경우에는 매도가능증권으로 처리한다(일반기업회계기준 6장 부록 실무지침 6.70).

② 투자일임계약자산

투자일임계약자산은 투자자문업이나 투자일임업을 수행하는 운용회사나 자문회사에 의해 운용되는 것으로서 통상 랩어카운트(Wrap Account)라고 불린다.

이는 자산운용을 전문가에 일임하여 여러 자산에 분산투자한다는 점에서 투자신탁과 유사한 측면이 있으나, 투자일임업은 투자판단 등을 일임하는 계약에 불과하고 투자자산에 대한 소유권이 그대로 투자자에게 유지된다는 차이점이 있다.

투자일임계약자산은 경제적 실질에 따라 비특정투자일임계약자산과 특정투자일임계약자산으로 나눌 수 있다.

(1) 비특정투자일임계약자산

투자자가 투자일임계약자산에 대한 투자판단을 모두 운영사에 위탁하여 운영사가 운용하는 자산이다.

비특정투자일임계약자산의 경우에는, 투자일임계약의 목적이 단기적인 가격변동으로부터의 수익 획득인 경우에는 그 투자일임계약자산을 단기매매증권으로 분류한다.

그러나 투자일임계약자산을 투자일임계약에 의해 시장이자율의 변화와 채권의 조기상환위험의 변화에 대한 위험회피 목적으로 보유하거나, 다른 대체투자를 위하여 기간을 정하지 않고 보유하거나, 외화위험의 변동에 대한 위험회피 목적 등으로 보유하는 경우에는 그 투자일임계약자산을 매도가능증권으로 분류한다(일반기업회계기준 6장 부록 실무지침 6.61).

(2) 특정투자일임계약자산

투자자가 투자일임계약자산의 투자목적, 위험선호정도, 투자예정기간, 투자대상별 투자한도 등의 위탁투자지침을 운영사에 제공하여 투자자의 운용지시에 따르게 된다.

그리고 특정투자일임계약을 구성하고 있는 자산(예: 주식, 국 · 공채, 회사채 등)에 대하여는 투자자가 특정투자일임계약의 구성자산을 직접 보유하고 있는 것으로 보아 회계처리한다(일반기업회계기준 6장 부록 실무지침 6.62).

| 집합투자기구와 투자일임자산 비교[11] |

구분	집합투자기구	투자일임계약자산	
		비특정투자일임자산	특정투자일임자산
관계 법령	자본시장법	자본시장법	자본시장법
취급기관의 업무	운용≠판매≠수탁	운용=판매≠보관	운용=판매≠보관
투자자 구성	2인 이상	1인	1인
신탁관계	위탁자 : 운용사 수탁자 : 수탁회사 수익자 : 공익법인	위탁자 : 공익법인 수탁자 : 투자일임사 수익자 : 공익법인	위탁자 : 공익법인 수탁자 : 투자일임사 수익자 : 공익법인

11) 투자일임계약자산과 집합투자기구의 과세차이가 기관투자가의 조세부담에 미치는 영향, 김수성 윤성만, 2011. 12. 26., 〈표 2〉 수정

구분	집합투자기구	투자일임계약자산	
		비특정투자일임자산	특정투자일임자산
운용방법의 결정	자산운용사	공익법인	투자일임사
회계상 분류	하나의 수익증권으로 보아 분류	하나의 수익증권으로 보아 분류	구성자산을 직접 보유한 것으로 보아 분류
발생수익의 세무상 분류	배당소득 (제17조 제1항 제5호에 따른 집합투자기구에 한함)	발생하는 소득의 내용별로 구분 (이자, 배당 등)[12)]	발생하는 소득의 내용별로 구분 (이자, 배당 등)

제5절 만기보유증권

① 개념

공익법인이 다음의 3가지 요건을 충족하는 채무증권을 취득한 경우에는 이를 만기보유증권으로 분류한다.

첫째, 만기와 상환금액이 확정되어 있는 채무증권을 취득할 것

여기서 만기가 확정되었고 상환금액이 확정되었거나 확정이 가능하다는 것은 원금 및 이자의 상환금액과 상환시기가 약정에 의하여 정해져 있음을 말한다. 변동이자율 조건부로 발행된 채무증권도 만기보유증권으로 분류할 수 있다(일반기업회계기준 6장 문단 6.A2).

둘째, 채무증권을 만기까지 보유할 의도가 있을 것

다음의 경우에는 만기까지 채무증권을 보유할 적극적인 의도가 없는 것으로 본다(일반기업회계기준 6장 문단 6.24).

① 만기까지의 보유여부를 분명히 정하고 있지 아니한 경우

② 시장이자율 또는 위험의 변동, 필요한 유동성 수준의 변화(예: 은행의 경우 예금인출 또는 대출수요의 증가에 따른 유동성 확보가 필요할 때), 다른 대체적인 자산의 투자

12) 법인세과-616, 2013. 10. 31.
비영리내국법인이 투자일임업자와 투자일임계약을 체결한 경우, 투자일임자산으로부터 발생하는 소득은 발생원천별로 소득을 구분하여 법인세법 제29조 제1항을 적용하는 것임.

가능성이나 수익률의 변동, 자금조달원천과 조건의 변화 또는 외화위험의 변화 등의 상황이 발생할 경우에는 매도할 의도가 있는 채무증권. 다만, 위와 같은 요인이 급격하게 변동하는 등 합리적으로 예상할 수 없는 비반복적인 상황 변동에 대응하여 매도하는 경우를 제외한다.

③ 채무증권의 발행자가 채무증권의 상각후 취득원가보다 현저하게 낮은 금액으로 중도상환권을 행사할 수 있는 경우

셋째, 채무증권을 만기까지 보유할 능력이 있을 것

채무증권의 취득시점에 다음 중 하나에 해당하는 경우에는 그 채무증권을 만기까지 보유할 능력이 없는 것으로 본다(일반기업회계준 6장 문단 6.A5).

① 재무자원이 부족하여 그 채무증권을 만기까지 계속 보유하기 어려운 경우

② 법적인 제약 등으로 인하여 만기보유에 제한을 받는 경우. 다만, 채무증권의 발행자가 채무증권의 상각후취득원가보다 현저하게 낮은 금액으로 중도상환권을 행사할 수 있는 경우는 제외한다.

그런데 모든 요건을 갖추고 채무증권을 취득하였을 경우라도 당 회계연도와 직전 2개 회계연도 중에, 만기보유증권을 만기일 전에 매도하였거나 발행자에게 중도상환권을 행사한 사실이 있는 경우, 또는 만기보유증권의 분류를 매도가능증권으로 변경한 사실이 있다면 (단 이러한 사실들에 해당하는 금액이 만기보유증권 총액과 비교하여 경미한 금액인 경우는 제외), 보유 중이거나 신규로 취득하는 모든 채무증권은 만기보유증권으로 분류할 수 없다(일반기업회계기준 6장 문단 6.25).

2 회계처리

(1) 취득시점의 회계처리

① 일반적인 취득

만기보유증권은 최초인식시 공정가치로 측정하며, 이는 일반적으로 거래가격(제공하거나 수취한 대가의 공정가치)을 의미한다. 이때 당해 만기보유증권의 취득과 직접 관련되는 거래원가는 공정가치에 가산한다(일반기업회계기준 6장 문단 6.12).

사 례

(재)공익은 갑회사가 발행한 을회사가 2020. 1. 1. 발행한 액면 ₩1,000,000, 이자율 10%의 사채를 만기까지 보유할 목적으로 ₩1,000,00에 구입하였다. 이때 매입수수료 ₩25,000이 발생하여 현금으로 지급하였다.

(차) 만기보유증권	1,025,000	(대) 현금및현금성자산	1,025,000

한편 채무증권은 발행시의 유효이자율(시장이자율)과 표시이자율이 동일한지 여부에 따라 액면발행, 할증발행, 할인발행으로 구분된다. 구체적으로는 표시이자율과 유효이자율이 동일하다면 액면발행, 표시이자율이 유효이자율을 초과하면 할증발행, 표시이자율이 유효이자율 미만이라면 할인발행으로 구분된다.

② 이자지급일 사이의 채무증권 취득

채무증권을 발행일이나 이자지급일에 취득했다면 현금지급액 전액이 취득원가로 계상되지만, 이를 이자지급일 사이에 취득했다면 현금지급액에는 직전 이자지급일부터 취득일까지의 발생이자가 포함되어 있다.

따라서 현금지급액을 순수한 채무증권의 취득가액과 발생이자(미수수익)로 구부하여 회계처리하여야 한다.

사 례

(재)공익은 을회사가 2020. 1. 1. 발행한 액면 ₩1,000,000, 이자율 10%의 사채를 만기까지 보유할 목적으로 2020. 7. 1. 발생이자를 포함하여 ₩1,050,000에 구입하였다. 이자지급일은 매년 12월 31일이다.

(차) 만기보유증권	1,000,000	(대) 현금및현금성자산	1,050,000
미수수익	50,000		

③ 상속 및 증여에 의한 취득

상속 및 증여에 의한 취득시 회계처리에 대하여는 '매도가능증권'의 설명을 참조하기로 한다.

(2) 보유시점의 회계처리

① 이자수익 발생

만기보유증권을 보유하면 발행회사로부터 이자를 수령하게 되는데, 이때 발생하는 이자수익은 공익법인의 당기손익으로 인식한다.

② 만기보유증권의 평가

만기보유증권은 상각후원가로 평가하여 재무상태표에 표시한다. 만기보유증권을 상각후원가로 측정할 때에는 장부금액과 만기액면금액의 차이를 상환기간에 걸쳐 유효이자율법에 의하여 상각하여 취득원가와 이자수익에 가감한다(일반기업회계기준 6장 문단 6.29).

상각후원가란 유효이자율을 이용하여 측정한 채무증권의 현재가치를 말한다. 여기서 유효이자율이란 채무증권의 발행가액과 동 채무증권의 미래현금흐름의 현재가치를 일치시켜 주는 이자율을 말하는데, 이는 일반적으로 채무증권 발행 당시의 시장이자율을 뜻한다.

그리고 이러한 유효이자율을 이용하여 채무증권의 상각후원가를 계산하고 관련 기간에 걸쳐 이자수익을 배분하는 방법을 유효이자율법이라 한다.

- 유효이자율법에 따른 이자수익 : 장부금액×유효이자율
- 유효이자율법에 따른 상각액 : (장부금액×유효이자율)－액면이자
- 유효이자율법에 따른 기말 상각후원가 : 기초 장부가액 + 상각액

③ 손상차손

상각후원가로 평가한 만기보유증권의 원리금을 계약상의 조건대로 회수하지 못할 가능성이 매우 높다는 객관적인 증거가 있다면, 손상차손이 발생한 것이다. 손상차손으로 인식하는 금액은 유가증권 취득 당시의 유효이자율로 할인한 기대현금흐름의 현재가치(회수가능액)와 장부금액의 차이금액이다. 손상차손 금액은 당기손익에 반영한다. 재무상태표에 보고하는 유가증권의 금액은 손상차손 금액을 차감한 후의 회수가능액으로 표시한다(일반기업회계기준 6장 문단 6.A10).

상각후원가로 보고되는 유가증권의 손상차손은 유가증권 취득 당시의 유효이자율을 사용하여 측정한다. 만일 손상차손을 측정하는 시점의 시장이자율을 사용한다면 그 유가증권을 손상차손 측정시점의 공정가치로 평가하는 결과가 되어 만기보유증권을 상각후원가로 측정하는 원칙에 맞지 않는다. 다만, 계약상 변동금리 조건으로 발행된 유가증권의 손상차손은 손상차손을 측정하는 시점의 시장이자율을 사용하여 할인한 회수가능액에 의하여 측

정한다(일반기업회계기준 6장 문단 6.A11).

손상차손을 인식한 이후 손상차손이 회복된 경우에는 다음과 같이 처리한다. 손상차손의 회복이 손상차손을 인식한 기간 후에 발생한 사건과 객관적으로 관련된 경우(예: 채무자의 신용등급의 향상)에는, 회복된 금액을 당기이익으로 인식하되, 회복 후 장부금액이 당초에 손상차손을 인식하지 않았다면 회복일 현재의 상각후원가가 되었을 금액을 초과하지 않도록 한다(일반기업회계기준 6장 문단 6.A12).

(3) 양도시점의 회계처리

① 만기상환

만기보유증권으로 분류하기 위해서는 해당 채무증권을 만기까지 보유할 적극적인 의도와 능력이 있어야 한다. 따라서 만기보유증권은 일반적으로 만기까지 보유하게 되며, 만기일에는 해당 채무증권의 액면금액을 상환받게 된다.

그리고 취득시 만기보유증권을 할인취득하거나 할증취득한 경우에는 장부금액과 만기액면금액의 차이가 생기는데 이러한 차이는 회수기간에 걸쳐 유효이자율법에 의하여 상각하기 때문에 만기일의 장부상 상각후원가와 만기액면금액이 일치하게 된다.

결국 만기보유증권을 만기까지 보유한다면 상환금액과 장부상 상각후원가가 일치하여 만기상환에 따른 처분손익은 발생하지 않는다.

② 만기 이전 처분

만약 만기보유증권을 만기일 이전에 매각할 경우에는 만기보유증권의 처분금액과 장부금액을 비교하여 처분손익을 인식하여야 한다.

그리고 만약 만기보유증권의 처분일과 최종 이자수령일이 일치하지 않는 경우에는 최종 이자수령일부터 처분일까지 발생한 이자와 할인액 또는 할증액의 상각 등에 대한 회계처리도 하여야 한다.

사 례

(재)공익은 2020년 1월 1일 甲법인이 발행한 액면 ₩1,000,000, 만기 3년, 액면이자율 10%인 사채를 만기까지 보유할 목적으로 ₩951,980원에 취득하였다.

• 유효이자율: 12%

• 상각표

일자	유효이자	액면이자	상각액	장부금액
2020. 1. 1.				951,980
2020. 12. 31.	114,238	100,000	14,238	966,218
2021. 12. 31.	115,946	100,000	15,946	982,164
2022. 12. 31.	117,836	100,000	17,836	1,000,000
합계	348,020	300,000	48,020	

• (재)공익은 2022년 9월 30일 자금사정으로 인하여 동 사채를 ₩985,000에 처분하였다.

2020. 1. 1.

(차) 만기보유증권	951,980	(대) 현금	951,980

2020. 12. 31.

(차) 만기보유증권	14,238	(대) 이자수익	114,238
현금	100,000		

2021. 12. 31.(유동성 대체 생략)

(차) 만기보유증권	15,946	(대) 이자수익	115,946
현금	100,000		

2022. 9. 30.

(차) 만기보유증권	13,377	(대) 이자수익	88,377(*)
미수이자	75,000		

(*) 982,164×12%×9/12 = 88,377

(차) 현금	985,000	(대) 만기보유증권	995,541
만기보유증권처분손실	85,541	미수이자	75,000

공익법인회계기준

제34조(미수금, 매출채권 등의 평가)

① 원금이나 이자 등의 일부 또는 전부를 회수하지 못할 가능성이 있는 미수금, 매출채권 등은 합리적이고 객관적인 기준에 따라 대손추산액을 산출하여 대손충당금으로 설정하고, 기존 대손충당금 잔액과의 차이는 대손상각비로 인식한다.

② 미수금, 매출채권 등의 원금이나 이자 등의 일부 또는 전부를 회수할 수 없게 된 경우, 대손충당금과 상계하고, 대손충당금이 부족한 경우에는 그 부족액을 대손상각비로 인식한다.

③ 미수금과 매출채권에 대한 대손상각비는 사업비용(공익목적사업비용이나 기타사업비용 중 관련이 되는 것)의 대손상각비로, 그 밖의 채권에 대한 대손상각비는 사업외비용의 기타의대손상각비로 구분한다.

매출채권과 미수금

공익법인은 상품과 용역을 판매 · 제공하거나 고정자산을 처분하는 등 정상적인 영업순환활동에서 타인에 대하여 현금을 청구할 수 있는 권리를 갖게 되는데, 이를 포괄적으로 수취채권이라 한다.

수취채권 중에서도 일반적인 상거래에서 발생하는 채권을 매출채권이라 하며, 그 외의 거래에서 발생하는 채권을 미수금이라 한다.

본 장에서는 매출채권과 미수금에 대하여 설명하기로 한다.

제1절 매출채권

1 개념

매출채권이란 일반적으로 경상적 영업활동인 재화의 판매 및 용역의 제공과정에서 발생한 신용채권을 말하며, 외상매출금과 받을어음으로 구분할 수 있다.

공익법인의 경우 매출채권이 발생하는 경우가 많지는 않으나, PB(private brand)상품을 판매하거나 또는 학술연구단체가 연구용역을 제공하거나 문화예술단체가 전시 · 공연용역 등을 제공하고 그 대가로 발생하는 채권, 기타사업으로 하는 부동산 임대채권 등이 이에 해당한다.

매출채권은 보고기간종료일로부터 1년 이내에 회수되는 것이 일반적이므로 유동자산으로 분류하나, 보고기간종료일로부터 1년을 초과하여 회수되는 장기매출채권은 기타비유동자산으로 분류한다.

2 범위

(1) 외상매출금

외상매출금은 거래상대방에게 외상으로 재화를 판매하거나 용역을 제공하고 발생하는 수취채권으로 별도의 증서가 존재하지는 않지만, 거래과정에서 발생하는 세금계산서, 계산서, 영수증 등의 증빙으로 채권의 존재를 확인할 수 있다.

외상매출금의 일반적인 회수기간은 30일에서 90일 내로 단기이며, 별도의 이자는 발생하지 않는다.

(2) 받을어음

어음은 그 소지인 또는 수취인에게 미래의 특정 시점에 일정한 금액을 지급할 것을 약속하는 증권을 말하며, 지급하는 자가 발행인인지 또는 제3자인지 여부에 따라 약속어음과 환어음으로 구분된다.

상거래에서는 대금을 즉시 결제하지 않고 일정 시점까지 연기하는 경우가 많은데, 어음은 이러한 거래에서 신용기간이 일반적인 외상매출금의 회수기간(30일에서 90일 내)보다 장기인 경우에 주로 이용된다.

그리고 받을어음이란 재화를 판매하거나 용역을 제공하고 외상 대신 거래대금으로 어음상의 채권을 받을 경우 그 수취채권을 말한다.

3 재무제표 표시 및 회계처리

(1) 재무제표 표시

실무에서는 일반적으로 외상매출금과 받을어음을 구분해서 회계처리하고, 재무제표 작성시에 외상매출금과 받을어음을 합하여 매출채권이란 과목으로 통합하여 표시한다.

(2) 회계처리

① 외상매출금

외상매출금의 회계처리는 외상매출금이 발생하는 매출시점과 채권이 소멸하는 시점 등으로 구분할 수 있다.

가) 외상매출금 발생시점

외상매출 거래시 매출액은 대변에 기입하고 외상매출액은 차변에 기입하는데, 이때 공급하는 재화나 용역이 부가가치세 면세대상인지 또는 과세대상인지 여부에 따라 회계처리가 달라진다.

사 례

• 부가가치세 면세대상 재화를 ₩1,000,000에 공급한 경우

(차) 외상매출금	1,000,000	(대) 매출	1,000,000

• 부가가치세 과세대상 재화를 ₩1,000,000에 공급한 경우

(차) 외상매출금	1,000,000	(대) 매출	909,091
		부가가치세예수금	90,909

나) 외상매출금 소멸시점

외상매출금은 그 대금이 회수되거나 기타 채권 등으로 상계하는 경우 소멸하게 된다.

사 례

• 외상매출금 ₩1,000,000을 현금회수한 경우

(차) 현금및현금성자산	1,000,000	(대) 외상매출금	1,000,000

• 외상매출금 ₩1,000,000의 지급기일이 연장되어 받을어음으로 회수한 경우

(차) 받을어음	1,000,000	(대) 외상매출금	1,000,000

최근에는 소비자에게 공급시 신용카드를 통한 결제가 증가하고 있는데, 신용카드를 통한 매출도 일반적인 외상매출금 회계와 동일하다. 다만, 카드사로부터 대금이 입금될 때에는 사전에 약정된 수수료가 차감되므로 동 수수료 금액 부분은 지급수수료계정으로 처리하여야 한다.

사 례

• 카드사로부터 신용카드매출대금 ₩1,000,000을 회수한 경우(수수료율: 3%).

(차) 현금	970,000	(대) 외상매출금	1,000,000
지급수수료	30,000		

외상매출금은 회수가 불가능하여 대손처리하는 경우에도 소멸하게 되는데, 대손처리와 관련한 구체적인 내용은 '제2편 제8장 대손충당금'에서 설명하기로 한다.

다) 외상매출금의 양도

외상매출금은 만기일에 회수되고 장부에서 제거하는 것이 일반적이나, 즉각적인 현금수요가 있는 등의 이유로 외상매출금을 만기회수 이전에 금융회사에 매각하기도 하는데 이를 외상매출금의 양도(factoring)라 한다.

일반기업회계기준에서는 금융자산의 양도의 경우에, 다음 요건을 모두 충족하는 경우에는 양도자가 금융자산에 대한 통제권을 이전한 것으로 보아 매각거래로, 이외의 경우에는 금융자산을 담보로 한 차입거래로 본다(일반기업회계기준 6장 문단 6.5).

- 양도인은 금융자산 양도 후 당해 양도자산에 대한 권리를 행사할 수 없어야 한다. 즉, 양도인이 파산 또는 법정관리 등에 들어갈지라도 양도인 및 양도인의 채권자는 양도한 금융자산에 대한 권리를 행사할 수 없어야 한다.
- 양수인은 양수한 금융자산을 처분(양도 및 담보제공 등)할 자유로운 권리를 갖고 있어야 한다.
- 양도인은 금융자산 양도후에 효율적인 통제권을 행사할 수 없어야 한다.

그리고 금융자산의 이전거래가 매각거래에 해당하면 처분손익을 인식하여야 하며, 차입거래의 경우 금융자산의 이전이 담보거래에 해당하는 경우에는 제공한 담보 · 보증의 주요 내용은 주석으로 공시하여야 한다(공익법인회계기준 제41조 제6호).

사 례

- 외상매출금 ₩1,000,000을 ₩970,000에 매각한 경우

(차)	현금및현금성자산	970,000	(대) 외상매출금	1,000,000
	매출채권처분손실	30,000		

- 외상매출금 ₩1,000,000을 담보로 금융기관으로부터 ₩1,000,000을 차입한 경우

(차)	현금및현금성자산	970,000	(대) 단기차입금	1,000,000
	이자비용	30,000		

② 받을어음

가) 받을어음 발생시점

외상매출금의 회계처리와 동일하게 받을어음은 차변에 기입하고, 거래되는 재화 또는 용역이 부가가치세 과세대상인지 여부에 따라 그 회계처리를 달리한다.

사 례

• 부가가치세 면세대상 용역을 ₩1,000,000에 공급한 경우

(차) 받을어음	1,000,000	(대) 매출	1,000,000

• 부가가치세 과세대상 용역을 ₩1,000,000에 공급한 경우

(차) 받을어음	1,000,000	(대) 매출	909,091
		부가가치세예수금	90,909

나) 받을어음 소멸시점

받을어음은 만기일이 도래하였을 때 어음발행인이 대금을 결제하면 소멸하게 된다.

한편, 만기일이 도래하였으나 어음발행인이 지급불능으로 인하여 부도가 발생할 수도 있는데, 이때 지급기일이 경과한 받을어음을 부도어음이라고 한다.

부도어음은 회수가 불가능한 것으로 판단하여 대손처리하기 전까지는 부도어음으로 계정대체하거나 또는 별도의 분개를 하지 않는다. 그리고 재무상태표에는 외상매출금과 받을어음뿐만 아니라 부도어음도 함께 매출채권으로 보고하며, 회계기간 말에 회수가능성을 평가하여 대손충당금을 추가로 설정하여야 한다.

대손처리와 관련한 구체적인 내용은 '제2편 제8장 대손충당금'에서 설명하기로 한다.

다) 받을어음 할인

받을어음도 외상매출금과 같이 채권을 금융회사에 매각할 수 있는데 이를 받을어음 할인(discounting)이라고 한다.

받을어음 할인의 구체적인 회계처리는 당해 채권에 대한 권리와 의무가 양도인과 분리되어 실질적으로 이전되는지의 여부에 따라 매각거래와 차입거래로 나누어지는데, 이에 관한 설명은 '외상매출금의 양도'를 참고하기로 한다.

제2절 미수금

① 개념 및 범위

미수금이란 일반적 상거래 이외의 거래에서 발생한 미수채권을 말하며, 토지나 건축물과 같은 유형자산이나 유가증권의 처분과 관련하여 발생하는 채권을 그 대표적인 예로 들 수 있다.

또한 공익법인의 경우에는 납부가 강제되는 회비 등을 발생주의에 따라 회수가 확실해지는 시점에 수익을 인식하고 그에 상응하는 금액을 미수금으로 인식할 수 있다. 가령 공익법인이 기부자로부터 신용카드 등 현금 이외의 결제수단으로 기부를 받는 경우 기부가 이루어진 시점은 기부자가 결제한 시점으로 볼 수 있다. 기부자가 결제한 시점에 기부행위가 종료되어 기부금수익은 실현되었지만 신용카드사로부터 결제대금이 입금되지 않았기 때문에 기부금수익을 인식하면서 신용카드사로부터 받아야 할 미수금을 계상해야 한다. 기부금 수령은 공익법인의 주된 사업 활동이지만 재화의 판매나 용역의 제공 대가로 발생하는 채권이 아니기 때문에 미수금으로 인식해야 한다[13].

사 례

기부자 A는 2020년 12월 25일 (재)공익에 ₩50,000을 기부하였으며, 신용카드로 결제하였다. B공익법인은 해당 건에 대하여 2021년 1월 10일 신용카드사로부터 신용카드 결제수수료 ₩1,000을 제외하고 ₩49,000을 통장으로 입금 받았다.

〈2020. 12. 25. : 기부자 결제시점〉

(차)	미수금	50,000	(대) 기부금수익	50,000

〈2021. 1. 10. : 신용카드사 입금일〉

(차)	현금및현금성자산	49,000	(대) 미수금	50,000
	지급수수료	1,000		

13) 공익법인회계기준 실무지침서(기획재정부, 2018.12, p37)

2 재무제표 표시 및 회계처리

(1) 재무제표 표시

미수금은 보고기간종료일로부터 1년 이내에 회수예정인 경우 유동자산으로 분류하고, 보고기간종료일로부터 1년 이후 회수예정인 미수금은 장기미수금으로 기타비유동자산으로 분류한다.

(2) 회계처리

가) 미수금 발생시점

미수금 발생액은 차변에 기입하고 처분되는 재화 등의 가액은 대변에 기입한다. 이때 공급하는 재화나 용역이 부가가치세 면세대상인지 또는 과세대상인지 여부에 따라 회계처리가 달라진다.

사 례

(재)공익은 공익목적사업에 사용하던 비품(책상 등)을 ₩1,000,000에 매각하였으나 대금은 아직 수령하지 못하였다. 비품의 취득가액은 ₩3,000,000이고, 처분일 현재 감가상각누계액은 ₩2,300,000이다.

(차)	미수금	1,000,000	(대) 비품	3,000,000
	감가상각누계액	2,300,000	유형자산처분이익	300,000

(재)공익은 임대사업에 사용하던 상가 건물을 ₩110,000,000(부가가치세 포함)에 매각하였으나 대금은 아직 수령하지 못하였다. 건물의 취득가액은 ₩100,000,000이고, 처분일 현재 감가상각누계액은 ₩20,000,000이다.

(차)	미수금	110,000,000	(대) 건물	100,000,000
	감가상각누계액	20,000,000	유형자산처분이익	20,000,000
			부가가치세예수금(*)	10,000,000

(*)계약상의 원인으로 건물의 임대 및 관리사업을 영위하는 경우에는 계속적 수익사업에 해당하여 부가가치세가 과세되는 것이며, 부가가치세 과세사업에 사용하던 건물을 양도하는 경우 당해 건물 양도에 대하여도 부가가치세가 과세되는 것임.

나) 미수금 소멸시점

미수금은 그 대금이 회수되거나 기타 채권 등으로 상계하는 경우 및 회수가 불가능하여 대손처리하는 경우에도 소멸하게 된다.

기타 유동자산

본 장에서는 유동자산으로 분류되는 미수수익, 선급금과 선급비용에 대하여 설명하기로 한다.

제1절 미수수익

1 개념 및 범위

공익법인회계기준은 현금의 수수와는 관계없이 수익은 실현되었을 때 인식하고 비용은 발생되었을 때 인식하는 개념으로서, 경제가치량의 증가나 감소의 사실이 발생한 때를 기준으로 수익과 비용을 인식하는 발생주의 회계원칙을 취하고 있다.

이자수익 등의 경우 수익이 기간의 경과에 비례하여 발생하는데, 이러한 수익들은 통상적으로 일정 기간이 완료된 시점에 현금으로 회수된다.

그런데 용역의 제공기간이 결산시점에 걸쳐 있다면 용역의 공급이 최종적으로 완료되지 않아 아직 대가를 지급받지 못하였음에도 불구하고 발생주의 회계원칙에 따라 기경과된 부분에 대한 수익은 인식되어야 하는데, 이때 사용하는 계정이 미수수익이다.

미수금은 재화나 용역을 상대방에게 공급 완료하고, 그 금액도 확정된 상태에서 계상하는 것이므로 확정적인 채권인 반면, 미수수익은 상대방에게 이행해야 할 의무(용역의 공급)가 완료되지는 않았으나 기간경과에 따라 이미 제공된 용역의 대가를 계상한 것으로 확정적인 채권이라고 보기 어렵다는 점에서 차이가 있다.

구분	미수금	미수수익
채권의 발생	의무 이행에 따른 법적 권리 확정으로 발생	시간의 경과에 따라 발생
채권의 확정 여부	확정 채권	미확정 채권
상대계정	자산계정 또는 수익계정	수익계정

② 재무제표 표시 및 회계처리

(1) 재무제표 표시

미수수익은 보고기간 종료일로부터 1년 이내에 회수되는 것이 일반적이므로 유동자산으로 분류하나, 1년 이후 회수예정인 미수수익이 있다면 이는 기타비유동자산으로 분류해야 한다.

(2) 회계처리

미수수익의 회계처리는 결산시점에 기록되지 않은 당기의 수익을 인식하는 과정에서 주로 발생한다.

그리고 결산시점에 인식한 미수수익은 다음연도 용역제공에 대한 현금이 회수될 때 미수수익을 현금으로 대체하고, 회계연도 기초부터 현금수수 시점까지의 기간에 대한 금액은 당기수익으로 계상한다.

사 례

(재)공익은 2020년 8월 1일에 1년 만기 1억원, 연 이자율 4%(만기시 일시 지급)의 정기예금에 가입하였다.

일자	내역	금액
2020. 12. 31.	이자 기간경과 미수분(*) 수익인식	1,666,667
2021. 7. 31.	이자 현금회수	4,000,000

(*) (100,000,000 × 4%) × 5/12 = 1,666,667

2020. 12. 31.

(차) 미수수익	1,666,667	(대) 이자수익	1,666,667

2021. 7. 31

(차) 현금및현금성자산	4,000,000	(대) 미수수익	1,666,667
		이자수익	2,333,333

일반기업회계기준에 따르면 대손이 발생한 채권으로부터 발생하는 이자수익은 회수가 불확실한 경우에는 인식하지 아니한다(일반기업회계기준 6장 부록 실무지침 6.152). 따라서 미수수익도 인식하지 않는데 이는 회수가 불투명한 미수이자를 자산으로 계상하는 것은 자산의 인식기준에 부합하지 않기 때문이다.

제2절 선급금

① 개념 및 범위

선급금은 상품 · 원재료 등을 매입할 목적으로 인도가 이루어지기 이전에 대금의 일부를 먼저 지출하는 경우 그 선급한 금액을 말한다. 선급금은 기업의 주된 영업활동과 관련되어 선급한 금액을 처리하는 것이다. 선급금은 현금이나 다른 금융자산의 수취 · 지급이 아닌 상품 · 원재료 등을 청구할 권리가 부여되어 있는 것으로서 성격상 금전채권으로 볼 수 없다.

② 재무제표 표시 및 회계처리

(1) 재무제표 표시

선급금은 경상적인 영업활동 과정에서 발생하기 때문에 보고기간 종료일로부터 1년 이내에 상품 등으로 대체되는 것이 일반적이며 유동자산으로 분류한다. 그러나 보고기간 종료일로부터 1년 이후 실현되는 선급금이 있다면 이는 기타비유동자산으로 분류해야 한다.

또한 유형자산 취득을 위해 선지급하거나 임차목적으로 지급한 보증금은 선급금이 아니라 각각 건설중인자산 및 임차보증금 등으로 회계처리하여야 함을 주의하여야 할 것이다.

(2) 회계처리

상품 · 원재료 등을 매입할 목적으로 선금을 지급하는 경우 선급금계정으로 차변에 기입하고 상품 등을 수령하는 시점에 상품 등으로 대체한다.

사 례

(재)공익은 甲법인과 ₩1,000,000의 상품(면세) 구매계약을 체결하고 계약금 ₩100,000을 지급하였다.

(차) 선급금	100,000	(대)	현금및현금성자산	100,000

(재)공익은 甲법인 상품을 공급받고, 잔금을 현금으로 지급하였다.

(차) 상품	1,000,000	(대)	선급금	100,000
			현금및현금성자산	900,000

제 3 절 선급비용

1 개념 및 범위

선급비용은 수익 · 비용 대응원칙에 따를 경우 차기의 비용으로 처리하여야 하나 그 대가를 미리 지급한 경우 그 선급한 금액을 말한다. 선급비용은 선급금과 마찬가지로 미리 지급한 금액을 의미하지만, 자산의 구입이 아닌 차기 이후 발생하는 비용의 선급이라는 점에서 선급금과 차이가 있다. 선급비용의 예로는 선급된 보험료, 고용보험료, 산재보험료, 임차료, 지급이자 기간 미경과분, 수선비 등이 있다.

2 재무제표 표시 및 회계처리

(1) 재무제표 표시

선급비용은 결산시점으로부터 1년 내에 비용화되는 것이 일반적이며 이는 유동자산으로 분류한다. 그러나 선급된 비용 중 1년 이후에 비용화될 부분에 대해서는 기타비유동자산에 속하는 장기선급비용으로 분류해야 한다.

(2) 회계처리

선급비용의 회계처리는 결산시점에 선지급한 비용 중 아직 제공되지 않은 용역에 해당하는 부분에 대하여 자산으로 인식함으로써 발생한다.

그리고 결산시점에 인식한 선급비용은 다음연도 용역의 제공이 완료될 때 비용으로 대체한다.

선급비용의 회계처리 방법은 다음의 두 가지 방법이 있으며, 법인의 선택에 의하여 적용할 수 있다.

① 지출시에 선급비용을 계상하고 매월 해당 비용계정으로 대체하는 방법

② 지출시에는 비용으로 계상하고 결산시에 미경과분을 선급비용으로 계상하는 방법

사 례

2020년 10월 1일 (재)공익은 甲법인과 임대차 계약을 맺고 1년간의 임차료 ₩240,000,000을 선납하였다.

① 지출시에 선급비용으로 계상하는 방법 선택시 회계처리

2020. 10. 1.

(차) 선급비용	240,000,000	(대) 현금및현금성자산	240,000,000

2020. 10. 31.

(차) 지급임차료	20,000,000	(대) 선급비용	20,000,000

2020. 11. 31.

(차) 지급임차료	20,000,000	(대) 선급비용	20,000,000

2020. 12. 31.

(차) 지급임차료	20,000,000	(대) 선급비용	20,000,000

※ 2020. 12. 31. 선급비용 잔액: ₩180,000,000

② 지출시 비용으로 계상하는 방법 선택시 회계처리

2020. 10. 1.

(차) 지급임차료	240,000,000	(대) 현금및현금성자산	240,000,000

2020. 12. 31.

(차) 선급비용	180,000,000	(대) 지급임차료	180,000,000

※ 2020. 12. 31. 선급비용 잔액: ₩180,000,000

공익법인회계기준

제34조(미수금, 매출채권 등의 평가)

① 원금이나 이자 등의 일부 또는 전부를 회수하지 못할 가능성이 있는 미수금, 매출채권 등은 합리적이고 객관적인 기준에 따라 대손추산액을 산출하여 대손충당금으로 설정하고, 기존 대손충당금 잔액과의 차이는 대손상각비로 인식한다.

② 미수금, 매출채권 등의 원금이나 이자 등의 일부 또는 전부를 회수할 수 없게 된 경우, 대손충당금과 상계하고, 대손충당금이 부족한 경우에는 그 부족액을 대손상각비로 인식한다.

③ 미수금과 매출채권에 대한 대손상각비는 사업비용(공익목적사업비용이나 기타사업비용 중 관련이 되는 것)의 대손상각비로, 그 밖의 채권에 대한 대손상각비는 사업외비용의 기타의대손상각비로 구분한다.

제8장 대손충당금

본 장에서는 대손충당금의 회계처리와 재무제표 표시방법에 대하여 설명하기로 한다.

제1절 개념 및 설정대상

1 개념

법인간의 일반적인 거래형태를 보면 현금거래보다 신용을 바탕으로 한 외상거래의 비중이 훨씬 크다. 이러한 신용거래에서 발생하는 매출채권, 미수금 등의 채권에 대해서는 항상 회수불능위험이 존재한다.

그런데 채권의 회수가 객관적으로 불가능할 경우에는 그 자산가치를 상실하여 공익법인의 재무상태를 왜곡하여 표시할 우려가 있으며, 이러한 이유로 매 회계연도 말에 채권의 회수가능성에 대한 평가가 필요하다.

이에 공익법인회계기준에서는 원금이나 이자 등의 일부 또는 전부를 회수하지 못할 가능성이 있는 미수금, 매출채권 등은 합리적이고 객관적인 기준에 따라 대손추산액을 산출하여 대손충당금으로 설정하고, 기존 대손충당금 잔액과의 차이는 대손상각비로 인식하도록 규정하고 있다(공익법인회계기준 제34조 제1항).

2 설정대상

공익법인회계기준에서는 미수금과 매출채권, 그 밖의 채권에 대하여 대손충당금을 설정한다고 규정하고 있을 뿐 그 설정대상에 대하여 명확하게 규정하고 있지는 않다.

그러나 대손충당금 설정사유에 대하여 "원금이나 이자 등의 일부 또는 전부를 회수할 수 없게 된 경우"라고 표현하고 있어, 그 설정대상은 현금(또는 다른 금융자산)을 수취할 수 있는 계약상의 권리를 말하는 것으로 판단된다.

실무상으로 대표적인 대손충당금 설정대상채권으로 논의되는 것은 매출채권, 단기대여금, 미수금, 미수수익, 장기대여금 등이다.

제2절 재무제표 표시

대손처리방법에는 대손충당금을 당해 매출채권 등의 채권과목에서 직접 차감(직접차감법)하거나 당해 매출채권 등의 채권과목에서 차감하는 형식으로 기재하는 방법(충당금설정법)이 있다.

공익법인회계기준은 매출채권, 미수금 등에 대한 대손충당금을 해당 자산의 차감계정으로 재무상태표에 표시하는 충당금설정법을 택하고 있다(공익법인회계기준 제12조 제3항).

그리고 미수금과 매출채권에 대한 대손상각비는 사업비용(공익목적사업비용이나 기타사업비용 중 관련이 되는 것)의 대손상각비로, 그 밖의 채권에 대한 대손상각비는 사업외비용의 기타의대손상각비로 구분하여 운영성과표에 표시한다(공익법인회계기준 제34조 제3항).

재무상태표

과목	공익목적사업	기타사업
매출채권	×××	×××
(대손충당금)	(×××)	(×××)
미수금	×××	×××
(대손충당금)	(×××)	(×××)

운영성과표

과목	공익목적사업	기타사업
사업비용		
대손상각비	×××	×××
사업외비용		
기타의대손상각비	×××	×××

제3절 ● 대손충당금의 설정, 확정, 회수

① 대손충당금의 설정

(1) 대손추산액의 산출

대손이 예상되는 채권에 대해 합리적이고 객관적인 기준에 따라 산출한 대손예상액을 대손충당금으로 설정해야 한다.

여기서 '합리적이고 객관적'이라 함은 회계원칙 및 이론에 부합하며 주관적 판단을 최대한 배제할 수 있는 것을 의미하며, 보다 구체적으로는 매출채권에 대한 대손충당금 설정에 사용된 기초자료, 추정방법 및 추정결과 등이 감사인 등 제3자에 의해 검증가능하고 회계원칙 및 이론에 비추어 볼 때 논리적으로 타당하여야 한다는 것을 의미한다(재무보고 실무의견서 2004-6, 2004. 11. 26., 금융감독원).

실무적으로 기말채권에 대한 대손충당금을 설정하는 방법에는 대표적으로 연령분석법, 채권잔액비례법 및 대손실적률법 등이 있다.

대손추산액 계산방법 예시[14)]

- 연령분석법 : 채권의 경과일수에 따라 몇 개의 집단으로 분류하고 상이한 대손율을 적용하여 추산하는 방법
- 채권잔액비례법 : 전체 채권의 대손율을 추정하여 전체 채권에 동일한 대손율을 적용하는 방법
- 대손실적률법 : 채권에 대한 과거 대손율에 따라 대손추산액 추정

(2) 회계처리

결산시점에서 합리적이고 객관적인 기준에 따라 산출한 대손추산액에서 기말현재 장부상 대손충당금 잔액을 차감한 금액을 대손충당금으로 설정하고, 상대계정은 대손상각비로 인식한다.

---

14) 공익법인회계기준 실무지침서(기획재정부, 2018.12, p39 표 Ⅲ-1)

그러나 만일 기말에 설정할 대손추산액이 기말현재 장부상 대손충당금 잔액보다 적은 경우에는 대손충당금환입으로 처리한다.

사 례

(재)공익의 2020년 말 매출채권 잔액은 ₩1,000,000이고 회수가능성은 다음과 같다. 대손추산액은 연령분석법을 사용하여 계산한다.

경과일수	금액(원)(A)	손상발생률(%)(B)	대손추산액(원)(AxB)
15일 이하	500,000	0.5%	2,500
16일~30일	250,000	5.0%	12,500
31일~45일	150,000	10.0%	15,000
46일~60일	50,000	20.0%	10,000
61일~90일	30,000	30.0%	9,000
90일 초과	20,000	50.0%	10,000
합계	1,000,000		59,000

- 대손충당금 설정 전 장부상 대손충당금 잔액이 ₩20,000인 경우

(차) 대손상각비 39,000 (대) 대손충당금 39,000

- 대손충당금 설정 전 장부상 대손충당금 잔액이 ₩80,000인 경우

(차) 대손충당금 21,000 (대) 대손충당금환입 21,000

2 대손의 확정

(1) 대손의 인식

회수기간이 경과한 채권을 회수하기 위해 노력을 기울였으나 거래처의 파산 등으로 채권을 받을 수 없다는 사실이 확인된 경우에는 법인의 장부에서 제각하여야 하는데, 이를 대손이 확정되었다고 한다.

공익법인회계기준도 대손을 인식하도록 규정하고 있으나, 어느 정도의 회수불가능한 상태에 이르렀을 때 대손금으로 상각할 수 있는가와 대손상각할 채권의 범위에 대하여는 특별히 규정하고 있지 않다.

반면, 법인세법에서는 과세의 형평성, 이익조작의 방지 등의 목적으로 대손상각할 채권의 범위, 대손요건 및 대손시기에 관하여 회계기준보다 엄격하게 규정하고 있는데 공익법

인 스스로 대손에 대한 판단이 어려울 경우라면 법인세법에서 규정한 대손요건 등의 규정을 활용할 수 있다.

(2) 회계처리

대손이 확정된 경우에는 공익법인이 이미 계상한 대손충당금잔액의 범위 내에서 대손충당금을 줄이고 해당 채권을 제각하여야 한다.

만약 채권의 대손확정액이 이미 설정되어 있는 대손충당금잔액을 초과하는 경우 그 초과액은 대손상각비로 처리한다.

사례

(재)공익의 2020년말 대손충당금 잔액은 ₩59,000이다.

-거래처인 甲법인의 파산으로 매출채권 ₩30,000을 회수할 수 없는 경우

(차)	대손충당금	30,000	(대) 매출채권	30,000

-거래처인 甲법인의 파산으로 매출채권 ₩100,000을 회수할 수 없는 경우

(차)	대손충당금	59,000	(대) 매출채권	100,000
	대손상각비	41,000		

3 대손처리한 채권의 회수

당기 이전에 대손이 확정되어 제각한 채권이 회수되는 경우에는 회수되는 시점에 대손확정시 분개를 취소하고, 채권을 회수하는 회계처리를 하여야 한다.

사례

(재)공익은 2019년 중 회수가 불가능하다고 판단하여 甲법인에 대한 매출채권 ₩100,000을 제각하였으나, 2020년 중 전액을 현금으로 회수하였다.

(차) 매출채권	100,000	(대) 대손충당금	100,000	☜	대손처리 역분개
(차) 현금	100,000	(대) 매출채권	100,000	☜	현금회수 분개

→ 위의 [대손처리 역분개]와 [현금회수 분개]를 합하여 다음과 같이 분개할 수 있다.

(차) 현금	1000,000	(대) 대손충당금	100,000

재고자산

재고자산은 공익법인이 정상적인 영업과정에서 판매를 위하여 보유하고 있거나 생산과정 중에 있는 상품, 제품 및 생산 또는 서비스 제공과정에 투입될 원재료나 소모품 등의 자산을 말한다.

본 장에서는 '재고자산'에 대하여 설명하기로 한다.

제1절 개념 및 범위

① 개념

재고자산은 정상적인 영업과정에서 판매를 위하여 보유하고 있거나 생산과정 중에 있는 자산 및 생산 또는 서비스 제공과정에 투입될 원재료나 소모품의 형태로 존재하는 자산을 의미한다(일반기업회계기준 제7장 문단 7.3).

② 범위

재고자산의 범위는 다음과 같이 구분이 가능하다(일반기업회계기준 제7장 부록 실 7.1).

① 외부로부터 매입하여 재판매 하기 위해 보유중인 자산 : 상품, 미착상품, 적송품 등
② 판매를 목적으로 제조하였거나 제조중인 자산 : 제품, 반제품, 재공품 등
③ 생산과정이나 서비스를 제공하는데 투입되는 자산 : 원재료, 부분품, 소모품, 공구, 비품 등

다만, 공구 및 비품의 경우에는 당기 생산과정에 소비 또는 투입될 품목에 한하여 재고자산으로 분류하며, 한 회계기간 이상 사용할 것으로 예상되는 경우에는 재고자산이 아닌 유형자산으로 분류한다(일반기업회계기준 제7장 부록 실 7.2).

제2절 취득원가

제조 및 판매기업의 재고자산은 취득원가를 장부금액으로 한다(일반기업회계기준 제7장 문단 7.4). 재고자산의 취득원가는 아래의 매입원가 또는 제조원가를 말하며, 취득에 직접적으로 관련된 정상적으로 발생되는 기타원가를 포함한다(일반기업회계기준 제7장 문단 7.5).

(1) 매입원가

재고자산의 매입원가는 매입금액에 매입운임, 하역료 및 보험료 등 취득과정에서 정상적으로 발생한 부대원가를 가산한 금액을 말한다(일반기업회계기준 제7장 문단 7.6).

매입원가를 계산할 때 매입과 관련된 할인, 에누리 및 기타 유사한 항목은 차감하여야 한다.

(2) 제조원가

제품, 반제품 및 재공품 등의 제조원가는 회계기간 말까지 해당 재고자산을 제조하는 과정에서 발생한 직접재료원가, 직접노무원가, 제조와 관련된 제조간접원가 등의 배부액을 포함하여 계산한다(일반기업회계기준 제7장 문단 7.7).

(3) 기타원가

기타 원가는 재고자산을 현재의 장소에 현재의 상태로 이르게 하는 데 발생한 범위 내에서만 취득원가에 포함된다. 예를 들어 제품 디자인원가를 재고자산의 원가에 포함하는 것이 적절할 수도 있다(일반기업회계기준 제7장 부록 실 7.12).

(4) 취득원가에서 제외하는 금액

다음의 원가는 재고자산의 원가에 포함할 수 없으며, 발생기간의 비용으로 인식하여야 한다(일반기업회계기준 제7장 문단 7.10).

- 재료원가, 노무원가 및 기타의 제조원가 중 비정상적으로 낭비된 부분
- 추가 생산단계에 투입하기 전에 보관이 필요한 경우 외의 보관비용
- 재고자산을 현재의 장소에 현재의 상태로 이르게 하는 데 기여하지 않은 관리간접원가
- 판매원가

한편 공익법인은 개인 또는 기업으로부터 현물로 기부 받은 자산을 공익목적사업에 사용하거나 판매하기도 한다. 이때 기부받은 자산을 판매하는 경우 관련 자산은 재고자산으로 계상하여야 하며, 기부를 받은 시점에 공정가치로 측정하여 취득원가를 계상한다(공익법인회계기준 제26조). 참고로 공정가치란 일반적으로 시장에서 거래되는 가격을 의미한다.

그러나 법인세법에서는 공익법인의 특수관계인 외의 자로부터 기부받은 금전 외 지정기부금은 기부한 자의 기부 당시 장부가액을 취득가액으로 하도록 규정하고 있다(법인세법 시행령 제72조 제2항 5의 3호).

따라서 공익법인이 특수관계인 외의 자로부터 현물을 기부 받는 경우에는 회계상 취득가액과 세무상 취득가액에 차이가 발생하게 된다. 이는 재고자산뿐만 아니라 공익법인이 기부 받은 다른 종류의 현물 자산에 대해서도 적용된다. 이에 대해서는 제3편 제2장 사업수익에서 살펴보기로 한다.

제3절 ● 재고자산의 수량결정방법

재고자산을 관리하기 위해서는 재고자산의 수량과 재고자산의 원가를 파악하여야 하는데, 그 중 재고자산의 수량을 파악하는 방법에는 계속기록법과 실지재고조사법이 있다.

(1) 계속기록법

계속기록법은 재고자산을 입고 · 출고시마다 계속적으로 수량을 기록하는 방법으로서, 항시 판매량과 재고수량을 파악할 수 있는 장점이 있다. 다만, 회계기간 중에 도난, 파손 등이 발생하게 되는 경우 실제수량과 기말재고수량이 일치하지 않게 되는 단점이 있다.

(2) 실지재고조사법

실지재고조사법은 회계기간 말 실제 재고조사를 실시하여 실제 수량을 파악하는 방법이다. 이 방법은 회계기간 중 별도 기록을 하지 않아도 되는 점은 편리하나, 회계기간 중 발생하는 도난, 파손 등의 수량을 파악할 수 없으며, 재고조사를 위한 비용과 시간이 많이 소비되는 단점이 있다.

제4절 재고자산의 원가흐름 가정

재고자산의 구입가격은 시기별로 변화할 수 있고, 각각 다른 시점에 구입한 재고자산들이 혼재되어 있을 수 있으므로, 재고자산의 개별적인 취득원가를 정확히 파악하는 것은 상당히 어려운 일이다. 따라서, 이러한 불편을 해소하기 위해서 인위적으로 재고자산의 원가흐름을 가정하여야 한다.

원가흐름 가정 방법에는 개별법, 선입선출법, 가중평균법 및 후입선출법 등이 있다.

1 개별법

가장 이상적인 방법으로서 각 재고자산별로 실제 매입원가 또는 제조원가를 결정하는 방법이다.

이는 통상적으로 상호 교환될 수 없는 재고항목이나 특정 프로젝트별로 생산되는 제품 또는 서비스의 원가를 결정함에 있어서 사용된다. 예를 들면, 특수기계를 주문 생산하는 경우와 같이 제품별로 원가를 식별할 수 있는 때에는 개별법을 사용하여 원가를 결정한다. 반면, 상호 교환 가능한 대량의 동질적인 제품에 대해서는 개별법을 적용하는 것은 적절하지 않다(일반기업회계기준 제7장 문단 7.12).

2 선입선출법

선입선출법은 먼저 매입 · 생산한 재고재산이 먼저 판매 · 사용된다고 가정하는 방법이다. 선입선출법에 따를 경우 기말에 재고자산으로 남아 있는 항목은 가장 최근에 매입 · 생산한 항목이 된다.

3 가중평균법

가중평균법은 기초에 보유하고 있는 재고항목과 회계기간 중에 매입 · 생산한 재고항목이 구별없이 판매 또는 사용된다고 가정하는 방법이다. 평균원가는 기초 재고자산의 원가와 회계기간 중에 매입·생산한 재고자산의 원가를 가중평균하여 산정한다. 가중평균법은 기업의 상황에 따라서 주기적으로 적용(총평균법)하거나 매입 또는 생산할 때마다 적용(이동평균법)할 수 있으나 적용방법의 일관성을 유지하여야 한다(일반기업회계기준 제7장 부록 실 7.10).

④ 후입선출법

후입선출법은 가장 최근에 매입·생산한 재고항목이 가장 먼저 판매된다고 가정하는 방법이다. 후입선출법에 따를 경우 기말에 재고로 남아 있는 항목은 가장 먼저 매입·생산한 항목이라고 본다.

사 례

선입선출법, 후입선출법, 이동평균법, 총평균법 계산 비교

(재)공익의 20×1년 1월 거래내역은 다음과 같을 때, 매출원가와 기말재고액을 계산하라.

- 20×1. 1. 1. 기초 재고자산 200개 보유(단위당 원가 : 10,000)
- 20×1. 1. 10. 재고자산 추가 매입 200개(단위당 원가 : 12,000)
- 20×1. 1. 15. 재고자산 300개 판매
- 20×1. 1. 20. 재고자산 추가 매입 100개(단위당 원가 : 14,000)
- 20×1. 1. 25. 재고자산 100개 판매

① 선입선출법

- 매출원가=4,400,000
  20×1. 1. 15. 판매된 재고자산의 매출원가 : 200개×10,000+100개×12,000=3,200,000
  20×1. 1. 25. 판매된 재고자산의 매출원가 : 100개×12,000=1,200,000
- 기말재고액=1,400,000
  20×1. 1. 31. 현재 남은 재고자산의 가액 : 100개×14,000=1,400,000

② 후입선출법

- 매출원가=4,800,000
  20×1. 1. 15. 판매된 재고자산의 매출원가 : 200개×12,000+100개×10,000=3,400,000
  20×1. 1. 25. 판매된 재고자산의 매출원가 : 100개×14,000=1,400,000
- 기말재고액=1,000,000
  20×1. 1. 31. 현재 남은 재고자산의 가액 : 100개×10,000=1,000,000

③ 이동평균법

- 매출원가=4,550,000

  20×1. 1. 15. 판매된 재고자산의 매출원가 : 300개×11,000*1=3,300,000

  *1 (200개×10,000+200개×12,000)÷400개=11,000

  20×1. 1. 25. 판매된 재고자산의 매출원가 : 100개×12,500*2=1,250,000

  *2 (100개×11,000+100개×14,000)÷200개=12,500

- 기말재고액=1,250,000

  20×1. 1. 31. 현재 남은 재고자산의 가액 : 100개×12,500=1,250,000

④ 총평균법

- 매출원가=4,640,000

  20×1. 1. 15. 판매된 재고자산의 매출원가 : 300개×11,600*3=3,480,000

  20×1. 1. 25. 판매된 재고자산의 매출원가 : 100개×11,600*3=1,160,000

- 기말재고액=1,160,000

  20×1. 1. 31. 현재 남은 재고자산의 가액 : 100개×11,600*3=1,160,000

  *3 (200개×10,000+200개×12,000+100개×14,000)÷500개=11,600

제5절 재고자산의 후속 평가

1 저가법

(1) 개요

재고자산의 평가는 원칙적으로 취득원가에 따르지만, 해당 재고자산의 시가가 취득원가보다 낮은 경우에는 시가를 장부금액으로 하는 저가법을 적용한다(일반기업회계기준 제7장 문단 7.4).

재고자산의 시가가 취득원가 이하로 하락할 수 있는 사유에는 다음 경우 등이 있다(일반기업회계기준 제7장 문단 7.16).

① 손상을 입은 경우

② 보고기간말로부터 1년 또는 정상영업주기 내에 판매되지 않았거나 생산에 투입할 수 없어 장기체화된 경우
③ 진부화하여 정상적인 판매시장이 사라지거나 기술 및 시장 여건 등의 변화에 의해서 판매가치가 하락한 경우
④ 완성하거나 판매하는 데 필요한 원가가 상승한 경우

여기서 재고자산의 시가란 순실현가능가치(재고자산의 정상적인 영업과정에서의 추정 판매가격에서 제품을 완성하는 데 소요되는 추가적인 원가와 판매비용의 추정액을 차감한 금액)를 의미하며, 매 회계기간 말에 추정한다(일반기업회계기준 제7장 문단 7.17, 7.19 및 용어의 정의).

(2) 적용

재고자산 평가를 위한 저가법은 항목별로 적용한다. 그러나 경우에 따라서는 서로 유사하거나 관련있는 항목들을 통합하여 적용하는 것이 적절할 수 있다(일반기업회계기준 제7장 문단 7.18).

예를 들어 특정 개별제품이 손상을 입은 경우에는 다른 정상제품과 구별하여 저가법을 적용하여야 하지만, 정유회사의 경우 제품의 동질성에 따라 무연휘발유, 등유, 경유 등으로 구분하여 평가할 수도 있다(일반기업회계기준 제7장 부록 실 7.9).

2 재고자산평가손실과 재고자산감모손실

재고자산의 가액은 수량과 원가를 곱하여 산출하므로, 재고자산의 시가가 취득원가보다 하락하는 경우 및 재고자산의 실제 수량이 장부상의 수량보다 적은 경우에 재고자산의 가액은 감소하게 된다. 이를 각각 재고자산평가손실과 재고자산감모손실이라 한다.

- 재고자산평가손실 = 실제수량×(취득원가－시가)
- 재고자산감모손실 = (장부상 수량－실제 수량)×취득원가

(1) 재고자산평가손실

재고자산의 시가가 장부금액 이하로 하락하여 발생한 평가손실은 재고자산의 차감계정으로 표시하고 매출원가에 가산한다(공익법인회계기준 제12조 제3항).

다만, 평가손실을 초래했던 상황이 해소되어 새로운 시가가 장부금액보다 상승한 경우에는 최초의 장부금액을 초과하지 않는 범위 내에서 평가손실을 환입하여야 하고, 재고자산평가손실의 환입은 매출원가에서 차감한다(일반기업회계기준 제7장 문단 7.19, 7.20).

사 례

(재)공익이 보유한 재고자산 A의 회계연도 말 평가자료가 다음과 같은 경우 재고자산 평가와 관련된 각 회계연도 말의 회계처리는?

일자	취득원가	순실현가능가치
20×1. 12. 31.	40,000원	20,000원
20×2. 12. 31.	52,000원	50,000원

• 20X1. 12. 31.

(차) 재고자산평가손실 (사업비용에서 가산)	20,000	(대) 재고자산평가충당금 (재고자산의 차감계정)	20,000

• 20X2. 12. 31.

(차) 재고자산평가충당금 (재고자산의 차감계정)	18,000	(대) 재고자산평가충당금환입 (사업비용에서 차감)	18,000

(2) 재고자산감모손실

재고자산의 장부상 수량과 실제 수량과의 차이에서 발생하는 감모손실의 경우 정상적으로 발생한 감모손실은 사업비용에서 가산하지만 비정상적으로 발생한 감모손실은 영업외비용으로 분류한다(일반기업회계기준 제7장 문단 7.20).

공익법인회계기준

第14조(유형자산)

① '유형자산'이란 재화를 생산하거나 용역을 제공하기 위하여, 또는 타인에게 임대하거나 직접 사용하기 위하여 보유한 물리적 형체가 있는 자산으로 1년을 초과하여 사용할 것으로 예상되는 자산을 말한다.

② 유형자산에는 토지, 건물, 구축물, 기계장치, 차량운반구와 건설중인자산 등이 포함된다.

③ 유형자산의 감가상각누계액과 손상차손누계액은 유형자산 각 항목의 차감계정으로 재무상태표에 표시한다.

④ 유형자산을 폐기하거나 처분하는 경우 그 자산을 재무상태표에서 제거하고 처분금액과 장부금액의 차액을 유형자산처분손익으로 인식한다.

第35조(유형자산과 무형자산의 평가)

① 유형자산과 무형자산의 취득원가는 구입가격 또는 제작원가와 자산을 가동하기 위하여 필요한 장소와 상태에 이르게 하는 데 직접 관련되는 원가를 포함한 금액을 말한다.

② 최초 인식 후에 유형자산과 무형자산의 장부금액은 다음 각 호에 따라 결정한다.

1. 유형자산 : 취득원가(자본적 지출을 포함한다. 이하 이 조에서 같다)에서 감가상각누계액과 손상차손누계액을 차감한 금액
2. 무형자산 : 취득원가에서 상각누계액과 손상차손누계액을 차감한 금액

③ 취득원가에서 잔존가치를 차감하여 결정되는 유형자산의 감가상각대상금액과 무형자산의 상각대상금액은 해당 자산을 사용할 수 있는 때부터 내용연수에 걸쳐 배분하여 상각한다.

④ 유형자산과 무형자산의 내용연수는 자산의 예상 사용기간이나 생산량 등을 고려하여 합리적으로 결정한다.

⑤ 유형자산의 감가상각방법과 무형자산의 상각방법은 다음 각 호에서 자산의 경제적효익이 소멸되는 형태를 반영한 합리적인 방법을 선택하여 소멸형태가 변하지 않는 한 매기 계속 적용한다.

1. 정액법
2. 정률법
3. 연수합계법
4. 생산량비례법

⑥ 전시·교육·연구 등의 목적으로 보유중인 예술작품 및 유물과 같은 역사적 가치가 있는 유형자산은 일반적으로 시간이 경과하더라도 가치가 감소하지 않으므로 감가상각을 적용하지 아니한다.

第36조(유형자산의 재평가)

① 최초 인식 후에 공정가치를 신뢰성 있게 측정할 수 있는 유형자산은 재평가를 할 수 있다.

이 경우 재평가일의 공정가치에서 이후의 감가상각누계액과 손상차손누계액을 차감한 재평가금액을 장부금액으로 한다.
② 유형자산을 재평가할 때, 재평가 시점의 총장부금액에서 기존의 감가상각누계액을 제거하여 자산의 순장부금액이 재평가금액이 되도록 수정한다.
③ 유형자산의 장부금액이 재평가로 인하여 증가된 경우에 그 증가액은 순자산조정으로 인식한다. 그러나 동일한 유형자산에 대하여 이전에 운영성과표에 사업외비용으로 인식한 재평가감소액이 있다면 그 금액을 한도로 재평가증가액만큼 운영성과표에 사업외수익으로 인식한다.
④ 유형자산의 장부금액이 재평가로 인하여 감소된 경우에 그 감소액은 운영성과표에 사업외비용으로 인식한다. 그러나 그 유형자산의 재평가로 인해 인식한 순자산조정의 잔액이 있다면 그 금액을 한도로 재평가감소액을 순자산조정에서 차감한다.

유형자산

유형자산은 공익법인이 재화의 생산, 용역의 제공, 임대 및 자체적으로 사용할 목적으로 보유하는 물리적 형체가 있는 자산으로서, 1년을 초과하여 사용할 것이 예상되는 자산을 말한다.

본 장에서는 '유형자산'에 대하여 설명하기로 한다.

제1절 개념 및 분류

1 개념

유형자산이란 재화를 생산하거나 용역을 제공하기 위하여 또는 타인에게 임대하거나 직접 사용하기 위하여 보유한 물리적 형체가 있는 자산으로서, 1년을 초과하여 사용할 것이 예상되는 자산을 말한다(공익법인회계기준 제14조 제1항).

이러한 유형자산의 개념에 대해 보다 구체적으로 설명하면 다음과 같다.

① 구체적인 형태의 유무

자산은 물리적 실체의 유무에 따라 크게 유형자산과 무형자산으로 구분되는데, 유형자산은 물리적인 실체나 형태가 존재하는 자산을 의미하는 것으로서, 영업권 · 산업재산권 등과 같이 물리적 실체나 형태가 존재하지 않는 무형자산과 구별된다.

② 취득 목적

유형자산은 기업의 영업활동에 사용할 목적으로 취득한 자산을 의미한다. 따라서 여유자금을 증식시킬 목적이나 재판매 목적으로 취득한 자산은 유형자산으로 분류할 수 없고, 투자자산이나 재고자산으로 분류하여야 한다.

③ 사용 등의 기간

유형자산은 영업활동 등에 1년을 초과하여 사용된다. 따라서 일반적으로 취득 후 1년 이내에 그 사용이 완료되는 것은 유형자산으로 처리하지 않고, 당기비용(소모품비 등)으로 처리한다.

2 유형자산의 분류

유형자산은 영업상 유사한 성격과 용도로 분류하며 다음과 같은 자산 등이 포함된다(공익법인회계기준 제14조 제2항 및 일반기업회계기준 제10장 문단 10.46). 유형자산의 분류는 공익법인이 수행하고 있는 사업의 특성을 반영하여 통합하여 표시하거나 계정과목을 신설할 수 있다.

① 토지
② 건물 : 건물, 냉난방시설, 전기, 통신 및 기타의 건물부속설비 등
③ 구축물 : 교량, 궤도, 갱도, 정원설비 및 기타의 토목설비 또는 공작물 등
④ 기계장치 : 기계장치와 기타의 부속설비 등
⑤ 차량운반구
⑥ 건설중인자산 : 다음을 포함함
  ㉠ 유형자산의 건설을 위한 재료비, 노무비 및 경비(건설을 위하여 지출한 도급금액 등 포함)
  ㉡ 유형자산을 취득하기 위하여 지출한 계약금 및 중도금
⑦ 기타유형자산 : ① 내지 ⑥ 이외에 비품, 공기구, 예술작품, 유물 등 기타자산

제2절 유형자산의 인식

1 유형자산의 인식조건

유형자산이 공익법인이 소유하고 있는 자산 중 중요한 부분을 차지하는 경우가 있을 수 있고, 유형자산과 관련하여 지출한 금액을 유형자산 원가로 인식할지 또는 비용으로 처리

할지 여부에 따라 해당 공익법인의 당기 손익에 큰 변화가 발생할 수 있기 때문에 유형자산의 인식조건은 중요성을 갖는다.

따라서 유형자산으로 인식되기 위해서는 상기 제1절에서 살펴본 유형자산의 개념과 함께 다음의 인식조건을 모두 충족하여야 한다(일반기업회계기준 제10장 문단 10.5).

① 자산으로부터 발생하는 미래 경제적 효익이 법인에 유입될 가능성이 매우 높아야 한다.

일반적으로 자산과 관련된 권리와 의무를 대부분 이전받은 경우 미래 경제적 효익의 유입가능성이 매우 높다고 할 수 있다. 그러나 자산과 관련된 권리와 의무가 이전되기 전까지는 상당한 불이익 없이도 거래가 취소될 수 있기 때문에 자산으로 인식하지 않는다. 이 경우 인식조건의 충족 여부를 판단하기 위해서는 유형자산을 최초로 인식하는 시점에 입수 가능한 증거에 근거하여 미래 경제적 효익의 유입가능성을 평가하여야 한다(일반기업회계기준 제10장 부록 실 10.1).

② 자산의 원가를 신뢰성 있게 측정할 수 있어야 한다.

특정 항목을 재무제표에 자산으로 계상하기 위해서는 해당 항목에 대한 측정기준이 있고 그에 따른 측정치가 회계정보로서 신뢰성을 가질 수 있어야 한다. 즉, 특정 항목에 대한 미래 경제적 효익의 유입가능성이 높다고 하더라도 그 금액을 신뢰성 있게 측정할 수 없는 경우에는 이를 자산으로 인식하여서는 안 되며, 주석이나 기타 설명자료로 공시하여야 한다(일반기업회계기준 제10장 부록 실 10.1).

2 유형자산의 취득원가

(1) 취득원가

유형자산은 최초에 취득원가로 인식한다.

여기서 말하는 취득원가는 구입가격 또는 제작원가 및 자산을 가동하기 위하여 필요한 장소와 상태에 이르게 하는데 직접 관련되는 원가를 합한 금액을 의미한다. 이러한 취득원가는 일반적으로 아래의 ① 내지 ⑨와 관련된 지출 등으로 구성된다. 다만, 매입할인 등의 금액이 있는 경우에는 취득원가에서 제외하여야 한다(일반기업회계기준 제10장 문단 10.8).

① 설치장소 준비를 위한 지출

② 외부 운송 및 취급비

③ 설치비
④ 설계와 관련하여 전문가에게 지급하는 수수료
⑤ 유형자산의 취득과 관련하여 국 · 공채 등을 불가피하게 매입하는 경우 해당 채권의 매입금액과 일반기업회계기준에 따라 평가한 현재가치와의 차액
⑥ 자본화대상인 차입원가
⑦ 취득세, 등록세 등 유형자산의 취득과 직접 관련된 제세공과금
⑧ 해당 유형자산의 경제적 사용이 종료된 후에 원상회복을 위하여 그 자산을 제거, 해체하거나 또는 부지를 복원하는 데 소요될 것으로 추정되는 원가가 충당부채의 인식요건을 충족하는 경우 그 지출의 현재가치(이하 '복구원가'라 함)
⑨ 유형자산이 정상적으로 작동되는지 여부를 시험하는 과정에서 발생하는 원가. 단, 시험과정에서 생산된 재화(예: 장비의 시험과정에서 생산된 시제품)의 순매각금액(매각금액에서 매각부대원가를 뺀 금액)은 해당 원가에서 차감함.

(2) 복구원가

유형자산의 경우 내용연수 등이 종료된 경우 추가적인 비용 없이 처분할 수 있는 경우도 있겠지만, 철거 및 폐기하는 과정에서 비용이 발생하는 경우도 있다. 따라서, 최초 취득시점에서 부담해야 할 지출뿐만 아니라 경제적 사용이 종료된 후의 복구원가도 자산을 사용하기 위한 비용이라는 점에서 취득원가에 포함하는 것이 타당하다. 다만, 모든 복구원가를 취득원가에 반영하는 것은 아니고 중요성 판단과 해당 자산의 잔존가액과의 비교, 충당부채의 인식요건 충족 여부 등을 검토해야 한다(일반기업회계기준 제10장 부록 실 10.3).

(3) 취득원가에 포함되지 않는 금액

유형자산이 공익법인이 의도하는 방식으로 가동될 수 있는 장소와 상태에 이른 후에는 취득원가를 더 이상 인식하지 않는다. 예를 들어 다음과 같은 금액은 유형자산의 취득원가에 포함하지 않는다(일반기업회계기준 제10장 문단 10.10, 10.11).

① 유형자산이 최초 의도하는 방식으로 가동될 수 있으나 아직 실제로 사용되지는 않고 있는 경우 또는 가동수준이 완전조업도 수준에 미치지 못하는 경우에 발생하는 원가
② 유형자산과 관련된 산출물에 대한 수요가 형성되는 과정에서 발생하는 가동손실과 같은 초기 가동손실
③ 기업의 영업 전부 또는 일부를 재배치하거나 재편성하는 과정에서 발생하는 원가

④ 새로운 시설을 개설하는 데 소요되는 원가
⑤ 새로운 상품과 서비스를 소개하는 데 소요되는 원가
(예 : 광고 및 판촉활동과 관련된 원가)
⑥ 새로운 지역에서 또는 새로운 고객층을 대상으로 영업을 하는 데 소요되는 원가
(예 : 직원 교육훈련비)
⑦ 관리 및 기타 일반간접원가

제3절 유형자산 인식 후의 지출

1 의의

유형자산을 인식한 후 사용하는 중에도 해당 유형자산과 관련된 여러 가지 지출이 발생할 수 있다. 이러한 지출 중에는 해당 유형자산의 생산능력을 증대하거나 내용연수를 연장시키는 것도 있는 반면, 해당 유형자산을 단순히 수선하거나 유지하기 위해 지출하는 것도 있는 바, 이러한 지출을 유형자산의 원가로 보아 자본화할 것인지 아니면 당기 비용으로 처리할 것인지 구분이 필요하다.

2 자본적 지출과 수익적 지출

유형자산의 인식 후의 지출이 상기 '제2절 유형자산의 인식'에서의 유형자산의 인식조건을 충족하는 경우에는 자본적 지출로 처리하고, 그렇지 않은 지출의 경우에는 발생한 기간의 비용으로 처리한다(일반기업회계기준 제10장 문단 10.14).

- 자본적 지출 : 생산능력 증대, 내용연수 연장, 상당한 원가절감 또는 품질향상을 가져오는 경우 등
- 수익적 지출 : 수선유지, 본래의 능률유지, 원상회복을 위해 지출하는 경우 등

제4절 유형자산의 감가상각

① 개념

토지를 제외한 일반적인 유형자산은 시간이 경과함에 따라 그 가치가 소멸되어 공익법인에 더 이상 경제적 효익을 제공하지 못하게 된다. 이에 공익법인은 유형자산의 사용기간 동안에 자산의 취득원가를 합리적인 방법에 의하여 배분함으로써 재무상태표상 유형자산의 장부금액을 감소시키는 동시에 해당 금액을 당기의 비용으로 인식하게 된다. 이를 유형자산의 감가상각이라고 한다.

즉, 감가상각이란 유형자산의 감가상각대상금액을 그 자산의 내용연수 동안 합리적이고 체계적인 방법으로 각 회계기간에 배분하는 것을 말한다(일반기업회계준 제10장 문단 10.32, 용어의 정의).

실제 유형자산의 감가가 발생하는 원인에는 크게 다음과 같은 두 가지 요인이 있다.

① 물리적 요인에 의하여 유형자산의 가치가 감소할 수 있는데, 자산의 사용 및 시간의 경과에 따른 자산의 마모 등이 이에 해당한다.

② 경제적 요인에 의하여 유형자산의 가치가 감소할 수 있는데, 시간의 경과에 따른 진부화, 경제적 상황의 변동 등이 이에 해당한다.

다만, 실제 유형자산의 감가원인은 다양 · 복합적일 수 있기 때문에 공익법인이 유형자산의 감가분을 금액적으로 측정하기란 매우 어렵다. 따라서 유형자산의 감가분을 합리적인 방법으로 추정하여 기간손익에 배분하는 감가상각 절차가 필요하다.

감가상각대상금액이란 유형자산의 취득원가에서 잔존가치를 차감한 금액을 말하는 것으로, 이때 잔존가치란 자산의 내용연수가 종료되는 시점에 그 자산의 예상 처분금액을 차감한 금액을 의미한다(공익법인회계기준 제35조 제3항).

내용연수란 일반적으로 유형자산의 예상사용기간을 의미하는데, 자산의 예상 사용기간이나 해당 자산으로부터 획득할 수 있는 생산량 등을 고려하여 합리적으로 결정한다(공익법인회계기준 제35조 제4항).

취득원가에서 잔존가치를 차감하여 결정되는 유형자산의 감가상각대상금액은 해당 자산을 사용할 수 있는 때부터 내용연수에 걸쳐 배분하여 상각한다(공익법인회계기준 제35조 제3항).

② 감가상각방법

(1) 의의

유형자산의 감가상각대상금액과 내용연수가 추정되면 감가상각대상금액을 내용연수 동안 어떤 방법으로 각 회계기간에 배분할 것인지를 선택하여야 하는데, 이를 감가상각방법이라 한다. 이러한 감가상각방법에는 정액법, 정률법, 연수합계법, 생산량비례법 등이 있으며, 이 중 유형자산의 경제적 효익이 소멸되는 형태를 반영한 합리적인 방법을 선택하여 소멸형태가 변하지 않는 한 매기 계속하여 적용한다(공익법인회계기준 제35조 제5항).

이하에서는 통상적으로 사용되는 정액법과 정률법에 대하여 설명하기로 한다.

(2) 정액법

정액법이란 유형자산의 내용연수에 걸쳐 균등하게 감가상각액을 인식함으로써 매 회계연도의 상각액을 균등하게 하는 인식하는 방법이다. 정액법은 시간의 경과에 따라서 자산의 가치가 일정하게 감소될 때 적합하다. 정액법에 의한 감가상각범위액의 계산식은 다음과 같다.

감가상각액 = (원가 − 잔존가치) ÷ 내용연수

사 례

정액법 계산 사례

(재)공익이 차량을 20×1.1.1. 100만원에 취득하였다(취득원가 : 100만원, 내용연수 : 5년, 잔존가치 10만원). A공익법인이 각 회계연도 말 인식해야 할 감가상각비를 계산하라.

- 20×1. 12. 31. : (1,000,000 − 100,000) ÷ 5년 = 180,000
- 20×2. 12. 31. : (1,000,000 − 100,000) ÷ 5년 = 180,000
- 20×3. 12. 31. : (1,000,000 − 100,000) ÷ 5년 = 180,000
- 20×4. 12. 31. : (1,000,000 − 100,000) ÷ 5년 = 180,000
- 20×5. 12. 31. : (1,000,000 − 100,000) ÷ 5년 = 180,000

(3) 정률법

정률법은 가속상각의 한 방법으로서 상각초기연도에 많은 금액을 상각하게 하는 방법이다. 즉, 감가상각 기초가액에 일정률을 곱함으로써 시간이 경과할수록 장부금액은 적어지게 되므로 이에 또다시 일정률을 곱하게 되면 감가상각액은 매년 줄어들게 된다. 정률법에 의한 감가상각범위액의 계산식은 다음과 같다.

$$감가상각액 = (원가 - 감가상각누계액) \times 감가상각률^{*}$$

* $감가상각률 = 1 - \sqrt[n]{\frac{잔존가치}{원가}}$ (n; 회계기간)

사 례

정률법 계산 사례

(재)공익이 차량을 20×1. 1. 1. 100만원에 취득하였다(취득원가 : 100만원, 내용연수 : 5년, 잔존가치 10만원). A공익법인이 각 회계연도 말 인식해야 할 감가상각비를 계산하라. 단, 정률법에 따른 감가상각률은 0.369로 가정한다.

- 20×1. 12. 31. : 1,000,000×0.369 = 369,000 (감가상각누계액 = 369,000)
- 20×2. 12. 31. : (1,000,000 − 369,000)×0.369 = 232,839 (감가상각누계액 = 601,839)
- 20×3. 12. 31. : (1,000,000 − 601,839)×0.369 = 146,921 (감가상각누계액 = 748,760)
- 20×4. 12. 31. : (1,000,000 − 748,760)×0.369 = 92,707 (감가상각누계액 = 841,467)
- 20×5. 12. 31. : 900,000 − 841,467 = 58,533 (마지막 연도이기 때문에 남은 감가상각대상금액(취득원가 − 잔존가치)과 감가상각누계액의 차이를 인식하여 장부가액이 잔존가액이 되도록 하여야 함)

3 회계기간 중 취득 및 처분

일반적으로 유형자산의 구입과 처분은 회계연도의 기초나 기말에 발생하기보다는 기중에 발생한다. 따라서 취득연도나 처분연도의 감가상각액을 정확히 인식하기 위해서는 1년분 감가상각액 중에서 자산이 사용된 기간에 해당하는 부분만 감가상각액으로 인식해야 한다. 예를 들어 회계연도가 12월에 종료되는 공익법인이 7월 중에 유형자산을 취득하였다면 해당 회계연도에는 6개월분에 대해서만 감가상각을 한다.

사 례

회계기간 중 유형자산을 취득한 경우

(재)공익이 차량을 20×1. 7. 1. 100만원에 취득하였다(취득원가 : 100만원, 내용연수 : 5년, 잔존가치 10만원). A공익법인이 각 회계연도 말 인식해야 할 감가상각비를 계산하라. 단 감가상각방법은 정액법을 적용한다.

- 20×1. 12. 31. : (1,000,000－100,000)÷5년×6개월/12개월＝90,000
- 20×2. 12. 31. : (1,000,000－100,000)÷5년＝180,000
- 20×3. 12. 31. : (1,000,000－100,000)÷5년＝180,000
- 20×4. 12. 31. : (1,000,000－100,000)÷5년＝180,000
- 20×5. 12. 31. : (1,000,000－100,000)÷5년＝180,000
- 20×6. 6. 30. : (1,000,000－100,000)÷5년×6개월/12개월＝90,000

④ 재무상태표 표시

유형자산의 감가상각누계액의 경우 유형자산 각 항목의 차감계정으로 재무상태표에 표시하여야 한다(공익법인회계기준 제14조 제3항).

건물의 재무상태표 표시 사례

건물	1,000,000	
(감가상각누계액)	(500,000)	500,000

⑤ 감가상각 제외 대상

전시 · 교육 · 연구 등의 목적으로 보유중인 예술작품 및 유물과 같은 역사적 가치가 있는 유형자산은 일반적으로 시간이 경과하더라도 가치가 감소하지 않으므로 감가상각을 적용하지 않는다(공익법인회계기준 제35조 제6항).

제5절 유형자산의 후속 측정

① 재평가의 허용

유형자산을 인식한 이후에 공정가치를 신뢰성 있게 측정할 수 있는 경우에는 재평가를 할 수 있다. 일반기업회계기준에 따르면 원가모형과 재평가모형을 선택하여야 하고 만약 재평가모형을 선택하는 경우 장부금액과 공정가치가 중요하게 차이가 나지 않도록 주기적으로 재평가를 수행하여야 하나, 공익법인회계기준에서는 이를 강제하지 않고 공정가치를 신뢰성 있게 측정할 수 있는 경우 재평가를 할 수 있도록 허용한 것이다(공익법인회계기준 제36조).

② 재평가의 적용

(1) 장부금액의 수정

공익법인이 재평가를 하는 경우, 유형자산을 최초로 인식한 이후에 공정가치를 신뢰성 있게 측정할 수 있는 자산은 재평가일의 공정가치로 장부금액을 수정하여야 한다. 이때, 유형자산의 공정가치가 증가한 경우는 물론 공정가치가 하락한 경우에도 재평가액으로 장부금액을 수정하여야 한다(반기업회계기준 제10장 부록 결 10.9).

(2) 공정가치의 측정

일반적으로 토지와 건물의 공정가치는 시장에 근거한 증거를 기초로 수행된 평가에 의해 결정되며, 설비장치와 기계장치의 공정가치는 감정에 의한 시장가치이다. 이 경우, 평가는 보통 전문적 자격이 있는 평가인에 의해 이루어진다(일반기업회계기준 제10장 문단 10.25).

공정가치는 합리적인 판단력과 거래의사가 있는 독립된 당사자 간에 거래될 수 있는 교환가격을 말하므로, 공익법인은 재평가시 전문적 자격이 있는 평가인의 감정뿐만 아니라 토지에 대한 개별공시지가 또는 건물이나 차량 등에 대한 지방세 시가표준액 등 정부의 각종 고시가액이나 시장의 객관적인 시세표 등이 공정가치와 대체로 유사하다고 판단되는 경우 이를 재평가액으로 사용할 수 있다(일반기업회계기준 제10장 부록 결 10.7).

(3) 재평가시의 회계처리

유형자산을 재평가할 때, 재평가 시점의 총장부금액에서 기존의 감가상각누계액을 제거하여 자산의 순장부금액이 재평가금액이 되도록 수정한다(공익법인회계기준 제36조 제2항). 이때 감가상각누계액을 제거함에 따라 조정되는 금액은 다음과 같이 회계처리되는 장부금액의 증감에 포함된다(일반기업회계기준 제10장 문단 10.27).

① 유형자산의 장부금액이 재평가로 인하여 증가된 경우

재평가로 인한 증가액은 순자산조정으로 인식한다. 그러나 동일한 유형자산에 대하여 이전에 운영성과표에 사업외비용으로 인식한 재평가감소액이 있다면 그 금액을 한도로 재평가증가액만큼 운영성과표에 사업외수익으로 인식한다(공익법인회계기준 제36조 제3항).

사 례

(재)공익은 2020년 1월 1일 건물을 ₩100,000에 취득하였다. 동 건물의 내용연수는 10년, 잔존가액은 0으로 하여 정액법으로 감가상각한다. (재)공익은 2021년 12월 31일 건물의 공정가치가 ₩120,000으로 상승하여 재평가를 수행하였다.

〈2020. 12. 31. 감가상각〉

(차) 감가상각비	10,000	(대) 감가상각누계액	10,000

〈2021. 12. 31. 감가상각〉

(차) 감가상각비	10,000	(대) 감가상각누계액	10,000

〈2021. 12. 31. 재평가〉

(차) 감가상각누계액	20,000	(대) 재평가이익(순자산조정)	40,000
(차) 건물	20,000		

② 유형자산의 장부금액이 재평가로 인하여 감소된 경우

재평가로 인한 감소액은 운영성과표에 사업외비용으로 인식한다. 그러나 그 유형자산의 재평가로 인해 인식한 순자산조정의 잔액이 있다면 그 금액을 한도로 재평가감소액을 순자산조정에서 차감한다(공익법인회계기준 제36조 제4항).

사 례

(위 '유형자산의 장부금액이 재평가로 인하여 증가된 경우' 사례 계속)
2022년 동 건물의 공정가치는 50,000로 하락하여 재평가를 수행하였다.

〈2022. 12. 31. 감가상각〉

(차) 감가상각비	15,000*	(대) 감가상각누계액	15,000

*(120,000-0)÷8=15,000

☞ 재평가된 경우, 재평가 시점의 공정가치를 새로운 취득가액으로 보아 재평가 시점의 잔존 내용연수를 적용하여 감가상각한다.

〈2022. 12. 31. 재평가〉

(차) 감가상각누계액	15,000	(대) 건물	70,000
(차) 재평가이익(순자산조정)	40,000		
(차) 재평가손실(사업외비용)	15,000		

(4) 양도 · 폐기시의 회계처리

유형자산의 재평가와 관련하여 인식한 순자산조정의 잔액이 있는 유형자산을 폐기하거나 처분할 때에는 해당 순자산조정의 잔액을 당기손익으로 인식한다(일반기업회계기준 제10장 문단 10.45).

제6절 유형자산의 손상차손

① 의의

유형자산을 취득한 이후에 그 유형자산의 경제적 효익이 감소하게 되면 이와 관련된 자산의 장부금액도 감소시켜야 하는바, 이를 유형자산 손상차손이라 한다.

② 손상가능성 있는 자산의 식별

매 회계기간 말마다 자산손상을 시사하는 징후가 있는지를 검토해야 하며, 만약 그러한 징후가 있다면 해당 자산의 회수가능액을 추정한다. 이 경우 자산손상을 시사하는 징후가 있는지를 검토할 때 최소한 다음과 같은 사항을 고려하여야 한다(일반기업회계기준 제20장 문단 20.4, 20.7).

구분	내용
외부정보	① 회계기간 중에 자산의 시장가치가 시간의 경과나 정상적인 사용에 따라 하락할 것으로 기대되는 수준보다 유의적으로 더 하락하였다. ② 기업 경영상의 기술 · 시장 · 경제 · 법률 환경이나 해당 자산을 사용하여 재화나 용역을 공급하는 시장에서 기업에 불리한 영향을 미치는 유의적 변화가 회계기간 중에 발생하였거나 가까운 미래에 발생할 것으로 예상된다. ③ 시장이자율(시장에서 형성되는 그 밖의 투자수익률을 포함한다. 이하 같다)이 회계기간 중에 상승하여 자산의 사용가치를 계산하는 데 사용되는 할인율에 영향을 미쳐 자산의 회수가능액을 중요하게 감소시킬 가능성이 있다.
내부정보	① 자산이 진부화되거나 물리적으로 손상된 증거가 있다. ② 회계기간 중에 기업에 불리한 영향을 미치는 유의적 변화가 자산의 사용범위 및 사용방법에서 발생하였거나 가까운 미래에 발생할 것으로 예상된다. 이러한 변화에는 자산의 유휴화, 당해 자산을 사용하는 영업부문을 중단하거나 구조조정하는 계획, 예상 시점보다 앞서 자산을 처분하는 계획 등을 포함한다. ③ 자산의 경제적 성과가 기대수준에 미치지 못하거나 못할 것으로 예상되는 증거를 내부보고를 통해 얻을 수 있다. ④ 해당 자산으로부터 영업손실이나 순현금의 유출이 발생하고, 미래에도 지속될 것이라고 판단된다.

3 손상차손의 인식 및 환입

(1) 손상차손의 인식

유형자산의 손상징후가 있다고 판단되고, 해당 유형자산의 사용 및 처분으로부터 기대되는 미래의 현금흐름총액의 추정액이 장부금액에 미달하는 경우에는 장부금액을 회수가능액으로 조정하고 그 차액을 손상차손으로 처리한다(일반기업회계기준 제10장 문단 10.42 및 제20장 문단 20.9).

이때 손상차손은 즉시 당기손익으로 인식하고 손상차손누계액은 유형자산 각 항목의 차감계정으로 재무상태표에 표시한다(공익법인회계기준 제14조 제3항). 다만, 재평가모형을 선택함에 따라 재평가금액을 장부금액으로 하는 경우에는 재평가되는 자산의 손상차손은 재평가감소로 처리한다(일반기업회계기준 제20장 문단 20.10, 20.11).

(2) 손상차손의 환입

매 회계기간 말에 유형자산에 대해 과거기간에 인식한 손상차손이 더 이상 존재하지 않거나 감소된 것을 시사하는 다음과 같은 징후가 있는지를 검토하고 그러한 징후가 있는 경우에는 해당 유형자산의 회수가능액을 추정한다(일반기업회계기준 제20장 문단 20.19, 20.20).

구분	내용
외부정보	① 자산의 시장가치가 회계기간 중에 유의적으로 증가하였다. ② 기업 경영상의 기술 · 시장 · 경제 · 법률 환경이나 해당 자산 을 사용하여 재화나 용역을 공급하는 시장에서 당해 기업에 유리한 영향을 미치는 유의적 변화가 회계기간 중에 발생하 였거나 가까운 미래에 발생할 것으로 예상된다. ③ 시장이자율이 회계기간 중에 하락하여 자산의 사용가치를 계산하는 데 사용되는 할인율에 영향을 미쳐 자산의 회수가능액을 중요하게 증가시킬 가능성이 있다.
내부정보	① 기업에 유리한 영향을 미치는 유의적 변화가 자산의 사용범 위 및 사용방법에서 회계기간 중에 발생하였거나 가까운 미래에 발생할 것으로 예상된다. 이러한 변화에는 자산의 성능을 향상시키거나 자산이 속하는 영업을 구조조정하는 경우가 포함된다. ② 자산의 경제적 성과가 기대수준을 초과하거나 초과할 것으로예상되는 증거를 내부보고를 통해 얻을 수 있다.

이 경우 과거기간에 인식한 손상차손은 직전 손상차손의 인식시점 이후 회수가능액을 결정하는 데 사용된 추정치에 변화가 있는 경우에만 환입하되, 손상차손환입으로 증가된 장부금액은 과거에 손상차손을 인식하기 전 장부금액의 감가상각 또는 상각 후 잔액을 한도로 자산의 장부금액을 회수가능액으로 증가시키며 손상차손환입은 즉시 당기손익으로 인식한다.

다만, 유형자산에 대해 재평가모형을 선택함에 따라 재평가금액을 장부금액으로 하는 경우에는 재평가되는 자산의 손상차손환입은 해당 재평가증가로 처리한다. 즉, 재평가되는 자산의 손상차손환입은 순자산조정으로 인식하고 그만큼 해당 자산의 자산재평가이익(순자산조정)을 증가시킨다.

그러나 당해 재평가자산의 손상차손을 과거에 당기손익으로 인식한 부분까지는 그 손상차손환입도 당기손익으로 인식한다. 한편, 수정된 장부금액에서 잔존가치를 차감한 금액을 자산의 잔여내용연수에 걸쳐 체계적인 방법으로 배분하기 위해서, 손상차손환입을 인식한 후에는 감가상각액 또는 상각액을 조정한다(일반기업회계기준 제20장 문단 20.21~20.25).

제7절 유형자산의 제거

유형자산은 처분하거나 영구적으로 폐기하여 미래 경제적 효익을 기대할 수 없게 될 때 재무상태표에서 제거하여야 한다(일반기업회계기준 제10장 문단 10.44). 유형자산을 폐기하거나 처분하는 경우 그 자산을 재무상태표에서 제거하고 처분금액과 장부금액의 차액을 유형자산처분손익으로 인식한다(공익법인회계기준 제14조 제4항). 만약 처분 대상 자산과 관련하여 기존에 인식하였던 재평가이익(순자산조정)이 존재하는 경우, 처분시점에 동 재평가이익을 당기손익으로 인식하여야 하며, 이때 미실현되었던 수익이 실현된다.

사 례

(재)공익은 2019년 12월 31일에 보유중인 건물에 대한 재평가를 실시하였다(재평가 직후 건물 공정가치 80,000원 / 잔존 내용연수 4년 / 잔존가치 0원이며 정액법으로 상각한다). (재)공익은 2020년 4월 1일 보유하고 있던 건물을 30,000원에 처분하였다. 처분 시점 현재 존재하는 재평가이익(순자산조정)은 10,000원이다.

〈2020. 4. 1. 감가상각〉

(차) 감가상각비	5,000*	(대) 감가상각누계액	5,000

*(80,000-0)÷4×3/12

☞처분 직전까지의 감가상각비를 먼저 인식한다.

〈2020. 4. 1. 처분〉

(차) 현금	30,000	(대) 건물	80,000
(차) 감가상각누계액	5,000		
(차) 유형자산처분손실	45,000		
(차) 재평가이익(순자산조정)	10,000	(대) 유형자산처분이익	10,000

☞상기 처분 분개를 통합하여 아래와 같이 회계처리할 수 있다.

〈2020. 4. 1. 처분〉

(차) 현금	30,000	(대) 건물	80,000
(차) 감가상각누계액	5,000		
(차) 재평가이익(순자산조정)	10,000		
(차) 유형자산처분손실	35,000		

제8절 공시

유형자산의 감가상각누계액과 손상차손누계액은 유형자산 각 항목에서 차감하는 형식으로 재무상태표에 표시한다(공익법인회계기준 제14조 제3항).

유형자산(예 : 건물)의 공시 사례

건물	1,000,000	
감가상각누계액	(500,000)	
손상차손누계액	(100,000)	400,000

공익법인회계기준

제15조(무형자산)

① '무형자산'이란 재화를 생산하거나 용역을 제공하기 위하여, 또는 타인에게 임대하거나 직접 사용하기 위하여 보유한 물리적 형체가 없는 비화폐성자산을 말한다.

② 무형자산에는 지식재산권, 개발비, 컴퓨터소프트웨어, 광업권, 임차권리금 등이 포함된다.

③ 무형자산은 상각누계액과 손상차손누계액을 취득원가에서 직접 차감한 잔액으로 재무상태표에 표시한다.

④ 무형자산을 처분하는 경우 그 자산을 재무상태표에서 제거하고 처분금액과 장부금액의 차액을 무형자산처분손익으로 인식한다.

무형자산

무형자산은 공익법인이 재화를 생산하거나 용역을 제공하기 위해서 보유하거나 타인에게 임대하거나 직접 사용하기 위하여 보유한 물리적 형체가 없는 비화폐성자산을 말한다.

본 장에서는 '무형자산'에 대하여 설명하기로 한다.

제1절 개념과 분류

1 개념

무형자산이란 재화를 생산하거나 용역을 제공하기 위하여, 또는 타인에게 임대하거나 직접 사용하기 위하여 보유한 물리적 형체가 없는 비화폐성자산을 말한다(공익법인회계기준 제15조 제1항).

무형자산은 물리적 형체가 없다는 점에서 유형자산과 차이가 있으며, 비화폐성자산이라는 점에서 물리적 형체는 없으나 화폐성자산인 매출채권, 선급금 등과 차이가 있다.

일부 무형자산은 컴팩트디스크, 법적 서류 또는 필름과 같은 물리적 형체에 담겨 있을 수 있다. 무형자산이 담겨 있는 물리적 형체에 관계없이 유형자산과 무형자산의 요소를 동시에 갖춘 자산의 경우에는 어떤 요소가 더 중요한가를 판단하여 더 중요한 요소에 따라 자산을 분류한다. 예를 들면, 고가의 수치제어 공작기계가 그 기계를 제어하는 소프트웨어가 없으면 가동이 불가능한 경우에는 그 소프트웨어를 공작기계의 일부로 보아 기계와 소프트웨어 모두를 유형자산으로 분류한다. 그러나 관련 유형자산의 일부로 볼 수 없는 소프트웨어는 무형자산으로 분류한다(일반기업기업회계기준 제11장 실무지침 11.3).

무형자산은 물리적 형체가 없다는 점 등 이외에 다음과 같은 식별가능성과 통제가능성을 가져야 한다.

(1) 식별가능성

물리적 형체가 없는 자산이 다음 중 어느 하나에 해당하는 경우에는 식별가능한 것으로 본다(일반기업회계기준 제11장 문단 11.3).

① 자산이 분리 가능한 경우

자산이 분리 가능하여야 한다. 즉, 법인의 의도와는 무관하게 법인에서 분리하거나 분할할 수 있고, 개별적으로 또는 관련된 계약, 식별가능한 자산이나 부채와 함께 매각, 이전, 라이선스, 임대, 교환할 수 있는 경우에는 식별 가능하다.

② 자산이 계약상 권리 또는 기타 법적 권리로부터 발생한 경우

자산이 계약상 권리 등으로부터 발생한 경우이어야 한다. 이 경우 그러한 권리가 이전가능한지 여부 또는 법인이나 기타 권리와 의무에서 분리가능한지 여부는 고려하지 않는다.

(2) 통제가능성

무형자산의 미래 경제적 효익을 확보할 수 있고 제3자의 접근을 제한할 수 있다면 자산을 통제하고 있는 것이다. 무형자산의 미래 경제적 효익에 대한 통제는 일반적으로 법적 권리로부터 나오며, 법적 권리가 없는 경우에는 통제를 입증하기 어렵다. 그러나 권리의 법적 집행가능성이 통제의 필요조건은 아니다(일반기업회계기준 제11장 문단 11.5).

시장에 대한 지식 및 기술적 지식 등으로부터도 미래 경제적 효익이 발생할 수 있고, 이러한 지식이 저작권, 계약상의 제약 또는 기밀유지에 대한 종업원의 법적 의무 등과 같은 법적 권리에 의해 보호되는 경우에는 통제가능성이 있는 것으로 본다(일반기업기업회계기준 제11장 실무지침 11.7).

숙련된 종업원이나 훈련을 통해 습득된 종업원의 기술도 미래 경제적 효익을 가져다 줄 수 있으며, 기업은 이와 같은 효익이 미래에도 계속될 것으로 기대할 수 있다. 그러나 숙련된 종업원이나 그들의 기술로부터 창출될 미래 경제적 효익은 기업이 충분히 통제하기가 어렵기 때문에 무형자산의 정의를 충족하지 못한다. 또한 특정인의 경영능력이나 기술적 재능도 기업이 그것을 사용하여 미래 경제적 효익을 확보하는 것이 법에 의해 보호되지 않는 한 무형자산의 정의를 충족시킬 수 없다(일반기업기업회계기준 제11장 실무지침 11.8).

기업은 고객과의 관계를 잘 유지함으로써 고정고객과 시장점유율을 확보할 수 있다. 그러나 그러한 고객과의 관계나 고객의 충성도를 지속시킬 수 있는 법적 권리나 그것을 통제

할 기타의 방법이 존재하지 않는다면 기업이 고객과의 관계로부터 창출될 미래 경제적 효익을 충분히 통제하고 있다고 보기 어렵다. 따라서 고정고객, 시장점유율, 고객과의 관계, 고객의 충성도 등은 일반적으로 무형자산의 정의를 충족하지 못한다(일반기업기업회계기준 제11장 실무지침 11.9).

② 무형자산의 종류

무형자산에는 다음과 같은 자산 등이 포함된다(공익법인회계기준 제15조 제2항).

① 지식재산권 : 산업재산권, 저작권 등
② 개발비 : 제조비법, 디자인 등
③ 컴퓨터소프트웨어
④ 광업권 : 광업법에 따른 탐사권과 채굴권
⑤ 기타자산 : ① 내지 ④ 이외 어업권 등 기타 무형자산

또 공익법인이 건물 등 특정 자산을 국가 및 지자체에 기부채납한 후 사용수익 하는 경우, 해당 거래로 인해 공익법인이 취득하는 사용수익권은 '사용수익기부자산'으로 인식하며 이 역시 무형자산의 한 종류가 될 수 있다.

③ 무형자산의 인식

재무제표에 특정 항목을 무형자산으로 인식하기 위해서는 상기 제1절에서 살펴본 무형자산의 개념과 다음의 인식조건을 모두 충족하여야 한다(일반기업회계기준 제11장 문단 11.7).

(1) 자산으로부터 발생하는 미래 경제적 효익이 공익법인에 유입될 가능성이 매우 높아야 한다.

미래 경제적 효익이 기업에 유입될 가능성은 무형자산의 내용연수 동안의 경제적 상황에 대한 경영자의 최선의 추정치를 반영하는 합리적이고 객관적인 가정에 근거하여 평가하여야 하며, 자산의 사용에서 발생하는 미래 경제적 효익의 유입에 대한 확실성 정도에 대한 평가는 무형자산을 최초로 인식하는 시점에 이용 가능한 증거에 근거하여야 한다(일반기

업회계기준 제11장 문단 11.8, 11.9).

(2) 자산의 원가를 신뢰성 있게 측정할 수 있어야 한다.

일반적으로 최초로 무형자산을 인식할 경우에는 구입원가와 해당 자산을 사용할 수 있도록 준비하는데 직접 관련된 지출로 구성된 원가로 측정한다(일반기업회계기준 제11장 문단 11.10).

무형자산의 개념과 인식조건을 충족하였을 경우 이를 재무상태표에 일정한 금액으로 표기하기 위해서는 취득원가를 결정하여야 한다.

여기서 말하는 취득원가는 구입가격 또는 제작원가와 해당 자산을 가동하기 위하여 필요한 장소와 상태에 이르게 하는 데 직접 관련되는 원가를 포함한 금액을 의미한다(공익법인회계기준 제35조 제1항).

제2절 무형자산 인식 후의 지출

무형자산을 취득 또는 완성한 후에 해당 무형자산과 관련하여 추가적인 지출이 발생할 수 있다. 따라서 이러한 지출을 무형자산의 원가로 보아 자본화할 것인지 아니면 당기 비용으로 처리할 것인지 구분이 필요하다.

즉, 무형자산의 취득 또는 완성 후의 지출이 다음의 요건을 모두 충족하는 경우에는 자본적 지출로 보아 무형자산의 원가에 가산하고, 그렇지 않은 경우에는 수익적 지출로 보아 지출한 회계기간에 비용으로 처리한다(일반기업회계기준 제11장 문단 11.25).

① 무형자산과 직접 관련된 지출에 해당함.

② 무형자산의 미래 경제적 효익을 실질적으로 증가시킬 가능성이 매우 높음.

③ 그 지출이 신뢰성 있게 측정될 수 있음.

다만, 일반적으로 무형자산을 취득 또는 완성 후에 지출한 금액이 해당 무형자산으로부터 얻게 될 경제적 효익을 증가시킬 수 있을지 여부를 판단하는 것은 어렵고, 그러한 지출이 특정 무형자산에 직접적으로 관련되었는지 여부를 판단하기 쉽지 않다. 따라서 취득 또는 완성 후에 지출한 금액을 무형자산의 자본적 지출로 처리하는 것은 상당히 제한적인 경우에 한한다(일반기업회계기준 제11장 부록 실 11.18).

제3절 무형자산의 상각

① 의의

무형자산의 상각이란 유형자산의 감가상각과 마찬가지로 발생주의 원칙에 따라 무형자산의 원가와 효익을 체계적으로 대응시키는 과정이다. 무형자산의 미래 경제적 효익은 시간의 경과에 따라 소비되기 때문에 상각을 통하여 장부금액을 감소시켜야 한다.

공익법인은 무형자산을 상각하기 위해서 상각방법, 내용연수, 잔존가치에 대해 회계처리방침을 수립해야 하며, 일단 결정된 회계처리방침은 매기 계속하여 적용하고 정당한 사유 없이 이를 변경할 수 없다.

② 무형자산의 상각

(1) 상각대상금액

상각대상금액이란 무형자산의 취득원가에서 잔존가치를 차감한 금액을 말하는 것으로, 이때 잔존가치란 자산의 내용연수가 종료되는 시점에 그 자산의 예상처분금액을 차감한 금액을 의미한다(공익법인회계기준 제35조 제3항).

다만, 일반적인 무형자산의 경우 잔존가치는 없는 것을 원칙으로 하되, 상각기간이 종료될 때 제3자에게 양도하는 약정 등이 있는 경우에는 잔존가치를 인식할 수 있다(일반기업회계기준 제11장 문단 11.33).

(2) 내용연수

내용연수란 무형자산의 예상 사용기간을 의미하며, 이러한 내용연수 동안 무형자산을 상각하게 된다. 다만, 무형자산의 상각기간은 독점적 · 배타적인 권리를 부여하고 있는 관계 법령이나 계약에 정해진 경우를 제외하고는 20년을 초과할 수 없다(일반기업회계기준 제11장 문단 11.26).

(3) 상각 개시시점

취득원가에서 잔존가치를 차감하여 결정되는 무형자산의 상각대상금액은 해당 자산을 사용할 수 있는 때부터 내용연수에 걸쳐 배분하여 상각한다(공익법인회계기준 제35조 제3항).

(4) 상각방법

무형자산의 상각대상금액과 내용연수가 추정되면 상각대상금액을 내용연수 동안 어떤 방법으로 각 회계기간에 배분할 것인지를 선택하여야 하는데, 이를 상각방법이라 한다. 이러한 상각방법에는 정액법, 정률법, 연수합계법, 생산량비례법 등이 있으며, 이 중 무형자산의 경제적 효익이 소멸되는 형태를 반영한 합리적인 방법을 선택하여 소멸형태가 변하지 않는 한 매기 계속하여 적용한다(공익법인회계기준 제35조 제5항). 다만, 합리적인 상각방법을 정할 수 없는 경우에는 정액법을 사용한다(일반기업회계기준 제11장 문단 11.32).

(5) 재무상태표 표시

무형자산의 상각누계액은 재무제표에 총액으로 표시하지 않고 취득원가에서 직접 차감한 잔액으로 표시하여야 한다(공익법인회계기준 제15조 제3항).

공익법인회계기준에서 비용은 지출된 성격에 따라 분배비용, 인력비용, 시설비용, 기타비용으로 구분하여 기재하도록 규정하고 있다. 따라서 무형자산상각비 역시 무형자산의 성격에 따라 시설비용 혹은 기타비용으로 분류할 수 있다. 가령 공익법인이 보유중인 설비 시스템에 대한 상각비는 시설비용으로 분류할 수 있고 상표권 등에 대한 상각비는 기타비용으로 분류할 수 있다.

제4절 무형자산의 손상차손

① 의의

무형자산을 취득한 이후에 그 무형자산의 경제적 효익이 감소하게 되면 이와 관련된 자산의 장부금액도 감소시켜야 하는데 이를 무형자산의 손상차손이라 한다.

② 손상차손의 인식 및 환입

(1) 손상차손의 인식

공익법인은 매 회계기간 말마다 무형자산의 손상을 시사하는 징후가 있는지를 검토하여야 하며, 만약 그러한 징후가 있다면 해당 자산의 장부금액을 회수가능액으로 조정하고 그 차액을 손상차손으로 처리한다.

이때 손상차손은 즉시 당기손익으로 인식하고 손상차손누계액은 무형자산에서 직접 차감한 잔액으로 재무상태표에 표시한다(공익법인회계기준 제15조 제3항).

(2) 손상차손의 환입

매 회계기간 말에 무형자산에 대해 과거 회계기간에 인식한 손상차손이 더 이상 존재하지 않거나 감소된 것을 시사하는 징후가 있는지를 검토하여야 하며, 만약 그러한 징후가 있는 경우에는 해당 자산의 회수가능액을 추정하여 직전 손상차손 인식시점 이후 회수가능가액을 결정하는데 사용된 추정치에 변화가 있는 경우에만 자산의 장부금액을 회수가능액으로 증가시킨다. 이때 증가된 장부금액은 과거에 손상차손을 인식하기 전 장부금액의 상각 후 잔액을 한도로 하여 손상차손환입(당기손익)으로 처리한다.

사 례

(재)공익 거래는 다음과 같다.

① A 공익법인은 20×1. 1. 1.에 무형자산을 현금 ₩2,000,000에 취득하였다.

- 감가상각방법 : 정액법, 내용연수 : 10년, 잔존가치 : 0

② 20×2. 12. 31.에 해당 무형자산의 회수가능액이 ₩1,500,000이다.

③ 20×3. 12. 31.에 해당 무형자산의 회수가능액이 ₩1,450,000이다.

과제 (재)공익의 20x1. 1. 1. ~ 20x3. 12. 31.까지 회계처리를 하라.

회계처리

① 20×1. 1. 1.

(차변) 무형자산	2,000,000	(대변) 현금및현금성자산	2,000,000

② 20×1. 12. 31.

(차변) 무형자산 상각비	200,000[*1]	(대변) 무형자산	200,000

*[1] 2,000,000÷10년=200,000

③ 20×2. 12. 31.

(차변) 무형자산 상각비	200,000	(대변) 무형자산	300,000
무형자산 손상차손	100,000[*2]		

*[2] 무형자산장부금액 - 회수가능액 = (2,000,000 - 200,000×2) - 1,500,000 = 100,000

④ 20×3. 12. 31.

(차변) 무형자산 상각비	187,500[*3]	(대변) 무형자산	187,500
무형자산	87,500[*4]	무형자산 손상차손환입	87,500

*[3] 1,500,000÷8년=187,500
손상차손 인식 후 장부금액을 남은 내용연수 동안 상각해야 한다.

*[4] 1,400,000 - 1,312,500 = 87,500
기말장부금액 : 1,500,000 - 187,500 = 1,312,500
회수가능액 : 1,450,000
손상차손을 인식하지 않았을 때의 장부금액 : 2,000,000 - 200,000×3 = 1,400,000
손상차손환입액 : Min[1,450,000, 1,400,000] - 1,312,500 = 87,500
손상차손을 인식하기 전 장부금액의 상각 후 잔액을 한도로 손상차손환입이 가능함.

제5절 무형자산의 제거

무형자산을 처분하여 미래 경제적 효익을 기대할 수 없게 될 경우 해당 무형자산은 재무상태표에서 제거하여야 한다. 무형자산을 처분하는 경우 그 자산을 재무상태표에서 제거하고, 처분금액과 장부금액의 차액을 무형자산처분손익(당기손익)으로 인식한다(공익법인회계기준 제15조 제4항, 일반기업회계기준 제11장 문단 11.38의 2).

사 례

(재)공익 거래는 다음과 같다.
(재)공익은 20×1. 1. 1.에 무형자산을 현금 ₩2,000,000에 취득하였다.
- 감가상각방법 : 정액법, 내용연수 : 10년, 잔존가치 : 0
(재)공익은 20×3. 1. 1.에 해당 무형자산을 B법인에게 ₩1,800,000에 양도하였다.

① 20×1. 1. 1.

(차변) 무형자산	2,000,000	(대변) 현금및현금성자산	2,000,000

② 20×1. 12. 31.

(차변) 무형자산 상각비	200,000*1	(대변) 무형자산	200,000

*1 2,000,000÷10년=200,000

③ 20×2. 12. 31.

(차변) 무형자산 상각비	200,000	(대변) 무형자산	200,000

④ 20x3. 1. 1.

(차변) 현금및현금성자산	1,800,000	(대변) 무형자산	1,600,000
		무형자산처분이익(당기손익)	200,000

제16조(기타비유동자산)

① '기타비유동자산'이란 투자자산, 유형자산 및 무형자산에 속하지 않는 비유동자산을 말한다.

② 기타비유동자산에는 임차보증금, 장기선급비용과 장기미수금 등이 포함된다.

기타비유동자산

기타비유동자산은 투자자산, 유형자산, 무형자산에 속하지 않는 비유동자산을 말한다. 본 장에서는 '기타비유동자산'에 대하여 설명하기로 한다.

제1절 개념과 종류

1 개념

기타비유동자산은 투자자산, 유형자산, 무형자산에 속하지 않는 비유동자산을 말한다. 이러한 기타비유동자산에는 임차보증금, 장기선급비용, 장기미수금 등이 포함된다(공익법인 회계기준 제16조).

2 기타비유동자산의 종류

(1) 임차보증금

타인 소유의 자산을 임차하기 위하여 임대차계약을 체결할 때, 월세 등을 지급하는 조건으로 지급하는 보증금을 말한다. 이러한 임차보증금은 계약만료시 회수할 수 있기 때문에 자산으로 인식한다.

사 례

A공익법인은 20×1. 1. 1. 사무실을 5년간 임차하는 계약을 체결하면서 임차보증금 1,000만원과 20×1. 1. 1.~20×1. 12. 31.에 대한 1년치 임차료 500만원을 현금으로 지급하였다.

• 20x1. 1. 1.

(차)	임차보증금(기타비유동자산)	10,000,000	(대)	현금및현금성자산	15,000,000
	선급임차료(유동자산)	5,000,000			

• 20x1. 12. 31.

(차)	지급임차료	5,000,000	(대)	선급임차료(유동자산)	5,000,000

(2) 장기선급비용

공익법인이 선급한 비용 중 1년 이내에 비용으로 인식되는 부분은 유동자산으로 분류되지만, 1년 후에 비용으로 인식되는 부분은 장기선급비용으로 기타비유동자산으로 분류된다.

사 례

A공익법인은 20×1.1.1. 건물에 대하여 보험을 가입하면서 3년치 보험료 30만원을 선급하였다.

• 20x1. 1. 1.

(차)	선급비용(유동자산)	100,000	(대)	현금및현금성자산	300,000
	장기선급비용	200,000			

• 20x1. 12. 31.

(차)	보험료비용	100,000	(대)	선급비용(유동자산)	100,000
	선급비용(유동자산)	100,000		장기선급비용	100,000

• 20x2. 12. 31.

(차)	보험료비용	100,000	(대)	선급비용(유동자산)	100,000
	선급비용(유동자산)	100,000		장기선급비용	100,000

• 20x3. 12. 31.

(차)	보험료비용	100,000	(대)	선급비용(유동자산)	100,000

☞ 각 회계기간별로 1년 이내 비용으로 인식될 부분을 장기선급비용에서 선급비용(유동자산)으로 전환하여야 함.

(3) 장기미수금

공익법인이 받지 못한 미수금이 회계기간 종료일로부터 1년 이내에 실현되는 경우에는 유동자산으로 분류하지만, 1년 후에 실현되는 경우에는 장기미수금으로서 기타비유동자산으로 분류한다.

사 례

A공익법인은 20×1. 1. 1. 보유하고 있던 유가증권(취득가액 100,000)을 150,000에 팔고 20×2. 10. 15.에 대금을 받기로 하였다.

• 20x1. 1. 1.

(차) 장기미수금	150,000	(대) 유가증권	100,000
		유가증권처분이익	50,000

• 20x1. 12. 31.

(차) 미수금(유동자산)	150,000	(대) 장기미수금	150,000

• 20x2. 10. 15.

(차) 현금및현금성자산	150,000	(대) 미수금(유동자산)	150,000

☞ 각 회계기간별로 1년 이내 실현될 수 있는 장기미수금은 미수금(유동자산)으로 전환하여야 함.

(4) 이연법인세자산

발생주의 원칙이 적용되는 회계와 권리의무 확정주의가 적용되는 세법은 특정 수익과 비용을 인식하는 시기에 일시적 차이가 발생할 수 있다. 이연법인세자산(부채)은 이러한 불일치를 조정하기 위해 인식하는 계정과목으로서, 현재 존재하는 일시적 차이로 인해서 미래에 지급해야 할 법인세액이 감소할 경우 해당 일시적 차이로 인한 법인세효과를 자산으로 인식하는 것을 말한다. 이러한 이연법인세자산은 기타비유동자산으로 분류한다.

이연법인세자산에 대한 자세한 설명은 '제3편 제5장 법인세비용'을 참조하기 바란다.

공익법인회계기준

제17조(유동부채)

① '유동부채'는 회계연도 말부터 1년 이내에 상환 등을 통하여 소멸할 것으로 예상되는 부채를 말한다.

② 유동부채에는 단기차입금, 매입채무, 미지급비용, 미지급금, 선수금, 선수수익, 예수금과 유동성장기부채 등이 포함된다.

제18조(비유동부채)

① '비유동부채'란 유동부채를 제외한 모든 부채를 말하며, 고유목적사업준비금을 부채로 인식하는 경우에는 유동부채와 고유목적사업준비금을 제외한 모든 부채를 말한다.

② 비유동부채에는 장기차입금, 임대보증금과 퇴직급여충당부채 등이 포함된다.

제38조(퇴직급여충당부채의 평가)

① 퇴직급여충당부채는 회계연도 말 현재 모든 임직원이 일시에 퇴직할 경우 지급하여야 할 퇴직금에 상당하는 금액으로 한다.

② 확정기여형퇴직연금제도를 설정한 경우에는 퇴직급여충당부채 및 관련 퇴직연금운용자산을 인식하지 않는다. 다만 해당 회계기간에 대하여 공익법인이 납부하여야 할 부담금을 퇴직급여(비용)로 인식하고, 미납부액이 있는 경우 미지급비용(부채)으로 인식한다.

③ 확정급여형퇴직연금제도와 관련하여 별도로 운용되는 자산은 하나로 통합하여 '퇴직연금운용자산'으로 표시하고, 퇴직급여충당부채에서 차감하는 형식으로 표시한다. 퇴직연금운용자산의 구성내역은 주석으로 기재한다.

부채

공익법인회계기준에서 부채는 유동부채와 비유동부채로 구분한다. 다만, 고유목적사업준비금을 부채로 인식하는 경우에는 유동부채, 비유동부채와 별개로 고유목적사업준비금을 구분하여 인식한다.

본 장에서는 '유동부채'와 '비유동부채'에 대하여 설명하기로 한다.

제1절 부채의 일반사항

① 개념

부채란 과거의 거래나 사건의 결과로 현재 공익법인이 부담하고 있고 미래에 자원이 유출되거나 사용될 것으로 예상되는 의무를 말한다(공익법인회계기준 제11조 제2항).

그리고 해당 의무를 이행하기 위하여 경제적 자원이 유출될 가능성이 매우 높고, 의무의 이행에 소요되는 금액을 신뢰성 있게 측정할 수 있는 경우에는 이를 재무상태표에 부채로 인식한다(공익법인회계기준 제11조 제3항).

즉, 부채는 다음과 같은 특성을 가지고 있으며, 이러한 특성은 부채를 인식하는 기준이 되기도 한다.

① 과거의 사건 등의 결과로 발생한 현재의 의무

② 미래 경제적 자원의 희생을 통해 의무 소멸

③ 유출되는 자원의 금액과 시기를 신뢰성 있게 추정 가능

② 범위

부채는 유동부채, 비유동부채로 구분하며 고유목적사업준비금을 부채로 인식할 수 있다(공익법인회계기준 제11조 제4항).

즉, 부채는 원칙적으로 유동부채와 비유동부채로 구분하지만, 고유목적사업준비금을 부채로 인식하는 경우에는 유동부채, 비유동부채 그리고 고유목적사업준비금으로 구분한다. 고유목적사업준비금의 구체적인 설명은 본서의 제2편 제14장 고유목적사업준비금을 참조하기로 한다.

부채는 1년을 기준으로 유동부채와 비유동부채로 분류하는데, 부채의 발생시점이 아닌 회계연도 말 시점에서 유동과 비유동을 판단해야 한다. 유동부채는 회계연도 말부터 1년 이내에 상환 등을 통하여 소멸할 것으로 예상되는 부채를 말하며, 유동부채에는 단기차입금, 매입채무, 미지급비용, 미지급금, 선수금, 선수수익, 예수금과 유동성장기부채 등이 포함된다(공익법인회계기준 제17조).

그리고 비유동부채는 유동부채를 제외한 모든 부채를 말하며, 비유동부채에는 장기차입금, 임대보증금과 퇴직급여충당부채 등이 포함된다(공익법인회계기준 제18조).

③ 재무제표의 표시

부채는 유동성이 높은 항목부터 배열한다(공익법인회계기준 제11장 제5호).

따라서 유동부채, 비유동부채 순으로 배열하는데, 고유목적사업준비금을 부채로 인식하는 경우에는 이를 유동부채나 비유동부채로 구분하지 않고 별도로 표시한다(공익법인회계기준 제19조).

④ 구분경리

공익법인회계기준에서는 재무상태표의 작성시 공익법인을 하나의 작성단위로 보아 통합하여 작성하되, 공익목적사업부문과 기타사업부문으로 각각 구분하여 표시하도록 규정하고 있다.

따라서 부채가 증가하거나 또는 감소한 경우 해당 증감이 공익목적사업부문에 해당하는 것인지 아니면 기타사업부문에 해당하는 것인지 판단하고 구분하여야 한다.

예를 들어 차입금의 경우 공익법인의 본사로 사용하는 건축물과 관련된 차입금은 공익목적사업부문으로 구분하여야 하고, 임대목적으로 사용하는 건축물과 관련된 차입금이라면 기타사업부문으로 구분하여야 할 것이다.

또한 퇴직급여충당부채의 경우에는 회계연도 말 재직중인 임직원 개인에게 지급하여야 할 퇴직금의 합으로 산출되기 때문에 개별 사업부문과 관련된 임직원을 기준(인원, 투입시간, 기여도 등)으로 구분할 수 있을 것이다. 공통부채 배분에 관한 자세한 설명은 본서의 '제2편 제15장 공통자산 · 부채, 수익 · 비용의 배분'의 내용을 참고하기로 한다.

제2절 유동부채

1 단기차입금

(1) 개념 및 범위

차입금이란 운용자금 조달 또는 시설투자를 위하여 금전소비대차계약[15]에 따라 타인으로부터 금전을 차용하는 것을 말하는데, 그 상환기한이 보고기간종료일로부터 1년 이내에 도래하는 것은 단기차입금계정으로 계상한다.

차입금의 구분은 차입 당시의 약정기간과 관계없이 회계연도 말을 기준으로 상환기한이 1년 이내에 도래하는지 여부에 따라 판단하는 것이지만, 계약시에는 장기차입금이었으나 기간의 경과 또는 분할상환 약정에 따라 상환기한이 1년 이내에 도래하는 차입금은 원칙적으로 단기차입금이 아닌 유동성장기부채로 표시하여야 한다.

반면 회계상 개념과 달리 서울시교육청의 2019공익법인 실무매뉴얼에 따르면 장기차입과 단기차입의 개념을 달리하고 있는데 이를 정리하면 다음과 같다.

15) 금전소비대차계약는 당사자 일방이 금전 기타 대체물의 소유권을 상대방에게 이전할 것을 약정하고 상대방은 그와 같은 종류, 품질 및 수량으로 반환할 것을 약정함으로써 그 효력이 생기는 계약을 말한다.

※ 장기차입에 대한 허가[16)]

공익법인이 기본재산을 담보로 제공하거나 대통령령으로 정하는 일정금액 이상을 장기차입(長期借入)하려면 주무관청의 허가를 받아야 한다(공익법인의 설립 · 운영에 관한 법률(이하 '공익법'이라 함) 제11조 제3항 제1호, 제2호).

그리고 주무관청의 허가를 요하는 장기차입의 범위는 차입하고자 하는 금액을 포함한 장기차입금의 총액이 기본재산 총액에서 차입당시의 부채 총액을 공제한 금액의 100분의 5에 상당하는 금액 이상인 경우에 한한다(공익법 시행령 제18조 제1항).

즉, 공익법인이 금융기관에서 기본재산을 담보로 장기차입을 하는 경우에는 반드시 주무관청의 허가를 받아야 하는데, 이때 단기차입과 장기차입은 대출기간이 아니라 대출금액에 따라 구분되며, 그 구분에 따라 처리절차가 달라진다.

장기차입	단기차입
• 차입하고자 하는 금액을 포함한 장기차입금의 총액이 (기본재산총액-차입당시의 부채총액) × 5% 이상인 경우 • 사전에 이사회 의결을 거치고, 교육청의 허가를 받아야 함 • 일반적으로 담보제공을 수반함	• 장기차입에 해당하지 않는 금액인 경우 • 교육청의 허가없이 사전에 이사회 의결을 거치면 가능함 • 담보없이 이루어지기도 함 • 당해연도내에 상환할 수 있도록 함(1년 이내 상환)

더불어 공익법인이 당해연도의 예산으로 상환할 단기차입을 행한 경우에는 예산수지를 명확히 하여 당해연도내에 반드시 상환할 수 있도록 하여야 한다(공익법 시행령 제18조 제2항).

※ 사회복지법인의 장기차입금액의 허가

사회복지법인 역시 일정금액(기본재산 총액에서 차입당시의 부채총액을 공제한 금액의 5%) 이상을 1년 이상 장기차입하려는 경우에는 시 · 도지사의 허가를 받아야 한다(사회복지사업법 제23조 제3항, 사회복지사업법 시행규칙 제15조).

(2) 회계처리

금융기관으로부터 단기차입하는 경우 다음과 같이 회계처리한다.

16) 공익법인 실무매뉴얼 83p(2019, 서울시 교육청) 참조

사 례

(재)공익은 2020년 9월 1일 A은행으로부터 금전소비대차계약에 따라 ₩1,000,000을 6개월간 차입(이자율 연6%)하였고, 이자는 원금 상환시 함께 지급한다.

• 2020. 9. 1.

(차) 현금및현금성자산	1,000,000	(대) 단기차입금	1,000,000

• 2020. 12. 31.

(차) 이자비용	20,000	(대) 미지급비용	20,000

• 2021. 2. 28.

(차) 단기차입금	1,000,000	(대) 현금및현금성자산	1,030,000
미지급비용	20,000		
이자비용	10,000		

2 매입채무

(1) 개념 및 범위

매입채무란 일반적 상거래에서 재화 또는 용역을 구입하고 그 대금은 구입시점 이후에 지불하기로 약정함으로써 발생하는 부채를 말한다.

일반적 상거래라 함은 당해 공익법인의 주된 사업활동에서 발생하는 거래를 말하며, PB(private brand)상품의 제품생산을 위탁하거나, 연구사업과 관련하여 지급하는 외주용역비 등이 이에 해당한다. 따라서 비품구입 등 일반적 상거래 이외의 거래에서 발생하는 채무는 매입채무가 아닌 미지급금으로 계상하여야 한다.

매입채무는 보고기간종료일로부터 1년 이내에 지급하는 것이 일반적이므로 유동부채로 분류하나, 보고기간종료일로부터 1년을 초과하여 회수되는 장기매입채무는 기타비유동부채로 분류한다.

(2) 회계처리

매입채무가 발생하는 경우 다음과 같이 회계처리한다.

사 례

(재)공익은 PB(private brand)상품의 생산을 제조업체에 위탁하면서, 대금 ₩1,000,000은 제품을 수령하고 15일 뒤에 지급하기로 하였다.

• 제품수령 시

(차) 재고자산	1,000,000	(대) 매입채무	1,000,000

• 15일 뒤 대금지급 시

(차) 매입채무	1,000,000	(대) 현금및현금성자산	1,000,000

③ 미지급비용 및 미지급금

(1) 개념 및 범위

① 미지급비용

공익법인회계기준은 현금의 수수와는 관계없이 수익은 실현되었을 때 인식하고, 비용은 발생되었을 때 인식하는 개념으로서 기간손익을 계산할 때 경제가치량의 증가나 감소의 사실이 발생한 때를 기준으로 수익과 비용을 인식하는 발생주의 회계원칙을 취하고 있다.

이자, 임차료, 임금, 보험료, 등의 경우 비용이 기간의 경과에 비례하여 발생하는데, 이러한 비용들은 통상적으로 일정 기간이 완료된 시점에 현금으로 지급한다.

그런데 용역의 제공기간이 결산시점에 걸쳐 있다면 용역의 공급이 최종적으로 완료되지 않아 아직 대가를 지급하지 못하였음에도 불구하고 발생주의 회계원칙에 따라 기경과된 부분에 대한 비용은 인식되어야 하는데, 이때 사용하는 계정이 미지급비용이다.

② 미지급금

미지급금은 일반적 상거래 이외의 거래에서 발생하는 확정된 채무 중 아직 지급이 완료되지 않은 것을 말하는데, 고정자산 구입대금 중 미지급액, 신용카드 구입액 등이 미지급금의 대표적인 예이다.

③ 미지급비용과 미지급금의 구분

미지급금은 상대방으로부터 재화나 용역을 공급받고, 그 금액도 확정된 상태에서 계상하는 것이므로 확정적인 채무인 반면, 미지급비용은 재화나 용역의 공급이 완료되지 않았으나 기간경과에 따라 이미 제공받은 용역의 대가를 계상한 것으로 확정적인 채무로 보기 어렵다는 차이가 있다.

예를 들면, 당기에 발생하였으나 계약상의 지급기일이 도래하지 않아 지급되지 않은 이자, 임차료, 임금, 보험료 등은 미지급비용에 속한다 할 것이나, 미지급된 이자나, 임차료, 임금, 보험료 등에 해당하더라도 지급기일이 이미 경과하였다면 미지급비용이 아닌 미지급금으로 분류하여야 한다. 실무적으로는 세금계산서 등 지급을 청구하는 증빙을 수취한 경우 미지급금으로 처리하고, 아직 청구서를 수취하지 않은 상태의 미지급한 경비 등은 미지급비용으로 처리하고 있다.

구분	미지급비용	미지급금
채권의 발생	시간의 경과에 따라 발생	의무 이행에 따른 법적 권리 확정으로 발생
채권의 확정 여부	미확정 채무	확정 채무
상대 계정	비용계정	자산·부채계정 또는 비용계정

(2) 회계처리

미지급비용과 미지급금은 다음과 같이 회계처리한다.

사 례

(재)공익은 2020년 4월 1일 甲법인과 임대차계약을 체결하였다. 매년 임차료는 ₩25,000,000이고, 다음해 3월 31일에 지급한다.

• 2020. 12. 31.

(차) 지급임차료	18,750,000*	(대) 미지급비용	18,750,000

* 25,000,000 × 9/12

• 2021. 3. 31.(일시적 자금부족으로 15일 후에 지급하기로 협의)

(차) 미지급비용	18,750,000	(대) 미지급금	25,000,000
지급임차료	6,250,000*		

* 25,000,000 × 3/12

• 2021. 4. 15.

(차) 미지급금	25,000,000	(대) 현금및현금성자산	25,000,000

4 예수금

(1) 개념 및 범위

예수금은 거래과정에서 발생한 임시적 보관액을 말한다. 즉, 예수금은 타인으로부터 금전을 받아 현재 보유하고 있지만 실질적으로 소유권을 가지는 것은 아니며, 향후 그 타인 또는 그 타인을 대신하여 제 3자에게 돌려주어야 하는 자금을 의미한다.

공익법인의 회계에서 예수금이 발생한다는 것은 미래에 현금과 같은 경제적 효익이 유출될 것임을 의미하기 때문에 부채로 회계처리한다.

예수금의 대표적인 예로는 임직원의 급여에서 공제한 근로소득원천징수세액 및 4대보험(국민연금, 건강보험, 고용보험, 산재보험) 본인부담분과 부가가치세예수금 등이 있다.

부가가치세예수금은 과세사업에서 발생한 재화나 용역의 수입에 따른 부가가치세를 납부하기 위해 임시로 인식하는 계정이다. 한편, 재화나 용역에 대한 지출 발생 시 부가가치세 매입세액에 대한 부분은 부가가치세대급금으로 처리한다. 부가가치세예수금과 부가가치세대급금은 추후 부가가치세 신고일에 서로 상계하여 없어지는데 부가가치세예수금이 더 많다면 납부세액, 부가가치세대급금이 더 많다면 환급세액이 발생한다.

공익법인이 부가가치세법 상 면세대상사업이 아닌 과세대상사업을 수행한다면 동 사업의 수입에 대한 부가가치세를 신고, 납부할 의무가 생긴다. 과세사업에 관련된 부가가치세 매입세액은 공제를 받을 수 있으나 면세사업만을 영위한다면 해당 사업과 관련된 부가가치세 매입세액은 공제받지 못하므로 관련된 자산의 원가에 가산하거나 비용처리한다.

| 공익법인회계기준 실무지침서[17) |

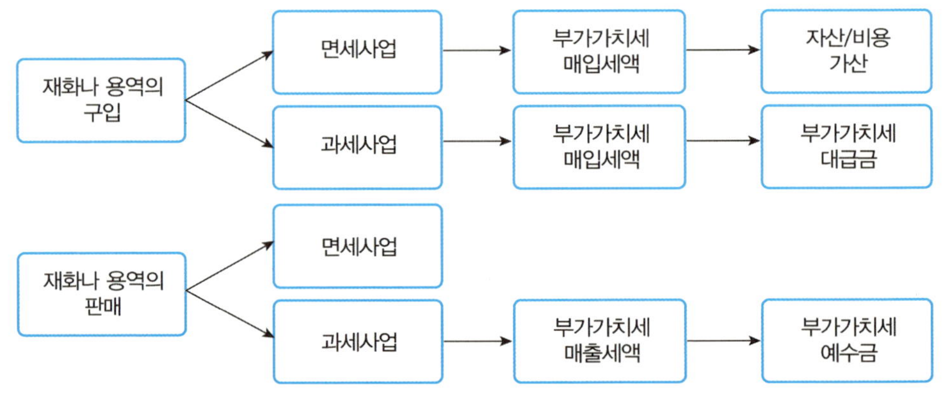

17) 기획재정부, 2018.12, p67 그림Ⅲ-10)

(2) 회계처리

예수금은 다음과 같이 회계처리한다.

사 례

[사례1] (재)공익은 당월 임직원의 급여 ₩45,000,000을 지급하면서, 소득세 및 4대보험 본인부담분 ₩5,400,000을 원천징수하였다. 원천징수액은 다음달에 납부할 예정이다.

• 급여 지급 시

(차)			(대)	
(차)	급여	45,000,000	(대) 현금및현금성자산	39,600,000
			예수금	5,400,000

• 원천징수액 납부시

(차)			(대)	
(차)	예수금	5,400,000	(대) 현금및현금성자산	5,400,000

[사례2] (재)공익은 목적사업에 충당하기 위하여 재단소유 부동산을 임대하고 있으며, 당해 1분기에는 임대료 ₩30,000,000(부가가치세 별도)을 수령하였다. 동 임대부동산의 관리 및 보수는 甲법인에게 위탁하고 있으며, 매 분기 말일에 용역비 ₩6,000,000(부가가치세 별도)을 지급한다.

• 임대료 수령시

(차)			(대)	
(차)	현금및현금성자산	33,000,000	(대) 매출	30,000,000
			부가가치세예수금	3,000,000

• 용역비 지급시

(차)			(대)	
(차)	외부용역비	6,000,000	(대) 현금및현금성자산	6,600,000
	부가가치세대급금	600,000		

• 부가가치세 신고 및 납부시(상기 거래외 부가가치세 관련 거래는 없음)

(차)			(대)	
(차)	부가가치세예수금	3,000,000	(대) 부가가치세대급금	600,000
			현금및현금성자산	2,400,000

* 만약 위의 사례가 부가가치세 면세사업이라면 아래와 같이 회계처리한다.

• 임대료 수령시

(차)			(대)	
(차)	현금및현금성자산	30,000,000	(대) 매출	30,000,000

• 용역비 지급시

(차)			(대)	
(차)	외부용역비	6,600,000	(대) 현금및현금성자산	6,600,000

5 기타 유동부채

(1) 선수금

선수금은 일반적 상거래에서 발생한 선수액을 말한다. 예를 들면, 상품 등을 주문받고 이를 제공하기 전에 미리 받은 대금을 말하며, 상품 등을 인도하기 전까지 선수금으로 처리한다.

그런데 선수금이 법인의 주된 사업활동에서 발생하여 선수한 금액만을 의미하는지, 아니면 유형자산 등을 처분하기로 하고 선수한 금액까지도 포함한 개념인지가 현행 규정상 명확하지 않기 때문에 유형자산 등의 매각과 관련하여 수취하는 계약금 · 중도금과 같은 선수액도 실무적으로 선수금에 포함시키는 경우가 많다.

(2) 선수수익

선수수익이란 대가는 이미 수취하였으나, 수익의 귀속시기가 차기 이후인 것을 말한다. 선수수익은 일종의 부채이지만 금전으로 변제되는 부채가 아니라 계속적인 용역의 제공을 통하여 변제되는 부채이다.

선수수익으로 처리해야 할 대표적인 예로는 선수수수료, 선수임대료, 사업외수익항목인 이자수익의 선수금액 등이 있다.

선수금과 선수수익은 모두 대가를 미리 수령하였다는 공통점이 있으나, 향후 법인이 이행해야 할 의무에서 차이점이 있다. 선수금은 계약금, 중도금과 같이 제품이나 용역 등을 미래에 제공하기로 하고 먼저 수령한 대가를, 선수수익은 일정기간에 걸쳐 제공되는 용역계약과 관련하여 미리 받은 대가 중 시간이 미경과되어 수익으로 실현되지 못한 부분을 의미한다[18].

(3) 유동성장기부채

발생 당시에는 비유동부채에 해당하였으나, 기간의 경과에 따라 상환기일이 1년 이내 도래하는 비유동부채의 경우에는 유동성 장기부채로 대체한다.

구체적인 회계처리는 본 장의 '제3절 1. 장기차입금'의 회계처리를 참고하기로 한다.

---

18) 공익법인회계기준 실무지침서(기획재정부, 2018.12, p65)

(4) 당기법인세부채

당기법인세부채(미지급법인세)는 차기연도에 법인세 등을 납부하는 때에 소멸되는 것이 일반적이다. 따라서 당기법인세부채는 유동부채로 구분한다.

(5) 이연법인세부채

이연법인세부채 중 회계연도 말일로부터 1년 이내에 소멸할 것으로 예상되는 이연법인세부채는 유동부채로 구분한다.

(6) 회계처리

선수금 및 선수수익 등의 기타유동부채는 다음과 같이 회계처리한다.

사 례

(재)공익은 공연장 대관사업을 진행하고 있다. 2020년 9월 23일 A회사로부터 대관 계약금 ₩1,000,000을 수령하였다. 대관일은 2020년 11월 3일로 대관일에 잔금을 완납한다.

• 2020. 9. 23.

(차) 현금및현금성자산	1,000,000	(대) 선수금	1,000,000

• 2020. 11. 3.

(차) 선수금	1,000,000	(대) 대관수익	1,000,000

(재)공익은 2020년 10월 1일 (재)공익이 소유하고 있는 건물 일부를 임대하고 1년 임대료 ₩12,000,000을 모두 수령하였다.

• 2020. 10. 1.

(차) 현금및현금성자산	12,000,000	(대) 선수수익	12,000,000

• 2020. 12. 31.

(차) 선수수익	3,000,000*	(대) 임대수익	3,000,000

* 12,000,000×3/12

제3절 비유동부채

1 장기차입금

(1) 개념 및 범위

차입금이란 운용자금 조달 또는 시설투자를 위하여 금전소비대차계약에 따라 타인으로부터 금전을 차용하는 것을 말하는데, 그 상환기한이 보고기간종료일로부터 1년 이후에 도래하는 것은 장기차입금계정으로 계상한다.

차입 당시에는 장기차입금이었는데 시간이 경과하여 상환기일이 보고기간종료일로부터 1년 이내에 도래하게 된 때에는 유동성장기부채로 대체하여야 한다. 그리고 장기차입금은 만기에 일시에 상환하기보다는 분할상환하는 것이 일반적인데, 이 때에는 상환기일이 1년 내인 부분과 1년 이후인 경우로 구분하여 전자는 유동성장기부채로 후자는 장기차입금으로 처리하여야 한다.

(2) 회계처리

장기차입금은 다음과 같이 회계처리한다.

사 례

(재)공익은 2020년 1월 1일 A은행으로부터 금전소비대차계약에 따라 ₩60,000,000(이자율 연4%, 매년 말일 지급)을 차입하였다. 차입금의 만기는 5년이며 2년 거치 3년 분할상환한다.

• 2020. 1. 1.

(차) 현금및현금성자산	60,000,000	(대) 장기차입금	60,000,000

• 2020. 12. 31.

(차) 이자비용	2,400,000*	(대) 현금및현금성자산	2,400,000

* 60,000,000×4%

• 2021. 12. 31.

(차) 이자비용	2,400,000	(대) 현금및현금성자산	2,400,000
장기차입금	20,000,000	유동성장기부채*	20,000,000

* 2022년말부터 3년 분할해야 하므로 2021사업연도 말 기준으로 상환기일이 1년 이내에 도래하는 ₩20,000,000은 유동성장기부채로 대체해야 함

• 2022. 12. 31.

(차) 이자비용	2,400,000	(대) 현금및현금성자산	22,400,000
유동성장기부채	20,000,000		
(차) 장기차입금	20,000,000	(대) 유동성장기부채	20,000,000

• 2023. 12. 31.

(차) 이자비용	2,400,000	(대) 현금및현금성자산	22,400,000
유동성장기부채	20,000,000		
(차) 장기차입금	20,000,000	(대) 유동성장기부채	20,000,000

• 2024. 12. 31.

(차) 이자비용	2,400,000	(대) 현금및현금성자산	22,400,000
유동성장기부채	20,000,000		

② 충당부채

충당부채란 과거사건이나 거래의 결과에 의해 발생한 현재의 의무로서, 지출의 시기 또는 금액이 불확실하지만 그 의무를 이행하기 위하여 자원이 유출될 가능성이 매우 높고, 또한 당해 금액을 신뢰성 있게 추정할 수 있는 의무를 말한다. 이러한 충당부채는 재무제표에 부채로 인식하여 작성해야 한다.

그러나 과거사건이나 거래의 결과로 발생한 현재 의무이지만 그 의무를 이행하기 위하여 자원이 유출될 가능성이 매우 높지 않거나 또는 그 가능성은 매우 높으나 당해 의무를 이행하여야 할 금액을 신뢰성 있게 추정할 수 없는 경우에는 부채로 인식할 수 없는데, 이를 우발부채라고 한다. 우발부채는 재무제표가 아닌 주석에 기재해야 한다.

충당부채 또는 우발부채의 예로는 계류 중인 소송사건 관련 소송충당부채, 환경오염 관련 복구충당부채 등이 있다.

| 충당부채와 우발부채 비교[19) |

자원유출가능성 \ 금액추정가능성	신뢰성 있게 추정 가능	추정 불가능
매우 높음	충당부채	우발부채 주석 공시
어느정도 있음	우발부채 주석 공시	
거의 있음	공시하지 않음	공시하지 않음

③ 퇴직급여충당부채

(1) 개념

퇴직급여충당부채는 임직원이 실제로 퇴직할 경우에 지급하여야 할 퇴직금을 감안하여 현재 재직중인 임직원의 퇴직금 상당액을 매 사업연도 비용으로 반영하기 위하여 기말결산 시점에 설정하는 충당부채를 말한다.

퇴직급여충당부채의 설정근거는 근로기준법에 있지만, 이와 별도로 공익법인이 정관 등에 퇴직급여지급규정을 두고 있는 경우에는 그 규정에 따른다.

다만, 근로기준법은 모든 회사의 근로조건에 대해 최저한의 기준을 제시하는 것이므로 공익법인이 자체적으로 규정을 마련하여 시행하더라도 그 내용의 일부가 근로기준법에 의한 규정들을 위배하게 된다면 그 규정은 효력이 없게 된다.

예를 들면, 공익법인의 퇴직급여지급규정에 따른 퇴직금이 근로기준법에 따른 퇴직금보다 적은 경우에는 공익법인의 규정은 효력이 없고 근로기준법[20)]에 따라야 한다.

(2) 퇴직급여충당부채 설정대상

공익법인회계기준과 일반기업회계기준에는 퇴직급여충당부채 설정대상에 대하여 제한하는 규정을 두고 있지 않다. 따라서 근속연수가 1년 미만인 임직원이라 하더라도 공익법인

---

19) 공익법인회계기준 실무지침서(기획재정부, 2018.12, p69 표Ⅲ-7)
20) 근로기준법 제2조【정 의】① 이 법에서 사용하는 용어의 뜻은 다음과 같다.
"평균임금"이란 이를 산정하여야 할 사유가 발생한 날 이전 3개월 동안에 그 근로자에게 지급된 임금의 총액을 그 기간의 총일수로 나눈 금액을 말한다. 근로자가 취업한 후 3개월 미만인 경우도 이에 준한다.
근로자퇴직급여보장법 제8조【퇴직금제도의 설정 등】① 퇴직금제도를 설정하려는 사용자는 계속근로기간 1년에 대하여 30일분 이상의 평균임금을 퇴직금으로 퇴직 근로자에게 지급할 수 있는 제도를 설정하여야 한다.

의 퇴직급여지급규정에 의하여 퇴직금을 지급하도록 하고 있다면 이들에 대해서도 퇴직급여충당부채 설정대상에 포함해야 한다.

(3) 회계처리

① 퇴직급여충당부채 설정시 회계처리

퇴직급여충당부채는 회계연도 말 현재 모든 임직원이 일시에 퇴직할 경우 지급하여야 할 퇴직금에 상당하는 금액으로 한다(공익법인회계기준 제38조 제1항).

따라서 당기 말 재무상태표에 계상되어야 할 퇴직급여충당부채는 기말 현재 모든 임직원이 퇴사할 경우 지급할 금액(이하 '퇴직금추계액')과 일치해야 하므로 당기 비용으로 계상할 퇴직급여는 다음과 같이 계산할 수 있다.

퇴직급여 = 당기 말 현재 퇴직금추계액 - (전기 말 현재 퇴직금 추계액- 당기 퇴직금 지급액)

위와 같이 계산된 퇴직급여는 다음과 같이 회계처리한다.

(차) 퇴직급여	×××	(대) 퇴직급여충당부채	×××

② 퇴직금 지급시 회계처리

임직원이 실제로 퇴직을 하여 퇴직금을 지급하게 되는 경우에는 다음과 같이 퇴직급여충당부채에서 지급하는 것으로 회계처리한다.

(차) 퇴직급여충당부채	×××	(대) 현금및현금성자산	×××

이때, 개인별 퇴직급여충당부채 설정액에 관계없이 퇴직급여충당부채에서 지급하는 것으로 회계처리한다.

(4) 퇴직연금제도

퇴직연금제도란 퇴직금을 일시금으로 받는 대신에 사용자가 매월 또는 매년 일정금액을 금융기관에 적립 · 운용(확정기여형은 근로자가 운용)하도록 하고, 근로자는 퇴직 후 연금형태로 받을 수 있도록 한 것으로 2005년 12월부터 시행되고 있다.

퇴직연금의 형태는 확정급여형(DB: Defined Benefit)과 확정기여형(DC: Defined Contribution)이 있으며, 사용자의 선택에 따라 적용할 수 있다.

구분	확정급여형	확정기여형
운영형태	사전에 약정된 연금산출방식에 의해 지급사유 발생시 받을 연금급여가 확정	사전에 기여금을 확정 향후 받게 될 연금급여는 미확정
기여금	변동 가능	확정
운용책임 (위험부담)	기업	근로자
기업부담	운용수익률에 따라 변동	고정
연금급여	확정	운용실적에 비례
선호계층	장기근속자	연봉계약자 및 단기근속자

(5) 확정급여형 퇴직연금제도

확정급여형 퇴직연금제도는 근로자가 수령할 연금급여가 사전에 확정되고, 사용자가 부담할 금액은 적립금의 운용결과에 따라 변동하는 연금제도를 말한다.

확정급여형 퇴직연금제도를 선택한 경우 회계처리는 다음과 같다.

① 임직원이 퇴직하기 전의 경우

가) 퇴직급여충당부채의 설정

확정급여형 퇴직연금제도를 도입한 경우에는 회계연도 말 재무상태표에 퇴직급추계액을 퇴직급여충당부채로 계상하여야 한다.

나) 퇴직연금운용자산의 회계처리

확정급여형 퇴직연금제도에서 운용되는 자산은 공익법인이 직접 보유하고 있는 것으로 보아 회계처리한다. 그리고 확정급여형 퇴직연금제도와 관련하여 별도로 운용되는 자산은 하나로 통합하여 '퇴직연금운용자산'으로 표시하고, 퇴직급여충당부채에서 차감하는 형식으로 표시한다. 퇴직연금운용자산의 구성내역은 주석으로 기재한다(공익법인회계기준 제38조 제3항).

• 기여금 납입시

(차) 퇴직연금운용자산 ××× (대) 현금및현금성자산 ×××
지급수수료 ×××

• 운용수익 발생시

(차) 퇴직연금운용자산 ××× (대) 퇴직연금운용수익(*) ×××

(*) 운용수익 발생시 회사의 기여금이 감소

• 관리수수료 발생시

(차) 지급수수료 ××× (대) 현금및현금성자산 ×××

② 임직원이 퇴직한 경우

가) 퇴직일시금의 수령 선택

임직원이 퇴직시에 퇴직연금에 대한 수급요건 중 가입기간 요건을 갖추고 퇴사하였으나 퇴직일시금의 수령을 선택하거나 퇴직연금의 수급요건 중 가입요건을 갖추지 못하고 퇴사한 경우의 회계처리는 다음과 같다.

(차) 퇴직급여충당부채 ××× (대) 현금및현금성자산 ×××

나) 퇴직연금의 수령 선택(공익법인이 연금지급의무를 부담하는 경우)

임직원이 퇴직연금에 대한 수급요건 중 가입기간 요건을 갖추고 퇴사하였으며 퇴직연금의 수령을 선택한 경우 보고기간말 이후 퇴직 종업원에게 지급하여야 할 예상퇴직연금합계액의 현재가치를 측정하여 '퇴직연금미지급금'으로 인식한다(일반기업회계기준 제21장 문단 21.10).

이때, 예상퇴직연금합계액은 퇴직 후 사망률과 같은 보험수리적 가정을 사용하여 추정하고, 그 현재가치를 계산할 때에는 보고기간말 현재 우량회사채의 시장수익률에 기초하여 할인한다.

그리고 퇴직연금미지급금은 보고기간말로부터 1년 이내의 기간에 지급되는 부분이 있더라도 유동성대체는 하지 아니한다.

• 퇴직시

(차) 퇴직급여충당부채 ××× (대) 퇴직연금미지급금 ×××
퇴직급여* ×××

* 퇴직연금미지급금과 퇴직급여충당부채 계상액의 차이는 퇴직급여로 처리한다

• 매 회계기간 말

(차) 퇴직급여 ××× (대) 퇴직연금미지급금 ×××

→ 사망률과 같은 보험수리적 가정 또는 할인율이 바뀜에 따라 발생하는 퇴직연금미지급금 증감액과 시간의 경과에 따른 현재가치 증가액은 퇴직급여로 처리한다.

• 퇴직연금 지급시

(차) 퇴직연금미지급금 ××× (대) 퇴직연금운용자산 ×××

다) 퇴직연금의 수령 선택(공익법인이 연금지급의무를 부담하지 않는 경우)

확정급여형 퇴직연금제도가 설정되었음에도 불구하고 종업원이 퇴직한 이후에 기업이 연금지급의무를 부담하지 않는다면 상기 나)의 규정을 적용하지 아니한다.

예를 들어, 확정급여형 퇴직연금제도의 규약에서 종업원이 연금수령을 선택할 때 기업이 퇴직일시금 상당액으로 일시납 연금상품을 구매하도록 정하는 경우가 이에 해당한다.

이 경우에는 기업이 퇴직일시금을 지급함으로써 연금지급에 대한 책임을 부담하지 않기 때문에 다음과 같이 회계처리한다.

(차) 퇴직급여충당부채 ××× (대) 퇴직연금운용자산 ×××
현금및현금성자산 ×××
↳ 공익법인 지급분

(6) 확정기여형 퇴직연금제도

확정기여형 퇴직연금제도는 사전에 사용자가 부담할 금액이 확정되고, 근로자가 수령할 연금급여는 적립금의 운용결과에 따라 변동하는 연금제도를 말한다.

확정기여형 퇴직연금제도를 설정한 경우에는 퇴직급여충당부채 및 관련 퇴직연금운용자산을 인식하지 않는다. 다만 해당 회계기간에 대하여 공익법인이 납부하여야 할 부담금을 퇴직급여(비용)로 인식하고, 미납부액이 있는 경우 미지급비용(부채)으로 인식한다(공익법인회계기준 제38조 제2항).

④ 기타 비유동부채

(1) 임대보증금

임대보증금은 임대차계약을 체결할 때 임대차계약상의 채무를 담보하기 위하여 임대인에게 지급하는 금전으로 계약 완료시 회수하는 금액을 말한다.

일반적으로 임대차계약은 1년을 초과하기 때문에 임대보증금은 비유동부채로 구분한다.

(2) 이연법인세부채

이연법인세부채 중 회계연도 말일로부터 1년을 초과하는 시점에 소멸할 것으로 예상되는 이연법인세부채는 비유동부채로 구분한다.

공익법인회계기준

제19조(고유목적사업준비금)

① 고유목적사업준비금이란 법인세법 제29조에 따라 고유목적사업이나 지정기부금에 사용하기 위해 미리 비용으로 계상하면서 동일한 금액으로 인식한 부채계정으로, 유동부채와 비유동부채로 구분하지 않고 별도로 표시한다.

② 제1항은 고유목적사업준비금을 부채로 인식하는 경우에 한하여 적용한다.

제31조(고유목적사업준비금 전입액과 환입액)

① '고유목적사업준비금전입액'이란 공익법인이 법인세법에 따라 수익사업부문에서 발생한 소득 중 일부를 고유목적사업부문이나 지정기부금에 지출하기 위하여 적립한 금액을 말한다. 이에 상응하여 동일한 금액을 부채에 '고유목적사업준비금'이라는 과목으로 인식한다.

② '고유목적사업준비금환입액'이란 고유목적사업준비금이 법인세법에 따라 수익사업부문에서 고유목적사업부문에 전출되어 목적사업에 사용되었거나 미사용되어 임의 환입된 금액을 말한다.

③ 제1항과 제2항의 내용은 고유목적사업준비금을 부채로 인식하는 경우에 한하여 적용한다.

고유목적사업준비금

고유목적사업준비금은 비영리법인에서 사용하는 계정과목으로 법인세법상 수익사업소득의 일부를 고유목적사업에 사용할 목적으로 적립해둔 금액으로, 공익법인회계기준에서 전입액은 비용으로 준비금은 부채로 인식할 수 있도록 하였다.

제1절 고유목적사업준비금의 정의

비영리법인은 영리법인과 달리 열거된 수익사업에서 발생한 소득에 한하여 법인세 납세의무를 가진다. 그러나 수익사업소득이라 하더라도 영리법인과 동일하게 법인세를 과세한다면 비영리법인이 공익사업을 원활하게 수행하는 데 있어서 장애가 될 수 있을 것이다. 이러한 이유로 비영리법인은 수익사업소득에 대하여 고유목적사업준비금을 설정하여 법인세의 일부를 감면 받을 수 있는 제도를 두고 있다(법인세법 제29조).

이와 관련하여 공익법인회계기준 제19조와 제31조에서 '고유목적사업준비금'이란 「법인세법」 제29조에 따라 수익사업부문에서 발생한 소득 중 일부를 고유목적사업부문이나 지정기부금에 지출하기 위하여 고유목적사업준비금 전입액을 미리 비용으로 계상하면서 동일한 금액으로 인식한 부채계정으로 정의하고 있다.

이러한 고유목적사업준비금과 고유목적사업준비금 전입액이 재무회계개념체계상 각각 부채[21)]와 비용의 정의에 부합하는지 여부에 대하여 논란이 되어 왔지만 공익법인이 세제상 혜택을 위하여 상당기간 관행적으로 회계처리해 왔고 이를 부채와 비용으로 인식하지 못하였을 경우 발생하게 되는 세제상 불이익과 실무적 불편함을 해소하기 위하여 법인세법에 따라 고유목적사업준비금을 설정한 경우 이를 부채와 비용으로 인식할 수 있도록 하였다.

물론 외부감사를 받아 고유목적사업준비금을 부채와 비용으로 인식하지 않고 잉여금처

21) 이에 대해서는 제13장 부채의 개념을 참조하기 바란다.

분으로 인식해왔던 공익법인의 기존 회계처리방법도 동시에 인정해주고 있다. 즉 고유목적사업준비금과 그 전입액을 재무제표에 인식하는 방법과 인식하지 않는 방법 중 하나를 선택할 수 있도록 재량을 부여하였다.

부채로 계상한 고유목적사업준비금은 고유목적사업 등의 용도로 지출되어야 하는데 이 때 고유목적사업준비금이 수익사업부문에서 고유목적사업부문에 전출되어 목적사업에 사용되었거나 미사용되어 임의 환입된 금액을 고유목적사업준비금 환입액이라 한다.

만약, 비용으로 계상한 사업연도의 종료일 이후 5년 내 이를 고유목적사업이나 지정기부금으로 사용하지 않을 경우 5년이 되는 날이 속하는 사업연도에 환입하여야 하며 동시에 미사용잔액에 대한 이자상당액을 감면된 법인세에 가산하여 납부하여야 한다(법인세법 제29조). 여기서 '고유목적사업'이란 비영리법인의 법령 또는 정관에 규정된 설립목적을 직접 수행하는 사업으로서 동법 시행령 제2조 제1항의 규정에 해당하는 수익사업 외의 사업을 말한다(법인세법 시행령 제56조 제5항).

제2절 재무제표 표시 및 회계처리

1 재무제표의 표시

(1) 결산에 반영하는 경우 – 결산조정방법

고유목적사업준비금을 결산에 반영하여 비용과 부채로 계상하였다면 다음과 같이 재무상태표에는 유동부채와 비유동부채와는 별개로 구분하여 표시하고, 운영성과표에는 고유목적사업준비금전입액과 환입액을 사업수익과 사업비용, 사업외수익과 사업외비용과 구분하여 표시한다. 원칙적으로 고유목적사업준비금은 결산조정방법에 의하여 손금에 산입하여야 한다.

재무상태표

과 목	당 기			전 기		
	통합	공익목적사업	기타사업	통합	공익목적사업	기타사업
부 채						
유동부채	×××	×××	×××	×××	×××	×××
비유동부채	×××	×××	×××	×××	×××	×××
고유목적사업준비금	×××	×××	×××	×××	×××	×××
부 채 총 계	×××	×××	×××	×××	×××	×××

운영성과표

과 목	당 기			전 기		
	통합	공익목적사업	기타사업	통합	공익목적사업	기타사업
사업수익	×××	×××	×××	×××	×××	×××
사업비용	×××	×××	×××	×××	×××	×××
사업이익(손실)	×××	×××	×××	×××	×××	×××
사업외수익	×××	×××	×××	×××	×××	×××
사업외비용	×××	×××	×××	×××	×××	×××
고유목적사업준비금전입액	×××	×××	×××	×××	×××	×××
고유목적사업준비금환입액	×××	×××	×××	×××	×××	×××
법인세비용차감전 당기운영이익(손실)	×××	×××	×××	×××	×××	×××
법인세비용	×××	×××	×××	×××	×××	×××
당기운영이익(손실)	×××	×××	×××	×××	×××	×××

(2) 잉여금 처분하는 경우 – 신고조정방법

「주식회사의 외부감사에 관한 법률」 제3조 규정에 의한 감사인의 회계감사를 받는 비영리내국법인은 고유목적사업준비금을 결산에 반영하지 않고 잉여금을 처분하여 설정할 수 있다. 잉여금 처분과 더불어 법인세 세무조정 시 손금산입하여 세무조정계산서에 표시하는 방식을 신고조정방법이라 하는데, 반드시 외부감사 대상 법인에 해당해야만 가능한 것은 아니다. 외부감사 대상이 아닌 법인이라도 법인의 필요에 의해 외부감사인의 임의감사를 받는다면 잉여금 처분에 의한 신고조정을 할 수 있다.

이때 고유목적사업준비금은 재무상태표의 보통순자산 중 잉여금과 적립금 중 적립금의 하나인 고유목적사업준비금으로 구분 표시하고 운영성과표에는 표시하지 않는다. 다만, 이에 대한 보충정보를 제공하기 위하여 주석으로 잉여금처분계산서를 제공해야 한다.

② 고유목적사업준비금의 구분경리

고유목적사업준비금은 법인세법상 수익사업부문에서 발생하는 계정과목으로 주로 수익사업이 표시되는 기타사업에서 발생할 것이나 공익법인회계기준 제10조 및 제25조에 따라 공익목적사업부문을 정관상 공익목적사업으로 정의함에 따라 법인세법상 수익사업에 속하지만 정관상 공익목적사업에 속하는 사업 예를 들면 의료, 공연, 미술관 등의 사업을 수행하고 있다면 공익목적사업부문에서도 고유목적사업준비금과 관련한 회계처리가 발생하게 된다.

③ 회계처리

이하의 회계처리는 공익목적사업에 법인세법상 수익사업이 존재하지 않고 기타사업부문은 모두 법인세법상 수익사업인 것을 가정하기로 한다.

사 례

(재)공익은 2020사업연도에 기타사업부문에서 수익사업의 소득금액 ₩1,000,000이 발생하였다. (재)공익은 해당 금액을 고유목적사업준비금으로 설정하고자 한다.

(1) 결산조정시 회계처리

① 기타사업부문에서 고유목적사업준비금 설정시

[기타사업부문]

(차) 고유목적사업준비금전입액　　1,000,000　(대) 고유목적사업준비금(부채)　　1,000,000

재무상태표

과목	공익목적사업	기타사업
부채		
고유목적사업준비금	–	1,000,000

운영성과표

과목	공익목적사업	기타사업
고유목적사업준비금전입액	–	1,000,000

② 기타사업부문에서 공익목적사업부문으로 현금 전출시

[기타사업부문]

(차) 고유목적사업준비금(부채) 1,000,000 (대) 현금및현금성자산 1,000,000

[공익목적사업부문]

(차) 현금및현금성자산 1,000,000 (대) 고유목적사업준비금(부채) 1,000,000

재무상태표

과목	공익목적사업	기타사업
부채		
고유목적사업준비금	1,000,000	-

③ 공익목적사업부문에서 목적사업비 지출시

[공익목적사업부문]

(차) 목적사업비 800,000 (대) 현금및현금성자산 800,000
(차) 고유목적사업준비금(부채) 800,000 (대) 고유목적사업준비금환입액 800,000

운영성과표

과목	공익목적사업	기타사업
고유목적사업준비금환입액	800,000	
사업비용		
사업수행비용	800,000	

(2) 신고조정시 회계처리

① 기타사업부문에서 공익목적사업부문으로 현금 전출시

[기타사업부문]

(차) 고유목적사업준비금(잉여금) 1,000,000 (대) 현금및현금성자산 1,000,000

[공익목적사업부문]

(차) 현금및현금성자산 1,000,000 (대) 고유목적사업준비금(잉여금) 1,000,000

② 공익목적사업부문에서 목적사업비 지출시

[공익목적사업부문]

(차) 목적사업비 800,000 (대) 현금및현금성자산 800,000

③ 2020.12.31 - 회계처리 없음

④ 2021.03.30 잉여금 처분일

[기타사업부문]

(차) 처분전잉여금 1,000,000 (대) 고유목적사업준비금(잉여금) 1,000,000

* 2020년 법인세 세무조정 시 '손금산입 고유목적사업준비금 1,000,000 △유보'를 수행함.
* 동시에 목적사업비 지출에 대한 세무조정을 다음과 같이 수행함
  '손금불산입 고유목적사업준비금 800,000 유보'
  '손금산입 고유목적사업비 800,000 기타'

잉여금처분계산서
2019년 1월 1일부터 2019년 12월 31일까지
2020년 1월 1일부터 2020년 12월 31일까지
(재)공익 처분예정일 2021년 3월 30일 처분확정일 2021년 3월 30일 (단위: 원)

과목	당기		전기	
미처분잉여금				
전기이월미처분잉여금				
당기운영이익				
임의적립금 등 이입액				
고유목적사업준비금환입	800,000			
잉여금처분액				
고유목적사업준비금전입	1,000,000			
차기이월미처분잉여금				

공익법인회계기준

제30조(공통수익 및 비용의 배분)

어떤 수익과 비용항목이 복수의 활동에 관련되는 경우에는 해당 수익과 비용의 성격에 따라 투입한 업무시간, 관련 시설면적, 사용빈도 등 합리적인 배분기준에 따라 활동 간에 배분하며, 그 배분기준은 일관되게 적용하여야 한다.

제39조(공통자산 · 부채의 배분)

어떤 자산 또는 부채 항목이 복수의 활동에 관련되는 경우에는 관련 시설면적, 사용빈도 등 합리적인 배분기준에 따라 활동 간에 배분하고, 그 배분기준은 일관되게 적용하여야 한다.

공통자산·부채와 공통수익·비용의 배분

공익법인의 재무제표는 공익목적사업부문과 기타사업부문으로 각각 구분표시하여야 하므로 두 부문에 공통으로 사용되는 공통자산, 공통부채와 공통으로 발생하는 공통수익과 공통비용이 존재할 경우에는 이에 대한 합리적인 배분이 필요하다.

제1절 공통자산 · 부채와 공통수익 · 비용의 개념

공익법인회계기준에서는 기본적으로 자산과 부채, 수익과 비용을 공익목적사업과 기타사업으로 사업별로 구분하도록 하고 있고, 비용은 다시 활동의 성격에 따라 구분하여야 한다. 따라서 공익목적사업비용의 경우에는 사업수행비용, 일반관리비용, 모금비용으로 구분하고 이 중 사업수행비용은 다시 세부사업별로 추가 구분한 정보를 재무제표의 본문이나 주석에 기재할 수 있도록 하였다(공익법인회계기준 제25조, 제27조).

만약 자산과 부채, 수익과 비용이 하나의 사업과 하나의 활동에만 관련된다면 명확하게 구분하여 표시할 수 있지만, 복수의 사업과 복수의 활동에 동시에 관련된다면 구분이 수월하지 않을 수도 있는데 이를 공통자산, 공통부채, 공통수익, 공통비용이라 한다.

예를 들어 공익법인의 활동가가 공익사업활동도 하면서 모금활동도 하고 임대용 건물도 관리한다면, 활동가의 인건비는 공통비용에 해당하여 해당 인건비는 사업별로 구분하여 공익목적사업과 기타사업으로 배분하여야 하고, 이 중 공익목적사업으로 배분된 인건비는 다시 활동별로 구분하여 사업수행비용과 모금비용으로 배분되어야 한다.

제2절 공통자산 · 부채, 공통수익 · 비용의 배분

① 공통자산 · 부채의 배분

공익법인의 자산과 부채가 각 사업별로 즉 공익목적사업과 기타사업으로 개별 파악이 가능한 경우에는 이를 장부상 각각 구분하여 회계처리하여야 한다. 반면 각 사업별로 구분이 불가능한 공통자산과 공통부채는 그 성격에 따라 관련 시설의 면적 비율, 부서별 사용빈도 등 합리적인 배분기준에 따라 배분하고 한번 적용된 배분기준은 일관되게 계속 적용하여야 한다.

법인세법 시행규칙 제76조에서 비영리법인이 구분경리하는 경우 수익사업과 기타의 사업에 공통되는 자산과 부채는 이를 수익사업에 속하는 것으로 하도록 규정하고 있으나 이는 법인세법상 구분경리 방법으로 공익법인회계기준에 따른 합리적인 배분기준과는 다를 수 있다.

② 공통수익 · 비용의 배분

공익법인에서 발생하는 수익과 비용이 사업별, 활동별로 파악이 가능한 경우에는 각각의 사업과 활동별로 구분하여 회계처리하여야 한다. 반면 각 사업별 또는 활동별로 구분이 불분명한 공통수익과 공통비용은 그 성격에 따라 투입한 업무시간, 관련 시설의 면적비율, 사용빈도 등 합리적인 배분기준에 따라 배분하고 한번 적용된 배분기준은 일관되게 적용하여야 한다.

특히 공통비용을 여러 활동들 간에 배분하기 위해서는 각 공익법인의 사업성격 및 운영방법에 맞추어 합리적인 배분기준을 수립하여 일관되게 적용하는 것이 중요하다.

예를 들어 공통인력비용은 당해 인력이 각 활동별로 투입한 업무시간에 기초하여 배분하는 것이 적절하며, 이를 위해서는 적절한 수준에서의 업무시간 기록자료를 만들어 관리하는 것이 필요하다. 또 공통시설비용은 각 활동별로 관련되는 시설 면적이나 사용빈도가 직접적으로 구분될 수 있다면 그 면적이나 사용빈도 기준에 따라 배분하며, 직접적으로 구분될 수 없다면 다른 적절한 배분기준(예: 각 활동별 인력비용에 비례하여 배분)을 수립할 필요가 있다. 기타 각 활동별 인력비용이나 시설비용에 대체로 비례하는 항목들은 그 기준에 따라 배분하며 그 외에는 다른 적절한 배분기준을 수립하여야 한다.

반면 법인세법 시행규칙 제76조에 따른 법인세법상 구분경리 방법에 따르면 공통되는 익금과 손금은 다음과 같이 구분계산하여야 한다. 이는 법인세법상 구분경리 방법으로 공익법인회계기준에 따른 합리적인 배분기준과는 다를 수 있으므로 회계상 구분경리방법과 세법상 구분경리방법이 달라지는 문제점도 발생할 수 있다.

| 법인세법상 구분경리 방법(법인세법 시행규칙 제76조) |

구분		구분경리 방법
공통익금		수익사업과 기타사업의 수입금액 or 매출액 비율 안분
공통 손금	수익사업과 기타사업의 업종이 동일한 경우	수익사업과 기타사업의 수입금액 or 매출액 비율 안분
	수익사업과 기타사업의 업종이 다른 경우	수익사업과 기타사업의 개별손금액 비율 안분
수익사업과 기타사업 겸영하는 급여상당액 (복리후생비, 퇴직금, 퇴직급여충당금전입액 포함)		근로의 제공 내용을 기준으로 구분 (단, 근로의 제공이 주로 수익사업에 관련된 것인 때에는 수익사업의 비용으로 하고 근로의 제공이 주로 비영리사업에 관련된 것인 때에는 이를 비영리사업에 속한 비용으로 한다)

위의 법인세법상 구분경리방법 중 수입금액 또는 매출액 비율을 활용하는 것은 수익이 발생하지 않고 비용만 발생하는 사업이 있는 경우 비합리적인 기준이 될 수 있다. 이럴 경우엔 각 사업의 개별 사업비 비율로 안분하는 것이 더욱 합리적일 수 있다.

그런데 회계상 구분경리에도 개별 사업비 비율로 안분하는 방법을 적용하는 것이 현실적으로 가장 합리적인 경우가 많다. 예를 들어 차량유지비를 안분하려면 해당 법인차량을 어느 사업을 위해 얼만큼 운용하였는지에 대한 관리대장을 정확하게 작성하여야 하는데, 이는 실무적으로 어려울 수 있기 때문에 차량유지비를 개별 사업비 합계 비율로 안분하는 것이 합리적인 방안이 될 것이다. 마찬가지로 공통직원의 인건비를 안분하기 위해서는 해당 직원이 어느 사업에 몇 시간을 일하였는지에 대한 정확한 수행일지가 필요한데, 실무적으로 일지 관리가 불가능할 경우에는 각 사업에 투입된 개별 인건비 비율로 안분하는 것이 현실적이고 합리적인 방법이다. 교육비, 학자금 등의 복리후생비, 퇴직급여 등 급여성 비용 역시 개별 인건비 비율이 합리적인 배부 기준이 될 수 있다.

제3절 공통자산·부채, 공통수익·비용의 배분 사례

사 례

(재)공익에는 모두 5명의 직원이 근무하고 있고, 2020년에 해당 직원에게 지급한 총 급여액은 ₩150,000,000이다(연봉은 ₩30,000,000, 연 근무시간은 100시간이며 모두 동일한 것으로 가정).

(재)공익의 직원은 매일 철저하게 Time Report를 작성하기 때문에 여러 가지 업무를 수행하는 인원에 대한 인건비는 투입된 업무시간을 기준으로 안분하고 있다.

직원명	업무투입시간			
	A공익사업	B공익사업	모금활동	일반 관리업무
가, 나	100, 100			
다		100		
라		20	80	
마			50	50

(재)공익의 급여를 기능별로 구분하면 다음과 같다.

직원명	기능별 구분 (단위: 원)			
	사업수행비용 (A공익사업)	사업수행비용 (B공익사업)	모금비용 (모금활동)	일반관리비용 (일반관리비용)
가, 나	60,000,000			
다		30,000,000		
라		6,000,000[1]	24,000,000[2]	
마			15,000,000[3]	15,000,000[3]
합계	60,000,000	36,000,000	39,000,000	15,000,000

1) 30,000,000×(20시간 / 100시간) = 6,000,000
2) 30,000,000×(80시간 / 100시간) = 24,000,000
3) 30,000,000×(50시간 / 100시간) = 15,000,000

사 례

(재)공익은 용산에 위치한 건물을 임차하여 사용하고 있으며, 2020년 지급한 임차료는 총 ₩36,000,000이다.

• 동 건물은 10층 건물로 1개층 당 면적은 100㎡로 동일
• (재)공익은 건물의 3층, 4층, 5층을 사용
• 3층 : A공익사업, 4층 : B공익사업, 5층 : 모금사업팀과 일반관리부서가 5층 전체 면적의 절반씩 사용중

(재)공익은 각 사업부문별 사용면적을 기준으로 임차료를 기능별로 구분하고 있다.

층수	용도	면적	임차료	기능별 구분
3층	A공익사업	100㎡	12,000,000[1]	사업수행비용
4층	B공익사업	100㎡	12,000,000[1]	
5층	모금사업	50㎡	6,000,000[2]	모금비용
	일반관리	50㎡	6,000,000[2]	일반관리비용

[1] 36,000,000 × (100 / 300) = 12,000,000
[2] 36,000,000 × (50 / 300) = 6,000,000

사 례

(재)공익은 A공익사업, B공익사업, 모금사업팀, 일반관리부서로 구성되어 있고 각 부서의 인원은 A공익사업 5명, B공익사업 4명, 모금사업팀 3명, 일반관리부서 2명으로 각 직원에 대한 연봉은 모두 ₩2,000,000이다. 일반관리부서 2명은 공익목적사업과 기타사업(임대사업)을 함께 관리하고 있으며 연간 업무시간 비중은 공익목적사업 80%, 기타사업(임대사업) 20%이다.
또한 A공익사업에 배정된 5명 중 2명은 모금사업팀 업무를 같이 수행하고 있으며 2명의 업무시간 비중은 A공익사업 70%, 모금사업팀 30%이다.

(재)공익은 복리후생비로 전체 직원의 법정고용부담금을 지원하고 있다.

• 1인당 ₩50,000으로 동일

(재)공익은 2017년 취득한 3층 건물을 보유하고 있는데, 1층은 임대를 하여 공익활동을 위한 재원을 마련하고 있으며 2층, 3층은 (재)공익이 직접 사용하고 있다.

• 동 건물은 3층 건물로 1개층 당 면적은 100㎡로 동일
• 2층: A공익사업과 B공익사업에서 절반씩 사용중, 3층: 모금사업팀과 일반관리부서가 절반씩 사용중
• 건물의 취득가액은 6억원, 건물의 내용연수 40년, 정액법으로 상각

(재)공익은 인건비는 투입된 업무시간을 기준으로 안분하고 감가상각비는 사용면적을 기준으로 구분하고 있다.
상기 사례에 따라 안분한 결과는 다음과 같다.

구분		운영성과표	공익목적사업			기타사업
			사업수행비용	일반관리비용	모금비용	
(1)	급여	28,000,000	16,800,000	3,200,000	7,200,000	800,000
(2)	복리수행비	700,000	420,000	80,000	180,000	20,000
(3)	감가상각비	15,000,000	5,000,000	2,500,000	2,500,000	5,000,000

상기 결과를 구분항목별로 안분과정을 정리하면 다음과 같다.

(1) 급여 구분내역

종류	금액	구분	기능별 구분
A공익사업 인건비[1]	8,800,000	공익목적사업	사업수행비용
B공익사업 인건비[2]	8,000,000	공익목적사업	사업수행비용
모금사업팀 인건비[3]	7,200,000	공익목적사업	모금비용
일반관리부서 인건비[4]	3,200,000	공익목적사업	일반관리비용
일반관리부서 인건비[5]	800,000	기타사업	사업수행비용
합계	28,000,000		

[1] 전담인원 인건비(2,000,000×3) + 중복수행인원 인건비(2,000,000×2×70%)
[2] 전담인원 인건비(2,000,000×4)
[3] 전담인원 인건비(2,000,000×3) + 중복수행인원 인건비(2,000,000×2×30%)
[4] 중복수행인원 인건비(2,000,000×2×80%)
[5] 중복수행인원 인건비(2,000,000×2×20%)

(2) 복리후생비 구분내역

종류	금액	구분	기능별 구분
법정고용부담금[1]			
A공익사업	220,000	공익목적사업	사업수행비용
B공익사업	200,000	공익목적사업	사업수행비용
모금사업팀	180,000	공익목적사업	모금비용
일반관리부서	80,000	공익목적사업	일반관리비용
일반관리부서	20,000	기타사업	사업수행비용
합계	700,000		

[1] 법정고용분담금은 인원별로 귀속을 확인할 수 있는 경비이므로 상기 (1)과 동일한 방법으로 안분

(3) 시설비용 구분내역

층수	용도	당기 감가상각비[1]	구분	기능별 구분
1층	임대사업	5,000,000	기타사업	사업수행비용
2층	A공익사업	2,500,000[2]	공익목적사업	사업수행비용
	B공익사업	2,500,000[2]	공익목적사업	사업수행비용
3층	모금사업팀	2,500,000[2]	공익목적사업	모금비용
	일반관리부서	2,500,000[2]	공익목적사업	일반관리비용
합계		15,000,000		

1) 600,000,000(취득가액) / 40(내용연수) / 3층 = 5,000,000, 1개층당 면적이 동일하므로 1개층당 감가상각비도 동일

2) 5,000,000×50 / 100 = 2,500,000, 1개층을 50:50 비율로 사용

사 례

(재)공익은 2017년 취득한 3층 건물을 보유하고 있는데, 1층은 임대를 하여 공익활동을 위한 재원을 마련하고 있으며 2층, 3층은 (재)공익이 직접 사용하고 있다.

- 동 건물은 3층 건물로 1개층 당 면적은 100㎡로 동일
- 건물의 취득가액은 60억원, 건물의 내용연수 40년, 정액법으로 상각
- 2020년 12월 31일 현재 건물의 장부가액은 54억원이고, 감가상각누계액은 6억원이다.

재무상태표

구분	통합	공익목적사업	기타사업
…			
건물	6,000,000,000	4,000,000,000	2,000,000,000
(감가상각누계액)	(600,000,000)	(400,000,000)	(200,000,000)

(*) 3층 건물의 사용 면적을 기준으로 2/3은 공익목적사업으로, 1/3은 기타사업으로 구분한다.

공익법인회계기준

제11조(재무상태표 작성기준)

① 재무상태표에는 회계연도 말 현재 공익법인의 모든 자산, 부채 및 순자산을 적정하게 표시한다. [별지 제1호 서식 참조]

② 재무상태표 구성요소의 정의는 다음 각 호와 같다.

3. '순자산'이란 공익법인의 자산 총액에서 부채 총액을 차감한 잔여 금액을 말한다.

④ 자산, 부채 및 순자산은 다음 각 호에 따라 구분한다.

3. 순자산은 기본순자산, 보통순자산, 순자산조정으로 구분한다.

제20조(기본순자산)

① '기본순자산'이란 사용이나 처분에 '영구적 제약'이 있는 순자산을 말한다.

② '영구적 제약'이란 법령, 정관 등에 의해 사용이나 처분시 주무관청 등의 허가가 필요한 경우를 말한다.

제21조(보통순자산)

① '보통순자산'이란 '기본순자산'이나 '순자산조정'이 아닌 순자산을 말한다.

② '보통순자산'은 잉여금과 적립금으로 구분하고, 적립금은 미래 특정 용도로 사용하기 위하여 적립해두는 준비금이나 임의적립금 등이 해당한다.

제22조(순자산조정)

'순자산조정'이란 순자산 가감성격의 항목으로서 매도가능증권평가손익, 유형자산재평가이익 등이 포함된다.

제16장 순자산

공익법인회계기준에서 의미하는 순자산의 개념은 영리법인의 자본과는 다른 개념이다. 이 차이점을 이해하는 것이 비영리조직의 회계와 영리조직의 회계의 가장 근본적인 차이를 이해하는 기초이며, 이를 바탕으로 비영리조직 회계의 목적과 재무제표 기능의 차이를 이해하게 될 것이다.

제1절 개념과 구분

① 순자산의 개념

영리조직의 자본은 기업의 총자산에서 총부채를 차감한 잔액으로 기업의 소유주인 주주지분에 대한 권리를 의미한다. 이 주주지분을 법적 사용제한금액, 배당가능금액, 잔여재산에 대한 청구권리 등으로 구분 표시함으로써 재무제표 이용자에게 유용한 정보를 제공하게 된다. 그러나 이익창출을 목적으로 하지 않고 잉여금의 분배 및 잔여재산 청구권이 존재하지 않는 비영리조직의 순자산은 영리조직의 자본과는 전혀 다른 개념으로 이해하여야 한다.

즉, 영리조직의 재무상태표는 '자산－부채＝자본'이라는 자본등식으로 파악되지만, 비영리조직의 경우에는 '자산＝부채+순자산'라는 재무상태표 등식으로 파악하게 된다고 할 수 있다.[22)]

공익법인회계기준 제11조에서는 순자산을 공익법인의 자산 총액에서 부채 총액을 차감한 잔여 금액으로 정의하여 구체적인 의미를 부여하고 있지는 않다. 순자산은 기본순자산, 보통순자산, 순자산조정으로 구성되는데 이에 대하여 살펴보기로 한다.

22) 비영리조직의 순자산에 관한 연구(후루이치 류이치로 교수, 2017, 오오하라대학원 연구연보 제11호, 배원기 역)

② 순자산의 구분

영리조직의 자본은 자본금, 자본잉여금, 이익잉여금, 자본조정, 기타포괄손익누계액으로 구성되지만, 공익법인의 순자산은 재원의 성격에 따라 다음과 같이 구분된다.

구분	내용
기본순자산	사용이나 처분 시 법령, 정관 등에 의해 주무관청 등의 허가가 필요한(이를 '영구적 제약'이라 함) 순자산
보통순자산	'기본순자산'이나 '순자산조정'이 아닌 순자산으로 '잉여금'과 '적립금'으로 구분하고, '적립금'은 미래 특정 용도로 사용하기 위하여 적립해두는 준비금이나 임의적립금 등이 해당함
순자산조정	순자산 가감성격의 항목으로 매도가능증권평가손익, 유형자산재평가이익 등이 포함됨

(1) 기본순자산

기본순자산은 공익법인의 사업 운영에 재정적 기초가 되며, 사용이나 처분 시 주무관청 등의 허가가 필요한 자산으로, 통상 비영리조직을 설립허가하여 관리감독하는 주무관청이 기본재산으로 구분하여 관리되는 항목으로 이해하면 된다. 이러한 기본순자산은 사용이나 처분 시 관련 법령이나 정관 등에 의해 주무관청 등의 허가가 필요한데 이를 영구적 제약이란 표현으로 사용하기로 한다. 한편, 주무관청이 존재하지 않는 공익법인, 예를 들어 비영리 민간단체 또는 설립등기 전 기관이라도 실질적으로 사용이나 처분에 영구적 제약이 있는 자산은 기본순자산으로 구분해야 한다.

대표적인 사례로 「공익법인의 설립 · 운영에 관한 법률 시행령」 제16조에 따르면 기본재산은 다음과 같이 구성된다.

① 설립시 기본재산으로 출연한 재산

② 기부 또는 기타 무상으로 취득한 재산. 다만, 기부목적에 비추어 기본재산으로 하기 곤란하여 주무관청의 승인을 얻은 것은 예외로 한다.

③ 보통재산 중 총회 또는 이사회에서 기본재산으로 편입할 것을 의결한 재산

④ 세계잉여금중 적립금

이와 같이 기본순자산은 설립 시점과 설립 이후 출연 또는 기부받은 재산 중 기본순자산

으로 하기로 총회 또는 이사회에서 의결한 재산이거나 잉여금 중 기본순자산으로 편입한 것을 의결한 재산으로 구성된다.

반대로 기본재산의 일부를 보통재산에 편입할 수도 있는데, 주무관청의 허가가 필요하며 이 경우 특정 용도에 사용하기 위한 목적으로 편입하면 별도의 적립금으로, 그렇지 않은 경우 잉여금으로 분류한다.

기본재산과 기본순자산[23)]

'기본재산'과 '기본순자산'은 유사하지만 정확히 일치하는 개념은 아니다. 공익법인의 재산은 「공익법인 설립 운영에 관한 법률」 제11조와 동법 시행령 제16조에 따라 기본재산과 보통재산으로 구분되는데, 이러한 구분은 회계상 개념이 아니다. 따라서 공익법인의 기본재산이 기본순자산에 해당한다고 할 수 있으나 기본순자산과 기본재산이 정확히 일치하지 않을 수 있다.

공익법인회계기준에 따르면 기본순자산에 포함되는 자산은 기말 시점의 공정가치로 평가를 수행하며, 이에 따른 평가손익을 재무제표에 반영해야 한다. 이 경우 기본순자산의 장부금액은 최초 취득가액에서 변동하게 된다. 반면 정관상의 기본재산 가액은 회계상 평가가 아닌 주무관청과의 협의를 통해 변경할 수 있는 것이므로 기본재산 가액은 변경하지 않아도 된다. 이로 인해 '기본재산'과 기본순자산'의 금액에 차이가 발생할 수 있다.

공익법인의 설립·운영에 관한 법률 제11조 【재산】

③ 공익법인은 기본재산에 관하여 다음 각 호의 어느 하나에 해당하는 경우에는 주무 관청의 허가를 받아야 한다.

3. 기본재산의 운용수익이 감소하거나 기부금 또는 그 밖의 수입금이 감소하는 등 대통령령으로 정하는 사유로 정관에서 정한 목적사업의 수행이 현저히 곤란하여 기본재산을 보통재산으로 편입하려는 경우 (2016. 5. 29. 개정)

공익법인의 설립·운영에 관한 법률 시행령 제16조 【재산의 구분】

① 공익법인의 재산중 다음 각호의 1에 해당하는 재산은 기본재산으로 한다.

1. 설립시 기본재산으로 출연한 재산
2. 기부에 의하거나 기타 무상으로 취득한 재산. 다만, 기부목적에 비추어 기본재산으로 하기 곤란하여 주무관청의 승인을 얻은 것은 예외로 한다.
3. 보통재산중 총회 또는 이사회에서 기본재산으로 편입할 것을 의결한 재산
4. 세계잉여금중 적립금

② 보통재산은 기본재산 이외의 모든 재산으로 한다.

공익법인의 설립 · 운영에 관한 법률 시행령 제17조 【기본재산의 처분】
① 법 제11조 제3항 제1호에 따라 기본재산의 매도 · 증여 · 임대 또는 교환에 관한 허가를 받으려는 경우에는 그 허가신청서에 다음 각 호의 서류를 첨부하여 주무관청에 제출하여야 한다.

공익법인의 설립 · 운영에 관한 법률 시행령 제18조의 2 【기본재산의 보통재산으로의 편입】
① 법 제11조 제3항 제3호에서 "기본재산의 운용수익이 감소하거나 기부금 또는 그 밖의 수입금이 감소하는 등 대통령령으로 정하는 사유"란 다음 각 호의 어느 하나에 해당하는 사유를 말한다.
1. 기본재산의 운용수익이 감소한 경우
2. 기부금 등 무상으로 취득한 재산이 감소한 경우
3. 회비수입이 감소한 경우
4. 법 제4조 제3항에 따른 수익사업의 수익이 감소한 경우
5. 그 밖에 제1호부터 제4호까지에 준하는 사유로 보통재산이 고갈된 경우

(2) 보통순자산

공익법인이 공익목적사업과 기타사업을 수행하면서 당기운영이익이 발생하여 누적되면 잉여금이 되고, 잉여금을 공익법인 자체적으로 총회 또는 이사회에서 특정 목적에 사용하기 위하여 적립하거나 또는 기부금이나 보조금, 지원금 등을 받을 때 이를 제공한 자나 관련 법률에 의해 사용이나 처분에 일정 조건이 가해지는 경우에는 이를 별도의 준비금 또는 적립금으로 구분하여야 한다. 이때 적립금은 OO준비금, OO적립금 등 그 용도에 따라 명칭을 세분하여 본문 표시 또는 주석 기재할 수 있다.

예를 들어, 잉여금 처분된 고유목적사업준비금이 대표적 사례가 될 것이다. 또 다른 사례로 기부자가 2020년에 특정목적의 기부금 10억원을 기부하면서 동 목적에 맞는 수혜자를 발굴하여 2022년부터 지급할 것을 조건으로 기부를 하였다면 동 기부금수익은 2020년 운영성과표의 기부금수익으로 반영된 후에 잉여금 중 특정목적적립금으로 별도 처분되어 기재되어야 한다.

---

23) 공익법인회계기준 실무지침서(기획재정부, 2018.12, p79) 참조

(3) 순자산조정

순자산조정이란 기본순자산, 보통순자산을 구성하는 자산의 평가와 관련하여 가감되는 성격의 항목으로서 매도가능증권평가손익, 유형자산재평가이익 등이 여기에 포함된다.

이렇게 순자산의 가감성격을 직접 기본순자산과 당기운영손익에서 조정하지 않고 순자산조정으로 회계처리하는 것은 기본순자산에 속하는 자산의 평가금액의 변동에 따라 매년 그 변동 사항을 직접 기본순자산에서 수정 반영하는 것이 실무적으로 번거롭고 유용한 정보 제공이라 보기 어려우므로 순자산조정으로 관리하다가 처분 등으로 그 미실현손익이 실현되는 시점에 이를 손익으로 인식하고자 한 것이다.

제2절 재무제표 표시 및 회계처리

1 재무제표 표시

재무제표에는 다음과 같이 표시하고 순자산의 변동에 관한 사항은 주석으로 기재한다.

(1) 재무상태표의 표시

과 목	당 기			전 기		
	통합	공익목적사업	기타사업	통합	공익목적사업	기타사업
순자산(주석1)						
기본순자산	×××	×××	×××	×××	×××	×××
보통순자산	×××	×××	×××	×××	×××	×××
적립금	×××	×××	×××	×××	×××	×××
잉여금	×××	×××	×××	×××	×××	×××
순자산조정	×××	×××	×××	×××	×××	×××
순 자 산 총 계	×××	×××	×××	×××	×××	×××

(2) 순자산변동에 관한 주석사항

과목	통합				공익목적사업부문				기타사업부문			
	기본	보통순자산		순자산	기본	보통순자산		순자산	기본	보통순자산		순자산
	순자산	적립금	잉여금	조정	순자산	적립금	잉여금	조정	순자산	적립금	잉여금	조정
전기초	xxx	xxx	xxx	xxx	xxx	xxx	xxx	xxx	xxx	xxx	xxx	xxx
회계정책변경누적효과												
전기오류수정	(xxx)	(xxx)	(xxx)	(xxx)	(xxx)	(xxx)	(xxx)	(xxx)	(xxx)	(xxx)	(xxx)	(xxx)
	(xxx)	(xxx)	(xxx)	(xxx)	(xxx)	(xxx)	(xxx)	(xxx)	(xxx)	(xxx)	(xxx)	(xxx)
수정후 순자산	xxx	xxx	xxx	xxx	xxx	xxx	xxx	xxx	xxx	xxx	xxx	xxx
기본순자산증감	xxx		(xxx)		xxx		(xxx)		xxx		(xxx)	
당기운영이익(손실)			xxx				xxx				xxx	
매도가능증권평가이익				xxx				xxx				xxx
유형자산재평가이익				xxx				xxx				xxx
적립금 전입		xxx	(xxx)			xxx	(xxx)			xxx	(xxx)	
......	xxx	xxx	xxx	xxx	xxx	xxx	xxx	xxx	xxx	xxx	xxx	xxx
전기말	xxx	xxx	xxx	xxx	xxx	xxx	xxx	xxx	xxx	xxx	xxx	xxx
당기초	xxx	xxx	xxx	xxx	xxx	xxx	xxx	xxx	xxx	xxx	xxx	xxx
회계정책변경누적효과												
전기오류수정	(xxx)	(xxx)	(xxx)	(xxx)	(xxx)	(xxx)	(xxx)	(xxx)	(xxx)	(xxx)	(xxx)	(xxx)
	(xxx)	(xxx)	(xxx)	(xxx)	(xxx)	(xxx)	(xxx)	(xxx)	(xxx)	(xxx)	(xxx)	(xxx)
수정후 순자산	xxx	xxx	xxx	xxx	xxx	xxx	xxx	xxx	xxx	xxx	xxx	xxx
기본순자산증감	xxx		(xxx)		xxx		(xxx)		xxx		(xxx)	
당기운영이익(손실)			xxx				xxx				xxx	
매도가능증권평가이익				xxx				xxx				xxx
유형자산재평가이익				xxx				xxx				xxx
적립금 전입		xxx	(xxx)			xxx	(xxx)			xxx	(xxx)	
......	xxx	xxx	xxx	xxx	xxx	xxx	xxx	xxx	xxx	xxx	xxx	xxx
당기말	xxx	xxx	xxx	xxx	xxx	xxx	xxx	xxx	xxx	xxx	xxx	xxx

② 구분경리

순자산의 표시방법에서 중요한 문제는 구분경리 즉 공익목적사업부문과 기타사업부문으로 순자산을 구분하여 표시하는 것이다. 공익목적사업을 위하여 기부받은 재산과 여기에서 발생한 잉여금은 공익목적사업부문으로 기재하여야 하고, 공익목적사업에서 수익사업으로 출자하여 발생되는 기타사업부문의 기본순자산과 잉여금은 기타사업부문으로 구분하여 표시한다.

③ 회계처리

이하에서는 순자산의 변동과 관련된 회계처리에 대하여 설명하고자 한다.

사 례

(사례1) 공익법인의 설립 시점에 현금 1,200을 출연받았고 이는 주무관청으로부터 기본재산으로 허가 받은 1,000과 사업운영비 용도로 받은 200으로 구성된다. 이후 연말까지 목적사업비로 170을 지출하였다.

(사례2) 기중에 기본순자산에 해당하는 부동산 500을 기부받았다.[24]
이는 임대사업용으로 사용할 목적이며 당기 임대수익이 50이 발생하고 연말에 감가상각비 10이 발생하였다.

(사례3) 주무관청의 허가를 받아 기본재산의 일부 현금으로 배당수익을 목적으로 매도가능증권 100을 취득하였다. 연말 동 매도가능증권의 평가로 인해 미실현보유이익 20이 발생하였다.[25]

(사례4) 공익목적사업부문에서는 당기운영차익이 30이 발생하였고 기타사업부문에서는 당기운영차익이 40이 발생하였다.

(사례5) 기타사업부문 잉여금에서 고유목적사업준비금 20을 적립하기로 하였다.

---

24) 기부금 등이 기본순자산에 해당하는 경우 사업수익으로 인식하지 않고 기본순자산의 증가로 인식한다(공익법인회계기준 제26조 제4항)

25) 매도가능증권에 대한 미실현보유손익을 순자산조정으로 인식하고 당해 유가증권에 대한 순자산조정은 그 유가증권을 처분하거나 손상차손을 인식하는 시점에 일괄하여 당기손익에 반영한다(공익법인회계기준 제37조 제2항).

	공익목적사업				기타사업			
	차변		대변		차변		대변	
(사례1)	현금및현금성자산	1,000	기본순자산	1,000				
	현금및현금성자산	200	기부금수익	200				
	목적사업비	170	현금및현금성자산	170				
(사례2)	부동산	500	기본순자산	500				
	기본순자산[26]	500	부동산	500	부동산	500	기본순자산	500
					현금및현금성자산	50	임대수입	50
					감가상각비	10	감가상각누계액	10
(사례3)	기본순자산	100	현금및현금성자산	100	현금및현금성자산	100	기본순자산	100
					매도가능증권	100	현금및현금성자산	100
					매도가능증권	20	순자산조정	20
(사례4)	당기운영차익	30	잉여금 (보통순자산)	30	당기운영차익	40	잉여금 (보통순자산)	40
(사례5)					잉여금 (보통순자산)	20	고유목적사업준비금 (보통순자산)	20

26) 공익법인회계기준 실무지침서에 따르면 공익목적사업부문에서 사용하고 있는 재산을 기타사업의 자본금으로 출자하는 경우 공익목적사업부문은 기타사업투자금(자산)을 기타사업부문은 기타사업자본금(순자산)을 계상하고 통합재무제표 작성시에는 해당 거래를 제거하도록 하고 있다. 이때 계정과목명은 공익법인의 선택에 따라 다른 명칭으로 변경할 수 있다.

공익법인회계기준

제26조(기부금 등의 수익인식과 측정)

① 현금이나 현물을 기부 받을 때에는 실제 기부를 받는 시점에 수익으로 인식한다.

② 현물을 기부 받을 때에는 수익금액을 공정가치(합리적인 판단력과 거래 의사가 있는 독립된 당사자 사이의 거래에서 자산이 교환되거나 부채가 결제될 수 있는 금액을 말한다. 이하 같다)로 측정한다.

③ 납부가 강제되는 회비 등에 대해서는 발생주의에 따라 회수가 확실해지는 시점에 수익을 인식할 수 있다.

④ 기부금 등이 기본순자산에 해당하는 경우 사업수익으로 인식하지 않고 기본순자산의 증가로 인식한다.

정부보조금

공익법인은 국가가 정책적으로 장려하는 학술 · 자선 등 공익사업을 수행하기 위하여 국가, 지방자치단체 및 공공기관 등으로부터 각종 보조금을 지원받는다.

본장에서는 정부보조금에 대하여 설명하기로 한다.

제1절 개념 및 범위

① 개념

공익법인은 사회일반의 이익에 공여하기 위하여 장학금 또는 연구비의 보조 및 지급과 학술 · 자선 등에 관한 사업을 목적으로 하고 있어 이러한 공익사업을 수행하는 자는 국가 또는 지방자치단체가 수행해야 할 업무의 일부를 대신 수행한다 할 것이다. 이에 따라 정부는 공익법인이 그 공익목적사업의 원활한 수행을 할 수 있도록 각종 정부보조금을 지원하고 있다.

정부보조금이란 국가 또는 지방자치단체가 직접 또는 간접적으로 공익상 필요가 있는 경우에 「보조금관리에 관한 법률」 및 「사회복지사업법」 등 특별법 규정에 의하여 시설자금이나 운영자금으로서 국고금에서 교부하는 금전적 혜택을 말한다.

② 범위

(1) 자산관련보조금

자산관련보조금은 정부지원의 요건을 충족하는 공익법인이 자산을 매입 등의 방법으로 취득하여야 하는 일차적 조건이 있는 정부보조금을 말하며, 부수조건으로 해당 자산의 유형이나 위치 또는 자산의 취득기간이나 보유기간을 제한할 수 있다.

또한 토지나 그 밖의 자원과 같은 비화폐성자산으로 수령하는 정부보조금도 자산관련보조금에 해당한다.

(2) 수익관련보조금

수익관련보조금은 자산관련보조금 이외의 정부보조금을 말한다. 대표적으로 정부가 공익법인의 운영자금을 지원할 목적으로 지급하는 정부보조금이 이에 해당한다.

제2절 재무제표 표시 및 회계처리

1 정부보조금의 인식

공익법인회계기준에서는 정부보조금에 대하여 규정하고 있지는 않지만 그 성격이 기부금과 실질적인 측면에서 차이가 없다. 기부금은 대가 및 반대급부 없이 제공하는 금품을 뜻하며 해당 기부금품이 어떠한 명목으로 지급되는지에는 상관없이 적용되는 개념이다. 정부보조금 또한 정부나 지자체 등으로부터 직접적인 대가나 반대급부 없이 지급받는 것이기 때문에 기부금과 그 실질이 동일하다고 볼 수 있다.

그러므로 정부보조금은 일반기업회계기준의 정부보조금 회계처리가 아닌 공익법인회계기준 제26조에 따라 기부금 등으로 보아 기부금과 동일한 회계처리를 해야 한다. 만약 보조금을 일반기업회계기준의 정부보조금 회계처리를 준용하여 비용과 상계하는 경우에는 공익법인의 운영성과에 대해 왜곡된 정보가 제공될 수 있다. 구체적으로는 '3. 정부보조금에 대한 일반기업회계기준 적용시 문제점'에서 살펴보기로 한다.

한편, 정부나 지자체로부터 직접 받지 않고 공공기관 또는 타 공익법인으로부터 간접적으로 지급받는 보조금(간접보조금)도 보조금수익에 해당하기 때문에 누락해선 안된다.[27)]

27) 공익법인회계기준 실무지침서(기획재정부, 2018.12, p93)

2 회계처리

(1) 재무제표 표시

수익관련보조금을 받는 경우에는 당기의 손익에 반영하며, 운영성과표상 사업수익 중 보조금수익으로 계상한다. 다만 해당 보조금이 기본순자산에 해당하는 경우에는 사업수익으로 인식하지 않고 기본순자산의 증가로 인식해야 한다.

(2) 회계처리

수익관련보조금을 받는 경우에는 당기의 손익에 반영한다. 다만, 수익관련보조금을 사용하기 위하여 특정의 조건을 충족해야 하는 경우에는 그 조건을 충족하기 전에 받은 수익관련보조금은 선수수익으로 회계처리한다(일반기업회계기준 제17장 문단 17.6).

수익관련보조금 수령시(조건 없는 경우)

(차) 현금및현금성자산	20,000,000	(대) 보조금수익		20,000,000

수익관련보조금 수령시(조건 있고 충족 못한 경우)

(차) 현금및현금성자산 → 공익목적사업부문 자산 증가	20,000,000	(대) 선수수익 → 공익목적사업부문 사업수익 증가	20,000,000

이후 조건 충족시

(차) 선수수익	20,000,000	(대) 보조금수익	20,000,000

3 정부보조금에 대한 일반기업회계기준 적용시 문제점

'일반기업회계기준 제17장 정부보조금의 회계처리'에서는 자산관련보조금에 대하여 자산의 차감항목으로 계상하고, 수익관련보조금이라 하더라도 특정의 비용을 보전할 목적으로 지급되는 경우에는 당기손익에 반영하지 않고 특정의 비용과 상계하도록 규정하고 있다. 따라서 공익법인이 정부보조금에 대하여 공익법인회계기준이 아닌 일반기업회계기준을 준용하여 회계처리한다면 다음과 같은 문제점이 발생하게 된다.

(1) 당기 발생비용에 대한 정보 왜곡

당기 발생한 비용이 과소 계상되어, 이는 마치 공익법인이 적은 비용으로 높은 성과를 낸 것으로 보이거나 또는 공익목적사업비용을 과소하게 지출한 것으로 보이는 등 공익법인의 성과가 왜곡 표시됨과 동시에 다양한 이해관계자들(기부자, 주무관청, 조직의 경영관리자, 수혜자 등)에게 공익법인이 제공하는 재화나 서비스의 원가가 실제보다 낮은 것 같은 오해를 불러일으킬 수 있다.

① 자산관련보조금

취득한 자산에 대한 감가상각시 취득자산의 내용연수에 걸쳐 정부보조금과 감가상각액이 상계되므로 감가상각비가 과소 계상됨

② 특정 비용 보전목적 수익관련보조금

예를 들어 공익법인의 특정인원(사회복지법인의 사회복지사, 학술연구단체의 연구원 등)에 대한 인건비를 보전하기 위하여 지급된 보조금은 해당 인원에 대한 인건비(비용) 발생시 인건비와 상계되어 운영성과표상 인건비가 과소 계상됨

(2) 기본순자산의 과소 계상

자산관련보조금으로 취득한 자산이 기본순자산에 해당될 경우라도 이를 기본순자산으로 계상할 수 있는 근거규정이 없으므로 기본순자산이 과소 계상된다. 이는 공익법인회계기준 개념체계에 부합하지 않기 때문에 자산관련보조금으로 취득한 자산도 기본순자산으로 계상할 수 있어야 한다.

| 공익법인회계기준과 일반기업회계기준의 보조금 회계처리 비교 | [28]

보조금 구분	공익법인회계기준	일반기업회계기준
자산 취득 관련	수익 인식	관련자산의 차감 표시
자산(기본순자산) 취득 관련	기본순자산 인식	
수익 관련	수익 인식	수익 인식
비용 보전	수익 인식	수익 인식 또는 비용 차감

28) 공익법인회계기준 실무지침서(기획재정부, 2018.12, p93 표Ⅲ-14)

제 3 편

운영성과표

공익법인회계기준

제23조(운영성과표의 목적과 작성단위)

① 운영성과표는 해당 회계연도의 모든 수익과 비용을 표시함으로써 다음 각 호의 정보를 제공하는 것을 목적으로 한다.

1. 공익법인의 사업 수행 성과
2. 관리자의 책임 수행 정도

② 운영성과표의 작성은 공익법인을 하나의 작성단위로 보아 통합하여 작성하되, 공익목적사업부문과 기타사업부문으로 각각 구분하여 표시한다.

제24조(운영성과표 작성기준)

① 운영성과표에는 그 회계연도에 속하는 모든 수익 및 이에 대응하는 모든 비용을 적정하게 표시한다. [별지 제2호 서식 참조]

② 운영성과표는 다음 각 호에 따라 작성한다.

1. 모든 수익과 비용은 그것이 발생한 회계연도에 배분되도록 회계처리한다. 이 경우 발생한 원가가 자산으로 인식되는 경우를 제외하고는 비용으로 인식한다.
2. 수익과 비용은 그 발생 원천에 따라 명확하게 분류하고, 수익항목과 이에 관련되는 비용항목은 대응하여 표시한다.
3. 수익과 비용은 총액으로 표시한다.
4. 운영성과표는 다음 각 목과 같이 구분하여 표시한다.
   가. 사업수익
   나. 사업비용
   다. 사업이익(손실)
   라. 사업외수익
   마. 사업외비용
   바. 고유목적사업준비금을 부채로 인식하는 경우 고유목적사업준비금전입액
   사. 고유목적사업준비금을 부채로 인식하는 경우 고유목적사업준비금환입액
   아. 법인세비용차감전 당기운영이익(손실)
   자. 법인세비용
   차. 당기운영이익(손실)

운영성과표의 작성

제1절 운영성과표의 목적

비영리조직은 영리조직처럼 일정기간 동안 매출을 증가시키고 비용을 절감하여 당기순이익을 극대화하는 것이 목적이 아니라, 공익목적사업활동에 노력한 결과 사회적 성과를 극대화하는 것을 목적으로 한다. 따라서 비영리조직의 성과표는 영리조직처럼 '손익계산서'와 '당기순이익'이라 명칭하지 않고 '운영성과표'와 '당기운영이익(손실)'이라고 명칭하고 해당 회계연도의 사업 수행 성과와 관리자의 책임 수행 정도에 관한 정보를 제공하는 것을 목적으로 한다.

그 동안 공익법인의 주무관청은 관리감독을 용이하게 할 목적으로 예산수립시 관, 항, 목 순으로 계정과목을 구분하여 제시하고 결산도 이 예산과목에 따라 결산을 하도록 안내하여 왔다. 따라서 기부자 등 다양한 정보이용자의 관점에서 공익목적사업활동을 수행하는 데 지출되는 비용과 이를 지원하는 활동(일반관리활동 및 모금활동)에 지출되는 비용을 구분하거나, 수혜자에게 직접 지급되는 분배비용과 조직 내부에서 소요되는 인건비용, 시설비용, 기타비용과 관련한 정보 등을 얻을 수 없는 실정이었다.

이러한 문제의식으로 공익법인회계기준의 운영성과표와 주석에서 다양한 정보를 보여주도록 규정하고 있다.

제2절 운영성과표의 작성 단위

운영성과표의 작성은 공익법인을 하나의 작성단위로 보아 통합하여 작성하되, 공익목적사업부문과 기타사업부문으로 각각 구분하여 표시하여야 한다. 통합작성과 사업별 구분작성에 관련된 내용은 '제2편 제1장 재무상태표의 작성'에서 설명하고 있으므로 이를 참조하기 바란다.

제3절 운영성과표의 작성 기준

운영성과표는 그 회계연도에 속하는 모든 수익과 이에 대응하는 모든 비용을 적정하게 표시하여야 한다. 이에 따라 모든 수익과 비용이 발생한 회계연도에 배분되어야 하고 발생한 원가가 자산으로 인식되는 경우를 제외하고는 비용으로 인식되어야 한다. 또 수익과 비용은 그 발생 원천에 따라 명확하게 분류하고, 수익항목과 이에 관련되는 비용항목은 대응하여 표시하고 수익과 비용은 상계하지 않고 총액으로 표시한다.

공익법인회계기준에서 정하는 운영성과표의 구분 표시 방법은 다음과 같다.

구분	정의	인식조건과 계정과목
사업수익	공익목적사업과 기타사업의 결과 경상적으로 발생하는 자산의 증가 또는 부채의 감소	기부금수익, 보조금수익, 회비수익 등과 이자수익, 배당수익, 처분손익 등이 공익목적사업 활동의 주된 원천인 경우에는 사업수익에 포함
사업비용	공익목적사업과 기타사업의 결과 경상적으로 발생하는 자산의 감소 또는 부채의 증가	활동의 기능에 따라 사업수행비용, 일반관리비용, 모금비용으로 구분하고 이는 다시 각각의 성격별로 분배비용, 인력비용, 시설비용, 기타비용으로 구분하여 운영성과표 본문에 표시하거나 주석으로 기재
사업이익(손실)		
사업외수익	사업수익이 아닌 수익 또는 차익	유형 · 무형자산처분이익, 유형 · 무형자산손상차손환입, 전기오류수정이익 등
사업외비용	사업비용이 아닌 비용 또는 차손	유형 · 무형자산처분손실, 유형 · 무형자산손상차손, 유형자산재평가손실, 기타의 대손상각비, 전기오류수정손실 등
고유목적사업준비금 전입액	법인세법에 따라 수익사업부문에서 발생한 소득 중 일부를 고유목적사업부문이나 지정기부금에 지출하기 위하여 적립한 금액	고유목적사업준비금을 부채로 인식하는 경우만 해당

구분	정의	인식조건과 계정과목
고유목적사업준비금 환입액	고유목적사업준비금이 법인세법에 따라 수익사업부문에서 고유목적사업부문에 전출되어 목적사업에 사용되었거나 미사용되어 임의 환입된 금액	고유목적사업준비금을 부채로 인식하는 경우만 해당
법인세비용차감전 당기운영이익(손실)		
법인세비용	공익법인이 부담하는 법인세 등	일반기업회계기준의 법인세회계와 중소기업회계처리 특례에서 규정하고 있는 법인세 회계처리 방법을 고려하여 선택 적용
당기운영이익(손실)		

제4절 손익계산서와 운영성과표의 차이

일반기업회계기준에 따라 작성한 손익계산서를 공익법인회계기준을 적용하여 운영성과표로 변환하면 다음과 같은 변화가 발생한다.[29)]

<table>
<tr><th>손익계산서</th><th>공익법인회계기준 적용</th><th>운영성과표</th></tr>
<tr><td>:</td><td></td><td>:</td></tr>
<tr><td>Ⅱ. 사업비용</td><td></td><td rowspan="17">Ⅱ. 사업비용
<table>
<tr><th>공익목적사업비용</th><th>필수 본문표시 사항</th></tr>
<tr><td>사업수행비용(*)</td><td>필수 본문표시 사항</td></tr>
<tr><td>국내사업비
해외사업비
선교사업비</td><td>본문표시 또는 주석 기재 선택</td></tr>
<tr><td>일반관리비용(*)</td><td>필수 본문표시 사항</td></tr>
<tr><td>모금비용(*)</td><td>필수 본문표시 사항</td></tr>
<tr><td>기타사업비용(**)</td><td>필수 본문표시 사항</td></tr>
</table>
(*) 공익목적사업비용인 사업수행비용, 일반관리비용, 모금비용은 각각 성격별 구분 자료를 다음과 같이 주석으로 기재
<table>
<tr><th>구분</th><th>분배 비용</th><th>인력 비용</th><th>시설 비용</th><th>기타 비용</th><th>합계</th></tr>
<tr><td>사업수행비용</td><td>×××</td><td>×××</td><td>×××</td><td>×××</td><td>×××</td></tr>
<tr><td>일반관리비용</td><td>-</td><td>×××</td><td>×××</td><td>×××</td><td>×××</td></tr>
<tr><td>모금비용</td><td>-</td><td>×××</td><td>×××</td><td>×××</td><td>×××</td></tr>
<tr><td>합계</td><td>×××</td><td>×××</td><td>×××</td><td>×××</td><td>×××</td></tr>
</table>
(**) 기타사업비용은 공익목적사업비용과 달리 한 줄로 표시 가능하고 필요에 따라 매출원가와 판매관리비로 구분하여 주석으로 기재 가능 또 인력비용, 시설비용, 기타비용으로 구분한 정보는 운영성과표 본문에 표시하거나 주석으로 기재하여야 함</td></tr>
<tr><td>장애인복지사업비[1)]</td><td rowspan="2">사업수행비용으로 통합</td></tr>
<tr><td>노인복지업비[1)]</td></tr>
<tr><td>후원개발사업비[2)]</td><td>모금비용으로 명칭 변경</td></tr>
<tr><td>기획홍보사업비</td><td>일반관리비용에 포함</td></tr>
<tr><td>:</td><td></td></tr>
<tr><td>급여</td><td rowspan="4">사업수행비용, 일반관리비용, 모금비용으로 배분</td></tr>
<tr><td>복리후생비</td></tr>
<tr><td>업무추진비</td></tr>
<tr><td>여비</td></tr>
<tr><td>수용비[3)]</td><td>일반관리비용과 모금비용으로 배분</td></tr>
<tr><td>제세공과금</td><td rowspan="4">사업수행비용, 일반관리비용, 모금비용으로 배분</td></tr>
<tr><td>차량유지비</td></tr>
<tr><td>수도광열비</td></tr>
<tr><td>지급수수료</td></tr>
<tr><td>재산조성비[4)]</td><td>사업수행비용과 유형자산으로 배분</td></tr>
<tr><td>현물기부원가</td><td>사업수행비용에 포함</td></tr>
</table>

1) 관련 경비가 포함되어 있으나, 별도 구분되어 있는 비용항목(급여 등)은 포함하고 있지 않은 것으로 가정
2) 안정적인 재정자원의 확보를 위하여 후원개발 및 후원자 관리 등에 소요되는 비용
3) 모금활동 관련 자동이체수수료, 우편료, 행정수수료와 일반 소모품비용 등
4) 시설장비유지비, 시설비(건물 노후화 등으로 인한 시설 증·개축비 및 부대경비 등 자산취득비(토지 및 건물을 제외한 집기, 장비 등 구입비)

29) "비영리조직회계기준 해설서 Ⅳ-4. 기능별 비용보고 - 운영성과표 4. 적용 예" 참조

공익법인회계기준

제25조(사업수익)

① '사업수익'은 공익목적사업과 기타사업의 결과 경상적으로 발생하는 자산의 증가 또는 부채의 감소를 말한다.

② 사업수익은 공익목적사업수익과 기타사업수익으로 구분하여 표시한다.

③ 공익목적사업수익은 공익법인의 특성을 반영하여 기부금수익, 보조금수익, 회비수익 등으로 구분하여 표시한다.

④ 기타사업수익은 공익법인이 필요하다고 판단하는 경우에는 그 구분정보를 운영성과표 본문에 표시하거나 주석으로 기재할 수 있다.

⑤ 이자수익 또는 배당수익과 처분손익 등이 공익목적사업활동의 주된 원천이 되는 경우에는 사업수익에 포함한다.

제26조(기부금 등의 수익인식과 측정)

① 현금이나 현물을 기부 받을 때에는 실제 기부를 받는 시점에 수익으로 인식한다.

② 현물을 기부 받을 때에는 수익금액을 공정가치(합리적인 판단력과 거래 의사가 있는 독립된 당사자 사이의 거래에서 자산이 교환되거나 부채가 결제될 수 있는 금액을 말한다. 이하 같다)로 측정한다.

③ 납부가 강제되는 회비 등에 대해서는 발생주의에 따라 회수가 확실해지는 시점에 수익을 인식할 수 있다.

④ 기부금 등이 기본순자산에 해당하는 경우 사업수익으로 인식하지 않고 기본순자산의 증가로 인식한다.

제2장

사업수익

본 장에서는 공익법인의 주된 사업활동으로 인하여 경상적으로 발생하는 사업수익에 대하여 설명하기로 한다.

제1절 개념 및 범위

① 개념

수익이란 회계기간의 정상적인 활동에서 발생하는 경제적 효익의 총유입을 말하며, 이이 창출을 목적으로 하는 영리법인에게는 중요한 성과평가의 한 척도가 된다.

반면, 공익법인은 이익창출을 목적으로 하지 않기 때문에 공익법인의 이해관계자들은 수익의 증감 자체보다는 공익법인에 투입된 수익이 당초 목적에 맞게 제대로 운용되고 있는지에 대하여 관심을 가진다.

그러나 수익은 당장에는 공익법인의 고유목적을 수행하기 위한 자금이 되는 것은 물론이고, 미래에는 공익법인이 고유목적사업을 지속적으로 수행할 수 있는지 여부를 평가하는 지표가 될 수 있다. 실제로 자금 조달이 성공적이지 못한 공익법인들이 해산되거나 청산하는 경우도 있기 때문에 수익은 그 운용상황과 더불어 공익법인의 중요한 재무정보 중 하나라고 할 수 있다.

공익법인의 수익은 활동의 종류와 인식 방법에 따라 기부금, 보조금, 회비, 매출액, 이자수익, 배당수익, 임대수익, 유형・무형자산처분이익, 전기오류수정이익 등으로 구분할 수 있다.

그런데 공익법인의 주된 사업활동 결과 발생한 수익이 투자활동으로 인한 수익(이자수익, 배당수익 등)이나 주된 사업활동과 무관하게 비경상적으로 발생하는 수익(유형・무형자산처분이익, 전기오류수정이익 등)과 구분되지 않고 함께 표시된다면 공익법인의 성과가 왜곡표시될 수 있다.

이러한 이유로 공익법인회계기준에서는 수익을 주된 사업활동과의 관련성, 반복적 발생 여부 등에 따라 사업수익 또는 사업외수익으로 구분 · 표시하고 있다.

2 범위

공익법인회계기준상 '사업수익'은 공익목적사업과 기타사업의 결과 경상적으로 발생하는 자산의 증가 또는 부채의 감소를 말한다(공익법인회계기준 제25조 제1항).

운영성과표에서는 수익사업을 크게 공익목적사업수익과 기타사업수익으로 구분하고 있다. 이에 대하여는 '제2편 제1장 재무상태표의 작성'을 참조하기 바란다.

3 재무제표의 표시

사업수익은 공익목적사업수익과 기타사업수익으로 구분하여 표시한다(공익법인회계기준 제25조 제1항, 제2항).

그리고 공익목적사업수익은 공익법인의 특성을 반영하여 기부금수익, 보조금수익, 회비수익 등으로 구분하여 표시하는 반면, 기타사업수익은 통합하여 표시한다. 다만, 기타사업수익의 경우에도 공익법인이 필요하다고 판단하는 경우에는 그 구분정보를 운영성과표 본문에 표시하거나 주석으로 기재할 수 있다(공익법인회계기준 제25조 제3항, 제4항).

〈운영성과표〉

과목	공익목적사업	기타사업
사업수익	×××	××× 통합
기부금수익	×××	
보조금수익	×××	-
회비수익	×××	-
공연수익	×××	-
……	×××	-
……	×××	-

〈운영성과표〉

과목	공익목적사업	기타사업
사업수익	×××	×××
기부금수익	×××	-
보조금수익	×××	-
회비수익	×××	구분
공연수익	×××	-
임대수익	-	×××
……	-	×××

제2절 기부금수익

① 개념

기부란 자선사업이나 공공사업을 도울 목적으로 돈이나 물건 따위를 대가 없이 제공하는 것을 말하며, 기부금품의 모집 및 사용에 관한 법률(이하 '기부금품법'이라 함)에서는 기부금품을 "환영금품, 축하금품, 찬조금품 등 명칭이 어떠하든 반대급부 없이 취득하는 금전이나 물품"으로 정의하고 있다.

그리고 다양한 법령 및 규칙에서는 "기부자의 자유의사로서 반대급부 없이 금전이나 물품을 제공하는 행위"를 "후원(사회복지법인 및 사회복지시설 재무 · 회계 규칙)", "기부(법인세법 및 소득세법)", "출연(상속세 및 증여세법)" 등의 용어를 사용하고 있으며, 후원, 기부, 출연 등을 통하여 취득하는 금전이나 물품에 대하여 "기부금품(기부금품법)", "기부금(법인세법, 소득세법)", "후원금(사회복지법인 및 사회복지시설 재무 · 회계 규칙)", "출연재산(상속세 및 증여세법)" 등으로 표현하고 있다.

따라서 기부금수익은 공익법인이 '기부자의 자유의사'에 따라 '반대급부(대가) 없이' 취득하는 경제적 효익으로 정의할 수 있으며, 형식적으로 회비, 후원금, 출연재산 등의 명칭을 사용하더라도 그 실질이 자발적이고 대가관계 없이 무상으로 취득하는 것이라면 기부금수익으로 처리함이 타당할 것이다. 반면 납부가 강제적이거나 대가관계가 있는 경우에는 이를 기부금이 아니라 그 실질에 따라 회비 내지는 매출액 등으로 보아야 할 것이다.

② 범위

(1) 현금 및 현물 기부

공익법인회계기준에서는 현금이나 현물을 기부 받은 경우 기부금수익으로 인식하도록 규정하고 있다.

(2) 용역 기부

공익법인은 현금이나 현물뿐 아니라 기부자가 가진 재능, 즉 용역을 무상으로 제공받기도 한다.

예를 들면 자원봉사자의 무료봉사활동이나 전문가로부터 전문적 지식 또는 기술(사회복지기관의 언어치료강좌에서 언어치료사가 하는 무료강의, 의료 관련 종사자의 무료 의료봉사 등)을 기부받는 경우가 이에 해당한다.

이러한 용역의 기부는 공익법인에게 효익을 주는 것임이 명확하지만 그 가치를 신뢰성 있게 측정하기가 어렵기 때문에 공익법인회계기준에서는 용역의 기부에 대하여 기부금수익 인식대상에서 제외하고 있다[30].

3 기부금수익의 인식

기부금수익은 공익법인의 수익 중 중요한 부분을 차지하기 때문에 수익인식시점의 결정이 중요하다.

(1) 발생주의 회계원칙의 미적용

공익법인회계기준은 원칙적으로 발생주의 회계원칙에 따라 현금의 수수와는 관계없이 수익이 실현되었을 때 인식하도록 규정하고 있다(공익법인회계기준 제4조 제3항).

그러나 기부금은 공익법인이 재화나 서비스를 제공하고 그 반대급부로서 받는 것이 아니라 기부자의 자유의사에 따라 무상으로 받는 것이며, 기부자로부터 기부약정을 받은 경우라 하더라도 언제든지 철회가 가능하기 때문에 개개의 약정이 궁극적으로 현금의 유입을 초래할지 여부는 매우 불확실하다.

이러한 이유로 공익법인회계기준에서는 현금이나 현물을 기부 받을 때에는 실제 기부를 받는 시점에 수익으로 인식하도록 규정하고 있다(공익법인회계기준 제26조 제1항).

(2) 모바일 또는 신용카드 결제시 수익인식시점

최근에는 전통적으로 행해오던 기부 방식에서 기술의 발달로 인한 새로운 기부 방식으로 급진적인 변화의 모습을 보이고 있다. 인터넷과 모바일을 활용한 기부금 모금 및 디지털

30) 공익법인회계기준 실무지침서(기획재정부, 2018.12, p91)

결제가 그 대표적인 예라고 할 수 있다.

기부자가 기부약정을 하고 모바일이나 신용카드로 승인(기부의사를 밝힌 날)하는 경우 기부자의 기부 결제시점과 공익법인에 현금이 입금되는 시점에 아래와 같이 차이가 발생하게 된다.

| 기부금 납부방법에 따른 입금시점 예시[31] |

No	기부금 납부수단	납부 방법	결제정산 데이터 수령 시점(PG*로부터)	현금입금시점
1	가상계좌	후원자 직접납부	납부즉시(실시간)	납부 후 4영업일
2	CMS(정기)	자동 출금	출금 후 1영업일	출금 후 1영업일
3	지로	후원자 직접납부	납부 후 2영업일	납부 후 2영업일
4	CMS즉시출금	기관대리승인요청	출금 즉시	출금 후 3영업일
5	신용카드(즉시)	기관대리승인요청	출금 즉시	결제 후 4영업일
6	신용카드(일시)	후원자 직접승인	결제 즉시	결제 후 4영업일
7	신용카드 (정기 자동이체)	자동이체	결제 후 1영업일	결제 후 4영업일
8	페이코결제	후원자 직접승인	결제 즉시	결제 후 3영업일
9	카카오페이	후원자 직접승인	결제 즉시	결제 후 7영업일

*PG(Payment Gateway) : 중간 지불 결제 사업자

이러한 경우에는 기부금의 수익인식시점을 실제 공익법인에게 입금되는 시기로 할 것인지 아니면 기부자가 결제한 시기로 할 것인지 여부에 대한 쟁점이 발생하는데, 이에 대하여 기부자가 기부를 승인하는 시점에 실제 기부가 이루어졌다고 볼 수 있어 현금이 입금되지 않았더라도 기부금 수익을 인식할 수 있다.

일반적으로 개개인으로부터 받은 기부약정은 그 특성상 철회가 가능하기 때문에 궁극적으로 현금이 유입되는 시점에 인식하는 것이 합리적이다. 그러나 결제과정으로 이루어진 것은 실제 기부금을 지급할 의사가 있는 것이며, 이는 현금유입의 가능성이 상당히 높은 것을 의미하므로 결제가 이루어진 시점에 수익을 인식하여야 한다. 다만, 기부자의 기부금 이체 여부가 확실치 않아 결제된 기부금이 공익법인에 입금될지에 대한 판단이 어려운 경우에는 실제 현금이 입금된 시점에 기부금 수익을 인식하는 것이 바람직하다[32].

31) 공익법인회계기준 실무지침서(기획재정부, 2018.12, p89 표 Ⅲ-12)
32) 공익법인회계기준 실무지침서(기획재정부, 2018.12, p89)

4 기부금수익의 측정

현금을 기부 받는 경우 그 액면금액을 기부금수익으로 인식한다. 반면, 현물을 기부 받을 때에는 수익금액을 공정가치로 측정한다(공익법인회계기준 제26조 제2항).

(1) 공정가치

공익법인회계기준에서 공정가치란 합리적인 판단력과 거래 의사가 있는 독립된 당사자 사이의 거래에서 자산이 교환되거나 부채가 결제될 수 있는 금액을 말한다(공익법인회계기준 제26조 제2항).

즉, 공정가치란 자유롭고 활성화된 시장에서의 거래가액이라 할 수 있는데 현금및현금성자산이나 시장성 있는 유가증권과 같이 시장가격이 형성되어 있는 자산을 제외하고는 보유중인 자산의 공정가치를 평가하는 것은 쉽지 않다.

특히 유가증권이나 유형자산(부동산 등), 현재 판매중인 상품이나 제품 등 외에도 중고물품이나 재활용품 등을 기부받는 경우 있는데 이러한 물품의 공정가치에 대한 명확한 기준이 없어 공익법인이 이를 적용하기에 어려움이 있다.

공익법인회계기준 실무지침서에서는 다음과 같이 현물기부자산의 공정가치 평가방법에 대한 사례를 제시하고 있다.

| 현물기부자산의 공정가치 평가 예시[33] |

현물 기부자산 종류	공정가치 평가방법
유형자산	공시지가, 감정평가 등
유가증권	시장가격, 감정평가 등
재고자산, 기타물품	시장가격, 유사한 자산의 시장가격 등

(2) 공정가치의 예시

공익법인회계기준에서는 공정가치의 구체적인 산정방법에 대하여 규정하고 있지 않기 때문에 일반기업회계기준에 따른 자산별 공정가치의 예를 보면 다음과 같다.

33) 공익법인회계기준 실무지침서(기획재정부, 2018.12, p90표 Ⅲ-13)

자산의 종류	공정가치
시장성있는 유가증권	보고기간 말 현재 유가증권시장, 코스닥시장 또는 공신력 있는 외국의 증권거래시장의 종가
시장성없는 지분증권	• 자본시장과 금융투자업에 관한 법률 등 관련 법규에 따라 평가한 금액 • 공신력 있는 독립된 유가증권 평가 전문기관이 합리적인 평가모형과 적절한 추정치를 사용하여 신뢰성 있게 평가한 금액(평가한 금액) (*) 상속·증여세법 등 타 법률에 의한 가치평가방법은 인정하지 않음
시장성없는 채무증권	미래현금흐름을 합리적으로 추정할 수 있고, 공신력 있는 독립된 신용평가기관이 평가한 신용등급이 있는 경우에는 신용평가등급을 적절히 감안한 할인율을 사용하여 평가한 금액
시장성없는 수익증권	펀드운용회사가 제시하는 수익증권의 매매기준가격
유형자산	시장가격 다만, 시장가격이 없는 경우 동일 또는 유사 자산의 현금거래로부터 추정할 수 있는 실현가능액 또는 전문적 자격이 있는 평가인의 감정가액

(3) 현물기부금의 세법상 처리

공익법인회계기준에 따르면 현물 기부금수익은 **회계상 공정가치로 인식**하도록 규정하고 있다. 그러나 법인세법 시행령 제72조에서 공익법인의 기부받은 자산가액을 규정하고 있고 법인세법 시행령 제36조와 소득세법 시행령 제81조에서 기부자입장의 기부가액, 즉 기부금 영수증 가액을 규정하고 있는데, 각각의 경우가 서로 다른 가액을 규정하고 있다. 이를 정리하면 다음과 같다.

기부자	공익법인의 종류	특수관계자 여부	공익법인의 세법상 취득가액 (법인세법 시행령 제72조)	기부자의 기부금영수증가액 (법인세법 시행령 제36조, 소득세법 시행령 제81조)
법인	법정기부금 단체		취득 당시의 시가	기부했을 때의 장부가액
	지정기부금 단체	특수관계자 아닌 경우	기부했을 때의 장부가액	기부했을 때의 장부가액
		특수관계자인 경우	취득 당시의 시가	Max(시가, 장부가액)
개인	법정기부금 단체		취득 당시의 시가	Max(시가, 장부가액) 2019년 이전은 장부가액

<table>
<tr><th>기부자</th><th>공익법인의 종류</th><th colspan="2">특수관계자 여부</th><th>공익법인의 세법상 취득가액 (법인세법 시행령 제72조)</th><th>기부자의 기부금영수증가액 (법인세법 시행령 제36조, 소득세법 시행령 제81조)</th></tr>
<tr><td rowspan="3">개인</td><td rowspan="3">지정기부금 단체</td><td rowspan="2">특수관계자 아닌 경우</td><td>사업자인 경우</td><td>기부했을 때의 장부가액</td><td>Max(시가, 장부가액)</td></tr>
<tr><td>사업자가 아닌 경우</td><td>기부자의 취득가액 (소득세법 시행령 제89조)</td><td>Max(시가, 장부가액)</td></tr>
<tr><td colspan="2">특수관계자인 경우</td><td>취득 당시의 시가</td><td>Max(시가, 장부가액)</td></tr>
</table>

결론적으로 공익법인의 회계상 취득가액과 세법상 취득가액이 다르고 세법 내에서도 기부자의 기부금영수증가액과 세법상 취득가액이 다른 문제가 발생한다. 결국 **회계상 기부금수익과 세법상 자산의 취득가액, 기부금영수증발급 금액이 각각 다른 결과가 발생하기도 한다.**

현물기부가 많은 공익법인에게는 실무적으로 처리하는데 상당히 복잡하고 어려운 문제가 발행하고, 세법의 취지 측면에서도 특수관계자로부터 기부가 오히려 유리한 세효과가 발생하므로 세법의 조속한 개정이 필요한 부분이라 판단된다.

5 회계처리

(1) 구분경리

기부자가 공익법인에게 기부금품을 제공할 때에는 사용용도를 지정할 수 있으나, 사용용도를 지정하지 않는 경우도 있다.

기부자가 기부금의 용도를 별도로 지정하지 않았다면, 그 기부금을 전부 공익목적사업으로 구분해야 하는지 아니면 실제 기부금이 어느 사업에 사용했는지에 따라 공익목적사업 또는 기타사업으로 구분해야 되는지 여부에 대한 쟁점이 발생할 수 있다.

그런데 기부금의 모금 목적은 공익법인이 수행하는 공익목적사업에 충당하기 위함이며, 기부자 역시 그 공익법인이 수행하는 사업과 비전이 본인의 목적과 일치할 때 기부를 하기 때문에 기부금은 공익목적사업과 관련하여 경상적으로 발생한 수익으로 보는 것이 타당할 것이다.

(2) 일반적인 회계처리

기부금은 실제 기부를 받는 시점에 다음과 같이 회계처리한다.

(차) 현금및현금성자산	×××	(대) 기부금수익(공익목적사업수익)	×××

(3) 기부금이 기본순자산에 해당하는 경우 회계처리

기부금이 기본순자산에 해당하는 경우 사업수익으로 인식하지 않고 기본순자산의 증가로 인식한다(공익법인회계기준 제26조 제4항). 예를 들어 일시에 거액의 기부금을 받는 경우 기부금이 기본순자산으로 분류되면 기부금의 사용과 처분에 제약이 존재하는 것이므로 해당 기부금을 수익으로 인식하는 것은 공익법인의 운영 성과를 명확히 나타내지 못하는 것으로 볼 수 있다. 따라서 기부받은 자산이 기본순자산으로 분류되는 경우에는 사업수익으로 인식하지 않고 기본순자산의 증가로 인식한다.

(차) 자산	×××	(대) 기본순자산	×××

(4) 기부금수익의 세부 분류

실무상 기부금수익은 「기부금품의 모집 및 사용에 관한 법률」(이하 '기부금품법')에 따른 기부금과 기타 법령에 의한 기부금, 사회복지공동모금회 등 모금기관으로부터 배분 받은 기부금, 기부금 성격의 회비 등 성격과 종류가 다양할 수 있다. 각각의 기부금 용도나 사용에 대해 달리 규정하고 있는 사항들이 있으므로, 공익법인의 필요에 따라 기부금수익의 하위로 세분화하여 표시할 수 있다.

제3절 ● 보조금수익(수익관련보조금)

정부보조금은 국가 또는 지방자치단체가 직접 또는 간접적으로 공익상 필요가 있는 경우에 보조금관리에 관한 법률 및 사회복지사업법 등 특별법 규정에 의하여 시설자금이나 운영자금으로서 국고금에서 교부하는 금전적 혜택을 말하며, 보조금을 지급하는 자가 민간(법인, 개인 등)이 아닌 정부라는 점에서 기부금과 구분된다.

보조금수익의 범위와 회계처리에 대해서는 '제2편 제17장 정부보조금'을 참조하기로 한다.

제4절 회비수익

① 개념

공익법인회계기준 실무지침서에 따르면 회원을 대상으로 회비를 수령한다고 명명하지만 실질적으로 매출로서 재화나 용역 제공에 대한 대가인 경우도 있고, 회비에 대한 납부가 강제되지도 않고, 회비에 기부금영수증을 발급해주는 경우도 있는데 이는 명목상 회비일 뿐 기부금과 동일한 성격으로 기부금수익으로 인식하여야 하는 경우도 있다. 이러한 점에서 후원회원의 정기 회비는 그 성격에 따라 회비수익이 아니라 기부금수익으로 인식할 수도 있다.

공익법인회계기준 실무지침서에서는 기부금수익과 회비수익의 판단기준을 아래 그림과 같이 제시하고 있다.

| 기부금수익, 회비 구분[34] |

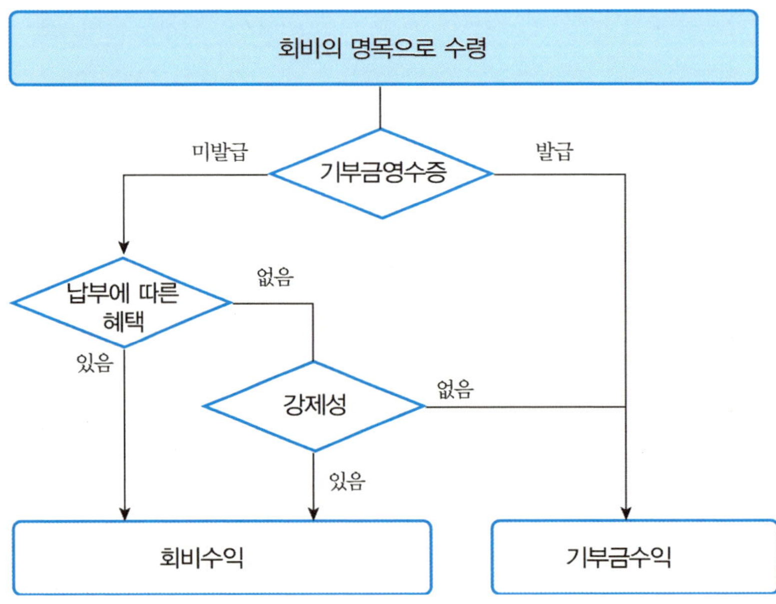

34) 공익법인회계기준 실무지침서(기획재정부, 2018.12, p95 표 Ⅲ-15)

공익법인과 밀접하게 관련되어 있는 다음의 법령 등에서 회비의 의미를 유추해보면, 회비는 단체의 소속회원들이 회원의 의무로서 자신이 속한 단체의 유지를 위해 의무적으로 내야 하는 성질을 가지고 있으며, 이러한 점에서 반대급부 없이 자발적으로 기탁하는 기부금과 구분된다 할 것이다.

회비의 사전적 의미는 "모임을 만들거나 유지하기 위하여 그 모임의 구성원에게 걷는 돈"을 의미한다. 기부금품의 모집 및 사용에 관한 법률에 따르면 그 명칭에 상관없이 다음 중 하나에 해당하는 금품에 대해서는 기부금품법의 적용대상에서 제외한다고 규정하고 있다(기부금품의 모집 및 사용에 관한 법률 제2조 제1호).

- 법인, 정당, 사회단체, 종친회(宗親會), 친목단체 등이 정관, 규약 또는 회칙 등에 따라 소속원으로부터 가입금, 일시금, 회비 또는 그 구성원의 공동이익을 위하여 모은 금품
- 사찰, 교회, 향교, 그 밖의 종교단체가 그 고유활동에 필요한 경비에 충당하기 위하여 신도(信徒)로부터 모은 금품
- 국가, 지방자치단체, 법인, 정당, 사회단체 또는 친목단체 등이 소속원이나 제3자에게 기부할 목적으로 그 소속원으로부터 모은 금품
- 학교기성회(學校期成會), 후원회, 장학회 또는 동창회 등이 학교의 설립이나 유지 등에 필요한 경비에 충당하기 위하여 그 구성원으로부터 모은 금품

② 범위

공익법인회계기준에서는 기부금수익과 회비수익을 구분하여 표시하도록 규정하고 있다. 따라서 '회비' 명목으로 수취하더라도 그 실질이 기부금인 경우에는 이를 회비수익이 아니라 기부금 수익으로 처리하여야 한다. 이러한 기부금 성격의 회비를 기부금수익으로 인식하는 경우 공익법인이 필요하다고 판단되는 경우에 기부금 수익의 하위로 일반기부금, 회원으로부터의 기부금 등으로 세분화하여 구분 표시할 수 있다.

③ 회비수익의 인식

회비수익은 원칙적으로 회비를 받는 시점에 수익으로 인식한다.

그러나 납부가 강제되는 회비 등에 대해서는 발생주의에 따라 회수가 확실해지는 시점에 수익을 인식할 수 있다(공익법인회계기준 제26조 제3항).

예를 들어 다음과 같은 경우에는 회원자격유지를 위해 회비의 납부가 의무화되어 있기 때문에 현금의 유입을 초래할 가능성이 매우 높다고 볼 수 있다. 따라서 납부가 강제되는 회비에 대해서는 발생주의에 따라 수익을 인식하는 것이 공익법인의 성과를 더 적절하게 보고할 수 있을 것이다.

(사)○○○협회는 특정 체육활동을 통한 체육문화 발전과 우수선수 양성을 목적으로 설립됨.

- 협회의 주요 사업으로는 전국규모의 체육대회 개최, 체육시설 운영, 우수선수 육성사업 등이 있음
- 회원가입을 위해서는 협회의 승인을 얻어야 하며, 회원은 협회가 주최, 주관 및 승인하는 사업에 참가할 권리를 갖게 됨
- 회원은 회원총회에서 정한 회비를 납부할 의무가 있음

④ 회계처리

회비는 실제 회비를 받는 시점에 다음과 같이 회계처리한다.

(차) 현금및현금성자산	×××	(대) 회비수익(공익목적사업수익)	×××

납부가 강제되는 회비 등에 대해서는 발생주의에 따라 회수가 확실해지는 시점에 수익을 인식하고 그에 상응하는 미수금을 인식한다.

(차) 미수금	×××	(대) 회비수익(공익목적사업수익)	×××

제5절 매출액

① 개념 및 범위

매출액이란 공익법인의 주요 사업활동 또는 경상적 활동으로부터 얻는 수익으로서 재화의 판매 또는 용역의 제공으로 실현된 금액을 말한다.

공익법인은 학술, 장학, 자선, 문화, 사회복지, 교육, 의료 등 사회 일반의 이익에 이바지하기 위한 다양한 사업을 수행하는데, 사업의 수행 결과 학술용역 서비스를 제공한 대가, 재화(중고물품 판매 등)를 제공한 대가, 공연수입, 전시수입, 등록금, 진료수입 등이 발생하며, 이러한 수입은 매출액으로 구분한다.

또한 공익법인은 공익 목적을 달성하기 위하여 그 본질에 반하지 않는 범위에서 임대사업, 출판사업 등 수익사업을 하며, 이러한 사업활동을 통하여 경상적으로 발생한 수익 역시 매출액으로 구분한다.

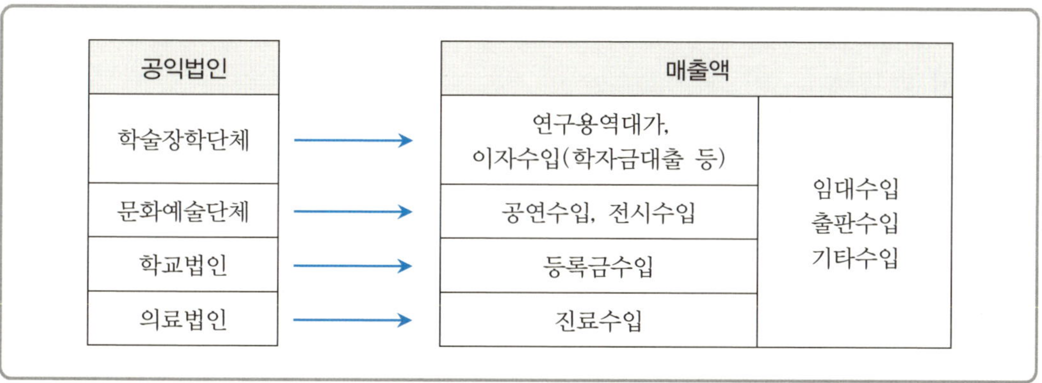

② 매출액의 측정

수익은 재화의 판매, 용역의 제공이나 자산의 사용에 대하여 받았거나 또는 받을 대가의 공정가치로 측정한다. 그리고 다음과 같은 매출에누리와 할인 및 환입은 수익에서 차감한다(일반기업회계기준 제16장 문단 16.5).

- 매출에누리 : 재화 판매시 그 품질, 수량 및 인도, 판매대금결제, 기타 거래조건에 따라 그 재화의 공급 당시에 통상의 공급가액에서 일정액을 직접 공제하는 금액 또는 매출한 상품 또는 제품에 대한 부분적인 감량 · 변질 · 파손 등에 의하여 매출가액에서 직접 공제하는 금액
- 매출할인 : 재화 또는 용역을 공급한 후 조기결제 등에 따라 할인하여 주는 금액
- 매출환입 : 재화의 품질차이, 품질불량, 파손, 계약의 취소 등의 사유로 매출처로부터 반송되어 온 것

대부분의 경우 판매대가는 현금 또는 현금성자산으로 수령하게 되므로 현금 등의 액면가액이 그 공정가치가 될 것이다.

③ 매출액의 인식

(1) 재화의 판매

재화의 판매로 인한 수익은 다음 조건이 모두 충족될 때 인식한다(일반기업회계기준 제16장 문단 16.10).

- 재화의 소유에 따른 유의적인 위험과 보상이 구매자에게 이전된다.
- 판매자는 판매한 재화에 대하여 소유권이 있을 때 통상적으로 행사하는 정도의 관리나 효과적인 통제를 할 수 없다.
- 수익금액을 신뢰성 있게 측정할 수 있다.
- 경제적 효익의 유입 가능성이 매우 높다.
- 거래와 관련하여 발생했거나 발생할 원가를 신뢰성 있게 측정할 수 있다.

소유에 따른 위험과 보상의 이전은 일반적으로 재화가 물리적으로 이전되는 때 이루어지기 때문에 대부분의 법인에서는 재화를 판매(또는 인도)하는 시점에 수익을 인식한다.

(2) 용역의 제공

용역의 제공으로 인한 수익은 용역제공거래의 성과를 신뢰성 있게 추정할 수 있을 때 진행기준에 따라 인식한다. 다음 조건이 모두 충족되는 경우에는 용역제공거래의 성과를 신

뢰성 있게 추정할 수 있다고 본다(일반기업회계기준 제16장 문단 16.11).

- 거래 전체의 수익금액을 신뢰성 있게 측정할 수 있다.
- 경제적 효익의 유입 가능성이 매우 높다.
- 진행률을 신뢰성 있게 측정할 수 있다.
- 이미 발생한 원가 및 거래의 완료를 위하여 투입하여야 할 원가를 신뢰성 있게 측정할 수 있다.

용역의 제공은 일반적으로 계약에 의하여 합의된 과업을 수행하는 것을 말하며, 용역제공기간의 장·단기 구분 없이 진행기준에 따라 인식한다.

따라서 용역제공기간이 1년 이내인 경우라도 그 기간이 2이상의 회계연도에 걸쳐 이루어지는 경우라면 진행기준에 따라 수익을 인식하여야 한다.

여기서 진행기준이란 거래의 완성정도에 따라 용역이 제공되는 회계기간에 걸쳐 수익을 인식하는 방법을 말하는데, 진행률은 다음과 같이 다양한 방법으로 결정할 수 있다.

- 실제작업량(또는 작업시간) ÷ 예상작업량(또는 작업시간)
- 현재까지 제공한 누적용역량의 비율 ÷ 총예상용역량
- 현재까지 발생한 누적원가(현재까지 수행한 용역 원가만 포함) ÷ 총추정원가(현재까지의 누적원가와 향후 수행할 용역 원가의 합계)

그리고 제공되는 용역의 성격에 따라 용역수행 정도를 가장 신뢰성 있게 측정할 수 있는 방법을 선택하여 계속해서 사용하여야 한다.

예술공연, 축하연, 기타 특별공연 등에서 발생하는 수익은 행사가 개최되는 시점에 인식한다. 하나의 입장권으로 여러 행사에 참여할 수 있는 경우의 입장료수익은 각각의 행사를 위한 용역의 수행된 정도가 반영된 기준에 따라 각 행사에 배분하여 인식한다(일반기업회계기준 제16장 부록 사례16).

수강료는 강의기간에 걸쳐 수익으로 인식한다(일반기업회계기준 제16장 부록 사례17).

제6절 투자자산 관련 수익

① 개념 및 범위

투자자산은 공익법인이 여유자금의 활용 목적으로 보유하는 자산으로서 예・적금, 채무증권과 지분증권 등을 포함하며, 이러한 투자자산과 관련하여 발생한 수익을 투자자산 관련 수익이라 한다.

투자자산 관련 수익에는 이자수익, 배당수익, 투자자산평가이익 그리고 투자자산처분이익 등이 있다.

① 이자수익 : 외부에 자금을 대여한 경우나 은행에 예치한 경우에 발생하는 이자 및 국채・회사채 등 장・단기 투자증권에서 발생하는 이자

② 배당수익 : 주식이나 출자금 등의 단기투자증권 및 장기투자증권으로 인하여 이익 또는 잉여금의 분배로 받는 배당금

③ 투자자산평가이익 : 투자자산의 공정가액이 장부가액을 초과하는 경우에 그 차이금액. 단, 매도가능증권평가이익은 순자산조정에 반영되므로 제외

④ 투자자산처분수익 : 투자자산 처분시 처분가액이 장부가액보다 큰 경우 그 차이 금액

② 투자자산 관련 수익의 인식

(1) 이자수익

이자수익은 계약에 따라 받게 될 금액이 사전에 결정되며 시간의 경과에 따라 수익이 발생하므로, 원칙적으로 유효이자율을 적용하여 발생기준에 따라 인식한다(일반기업회계기준 제16장 문단 16.16).

(2) 배당수익

배당금수익은 수익금액을 사전에 결정하기 어렵기 때문에 배당금을 받을 권리와 금액이 확정된 시점에 인식한다(일반기업회계기준 제16장 문단 16.16).

따라서 중간배당의 경우 상법 제462조의 3에 정한 바와 같이 이사회에서 결의한 날에 인

식하여야 할 것이며, 결산 배당의 경우 주주총회에서 배당금지급을 결의한 날에 인식하여야 한다.

(3) 투자자산평가이익

투자자산평가이익은 공정가치로 평가되는 시점에 인식하는데, 일반적으로 투자자산은 회계연도 말 현재의 공정가치로 평가되기 때문에 투자자산평가이익 또한 회계연도 말에 인식한다.

(4) 투자자산처분수익

투자자산처분수익은 투자자산을 처분하는 날에 수익으로 인식하여야 한다.

3 재무제표 표시

(1) 사업수익과 사업외수익의 구분

공익법인회계기준에서는 수익을 주된 사업활동과의 관련성, 반복적 발생 여부 등에 따라 사업수익 또는 사업외수익으로 구분・표시하고 있기 때문에 사업수익이 아닌 투자활동으로 인하여 발생한 손익에 대해서는 원칙적으로 사업외수익으로 구분하여야 한다.

그런데 기부금이나 정부보조금수익이 없거나 사업수행비를 충당하기에 부족한 공익법인의 경우에는 직・간접적으로 투자자산을 운용할 수밖에 없고, 실제로 투자자산으로부터 발생하는 이자수익, 처분이익 등에 크게 의존하고 있다.

이러한 이유로 공익법인회계기준에서는 이자수익 또는 배당수익과 처분손익 등이라 할지라도 공익목적사업활동의 주된 원천이 되는 경우에는 사업수익에 포함한다고 규정하고 있다(공익법인회계기준 제25조 제5항).

예를 들어 공익법인에서 거액의 예치금을 금융기관에 예치하고 예치금에서 발생하는 이자수익으로 공익사업을 운영하는 경우 또는 주식을 보유하고 있고 해당 주식에서 발생하는 배당금으로 공익사업을 운영하는 경우에는 예치금에서 발생하는 이자수익이나 주식에서 발생하는 배당수익은 사업외수익이 아닌 사업수익으로 인식한다.

(2) 공익목적사업과 기타사업의 구분

공익법인회계기준상 '공익목적사업'은 학술, 문화, 자선 기타 영리 아닌 사업 그 자체를 말하는 것으로 그 외에 재정마련을 위해 수행하는 사업에서 발생하는 수익은 기타사업으로 분류하여야 할 것이다.

따라서 공익법인이 공익목적사업활동의 재원을 마련하기 위하여 금융상품이나 유가증권에 투자하여 발생한 이자수익 등은 기타사업부문의 사업수익에 포함하여야 할 것이다.

〈운영성과표〉

과목	공익목적사업	기타사업
사업수익	×××	×××
기부금수익	×××	-
……	×××	-
……	-	-
사업외수익	×××	×××
투자자산수익	-	×××
……	×××	-

〈운영성과표〉

과목	공익목적사업	기타사업
사업수익	×××	×××
기부금수익	×××	-
투자자산수익	×××	×××
……	-	-
사업외수익	×××	×××
……	×××	×××
……	×××	×××

4 회계처리

(1) 배당수익의 회계처리

배당금수익의 수익실현시기는 원칙적으로 주식발행법인의 주주총회에서 배당결의가 있었던 시점이지만 실무상으로는 배당금영수증의 수령 또는 배당금을 지급하는 회사로부터의 납입 등에 의하여 수익을 계상하는 것이 일반적이다.

그러나 만일 당기 중에 지급회사의 배당결의가 있었으나 결산일까지 배당금을 받지 못한 경우에는 이것을 배당금수익과 미수금계정에 각각 계상하여야 하므로 주의가 필요하다.

사 례

(재)공익은 甲회사의 발행주식 총수의 5%에 상당하는 주식을 소유하고 있다. 甲회사는 2020년 2월 10일 주주총회에서 ₩100,000,000의 배당을 결의하고, 2020년 3월 25일 이를 지급하였다.

• 2020. 2. 10.(배당 결의시)

(차) 미수금	5,000,000	(대) 배당수익	5,000,000

• 2020. 3. 25.(배당금 수령시)

(차) 현금및현금성자산	5,000,000	(대) 미수금	5,000,000

(2) 그 외 투자자산 관련 수익의 회계처리

배당수익 외 투자자산 관련 수익의 회계처리에 대해서는 본서의 '제2편 제4장 투자자산 및 제5장 유가증권'의 회계처리를 참조하기로 한다.

공익법인회계기준

제27조(사업비용)

① '사업비용'은 공익목적사업과 기타사업의 결과 경상적으로 발생하는 자산의 감소 또는 부채의 증가를 말한다.

② 사업비용은 공익목적사업비용과 기타사업비용으로 구분하여 표시한다.

③ 공익목적사업비용은 활동의 성격에 따라 다음 각 호와 같이 사업수행비용, 일반관리비용, 모금비용으로 구분하여 표시한다.

1. '사업수행비용'은 공익법인이 추구하는 본연의 임무나 목적을 달성하기 위해 수혜자, 고객, 회원 등에게 재화나 용역을 제공하는 활동에서 발생하는 비용을 말한다.
2. '일반관리비용'은 기획, 인사, 재무, 감독 등 제반 관리활동에서 발생하는 비용을 말한다.
3. '모금비용'은 모금 홍보, 모금 행사, 기부자 리스트 관리, 모금 고지서 발송 등의 모금활동에서 발생하는 비용을 말한다.

④ 사업수행비용은 세부사업별로 추가 구분한 정보를 운영성과표 본문에 표시하거나 주석으로 기재할 수 있다.

⑤ 사업수행비용, 일반관리비용, 모금비용에 대해서는 각각 다음 각 호와 같이 분배비용, 인력비용, 시설비용, 기타비용으로 구분하여 분석한 정보를 운영성과표 본문에 표시하거나 주석으로 기재한다. 다만, 공익법인이 필요하다고 판단하는 경우에는 더 세분화된 정보를 운영성과표 본문에 표시하거나 주석으로 기재할 수 있다.

1. '분배비용'은 공익법인이 수혜자 또는 수혜단체에 직접 지급하는 비용으로 장학금, 지원금 등을 포함한다.
2. '인력비용'은 공익법인에 고용된 인력과 관련된 비용으로서 급여, 상여금, 퇴직급여, 복리후생비, 교육훈련비 등을 포함한다.
3. '시설비용'은 공익법인의 운영에 사용되는 토지, 건물, 구축물, 차량운반구 등 시설과 관련된 비용으로서 감가상각비, 지급임차료, 시설보험료, 시설유지관리비 등을 포함한다.
4. '기타비용'은 분배비용, 인력비용, 시설비용 외의 비용으로서 여비교통비, 소모품비, 지급수수료, 용역비, 업무추진비, 회의비, 대손상각비 등을 포함한다. 이 경우 각 공익법인의 특성에 따라 금액이 중요한 기타비용 항목은 별도로 구분하여 운영성과표 본문에 표시하거나 주석으로 기재한다.

⑥ 기타사업비용을 인력비용, 시설비용, 기타비용으로 구분하여 분석한 정보는 운영성과표 본문에 표시하거나 주석으로 기재하여야 하며, 그 외 공익법인이 필요하다고 판단하는 구분정보에 대해서는 운영성과표 본문에 표시하거나 주석으로 기재할 수 있다.

사업비용

본 장에서는 공익법인 성과평가의 중요한 척도가 되는 사업비용의 범위 및 분류에 대하여 설명하기로 한다.

제1절 개념

'사업비용'은 공익목적사업과 기타사업의 결과 경상적으로 발생하는 자산의 감소 또는 부채의 증가를 말한다(공익법인회계기준 제27조 제1항).

즉, 공익목적사업과 기타사업을 하는데 지출된 돈을 의미하는데, 이는 이익창출을 목적으로 하지 않는 공익법인에게는 성과평가의 중요한 척도가 된다.

왜냐하면 대부분의 공익법인은 민간 기부금과 출연금, 정부보조금 등의 자금을 기반으로 시작하고 또한 정부, 기부자, 회원 등 자원을 제공하는 사람들의 지속적인 지원이 필요한데, 이러한 기부자들은 통상 자신들이 투입한 자원의 운용상황과 실제 공익법인이 수행하는 사업에 대하여 관심을 갖기 때문이다.

특히 자신들이 기부한 공익법인이 설립목적을 어떻게 효율적으로 달성하였는지, 설립목적에 적합한 사업을 제대로 수행하고 있는지를 파악하기 위하여 총 비용 중 공익목적사업을 위하여 투입되는 부분에 관심을 가지기 때문에 고유목적사업에 대한 활동노력과 그 성과에 관한 정보, 즉 비용 집행내용을 공시하는 것이 매우 중요하다.

제2절 사업비용의 구분

사업비용은 공익목적사업 활동을 수행하는 과정에서 경상적으로 발생한 '공익목적사업비용'과 기타사업을 수행하는 과정에서 경상적으로 발생한 '기타사업비용'으로 구분된다.

공익목적사업비용은 활동의 성격에 따라 사업수행비용, 일반관리비용, 모금비용으로 구분하여 표시하며 사업수행비용은 세부사업별로 추가 구분한 정보를 운영성과표 본문에 표시하거나 주석으로 기재할 수 있다.

또 사업수행비용, 일반관리비용, 모금비용에 대해서는 분배비용, 인력비용, 시설비용, 기타비용으로 구분하여 분석한 정보를 운영성과표 본문에 표시하거나 주석으로 기재한다. 다만, 공익법인이 필요하다고 판단하는 경우에는 더 세분화된 정보를 운영성과표 본문에 표시하거나 주석으로 기재할 수 있다.

1 공익목적사업비용

(1) 기능별 구분

공익목적사업비용은 활동의 기능에 따라 사업수행비용, 일반관리비용, 모금비용으로 구분한다.

① 사업수행비용

공익법인이 추구하는 본연의 임무나 목적을 달성하기 위해 수혜자, 고객, 회원 등에게 재화나 용역을 제공하는 활동에서 발생하는 비용을 말한다.

② 일반관리비용

기획, 인사, 재무, 감독 등 제반 관리활동에서 발생하는 비용을 말한다.

급여, 퇴직급여, 복리후생비, 임차료, 감가상각비, 무형자산상각비, 세금과공과, 광고선전비, 대손상각비 등이 포함되며 사업수행활동이나 모금활동과 관련되지 않는 비용을 일반관리비용으로 분류한다.

③ 모금비용

모금 홍보(모금 홍보 영상 제작, 거리 모금 활동 등), 모금 행사(후원의 밤, 자선 행사 등), 기부자 리스트 관리(기부금 처리 및 영수증 발행, 기부자관리 시스템 유지 등), 모금 고지서 발송(모금 고지서 제작, 우편료 등) 등의 모금활동에서 발생하는 비용을 의미하며, 이외에도 모금과 관련이 있는 활동에서 발생하는 비용은 모금비용으로 인식한다.

신규 기부자나 기존 기부자 등 기부자의 구분에 따라 모금비용이 결정되는 것이 아니라 공익법인이 수행하는 활동이 모금활동이라면 모금활동에서 발생하는 비용은 모금비용으로 인식해야 한다.

사회복지공동모금회 등과 같이 모금을 주된 사업으로 하는 공익법인의 경우 모금활동에서 발생하는 비용을 사업수행비용 또는 모금비용으로 구분하여야 하는지 여부가 논란이 될 수 있다.

관련하여 '공익회계기준 실무지침서'에서는 모금을 주된 사업으로 하는 공익법인일지라도 모금활동에서 발생하는 비용이라면 사업수행비용이 아닌 모금비용으로 인식하는 것이 적절하다고 설명하고 있다. 다만, 「기부금품의 모집 및 사용에 관한 법률」에서 의미하는 모집비용과 「공익법인회계기준」에서 모금비용의 용어가 유사하여 오해가 있을 수 있어, 공익법인이 필요하다고 판단되는 경우에는 모금비용을 세분화하여 표시할 수 있다. 세분화의 방법은 각 공익법인의 판단에 따라 필요한 계정으로 할 수 있다. 예를 들어 기부금품법에 의한 모집비용과 기타 모금비용, 혹은 신규 기부자 모금비용과 기존 기부자 모금비용 등 공익법인의 필요에 따라 세분화를 결정할 수 있다.

구분이 모호할 수 있지만 공익법인이 후원회원을 모집하거나, 기부금을 모집하기 위한 홍보활동은 모금비용으로 인식하고, 모금활동이 아닌 사업 또는 법인 자체의 홍보활동에서 발생하는 비용은 일반관리비용이나 사업수행비용 등으로 구분할 수 있다.

(2) 성격별 구분

사업수행비용, 일반관리비용, 모금비용에 대해서는 다시 성격별로 각각 분배비용, 인력비용, 시설비용, 기타비용으로 구분한다.

① 분배비용

분배비용은 공익법인이 수혜자 또는 수혜단체(공익목적사업을 통해 지원을 받게 되는 개인 및 단체)에 직접 지급하는 비용으로 장학금, 지원금 등을 포함한다. 예를 들면 저소득층, 노인, 장애인 등 수혜자들에게 지급하는 지원금이나 저소득층 학생 등에게 지급하는 장학금, 모금한 기부금수익을 다른 공익법인 단체에 배부하는 경우 등이 해당된다. 이때 지원금이나 장학금 등을 현금으로 지급하는 것뿐만 아니라 현물의 형태로 지원하는 것도 포함한다.

분배비용은 공익법인의 공익사업수행목적으로 직접 현금이나 현물을 지급하는 경우에 사용되는 계정이므로 기타사업부문에서는 발생할 수 없고, 전액 공익목적사업의 사업수행비용에서만 발생한다.

② 인력비용

공익법인에 고용된 인력과 관련된 비용으로서 급여, 상여금, 퇴직급여, 복리후생비, 교육훈련비 등을 포함한다. 아래에 설명하는 것은 예시이므로 아래의 항목에 해당하지 않더라도 고용과 관련된 인력과 관련한 비용은 인력비용으로 분류한다. 이때의 "고용"이란 정규직뿐만 아니라 비정규직, 단기직, 일용직 등을 모두 포괄하는 개념이다.

계정명	내용
급여	임직원에게 지급하는 봉급 및 각종 수당
퇴직급여	퇴직급여충당부채 설정 비용
복리후생비	의료비 및 건강검진비, 기념품비, 행사지원비, 문화여가비, 사회보험 회사부담금(국민연금, 건강보험, 산재보험, 고용보험 등)
교육훈련비	임직원을 대상으로 하는 교육을 위해 지출하는 비용

③ 시설비용

공익법인의 운영에 사용되는 토지, 건물, 구축물, 차량운반구 등 시설과 관련된 비용으로서 감가상각비, 지급임차료, 시설보험료, 시설유지관리비 등을 포함한다. 아래에 설명하는 것은 예시이므로 아래의 항목에 해당하지 않더라도 공익법인의 운영에 사용되는 시설과 관련된 비용은 시설비용으로 분류한다.

계정명	내용
감가상각비	유형자산의 감가상각대상금액을 내용연수에 걸쳐 배분하여 인식한 금액
무형자산상각비	시설과 관련된 무형자산(전산시스템 등)의 상각대상금액을 내용연수에 걸쳐 배분하여 인식하는 금액
지급임차료	임대차 계약에 의한 토지, 건물, 시설 등의 임차료
시설보험료	건물, 구축물 등 시설에 대한 화재보험 및 차량운반구에 대한 보험 등 시설과 관련한 보험료
시설유지관리비	건물, 구축물, 차량운반구 등 시설의 상태를 유지하기 위하여 경상적으로 소요되는 비용 시설유지에 따라 발생하는 전기세, 수도세, 가스 및 관련 제세공과금(재산세, 자동차세 등)은 시설유지관리비에 포함

④ 기타비용

분배비용, 인력비용, 시설비용 외의 비용으로서 여비교통비, 소모품비, 지급수수료, 용역비, 업무추진비, 회의비, 대손상각비 등을 포함한다.

계정명	내용
여비교통비	국내출장 및 해외출장 여비
소모품비	소모용 물품 등을 구입하기 위하여 지출하는 비용
지급수수료	업무대행수수료, 법정수수료 등 외부에 지급하는 수수료
용역비	특정 과제수행이나 조사, 연구 및 행사 운영 · 진행 등을 위해 외부와 용역계약을 체결하고 지급하는 비용
업무추진비	사업추진에 소요되는 접대비, 업무협의, 간담회 등 공익법인의 업무운영을 위해 소요되는 비용
대손상각비	미수금과 매출채권에 대한 대손추산액
무형자산상각비	시설과 관련되지 않은 무형자산(지식재산권, 개발비 등)의 상각대상 금액을 내용연수에 걸쳐 배분하여 인식하는 금액

② 기타사업비용

공익목적사업 외의 사업을 수행하는 과정에서 경상적으로 발생하는 다음의 비용을 말하며, 기타사업비용은 다시 인력비용, 시설비용, 기타비용으로 구분된다. 기타사업비용은 기타사업에서 발생한 비용을 계상하는 것이므로 공익목적사업 운영에 따라 발생하는 사업수행비용, 일반관리비용, 모금비용이 발생할 수 없고, 분배비용도 공익목적사업을 위해 직접 현금이나 현물을 지급하는 경우에 사용되는 계정이므로 기타사업비용에서는 발생할 수 없다.

- 상품(또는 제품) 및 용역의 매출원가
- 판매비와 관리비

<table>
<tr><th rowspan="2">구분</th><th rowspan="2">기능별 구분</th><th colspan="4">성격별 구분</th></tr>
<tr><th>분배비용</th><th>인력비용</th><th>시설비용</th><th>기타비용</th></tr>
<tr><td rowspan="3">공익목적 사업비용</td><td>사업수행비용</td><td>장학금, 지원금 등</td><td rowspan="4">급여, 상여금, 퇴직급여, 복리후생비, 교육훈련비 등</td><td rowspan="4">감가상각비, 지급임차료, 시설보험료, 시설유지관리비 등</td><td rowspan="4">여비교통비, 소모품비, 지급수수료, 용역비, 업무추진비, 회의비, 대손상각비 등</td></tr>
<tr><td>일반관리비용</td><td rowspan="3">해당사항 없음</td></tr>
<tr><td>모금비용</td></tr>
<tr><td>기타사업비용</td><td></td></tr>
</table>

제3절 재무제표의 표시

〈운 영 성 과 표〉

① 구분표시

과목	공익목적사업	기타사업
사업비용	×××	×××
사업수행비용	×××	-
○○사업수행비용	×××	-
분배비용	×××	-
인력비용	×××	-
시설비용	×××	-
기타비용	×××	-
△△사업수행비용	×××	-
……	×××	-
일반관리비용	×××	-
모금비용	×××	-

④ 본문 (or 주석)

③ 본문 (or 주석)

② 구분 표시

① 사업비용은 공익목적사업비용과 기타사업비용으로 구분하여 표시한다(공익법인회계기준 제27조 제2항).

② 공익목적사업비용은 활동의 성격에 따라 사업수행비용, 일반관리비용, 모금비용으로 구분하여 표시한다(공익법인회계기준 제27조 제3항).

③ 사업수행비용은 공익법인이 수행하고 있는 사업의 종류별로 관련된 비용의 구분이 가능하고 공익법인이 필요하다고 판단되는 경우에 세부사업별로 추가 구분한 정보를 운영성과표 본문에 표시하거나 주석으로 기재할 수 있다(공익법인회계기준 제27조 제4항).

| 세부사업별로 구분 표시한 운영성과표 사례 |

과목	통합	공익목적사업	기타사업
:	:	:	:
Ⅱ. 사업비용	×××	×××	-
(1) 사업수행비용	×××	×××	-
1. 국내사업수행비용	×××	×××	-
2. 해외사업수행비용	×××	×××	-

과목	통합	공익목적사업	기타사업
3. 문화사업수행비용	×××	×××	-
4. 연구사업수행비용	×××	×××	-
(2) 일반관리비용	×××	×××	×××
(3) 모금비용	×××	×××	-

④ 사업수행비용, 일반관리비용, 모금비용에 대해서는 분배비용, 인력비용, 시설비용, 기타비용으로 구분하여 분석한 정보를 운영성과표 본문에 표시하거나 주석으로 기재한다(공익법인회계기준 제27조 제5항).

⑤ 기타사업비용을 인력비용, 시설비용, 기타비용으로 구분하여 분석한 정보는 운영성과표 본문에 표시하거나 주석으로 기재하여야 하며, 그 외 공익법인이 필요하다고 판단하는 구분정보에 대해서는 운영성과표 본문에 표시하거나 주석으로 기재할 수 있다(공익법인회계기준 제27조 제6항).

상기 ③, ④, ⑤는 본문에 표시하지 않고 다음과 같이 주석으로 기재할 수도 있다.

※ 주석표시

성격별 구분

구분	분배비용	인력비용	시설비용	기타비용	합계
공익목적사업비용	×××	×××	×××	×××	×××
사업수행비용	×××	×××	×××	×××	×××
(목적사업 1)	×××	×××	×××	×××	×××
(목적사업 2)	×××	×××	×××	×××	×××
…	×××	×××	×××	×××	×××
일반관리비용	–	×××	×××	×××	×××
모금비용	–	×××	×××	×××	×××
기타사업비용	–	×××	×××	×××	×××
사업수행비용	–	×××	×××	×××	×××
일반관리비용	–	×××	×××	×××	×××
합계	–	×××	×××	×××	×××

기능별 구분

제4절 사업비용의 작성 방법과 순서

상기에서 살펴본 바와 같이 사업비용은 여러 가지 분류기준(사업별, 기능별, 성격별)에 따라 구분되어야 하므로 운영성과표와 주석 작성에 어려움이 발생할 수 있다. 따라서 다음과 같이 작성방법과 순서를 제시하니 참조하기 바란다.

① 모든 비용은 원천적으로 공익목적사업부문과 기타사업부문을 구분하여야 한다.

② 공익목적사업부문에서 발생한 비용은 다시 기능별 즉 사업수행비용, 일반관리비용, 모금비용으로 분류한다. 기타사업비용은 공익목적사업비용과 달리 기능별로 구분표시하지 않을 수 있다.

③ 복수의 기능과 관련된 공통비용을 각 기능(사업수행비용, 일반관리비용, 모금비용)에 배분한다.

예시) 급여 : 동일인이 여러 기능 즉 사업수행, 일반관리, 모금사업을 동시에 수행하는 경우 합리적인 기준으로 배분

- 수용비 : 모금활동과 관련하여 발생하는 자동이체수수료, 우편료 등은 모금비용으로 구분하고 그 외 일반 소모품비용 등은 일반관리비용으로 구분
- 재산조성비 : 사업과 관련된 시설장비유지비, 시설의 보수비용 등은 사업수행비용으로 구분하고 유형자산의 자본적 지출에 해당하는 시설의 증·개축비와 유형자산에 해당하는 집기, 장비 등 구입비는 사업비용이 아닌 유형자산으로 배분

④ 공통비용이 안분된 사업수행비용, 일반관리비용, 모금비용을 다시 성격별(분배비용, 인력비용, 시설비용, 기타비용)로 구분한 정보를 주석으로 기재한다. 이는 대체로 계정과목별로 그 성격을 구분할 수 있다.

제5절 비용의 분류체계에 대한 논의

공익법인회계기준에서는 공익목적사업비용을 기능별로는 사업수행비용, 일반관리비용, 모금비용으로 구분하고, 성격별로는 분배비용, 인력비용, 시설비용, 기타비용으로 구분한다.

기준에서는 비용을 성격별로 크게 4개로 구분하도록 정하고 있고, 하위 세부비용은 공익법인이 자유양식으로 기재하도록 규정하고 있는데, 이는 비용을 4개 분류를 기준으로 통일하여 법인간 비교가능성을 높이기 위한 것으로 이해된다.

그러나 국세청 홈페이지에 재무제표를 공시할 때 대부분 법인들이 세분화된 정보를 제공할 유인이 많지 않고, 국세청 공시시스템에서도 세부비용에 대한 자율공시가 불가능하기 때문에 분배비용이 없거나 대부분 기타비용만 발생하는 공익법인도 다수 있어 다양한 공익법인의 사업내용을 이해하기 위한 재무정보 제공에 한계가 있다. 따라서 향후 공익법인회계기준과 함께 국세청 공시양식을 개선할 수 있는 방안에 대한 논의가 필요할 것으로 보인다.

| 국세청 공시양식(상속세 및 증여세법 시행규칙 별지 제31호 서식 중) |

구 분	사업연도(과세기간)				
	당 기				전 기
	합계	사업 수행비용	일반 관리비용	모금 비용	
1. 사업비용					
① 분배비용(장학금, 지원금 등 수혜자(단체)에게 직접 지급 비용)					
1) 국 내					
2) 국 외					
② 인력비용					
③ 시설비용					
④ 기타비용					
2. 사업외비용					
3. 고유목적사업준비금전입액					
4. 총 합계 (1+2+3)					

제6절 사례 분석

2020년 12월 31일 현재 공익목적사업과 임대사업을 영위하는 (재)공익의 기존 방식의 손익계산서를 공익법인회계기준에 따른 운영성과표로 변경하여 보자.

(단위: 원)

손익계산서		상세 내역
사업비용		[일반사항] • 공익목적사업과 기타사업(임대사업)비용을 구분하지 않고 표시함 • 사업비에는 관련 경비가 포함되어 있으나, 별도 계정과목(급여 등)으로 구분된 비용은 포함하지 않음 • 공익목적사업용 건물 등은 감가상각하고 있지 않으나, 기타사업(임대용) 건물 등은 감가상각하고 있음
장애인 복지사업비	124,000,000	• 80,000,000 : 장애인 직접 지원금 • 24,000,000 : 취업지원 강좌 수행비(강사료 및 부대비용) • 10,000,000 : 장애인 이동 차량지원 위탁운영비(기사, 운행, 관리 등) • 10,000,000 : 지역시설은 임차하여 사용하며, 이에 대한 임차료 지급
노인복지사업비	50,000,000	• 30,000,000 : 지원금 지급 • 15,000,000 : 문화 강좌 수행비(강사료 및 부대비용) • 5,000,000 : 지역시설은 임차하여 사용하며, 이에 대한 임차료 지급
후원개발사업비	18,500,000	• 10,000,000 : 신규 후원자 모집을 위한 모금 홍보, 모금 행사 비용 • 8,500,000 : 기부자 리스트 관리, annual report 제작비용, 피드백 자료 발송, 후원자 상담, 손편지 등 기존 후원자 관리비용
임대사업비	3,000,000	• 1,500,000 : 청소 등 위탁 관리비(당 법인의 직원은 임대사업과 관련된 업무를 수행하지 않고, 모든 업무는 위탁함) • 1,000,000 : 임대건물 수선유지비 • 500,000 : 임대건물 화재보험료 등

손익계산서		상세 내역
급여	28,000,000	• 직원은 모두 14명으로 급여는 동일함 (*) 추가사항 • 장애인복지사업 전담 인원 : 4명 • 노인복지사업 전담 인원 : 4명 • 장애인 및 노인 복지사업 동시 수행 인원: 3명(업무비율 2:1) • 후원개발사업 전담 인원 : 2명 • 후원개발사업 및 일반 관리업무 담당 인원 : 1명(업무비율 5:5)
복리후생비	1,000,000	• 700,000 : 법정고용부담금(각 인원별 부담금 동일) • 100,000 : 연말 회식비 • 100,000 : 경조비 • 100,000 : 관리업무 담당 직원 교육훈련비
업무추진비	80,000	• 장애인복지사업 관련 업무협의 회의비 및 간담회 경비
여비교통비	63,000	• 장거리에 위치한 노인복지시설 왕복 교통비
수용비	5,500,000	• 4,000,000 : 모금활동 관련 자동이체수수료, 우편료, 행정수수료 • 1,500,000 : 일반 소모품비용
감가상각비	1,500,000	• 전액 임대건물에 대한 감가상가비 (*) 추가사항 • 2017년 1월 1일 \360,000,000에 취득한 건물을 보유 중 • 6층 건물로 1개층 당 면적은 동일 • 1층 : 임대, 2층 : 노인복지, 2~4층 : 장애인복지, 6층 : 모금사업팀과 일반 관리부서가 50 : 50으로 사용 중 • 정액법 적용, 내용연수 40년
차량유지비	80,000	• 장애인 이동 지원 차량의 주유비
제세공과금	180,000	• 전액 임대용 건물과 토지에 대한 재산세
재산조성비	260,000	2020년 1월 1일 다음의 자산 구입 • 160,000 : 장애인복지시설 비품 • 100,000 : 노인 복지시설 비품
수도광열비	120,000	• 건물 전체부분에 대한 수도광열비
지급수수료	50,000	• 세무시스템 사용료
현물기부원가	9,400,000	모두 독거 노인의 생활 필수품(쌀, 연탄, 세면도구 등)으로 지급한 것
합계	241,733,000	

① 기능별 구분

구분	운영성과표	공익목적사업			기타사업
		사업수행비용	일반관리비용	모금비용	
(1) 장애인복지사업비	124,000,000	124,000,000	-	-	
(2) 노인복지사업비	50,000,000	50,000,000	-		
(3) 후원개발사업비	18,500,000	-	-	18,500,000	
(4) 임대사업비	3,000,000	-	-	-	3,000,000
(5) 급여[1]	28,000,000	22,000,000	1,000,000	5,000,000	
(6) 복리후생비[2]	1,000,000	550,000	325,000	125,000	
(7) 업무추진비	80,000	80,000	-	-	
(8) 여비교통비	63,000	63,000	-	-	
(9) 수용비	5,500,000	-	1,500,000	4,000,000	
(10) 감가상각비[3]	9,000,000	6,000,000	750,000	750,000	1,500,000
(11) 차량유지비	80,000	80,000	-	-	
(12) 제세공과금	180,000	-	-	-	180,000
(13) 재산조성비[4]	52,000	52,000	-	-	
(14) 수도광열비[5]	120,000	80,000	10,000	10,000	20,000
(15) 지급수수료	50,000	-	50,000	-	
(16) 현물기부원가	9,400,000	9,400,000	-	-	
합계	249,025,000	212,305,000	3,635,000	28,385,000	4,700,000
		249,025,000			

(1) 급여 구분내역

종류	금액	기능별 구분
장애인복지사업 인건비(*)	12,000,000	사업수행비용
노인복지사업 인건비(**)	10,000,000	사업수행비용
모금(후원개발)사업 인건비(***)	5,000,000	모금비용
일반관리 직원 인건비(****)	1,000,000	일반관리비용
합계	28,000,000	

(*) 전담인원 인건비(2,000,000×4) + 중복 수행인원 인건비(2,000,000×3×2/3)

(**) 전담인원 인건비(2,000,000×4) + 중복 수행인원 인건비(2,000,000×3×1/3)
(***) 전담인원 인건비(2,000,000×2) + 중복 수행인원 인건비(2,000,000×1×1/2)
(****) 중복 수행인원 인건비(2,000,000×1×1/2)

(2) 복리후생비 구분내역

종류	금액	기능별 구분
법정고용부담금(*)		
장애인복지사업 직원분	300,000	사업수행비용
노인복지사업 직원분	250,000	사업수행비용
모금사업 직원분	125,000	모금비용
일반관리 직원분	25,000	일반관리비용
연말 회식비	100,000	일반관리비용
경조비	100,000	일반관리비용
관리업무 담당 직원 교육훈련비	100,000	일반관리비용
합계	100,000	

(*) 법정고용분담금은 1인당 50,000으로 동일하며, 상기 1)과 동일한 방법으로 안분

(3) 감가상각비 구분내역

공익법인회계기준에서는 공익목적사업과 기타사업을 구분하지 않고 모든 사업에서 사용하는 유형자산에 대하여 비용이 아닌 자산으로 계상하여 감가상각하도록 규정하고 있다. 따라서 건물 전체에 대한 감가상각비를 비용으로 인식하여야 한다.

층수	용도	당기 감가상각비(*)	기능별 구분
1층	임대사업	1,500,000	사업수행비용
2층	노인복지사업	1,500,000	
3층	장애인복지사업	1,500,000	
4층	장애인복지사업	1,500,000	
5층	장애인복지사업	1,500,000	
6층	모금사업	750,000(**)	모금비용
	일반관리	750,000(**)	일반관리비용
합계		9,000,000	

(*) 360,000,000(취득가액) / 40(내용연수) / 6층 = 1,500,000, 1개층 당 면적이 동일하므로 1개층 당 감가상각비도 동일
(**) 1,500,000 × 50 / 100 = 750,000, 1개층을 50:50 비율로 사용

(4) 재산조성비 구분내역

공익법인회계기준에서는 자산을 취득한 경우 이를 전액 비용으로 처리하는 것이 아니라 재무상태표상 자산으로 계산하고 매년 발생하는 감가상각비를 비용으로 처리하여야 한다.

구분	자산가액	감가상각비(*)	기능별 구분
장애인복지시설 비품	160,000	32,000	사업수행비용
노인복지시설 비품	100,000	20,000	
합계		52,000	

(*) 비품에 대하여 5년의 내용연수와 정액법을 적용하는 정책을 채택
→ 160,000 / 5년(내용연수), 100,000 / 5년

(5) 수도광열비 구분내역

건물에는 1개의 계측장치를 두고 있으며, 건물과 관련된 기타 경비는 면적(합리적인 기준으로 채택)을 기준으로 안분하고 있다.

층수	용도	수도광열비 안분액	기능별 구분
1층	임대사업	20,000	사업수행비용
2층	노인복지사업	20,000	
3층	장애인복지사업	20,000	
4층	장애인복지사업	20,000	
5층	장애인복지사업	20,000	
6층	모금사업	10,000	모금비용
	일반관리	10,000	일반관리비용
합계		120,000	

② 성격별 구분

구분	분배비용	인력비용	시설비용	기타비용	합계
공익목적사업	119,400,000	28,700,000	22,680,000	73,545,000	244,325,000
사업수행비용	119,400,000	22,550,000	21,160,000	49,195,000	212,305,000
장애인복지사업	80,000,000	12,300,000	14,640,000	34,112,000	141,052,000
노인복지사업	39,400,000	10,250,000	6,520,000	15,083,000	71,253,000
일반관리비용	-	1,025,000	760,000	1,850,000	3,635,000
모금비용	-	5,125,000	760,000	22,500,000	28,385,000
기타사업비용	-	-	2,700,000	2,000,000	4,700,000
합계	119,400,000	28,700,000	25,380,000	75,545,000	249,025,000

상기 성격별 구분을 더 자세하게 설명하면 다음과 같다.

구분	분배비용	인력비용	시설비용	기타비용	합계
공익목적사업	119,400,000	28,700,000	22,680,000	73,545,000	244,325,000
사업수행비용	119,400,000	22,550,000	21,160,000	49,195,000	212,305,000
장애인복지사업	80,000,000	12,300,000	14,640,000	34,112,000	141,052,000
(1)장애인복지사업비	80,000,000	-	10,000,000	34,000,000	124,000,000
(5)급여	-	12,000,000	-	-	12,000,000
(6)복리후생비	-	300,000	-	-	300,000
(7)업무추진비	-	-	-	80,000	80,000
(10)감가상각비	-	-	4,500,000	-	4,500,000
(11)차량유지비	-	-	80,000	-	80,000
(13)재산조성비	-	-	-	32,000	32,000
(14)수도광열비	-	-	60,000	-	60,000
노인복지사업	39,400,000	10,250,000	6,520,000	15,083,000	71,253,000
(2)노인복지사업비	30,000,000	-	5,000,000	15,000,000	50,000,000
(5)급여	-	10,000,000	-	-	10,000,000
(6)복리후생비	-	250,000	-	-	250,000
(8)여비교통비	-	-	-	63,000	63,000
(10)감가상각비	-	-	1,500,000	-	1,500,000
(13)재산조성비	-	-	-	20,000	20,000

구분	분배비용	인력비용	시설비용	기타비용	합계
(14)수도광열비	–	–	20,000	–	20,000
(16)현물기부금	9,400,000	–	–	–	9,400,000
일반관리비용	–	1,025,000	760,000	1,850,000	3,635,000
(5)급여	–	1,000,000	–	–	1,000,000
(6)복리후생비	–	25,000	–	300,000	325,000
(9)수용비	–	–	–	1,500,000	1,500,000
(10)감가상각비	–	–	750,000	–	750,000
(14)수도광열비	–	–	10,000	–	10,000
(15)지급수수료	–	–	–	50,000	50,000
모금비용	–	5,125,000	760,000	22,500,000	28,385,000
(3)후원개발사업비	–	–	–	18,500,000	18,500,000
(5)급여	–	5,000,000	–	–	5,000,000
(6)복리후생비	–	125,000	–	–	125,000
(9)수용비	–	–	–	4,000,000	4,000,000
(10)감가상각비	–	–	750,000	–	750,000
(14)수도광열비	–	–	10,000	–	10,000
기타사업비용	–	–	2,700,000	2,000,000	4,700,000
(4) 임대사업비	–	–	1,000,000	2,000,000	3,000,000
(10)감가상각비	–	–	1,500,000	–	1,500,000
(12)제세공과금	–	–	180,000	–	180,000
(14)수도광열비	–	–	20,000	–	20,000
합계	119,400,000	28,700,000	25,380,000	75,545,000	249,025,000

제7절 회계처리

공익법인회계기준에서는 발생주의 원칙에 따라 비용을 인식하도록 규정하고 있다. 즉, 현금이 지출되는 시점에 비용처리하는 것이 아니라 현금이 지출되기 전이라도 그 금액을 지급할 의무가 발생하였다면 이를 비용으로 인식하여야 한다.

감가상각비 등 자산 및 부채와 관련된 비용의 회계처리는 본 서의 제2편 재무상태표에서 설명하고 있으므로, 본 장에서는 대표적인 사업비용인 급여, 임차료, 여비교통비의 회계처리에 대하여 설명하도록 한다.

1 급여

급여는 임금, 급료, 제수당 등 명칭과 상관없이 노동의 대가로 지급하는 금액을 말한다. 공익법인이 임직원에게 급여를 지급할 때에는 급여액에서 세법에 따른 원천징수세액(소득세 및 주민세)과 국민연금, 건강보험료, 고용보험료 등의 자기부담금을 제외하고 지급하며, 공익법인은 임직원을 대신하여 동 공제액을 국가 등에 납부한다. 이때의 회계처리는 다음과 같다.

사 례

(재)공익은 문화사업부, 장학사업부, 모금사업부, 경영지원실의 부서로 구성되어 있고 각 부서의 인원은 문화사업부 10명, 장학사업부 8명, 모금사업부 5명, 경영지원실 4명으로 각 직원에 대한 급여는 모두 ₩2,000,000원이다. 각 직원에 대한 급여 ₩2,000,000 중에서 원천징수세액 ₩50,000, 4대 보험 자기부담금 ₩100,000을 차감한 금액을 지급하였다.

(차) 급여(사업수행비용)	36,000,000	(대)	현금및현금성자산	33,300,000
			예수금	2,700,000
(차) 급여(모금비용)	10,000,000	(대)	현금및현금성자산	9,250,000
			예수금	750,000
(차) 급여(일반관리비용)	8,000,000	(대)	현금및현금성자산	7,400,000
			예수금	600,000

원천징수세액 등을 국가 등에 납부 시

(차) 예수금	4,050,000	(대)	현금및현금성자산	4,050,000

일반적으로 매월 초부터 당월 말일까지 한 달 동안 근로한 대가로 급여를 지급한다. 그런데 실제 매월 말일 현금으로 지급하지 않고 차월의 정해진 일자에 현금으로 지급하는 경우가 많으며, 이때의 회계처리는 다음과 같다.

사 례

(재)공익은 매월 급여를 다음달 5일에 지급하고 있음. 2020년 12월 31일 현재 지급하여야 할 급여는 ₩2,000,000이며, 공제세액은 ₩150,000임.

• 2020. 12. 31

(차) 급여	2,000,000	(대)	미지급비용	2,000,000

• 2021. 1. 5.

(차) 미지급비용	2,000,000	(대)	현금및현금성자산	1,850,000
			예수금	150,000

② 임차료

임차료란 토지, 건물 등 부동산이나 기계장치, 차량운반구 등 동산을 타인으로부터 임차함으로써 그 소유자에게 지급하는 금전을 말한다.

임차료는 임차계약에 따라 지급하는데, 만일 1년 또는 그 이상의 기간에 대한 임차료를 일괄하여 미리 지급하는 경우라도 기말 결산시에 임차기간이 경과하지 않은 부분은 선급비용으로서 자산처리하여야 한다.

사 례

(재)공익은 건물을 임차하여 사무실로 사용하는데, 1년분 임차료 ₩12,000,000을 선급하였다.

• 임차료 지급시

(차) 선급비용	12,000,000	(대)	현금및현금성자산	12,000,000

• 매월 비용 대체시

(차) 지급임차료	1,000,000	(대)	선급비용	1,000,000

③ 여비교통비

여비는 업무수행을 위하여 출장을 가는 경우에 여비지급규정에 따라 지급되는 금액으로 통상 여비에는 운임, 일당, 숙박료, 식사대 등이 포함하며, 교통비는 여비와 달리 가까운 거리에 출장가는 경우 소요된 실비로서 교통비(택시, 버스, 지하철요금 등), 고속도로통행료, 주차료 등을 말한다.

여비교통비의 지급방법에는 임직원이 지출한 금액을 사후에 실비로 보상해주는 방법과 사전에 개산액을 가지급하였다가 후일에 확정액으로 정산한 후 동 확정금액을 비용으로 처리하는 방법이 있다.

사 례

직원에게 지방출장비로 ₩200,000을 개산하여 지급하였음

(차) 가지급금	200,000	(대) 현금및현금성자산	200,000

여비 정산시(교통비 ₩100,000, 숙박비 및 식대 ₩80,000, 현금반환금 ₩20,000

(차) 여비교통비	180,000	(대) 가지급금	200,000
현금및현금성자산	20,000		

공익법인회계기준

제28조(사업외수익)

사업외수익은 사업수익이 아닌 수익 또는 차익으로서 유형·무형자산처분이익, 유형·무형자산손상차손환입, 전기오류수정이익 등으로 한다.

제29조(사업외비용)

사업외비용은 사업비용이 아닌 비용 또는 차손으로서 유형·무형자산처분손실, 유형·무형자산손상차손, 유형자산재평가손실, 기타의 대손상각비, 전기오류수정손실 등으로 한다.

제4장 사업외수익 · 비용

본 장에서는 공익법인의 사업외수익과 사업외비용에 대하여 설명하기로 한다.

제1절 개념 및 범위

① 사업외수익

사업외수익은 사업수익이 아닌 수익 또는 차익으로서 유형·무형자산처분이익, 유형·무형자산손상차손환입, 전기오류수정이익 등으로 한다(공익법인회계기준 제28조).

공익법인회계기준에서는 공익목적사업 또는 기타사업과 관련 없이 비경상적으로 발생하는 수익을 사업외수익으로 구분·표시하고 있다. 이때 이자·배당수익 등 투자자산에서 발생하는 수익이 공익목적사업의 주된 원천이 되는 경우에는 사업수익으로 인식할 수 있으며, 공익목적사업의 주된 원천이 되지 않는 경우에는 사업외수익으로 인식할 수 있다.

사업외수익은 상기에서 열거한 수익 외에도 이자수익, 배당수익, 단기투자자산처분이익, 단기투자자산평가이익, 외환차익, 외화환산이익, 투자자산처분이익, 채무면제이익, 잡이익 등을 포함하며, 그 범위가 매우 넓기 때문에 공익법인별로 다양한 계정과목이 사용될 수 있다.

계정명	내용
이자수익	투자자산에서 발생하는 이자수익 중 공익목적사업의 주된 원천이 되지 않는 이자수익을 의미함
배당수익	투자자산에서 발생하는 배당수익 중 공익목적사업의 주된 원천이 되지 않는 배당수익을 의미함

계정명	내용
단기투자자산 평가이익	단기투자자산의 평가로 인해 발생하는 이익
투자자산처분이익	투자자산의 처분으로 인해 발생하는 이익
외환차익	화폐성 외화 자산·부채*를 회수 또는 상환함에 따라 발생하는 이익
외화환산이익	화폐성 외화 자산·부채*를 환산하는 경우로서 환율의 변동으로 인하여 발생하는 이익
유형·무형자산 처분이익	유형·무형자산의 처분으로 인해 발생하는 이익
유형·무형자산 손상차손 환입	유형·무형자산의 회수가능액의 변동으로 과거 인식한 손상차손을 환입한 금액
전기오류수정이익	과연도 과다집행분이 회수 조치되는 등 전기 이전의 중요하지 않은 오류를 수정함에 따라 발생한 이익
채무면제이익	채권자로부터 채무의 전부 또는 일부를 면제받는 소극적 형식의 증여가액
잡이익	사업외수익 중 금액적으로 중요하지 않거나 그 항목이 구체적으로 밝혀지지 않은 수익은 잡이익으로 처리하며, 그 예로 폐품 등의 판매수입, 원인불명의 현금과잉액 등이 있음

* 화폐성 외화자산·부채 및 비화폐성 외화자산·부채 예시

구분	화폐성	비화폐성
자산	현금및현금성자산, 매출채권, 미수금, 미수수익, 대여금, 만기보유증권	선급비용, 재고자산, 유형자산, 무형자산
부채	차입금, 매입채무, 미지급금, 사채	선수금, 예수금, 선수수익

② 사업외비용

사업외비용은 사업비용이 아닌 비용 또는 차손으로서 유형·무형자산처분손실, 유형·무형자산손상차손, 유형자산재평가손실, 기타의 대손상각비, 전기오류수정손실 등으로 한다(공익법인회계기준 제29조).

공익법인회계기준에서는 공익목적사업 또는 기타사업과 관련 없이 비경상적으로 발생하는 비용과 차손을 사업외비용으로 구분·표시하고 있다.

그런데 사업외비용은 상기에서 열거한 비용과 차손 외에도 이자비용, 기타의 대손상각비, 단기투자자산처분손실, 단기투자자산평가손실, 외환차손, 외화환산손실, 투자자산처분

손실, 재해손실, 잡손실 등을 포함하며, 그 범위가 매우 넓기 때문에 공익법인별로 다양한 계정과목이 사용될 수 있다.

계정명	내용
이자비용	외부로부터 차입한 차입금에 대한 이자발생액
기타의 대손상각비	매출채권 이외의 채권, 즉 대여금, 미수금 등에서 발생하는 대손추산액
단기투자자산평가손실	단기투자자산의 평가로 인해 발생하는 손실
투자자산처분손실	투자자산의 처분으로 인해 발생하는 손실
외화차손	화폐성 외화자산·부채를 회수 또는 상환함에 따라 발생하는 손실
외화환산손실	화폐성 외화자산·부채를 환산하는 경우로서 환율의 변동으로 인하여 발생하는 손실
유형·무형자산 처분손실	유형·무형자산의 처분으로 인해 발생하는 손실
유형·무형자산 손상차손	유형·무형자산의 회수가능액이 장부금액에 미달하게 되어 장부금액을 회수가능액으로 조정한 차액
전기오류수정손실	중요하지 않은 전기 이전의 오류를 수정함에 따라 발생한 손실
재해손실	화재, 풍수해, 지진, 침수해 등 천재·지변 또는 돌발적인 사건(도난으로 입은 거액의 손실 등)으로 인하여 재고자산이나 유형자산에 입은 손실 한편, 피해자산에 대하여 손해보험에 가입되어 있는 경우 보험금을 수취할 권리가 발생한 시점에 사업외수익으로 인식
잡손실	사업활동에 대하여 직접적인 관계가 없는 비용으로써 그 발생이 드물고, 금액적으로도 중요성이 없는 것, 다른 사업외비용계정에 포함시키기에 적정하지 않다고 인정되는 것 등을 일괄하여 잡손실로 처리하며, 그 예로 원인을 알 수 없는 현금과부족이나 도난당한 물품이나 금액 등이 있음

제2절 재무제표 표시 및 회계처리

① 재무제표 표시

운영성과표

과목	공익목적사업	기타사업
사업이익(손실)	×××	×××
사업외수익	×××	×××
사업외비용	×××	×××
고유목적사업준비금전입액	×××	×××
고유목적사업준비금환입액	×××	×××
법인세비용	×××	×××

사업외수익과 사업외비용은 운영성과표상에 사업이익, 고유목적사업준비금전입액(환입액) 등과 구분하여 별도 표시한다. 그리고 사업외수익과 사업외비용은 다시 공익목적사업수익과 기타사업수익으로 구분하여 표시한다.

② 구분경리

① 공익목적사업과 기타사업의 구분

공익법인회계기준상 '공익목적사업'은 학술, 문화, 자선 기타 영리 아닌 사업 그 자체를 말하는 것으로 이해되며, 그 외에 재정마련을 위해 수행하는 사업에서 발생하는 수익은 기타사업으로 분류하여야 할 것이다.

따라서 공익법인이 공익목적사업부문과 관련하여 비경상적으로 발생하는 사업외수익과 사업외 비용은 공익목적사업으로 구분하고, 그 외에 기타사업부문과 관련하여 비경상적으로 발생하는 사업외수익과 사업외비용은 기타사업부문으로 구분하여야 할 것이다.

예컨대, 공익법인의 본사 이전으로 인하여 기존에 본사로 사용하던 건축물을 양도함으로써 발생하는 유형자산처분손익은 공익목적사업으로 구분하고 반면, 공익법인이 외부인에게 임대 중이던 건축물을 양도함으로써 발생하는 유형자산처분손익은 기타사업으로 구분하여야 한다.

② 이자수익, 배당수익, 처분손익 등의 구분

이자수익, 배당수익, 투자자산 및 유형자산 등의 처분이익은 원칙적으로 사업외수익으로 구분하여야 한다. 그런데 기부금 등으로 사업수행비를 충당하기에 부족한 공익법인의 경우는 직·간접적으로 투자자산을 유용할 수밖에 없고, 실제로 투자자산으로부터 발생하는 이자수익, 처분이익 등에 크게 의존하고 있다.

이러한 이유로 공익법인회계기준에서는 이자수익 또는 배당수익과 처분손익 등이라 할지라도 공익목적사업활동의 주된 원천이 되는 경우에는 사업수익에 포함한다고 규정하고 있다(공익법인회계기준 제25조 제5항).

3 회계처리

① 투자자산 및 유형자산 관련 손익

투자자산 및 유형자산 관련 손익의 구체적인 회계처리에 대해서는 본서의 '제2편 제4장 투자자산, 제5장 유가증권, 제10장 유형자산'과 '제3편 제2장 사업수익'의 회계처리를 참조하기로 한다.

② 기타의 대손상각비

사업외비용에 속하는 기타의 대손상각비는 본서의 '제2편 제8장'에서 설명한 대손상각비와 기본적인 성격 및 회계처리가 완전히 동일하다. 다만, 대손상각의 대상채권이 매출채권인지 여부에 따라 사업비용인지 사업외비용인지의 분류가 다를 뿐이다.

③ 채무면제이익

채무면제이익이 발생한 경우 회계처리는 다음과 같다.

(재)공익은 甲법인으로부터 차입금 50,000,000원을 면제 받았다.

(차) 차입금	50,000,000	(대) 채무면제이익	50,000,000

④ 외화환산손익 · 외환차손익

화폐성 외화자산 · 부채로 인하여 외화환산손익과 외환차손익이 발생한 경우 회계처리는 다음과 같다.

사 례

(재)공익은 2020년 12월 1일 해외거래처에 상품을 판매하여 외화 매출채권 USD 100 발생하였고, 2021년 1월 5일 판매대금이 원화로 입금되었다.

일자별 환율	1USD
2020년 12월 1일	1,000원
2020년 12월 31일	1,200원
2021년 1월 5일	1,150원

• 2020. 12. 1.

(차) 매출채권 100,000 (대) 매출 100,000

• 2020. 12. 31.

(차) 매출채권 20,000 (대) 외화환산이익 20,000[1)]

1) (1,200 - 1,000)×100

• 2021. 1. 5.

(차) 현금 115,000 (대) 매출채권 120,000
외환차손 5,000[2)]

2) (1,200 - 1,150)×100

⑤ 잡손익

금액적으로 아주 소액이거나 별도의 계정으로 처리할 필요가 없다고 판단되는 손익거래 발생시에 잡이익 또는 잡손실로 회계처리한다.

(재)공익은 자원절약운동의 일환으로 신문 등 폐지를 수거해 500,000원에 매각하였다.
(차) 현금및현금성자산 500,000 (대) 잡이익 500,000

제32조(법인세비용)

공익법인이 법인세를 부담하는 경우에는 일반기업회계기준 제22장 '법인세회계'와 제31장 '중소기업 회계처리 특례'의 법인세 회계처리를 고려하여 회계정책을 개발하여 회계처리한다.

제5장 법인세비용

법인세는 공익법인이 일정한 회계기간 동안 벌어드린 소득에 대해 부과되는 세금이며, 공익법인회계기준에서는 이를 '법인세비용'으로 명명하고 운영성과표상 회계이익과 구분하여 별도 표시하고 있다.

본 장에서는 법인세비용의 개념과 회계처리에 대하여 설명하기로 한다.

제1절 개념

비영리법인의 사업은 영리를 목적으로 하는 것이 아니며 비록 그 사업에서 발생하는 소득이 있다 할지라도 수익 등이 공익을 위하여 사용됨이 일반적이므로, 원칙적으로 비영리법인에 대하여는 법인세의 납세의무가 없어야 한다.

그러나 현실적으로는 비영리법인이 영리법인과 유사한 사업을 하여 경쟁관계를 유지하는 경우가 많으며, 이런 경우 영리법인에게는 법인세를 부과하고 비영리법인에게는 법인세를 부담시키지 않는다면 양자간의 공정한 경쟁관계를 해치는 결과가 발생할 수 있다.

이러한 이유로 법인세법에서는 영리법인과 비영리법인간의 조세부담을 공평하게 조정하여 과세형평을 유지하기 위하여 법인세법에서 열거하는 특정한 수익사업 또는 수입에서 생긴 소득이 발생한 경우에 제한하여 비영리법인에게도 법인세 납세의무을 부담시키고 있다.

앞서 살펴본 바와 같이 상속세및증여세법상 공익법인은 법인세법상 비영리법인의 범위에 포함되므로 공익법인 역시 법인세법에 열거된 특정 소득에 대하여 법인세 납세의무가 있다.

그리고 공익법인이 법인세를 부담하는 경우에는 일반기업회계기준 제22장 '법인세회계'와 제31장 '중소기업 회계처리 특례'의 법인세 회계처리를 고려하여 회계정책을 개발하여 회계처리한다(공익법인회계기준 제32조).

즉, 공익법인은 일반기업회계기준의 법인세회계를 따라 자산 · 부채의 세무기준액과 장부금액의 차이인 일시적 차이에 대하여 이연법인세를 인식하는 방법을 적용할 수 있고 또는 이연법인세 회계를 적용하지 않고, 세법에 따라 실제 납부하여야 할 법인세 등을 법인세비용으로 회계처리할 수 있는데, 이는 법인세비용이 공익법인의 회계에서 차지하는 중요성과 공익법인의 회계처리능력을 고려하여 선택권을 부여한 것이다.

제 2 절 이연법인세회계

① 의의

법인세란 특정 기간에 법인이 얻은 소득에 대하여 부과하는 세금으로 그 본질에 대해서는 다음과 같이 소득의 분배로 보는 관점과 비용으로 보는 관점이 있다.

① 소득의 분배 : 법인세는 직접적인 반대급부 없이 부과되며, 법인의 이해관계자 중 하나인 국가에 대한 소득의 분배에 해당함

② 비용 : 영업활동 과정에서 필수적으로 발생하는 것이며, 인건비 등과 다르지 않음

대부분의 국가에서 법인세에 대해 비용으로 보는 견해를 채택하고 있으며, 일반기업회계기준 역시 '법인세비용'이라는 계정과목으로 비용처리하고 있다.

따라서 법인세비용은 기본적으로 특정 회계기간에 발생한 모든 손익거래의 결과에 대하여 부과되어야 하며, 발생주의 회계원칙과 수익 · 비용의 대응원칙에 따라 이익이 증가하면 법인세비용도 증가하고 이익이 감소하면 법인세비용도 감소해야 한다.

그런데 일반기업회계기준은 발생주의 및 공정가치 평가를 적용하는 반면 세법에서는 권리의무확정주의 및 역사적 원가를 적용하고 있어 일반기업회계기준상 수익 · 비용과 세법상 익금 · 손금의 인식방법과 시기 등에 차이가 발생하게 되고, 이러한 이유로 회계상 법인세비용과 실제 세법에 따라 부담해야 하는 법인세 등이 일치하지 않게 된다.

간단한 사례를 통해 살펴보자.

사 례

(재)공익은 당기(2기)에 이자수익 ₩1,000,000이 발생하였다. 이는 당기 1월 1일에 가입한 정기예금(2년 만기, 4%, 만기시 원금과 이자 지급)에서 발생한 것이며, 정기예금에 예치하는 것 외에 별도의 법인세법상 수익사업을 영위하고 있지 않다. 고유목적사업준비금은 계상하지 않는다.

구분	제2기	제3기
법인세비용차감전 당기운영이익	1,000,000	1,000,000
세무조정(*)	(−)1,000,000	(+)1,000,000
과세소득	0	2,000,000
법인세액(세율 10%)	0	200,000

(*) 회계상 발생주의에 따라 이자수익(미수수익)으로 계상하였으나, 세무상 익금귀속시기는 현금을 수령하는 3기가 된다.

위 사례에서 각 회계연도에서 발생한 법인세비용차감전 당기운영이익은 동일하지만 법인세부담액은 상당한 차이가 있다. 그럼에도 불구하고 법인세부담액만을 법인세비용으로 처리한다면 이는 기간손익의 왜곡을 가져올 수 있기 때문에 법인세를 기업회계에 따른 인식기간별로 적절하게 배분하여야 하는데, 이러한 역할을 하는 것이 이연법인세이다.

그리고 일반기업회계기준 제22장 '법인세회계'에서는 법인세부담액과 기말재무상태표에 나타날 이연법인세자산(부채)를 결정하여 손익계산서상 법인세비용을 확정하는 과정에 대하여 설명하고 있다.

② 법인세비용의 인식

당기 법인세부담액(환급액)과 이연법인세자산(부채)를 인식하고, 그 효과를 반영하여 법인세비용을 계산하는 순서는 다음과 같다.

〈분개〉

(차) 법인세비용	④	(대) 미지급법인세	①
이연법인세자산	②, ③	이연법인세부채	②, ③
(차) 매도가능증권평가이익	⑤	(대) 법인세비용	⑤

〈순서〉
① 당기 법인세부담액 계산
② 결산일 현재 계상하여야 할 이연법인세자산(부채) 계산
③ 이연법인세자산(부채)=기말 이연법인세자산(부채)-기초 이연법인세자산(부채)
④ 법인세비용=법인세부담액+이연법인세부채-이연법인세자산
⑤ 순자산에 대한 법인세비용 배분

(1) 당기 법인세부담액 계산

① 법인세부담액

당기법인세부담액(환급액)은 법인세비용의 계산에 반영되어야 하는데, 이 경우 전기이전의 기간과 관련된 법인세부담액(환급액)을 당기에 인식한 금액(법인세 추납액 또는 환급액)은 당기법인세부담액(환급액)으로 하여 법인세비용에 포함한다(일반기업회계기준 제22장 문단 22.46).

법인세부담액 = 법인세 및 법인세에 부가되는 세액의 합계액 + 법인세 추납액 - 법인세 환급액

② 당기법인세부채와 당기법인세자산의 인식

법인이 납부하여야 할 법인세부담액 중 아직 납부하지 않은 금액은 부채(당기법인세부채)로 인식하여야 한다. 그리고 납부하여야 할 금액을 초과해서 납부한 금액은 자산(당기법인세자산)으로 인식하여야 한다(일반기업회계기준 제22장 문단 22.7).

즉, 중간예납세액과 원천징수세액은 납부하는 시점에는 당기법인세자산(선급법인세)으로 처리하고, 결산 후 당기 법인세부담액이 기납부세액을 초과하는 경우 그 초과금은 부채(미지급법인세)로 인식하고, 기납부세액이 법인세부담액을 초과하는 경우에는 그 초과금을 자산(국세환급금 등)으로 인식하여야 한다.

사 례

당기 중 원천징수세액 및 중간예납세액으로 납부한 세액은 ₩300,000이다.

• 당기 법인세부담액이 ₩500,000인 경우

(차) 법인세비용	500,000	(대) 당기법인세자산(*)	300,000
		당기법인세부채(**)	200,000

(*) 실무에서는 선급비용, 선납법인세, 선납세금, 국세환급금 등의 계정과목을 사용
(**) 실무에서는 미지급법인세 등의 계정과목을 사용

아울러 세무상결손금이 과거에 납부한 법인세액에 소급 적용되어 환급될 수 있다면 결손금이 발생한 기간에 자산(당기법인세자산)으로 인식하여야 한다(일반기업회계기준 제22장 문단 22.8).

(2) 결산일 현재 계상하여야 할 이연법인세자산(부채) 계산

① 자산의 세무기준액

자산의 세무기준액은 해당 자산이 세무상 자산으로 인정되는 금액이다(일반기업회계기준 제22장 문단 22.3). 즉, 자산이 회수되어 과세대상 경제적효익이 유입되는 기간에 과세소득에서 차감될 금액으로 정의할 수 있다. 그러나 유입되는 경제적효익이 과세대상이 아니라면 자산의 세무기준액은 (세무상으로 인정하지 않는 평가금액을 반영하지 않은) 장부금액을 의미한다(일반기업회계기준 제22장 부록 실무지침 22.2).

② 부채의 세무기준액

부채의 세무기준액은 해당 부채가 세무상 부채로 인정되는 금액이다(일반기업회계기준 제22장 문단 22.4). 즉, 장부금액과 미래기간에 당해 부채와 관련하여 과세소득에서 차감될 금액의 차액으로 정의할 수 있다. 그러나 수익이 선수되어 발생하는 부채의 세무기준액은 장부금액과 미래기간에 과세되지 않을 수익금액의 차액을 의미한다(일반기업회계기준 제22장 부록 실무지침 22.3).

③ 이연법인세부채와 이연법인세자산의 측정

매기 법인이 납부할 법인세부담액은 각 보고기간말 현재의 세율과 세법을 적용하여 측정한다.

반면, 이연법인세자산과 부채는 보고기간말 현재까지 확정된 세율에 기초하여 당해 자산

이 회수되거나 부채가 상환될 기간에 적용될 것으로 예상되는 세율을 적용하여 측정하여야 한다(일반기업회계기준 제22장 문단 22.38).

이연법인세자산과 부채는 현재가치로 할인하지 않는다(일반기업회계기준 제22장 문단 22.42).

(3) 순자산에 대한 법인세비용 배분

자본에 직접 가감되는 항목에 대한 이연법인세는 자본에 직접 가감하여 자본을 세효과 반영 후 순액으로 표시하여야 한다(일반기업회계기준 제22장 부록 결론도출 22.12).

즉, 기업회계상 자본에 해당하지만 세무상 자본으로 보지 않음에 따라 장부금액간의 차이가 발생하고 향후 관련 자산(부채)을 처분함에 따라 당해 차이가 소멸하는 거래에서 발생하는 일시적 차이의 법인세효과는 직접 관련 자본항목에 가산하거나 차감한다. 그 결과 당해 일시적 차이에서 발생하는 법인세효과는 법인세비용에 영향을 주지 아니한다.

사 례

• 매도가능증권(주식)을 1,000원에 취득함.

(차) 매도가능증권	1,000	(대) 현금	1,000	

• 연말에 평가차익 100원 발생함(세율은 30% 가정)

(차) 매도가능증권	100	(대) 매도가능증권평가이익	100	
법인세비용	30	이연법인세부채	30	← 일시적차이 인식
매도가능증권평가이익	30	법인세비용	30	← 자본에 직접 가감

세무조정시 다음과 같이 양편조정되므로 실제 회계상 이익과 세무상 과세소득의 차이가 발생하기 않기 때문에 법인세비용에 영향을 주지 않게 됨.

〈익금산입〉 매도가능증권평가이익 30(기타)

〈손금산입〉 매도가능증권 30(△유보)

• 다음연도에 매도가능증권을 1,100원에 처분함.

(차) 현금	1,100	(대) 매도가능증권	1,100
매도가능증권평가이익	70	매도가능증권처분이익	100
이연법인세부채	30		

• 매도가능증권의 처분이익에 따른 법인세 납부

(차) 법인세비용	30	(대) 당기법인세부채	30

결국 매도가능증권의 처분연도에 100원의 처분이익과 30원의 법인세비용을 인식하게 됨.

공익법인회계기준은 일반기업회계기준과 달리 자본의 개념이 없고, 공익법인의 자산 총액에서 부채 총액을 차감한 잔여 금액을 순자산으로 규정하고 있지만, 순자산의 가감성격으로서 매도가능증권평가손익, 유형자산재평가이익 등을 순자산조정으로 규정하고 있다.

매도가능증권평가손익이나 유형자산재평가이익 등은 회계상 손익이 아니고 세무상 익금 또는 손금으로도 인정하고 있지 않기 때문에 실질적으로 앞서 서술한 자본거래의 효과가 발생하게 된다. 따라서 매도가능증권평가손익이나 유형자산재평가이익 등이 발생하는 거래에서 일시적 차이의 법인세효과는 직접 관련 순자산조정항목에 가산하거나 차감하여야 할 것이다.

더불어 이렇게 순자산에 대한 법인세비용 배분까지 완료된 후의 금액이 운영성과표상 계상되는 법인세비용이 된다.

③ 재무제표 표시

법인세관련 자산과 부채는 재무상태표의 다른 자산이나 부채와 구분하여 표시되어야 한다. 또한 이연법인세자산과 이연법인세부채는 당기법인세자산과 당기법인세부채로부터 구분되어야 한다(일반기업회계기준 제22장 문단 22.53).

그리고 이연법인세자산(이연법인세부채)은 관련된 자산항목 또는 부채항목의 재무상태표상 분류에 따라 재무상태표에 유동자산(유동부채) 또는 기타비유동자산(기타비유동부채)으로 분류한다. 세무상결손금에 따라 인식하게 되는 이연법인세자산의 경우처럼 재무상태표상 자산항목 또는 부채항목과 관련되지 않은 이연법인세자산과 이연법인세부채는 세무상결손금 등의 예상 소멸시기에 따라서 유동항목과 기타비유동항목으로 분류한다(일반기업회계기준 제22장 문단 22.54).

제3절 중소기업 회계처리 특례에 따른 법인세 회계

① 의의

일반기업회계기준에서는 재무제표에 대한 이해관계자가 적은 중소기업의 회계처리 부담을 완화하기 위하여 몇 가지 특례사항을 규정하고 있는데, 그 중 하나가 법인세 회계에 대한 특례규정이다.

중소기업 회계처리 특례에 따른 법인세 회계는 실제 법인세부담액을 법인세비용으로 처리하고, 이연법인세 변동액에 대해서는 고려하지 않기 때문에 법인세법에 따라 각사업연도소득금액에 대한 신고 및 납부를 하는 법인이라면 쉽게 회계상 법인세비용의 산출이 가능하다.

공익법인의 경우 법인세법상 수익사업에서 발생한 소득에 대하여 법인세 납세의무가 있다. 그러나 수익사업소득에 대하여 영리법인과 동일하게 과세한다면 공익법인이 고유목적사업 등에 사용할 재원 중의 일부가 국가 등에 귀속되어 공익사업을 원활하게 수행하는 데 있어서 장애가 될 수 있다.

이러한 이유로 법인세법에서는 공익법인이 고유목적사업 등에 지출하기 위하여 고유목적사업준비금을 손금에 계상한 경우 일정금액 범위(100%, 80%, 50%) 안에서 이를 손금으로 인정하고 있으며, 이로 인하여 공익법인이 실제 부담하는 법인세액은 없거나 매우 적은 경우가 많다.

따라서 수익사업을 영위하지 않거나 수익사업의 규모가 작은 공익법인일수록 법인세비용이 공익법인의 회계에서 차지하는 중요성도 작아지는 경우가 일반적이다.

따라서 법인세비용이 회계에서 차지하는 중요성이 낮거나 회계전담 인력이 부족한 공익법인이라면 일반기업회계기준 제31장 '중소기업 회계처리 특례'의 법인세 회계처리를 고려하여 개발한 회계정책을 채택함으로써 법인세 회계처리 부담이 완화될 것이다.

② 재무제표 표시 및 회계처리

(1) 법인세비용의 산출

일반기업회계기준 제31장 '중소기업 회계처리 특례'에 따라 법인세비용은 법인세법 등의 법령에 의하여 납부하여야 할 금액으로 할 수 있다(일반기업회계기준 제31장 문단 31.12).

즉, 법인세비용은 해당 회계연도 분의 과세소득에 대한 법인세, 법인세분 지방소득세, 농어촌특별세 등을 말하며, 과거 회계연도와 관련된 법인세 추납액 가산하고 법인세 환급액을 차감하여 산출한다. 이 경우 법인세 추납액(환급액)은 과거 회계연도 분의 과세소득에 대해 세무조사 등으로 추징(환급)되는 세액을 말하며 가산세, 가산금 및 환급가산금을 포함한다(GKQA08-004, 2008. 1. 29).

법인세비용 = 법인세 및 법인세에 부가되는 세액의 합계액 + 법인세 추납액 - 법인세 환급액

(2) 재무제표의 표시

법인세비용은 공익법인이 일정한 회계기간 동안 벌어들인 소득에 대해 부과되는 세금이기 때문에 농 회계연도의 '법인세비용차감전 당기운영이익(손실)'과 구분하여 별도 표시하여야 한다.

(3) 구분경리

중소기업 회계처리 특례에 따른 법인세 회계를 채택하는 경우에도 이연법인세회계를 채택한 경우와 동일하게 법인세비용을 공익목적사업부문과 기타사업부문으로 구분해야 한다.

다만, 중소기업 회계처리 특례를 채택하는 경우에는 이연법인세의 구분 문제는 발생하지 않는다.

통합재무제표와 내부거래

제1절 통합재무제표 작성 방법

공익법인은 재무제표를 공익목적사업부문과 기타사업부문으로 구분하여 작성할 뿐만 아니라 통합한 재무제표도 함께 작성하여야 한다. 따라서 각 부문별 회계정보뿐만 아니라 공익법인 전체의 재무상태나 운영성과에 대한 정보를 제공함으로써 이해관계자들에게 보다 정확한 재무정보를 제공할 수 있다.

이때 주의하여야 할 것은 **통합재무제표를 작성할 때 공익목적사업부문과 기타사업부문 간에 발생한 내부거래는 제거**해야 한다는 것이다. 사업부문의 재무제표에는 사업부문 간 거래에 따라 발생한 채권 · 채무나 수익 · 비용 거래가 계상되지만, 통합재무제표에서는 이를 제거하지 않으면 회계거래가 중복 계상되어 재무제표가 왜곡 표시되기 때문이다.

따라서 통합재무제표는 사업 부문 간의 내부거래 제거로 인하여 각 부문 재무제표의 단순 합산 금액과 다를 수 있으며, 이러한 내용은 공익법인의 선택에 따라 주석사항으로 공시할 수 있다[35].

제2절 내부거래의 유형과 제거

공익법인이라도 내부거래의 유형은 다양할 수 있는데 대표적인 내부거래로는 공익목적사업부문과 기타사업부문간의 1)채권 · 채무거래 2)수익 · 비용거래 3)투자와 자본거래와 본사와 지사와의 4)본지점거래, 법인세법상 수익사업부문과 비수익사업부문 간의 5)고유목적사업준비금 거래 등이 있을 것이다.

이러한 유형의 내부거래는 통합재무제표 작성 시점에 모두 제거하여야 하는데 5)고유목

35) 공익법인회계기준 실무지침서(기획재정부, 2018. 12, p129)

적사업준비금 거래는 제거하지 않고 고유목적사업준비금전입액(수익사업 비용), 고유목적사업준비금환입액(비수익사업 수익)과 고유목적사업준비금(수익사업 부채)으로 각각 계상하도록 하고 있다. 이와 관련하여서는 '제2편 제14장 고유목적사업준비금'을 참조하기 바란다.

이러한 내부거래는 외부거래와 구분하고 추후 제거하기 위하여 별도의 계정과목(예 : 타부문전출금, 타부문전입금)을 사용하거나 동일한 계정과목을 사용한다면 내부거래임을 확인할 수 있도록 따로 구분 관리하여야 할 것이다.

재무제표는 내부거래를 제거하기 전 공익목적사업과 기타사업을 구분한 재무제표와 내부거래를 제거하여 통합한 재무제표를 함께 표시해야 한다. 이때 내부거래를 제거하면 공시된 재무제표 상의 공익목적사업과 기타사업을 단순 합산한 금액과 통합재무제표의 금액이 다를 수 있다.

(1) 채권 · 채무거래

공익목적사업부문과 기타사업부문간에 채권 · 채무거래가 발생할 수 있는데 소모품, 인쇄물, 홍보비의 공동 구입과 같이 업무 편의를 위해 한 사업부문에서 일괄 취득 또는 지급함에 따라 사업부문 간의 미지급금 · 미수금, 선수금 · 선급금 등의 채권 · 채무거래가 발생할 수 있다. 또 사업운영 시 일시적 자금 부족으로 인하여 타사업 부문의 자금을 잠시 빌릴 수 있다.

이때 통합재무제표에서는 **동일 실체 내의 채권 · 채무관계가 성립할 수 없으므로** 자금을 빌린 사업부문의 미지급금, 선수금, 차입금(부채)등과 자금을 제공한 사업부문의 미수금, 선급금, 대여금(자산)등을 제거해야 한다.

(2) 수익 · 비용거래

공익목적사업부문과 기타사업부문간에 채권 · 채무거래뿐만 아니라 수익과 비용거래도 발생할 수 있다. 사업부문간 성과를 관리하는 법인의 경우에는 부문별 재무제표를 작성하고 부문간 내부거래시 수익과 비용을 인식하는 경우가 발생한다. 예를 들면 임대업을 하는 기타사업부문에서 공익목적사업부문의 사업을 위하여 교육장을 빌려주는 경우 외부에게 빌려주는 경우와 비슷한 가격으로 내부거래가격을 정하여 수익을 인식하기도 한다. 이때 임대수익이 발생한 기타사업부문의 수익과 지급임차료가 발생한 공익목적사업부문의 비용은 동일 실체 내의 거래이므로 통합재무제표에서는 제거되어야 한다.

(3) 공익목적사업에서 기타사업으로 출자

공익목적사업부문에서 사용하고 있는 현금이나 부동산등을 기타사업부문으로 출자(일종의 투자)하는 경우가 발생하는데 공익목적사업부문은 기타사업투자금(자산)으로, 기타사업부문은 기타사업자본금(순자산)으로 계상한다.

통합재무제표 작성 시에는 해당 거래를 제거하여 표시해야 하며 이 경우 계정과목명은 공익법인의 선택에 따라 다른 명칭으로 변경할 수 있다. 이때 기타사업자본금(순자산)은 공익목적사업부문에서 기타사업부문으로의 전입을 의미하므로 공익법인회계기준과 구분기준이 다른 법인세법의 구분경리(수익사업과 기타의사업)[36]의 자본의 원입에 따른 수익사업출자금과 일치하지 않을 수 있다[37].

(4) 본사와 지사(또는 본점과 지점)와의 거래

공익법인 중에는 본사(본점) 단독 사업장으로 사업을 영위하는 경우도 있지만 전국적으로 지사(지점, 연락사무소, 수탁사업장 등)를 두고 다수의 사업장을 관리하는 공익법인도 많이 존재한다.

이때 상기에서 살펴본 채권 · 채무거래, 수익 · 비용거래 등이 본사와 지사와의 사이에서도 동일하게 발생된다. 이때 계정과목을 부문간 거래처럼 미수금, 미지급금 등으로 표시하기도 하고 본 · 지점 계정을 사용할 수도 있을 것이다.

---

36) 법인세법 시행규칙 제76조(비영리법인의 구분경리)
③ 비영리법인이 기타의 사업에 속하는 자산을 수익사업에 지출 또는 전입한 경우 그 자산가액은 자본의 원입으로 경리한다. 이 경우 자산가액은 시가에 의한다.

37) 공익법인회계기준 실무지침서(기획재정부, 2018. 12, p130)

제3절 내부거래 유형별 사례

(재)공익은 공익목적사업을 영위하다가 기타사업인 임대업을 시작하고자 주무관청의 허가를 얻어 기본순자산이었던 부동산 500,000,000원을 공익목적사업부문에서 기타사업부문으로 출자하였다. (재)공익은 사업별 손익을 내부적으로 관리함에 따라 공익목적사업부문에서 기타사업부문의 임대용 교육장을 사용하고 대관료 100,000원을 지급하기로 하였다. 또 공익목적사업에서 소모품 300,000을 일괄 구입하고 이 중 70,000은 기타사업부문에서 사용하였다. 상기 내부거래는 모두 현금 지급하지 않고 추후 정산하기로 한다. 연말에 공익목적사업부문에서 일시적으로 자금이 부족하여 기타사업부문으로부터 500,000을 차입하였다.

① 부동산 출자시점

• 공익목적사업부문

(차) 기타사업투자금(자산) 500,000,000 (대) 건물 500,000,000

• 기타사업부문

(차) 건물 500,000,000 (대) 기타사업자본금(순자산) 500,000,000

② 교육장 사용시점

• 공익목적사업부문

(차) 지급임차료(내부거래) 100,000 (대) 미지급금(내부거래) 100,000

• 기타사업부문

(차) 미수금(내부거래) 100,000 (대) 수입임대료(내부거래) 100,000

③ 소모품 구입시점

• 공익목적사업부문

(차) 소모품비 230,000 (대) 현금 300,000
　　　미수금(내부거래) 70,000

• 기타사업부문

(차) 소모품비 70,000 (대) 미지급금(내부거래) 70,000

④ 자금 차입시점

• 공익목적사업부문

(차) 현금(내부거래) 500,000 (대) 차입금(내부거래) 500,000

• 기타사업부문

(차) 대여금(내부거래) 500,000 (대) 현금(내부거래) 500,000

⑤ 통합재무제표 작성시점

• 내부 손익거래 제거

(차) 수입임대료(기타 : 내부거래) 100,000 (대) 지급임차료(공익 : 내부거래) 100,000

• 내부 대차거래 제거

(차) 미지급금(공익 : 내부거래) 100,000 (대) 미수금(공익 : 내부거래) 70,000
(차) 미지급금(기타 : 내부거래) 70,000 (대) 미수금(기타 : 내부거래) 100,000
(차) 차입금(공익 : 내부거래) 500,000 (대) 대여금(기타 : 내부거래) 500,000
(차) 기타사업자본금(순자산) 500,000,000 (대) 기타사업투자금(자산) 500,000,000

| 재무제표 표시 |

	통합	내부거래	공익목적사업	기타사업
운영성과표				
임대료수익	0	(100,000)		100,000
지급임차료	0	(100,000)	100,000	
소모품비	300,000		230,000	70,000
재무상태표				
자산				
미수금	0	(170,000)	70,000	100,000
대여금	0	(500,000)		500,000
기타사업투자금	0	(500,000,000)	500,000,000	
건물	500,000,000			500,000,000
부채				
미지급금	0	(170,000)	100,000	70,000
차입금	0	(500,000)	500,000	
순자산				
기본순자산	500,000,000	(500,000,000)	500,000,000	500,000,000

주 석

주석 제1장

공익법인회계기준

제40조(주석의 정의)

'주석'이란 재무제표 본문(재무상태표, 운영성과표를 말한다)의 전반적인 이해를 돕는 일반사항에 관한 정보, 재무제표 본문에 표시된 항목을 구체적으로 설명하거나 세분화하는 정보, 재무제표 본문에 표시할 수 없는 회계사건 및 그 밖의 사항으로 재무제표에 중요한 영향을 미치거나 재무제표의 이해를 위하여 필요하다고 판단되는 정보를 추가하여 기재하는 것을 말한다.

제41조(필수적 주석기재사항)

공익법인은 이 기준의 다른 조항에서 주석으로 기재할 것을 요구하거나 허용하는 사항 외에 다음 각 호의 사항을 주석으로 기재한다.

1. 공익법인의 개황 및 주요사업 내용
2. 공익법인이 채택한 회계정책(자산 · 부채의 평가기준 및 수익과 비용의 인식기준을 포함한다)
3. 사용이 제한된 현금및현금성자산의 내용
4. 차입금 등 현금 등으로 상환하여야 하는 부채의 주요 내용
5. 현물기부의 내용
6. 제공한 담보 · 보증의 주요 내용
7. 특수관계인(상속세 및 증여세법 제2조 제10호의 정의에 따른다)과의 중요한 거래의 내용
8. 총자산 또는 사업수익금액의 10% 이상에 해당하는 거래에 대한 거래처명, 거래금액, 계정과목 등 거래 내역
9. 회계연도 말 현재 진행 중인 소송 사건의 내용, 소송금액, 진행 상황 등
10. 회계정책, 회계추정의 변경 및 오류수정에 관한 사항
11. 기본순자산의 취득원가와 공정가치를 비교하는 정보에 관한 사항
12. 순자산의 변동에 관한 사항
13. 유형자산 재평가차액의 누적금액
14. 유가증권의 취득원가와 재무제표 본문에 표시된 공정가치를 비교하는 정보
15. 그 밖에 일반기업회계기준에 따라 주석기재가 요구되는 사항 중 공익법인에 관련성이 있고 그 성격이나 금액이 중요한 사항

제42조(선택적 주석기재사항)

이 기준과 일반기업회계기준에서 요구하는 주석기재사항 외에도 재무제표의 유용성을 제고하고 공정한 표시를 위하여 필요한 정보는 재무제표 작성자의 판단과 책임하에서 자발적으로 주석을 기재할 수 있다. 예를 들어, 공익법인이 내부관리목적으로 복수의 구분된 단위로 회계를 하는 경우 각 회계단위별로 작성된 재무제표의 전부 또는 일부를 주석으로 기재할 수 있다.

제43조(주석기재방법)

주석기재는 재무제표 이용자의 이해와 편의를 도모하기 위하여 다음 각 호에 따라 체계적으로 작성한다.

1. 재무제표상의 개별항목에 대한 주석 정보는 해당 개별항목에 기호를 붙이고 별지에 동일한 기호를 표시하여 그 내용을 설명한다.
2. 하나의 주석이 재무제표상 둘 이상의 개별항목과 관련된 경우에는 해당 개별항목 모두에 주석의 기호를 표시한다.
3. 하나의 주석에 포함된 정보가 다른 주석과 관련된 경우에도 해당되는 주석 모두에 관련된 주석의 기호를 표시한다.

주석

공익법인회계기준에서는 재무상태표, 운영성과표와 함께 재무상태표와 운영성과표에 대해 구체적으로 설명하는 정보인 주석을 재무제표의 하나로 규정하고 있다(공익법인회계기준 제5조).

본 장에서는 주석의 개념과 기재사항 그리고 기재방법에 대하여 설명하기로 한다.

제1절 개념

'주석'이란 재무제표 본문(재무상태표, 운영성과표를 말한다)의 전반적인 이해를 돕는 일반사항에 관한 정보, 재무제표 본문에 표시된 항목을 구체적으로 설명하거나 세분화하는 정보, 재무제표 본문에 표시할 수 없는 회계사건 및 그 밖의 사항으로 재무제표에 중요한 영향을 미치거나 재무제표의 이해를 위하여 필요하다고 판단되는 정보를 추가하여 기재하는 것을 말한다(공익법인회계기준 제40조).

주석은 **공익법인회계기준에서 규정하는 재무제표의 하나**로서, 재무제표 본문에 표시된 계량적 정보에 추가하여 재무제표의 전반적인 이해를 위하여 필요한 비계량적 정보를 제공한다(공익법인회계기준 제5조).

즉, 재무제표 본문에 표시된 항목에 대한 보충정보뿐만 아니라 공익법인의 개황 및 주요사업 내용, 기타 우발상황(진행중인 소송에 관한 사항), 약정사항(제공한 담보 · 보증) 등 재무제표 본문에 표시되지 않은 거래나 회계사건으로서 재무제표에 중요한 영향을 미치는 사항에 관한 정보를 주석으로 기재함으로써 정보이용자의 재무제표에 대한 전반적인 이해를 증진시킨다.

따라서 주석이 제외된 재무제표는 완전한 재무제표라고 할 수 없다.

특히 상속세및증여세법 제50조의 3(2019. 12. 31. 법률 제16846호)이 개정되면서 재무상태표, 운영성과표뿐만 아니라 특수관계인과의 거래 등이 기재된 주석사항을 포함한 재무제표 전체를 공시하도록 의무공시 대상서류를 확대하였다. 따라서 공익법인들은 주석사항에 대한 꾸준한 정보관리가 필요하다.

제2절 주석기재사항

① 필수적 주석기재사항

공익법인은 다음 사항을 필수적 주석기재사항으로 한다(공익법인회계기준 제41조).

(1) 공익법인의 개황 및 주요사업 내용

공익법인의 전반적인 상황을 파악할 수 있는 설립 목적, 설립 근거 법령, 설립일자, 설립 시 출연에 관한 사항, 출연자, 출연재산가액, 주요 연혁, 사업장 현황, 주요사업 내용 등 내용을 기재하며, 그 예시는 다음과 같다.

주석 1. 재단의 개황 및 주요사업 내용

재단법인 공익(이하 "재단")은 사회일반의 이익에 공여하기 위하여 공익법인의 설립·운영에 관한 법률의 규정에 따라 학술, 예술 등의 진흥을 위한 문화활동 지원을 목적으로 20×2년 1월 1일 (주)甲이 기본재산 10,000백만원을 출연하여 설립된 재단법인입니다. 재단은 서울특별시 용산구 한강로에 위치하고 있으며, 전국 15개의 문화개발센터를 운영하고 있습니다.

재단의 주요사업 내용은 다음과 같습니다.

(1) 문화예술의 창작·보급 및 문화예술 활동의 지원
(2) 문화예술 진흥을 위한 연구 및 기념사업
(3) 문화예술단체의 활동 지원 및 국내·외 문화예술 교류
(4) 문화예술 인재육성 지원사업
(5) 그 밖의 재단의 목적달성에 필요한 사업

(2) 공익법인이 채택한 회계정책

공익법인이 재무제표를 작성하는데 채택한 회계기준을 기재하고, 공익법인이 적용하고 있는 자산과 부채의 평가기준 및 수익과 비용의 인식기준을 포함한다.

주석 2. 재단이 채택한 회계정책

재단은 공익법인회계기준에 따라 재무제표를 작성하고 있으며, 재단이 적용하고 있는 중요한 회계정책은 다음과 같습니다.

2-1 현금및현금성자산

재단은 통화 및 타인발행수표 등 통화대용증권과 당좌예금, 보통예금 및 큰 거래비용없이 현금으로 전환이 용이하고 이자율 변동에 따른 가치변동이 중요하지 않은 금융상품으로서 취득당시 만기일(또는 상환일)이 3개월 이내인 것을 현금및현금성자산으로 분류하고 있습니다.

2-2 유가증권

유가증권은 취득시에 단기매매증권, 만기보유증권, 매도가능증권으로 분류하고 그 분류의 적정성은 재무제표일마다 재검토하고 있으며, ①단기매매증권은 단기간 내의 매매차익을 목적으로 취득한 유가증권으로서 매수와 매도가 빈번하게 이루어지는 증권이고, ②만기보유증권은 만기가 확정된 채무증권으로서 상환금액이 확정되었거나 확정이 가능하여 원금 및 이자의 상환금액과 상환시기가 약정에 정해져 있는 증권이며, ③매도가능증권은 상술한 단기매매증권이나 만기보유증권으로 분류되지 아니하는 유가증권으로 분류하고 있습니다.

2-3 자산의 평가기준에 의한 손상차손

채권과 유가증권을 제외하고 자산의 진부화 및 시장가치의 급격한 하락 등으로 인하여 자산의 회수가능액이 장부금액에 중요하게 미달되는 경우에는 장부금액을 회수가능액으로 조정하고 그 차액을 손상차손으로 처리하여 당기 손익에 계상하고 있습니다.

2-4 퇴직급여충당부채

회계연도 말 현재 모든 임직원이 일시에 퇴직할 경우 지급하여야 할 퇴직금에 상당하는 금액을 퇴직급여충당부채로 계상하고 있습니다. 그리고 확정급여형퇴직연금제도와 관련하여 별도로 운용되는 자산은 퇴직연금운용자산으로 표시하고 동 충당부채에서 차감하여 표시하고 있으며, 확정기여형 퇴직연금의 경우에는 지급시 퇴직급여로 비용계상하고 있습니다.

2-5 수익의 인식기준

재단의 수익은 발생주의에 의하여 현금의 수수와는 관계없이 수익이 실현되었을 때 인식하고 있습니다. 다만, 현금이나 현물을 기부 받을 때에는 실제 기부를 받는 시점에 수익으로 인식하고 있습니다.

2-6 법인세비용

재단은 공익법인회계기준 제32조에 근거하여, 일반기업회계기준 제31장의 중소기업 회계처리 특례규정에 따라 회계연도에 부담할 법인세등의 합계액을 법인세비용으로 계상하고 있습니다.

(3) 사용이 제한된 현금및현금성자산의 내용

사용이 제한된 현금및현금성자산에는 기본순자산과 같이 주무관청의 허가 없이 사용이나 처분이 제한된 자산뿐만 아니라 차입금 담보, 당좌개설 보증금 등의 이유로 사용이 제한되어 있는 현금및현금성자산도 포함하여 기재한다.

한편, 현금및현금성자산이 아니더라도 사용의 제한이 있는 금융상품이라면 주석에 포함하여 작성해야 한다. 이 경우 주석의 명칭을 "사용이 제한된 금융상품"으로 변경하여 작성이 가능하다[38].

주석 3. 사용이 제한된 금융상품

당기말 및 전기말 현재 사용이 제한된 금융상품 등의 내용은 다음과 같습니다.

계정과목	종류	금융기관명	금액		사용제한내용
			당기말	전기말	
단기투자자산	보통예금	XX은행			기본재산
	보통예금	ZZ은행			지급보증 담보제공
	ELS	OO증권			기본재산
	소 계				
장기투자자산	정기예금	ZZ은행			차입금 담보
	소 계				
합 계					

38) 공익법인회계기준 실무지침서(기획재정부, 2018. 12, p112)

(4) 차입금 등 현금 등으로 상환하여야 하는 부채의 주요 내용

공익법인이 향후 현금 등으로 상환하여야 하는 부채가 있는 경우 차입금 등의 상황(부채의 종류, 당기말 잔액, 이자율 등)과 연도별 상환 스케줄을 주석으로 기재한다.

주석 4. 현금 등으로 상환하여야 하는 부채의 주요 내용

당기말 현재 현금 등으로 상환하여야 하는 주요 부채의 내용은 다음과 같습니다.

(단위: 천원)

종류	이자율	당기말 잔액	상환 예정금액		
			1년 이내	1년 초과 3년 이내	3년 초과
매입채무	-	25,000	25,000	-	-
장기차입금	3.4%	100,000	-	20,000	80,000

(5) 현물기부의 내용

현물을 기부 받은 경우 현물의 종류를 계정과목별로 합산하고, 기부자, 기부가액(현물의 공정가치) 등 주요 내용을 주석으로 기재한다.

주석 5. 현물기부의 내용[39)]

당기 중 현물로 기부받은 자산의 내역은 다음과 같습니다. (단위: 천원)

내 역	금 액	기부자
토 지	200,000,000	㈜AA
건 물	100,000,000	㈜AA
차량운반구	30,000,000	㈜XX자동차

(6) 제공한 담보 · 보증의 주요 내용

자기 또는 타인을 위하여 제공하고 있는 담보 및 보증의 주요 내용을 기재한다.

39) 공익법인회계기준 실무지침서(기획재정부, 2018. 12, p113 주석예시)

주석 6. 제공한 담보 · 보증의 주요 내용

당기말 현재 재단의 유형자산을 담보로 제공한 내역은 다음과 같습니다.

(단위: 천원)

담보제공자산	채권자	관련 차입금	담보설정금액	비고
토지, 건물	㈜삼일은행	50,000	65,000	근저당권 설정

(7) 특수관계인과의 중요한 거래의 내용

① 목적

일반적으로 특수관계자간에는 경쟁적이고 자유로운 시장거래가 이루어지지 않을 가능성이 존재하기 때문에 정보이용자들이 특수관계자간의 거래가 재무제표에 미치는 영향을 예측하고 분석하는 데 도움을 줄 수 있는 목적적합한 정보의 제공이 요구된다.

따라서 특수관계자 거래가 있는 경우 재무제표에 미치는 특수관계의 잠재적 영향을 파악하는 데 필요한 거래, 채권 · 채무 잔액에 대한 정보 등을 주석으로 기재하여야 한다.

② 특수관계인의 범위

공익법인회계기준은 특수관계인에 대하여 상속세 및 증여세법 제2조 제10호의 정의를 따르고 있다. 또한 공익법인이 추가적으로 특수관계자라고 판단하는 자가 존재한다면 자율적인 추가 작성이 가능하다.

주석 7. 특수관계인과의 중요한 거래의 내용[40)]

(1) 당기 중 특수관계자와 거래내역은 다음과 같습니다. (단위: 원)

특수관계자 구분	특수관계자명	수 익		비 용	
		당기	전기	당기	전기
기타	YY법인*	-	-	5,000,000	-

* YY법인은 이사회를 구성하는 다수의 임원이 겸직하고 있는 기관입니다.

40) 공익법인회계기준 실무지침서(기획재정부, 2018. 12, p114 주석예시)

(2) 당기말 및 전기말 현재 특수관계자에 대한 채권 · 채무 내역은 다음과 같습니다.

(단위: 원)

특수관계자 구분	특수관계자명	수 익		비 용	
		당기	전기	당기	전기
출연법인	㈜ XX	-	-	20,000,000	-

(3) 당기 및 전기 주요경영진에 대한 보상내역은 다음과 같습니다. (단위: 원)

구분	당기	전기
단기종업원급여	200,000,000	300,000,000
퇴직급여	40,000,000	30,000,000
합 계	240,000,000	330,000,000

참고 특수관계인의 범위

상속세및증여세법 제2조 【정의】

10. "특수관계인"이란 본인과 친족관계, 경제적 연관관계 또는 경영지배관계 등 대통령령으로 정하는 관계에 있는 자를 말한다. 이 경우 본인도 특수관계인의 특수관계인으로 본다. (2015. 12. 15. 신설)

상속세및증여세법 시행령 제2조의 2 【특수관계인의 범위】

① 법 제2조 제10호에서 "본인과 친족관계, 경제적 연관관계 또는 경영지배관계 등 대통령령으로 정하는 관계에 있는 자"란 본인과 다음 각 호의 어느 하나에 해당하는 관계에 있는 자를 말한다. (2016. 2. 5. 개정)

1. 「국세기본법 시행령」 제1조의 2 제1항 제1호부터 제4호까지의 어느 하나에 해당하는 자(이하 "친족"이라 한다) 및 직계비속의 배우자의 2촌 이내의 혈족과 그 배우자 (2014. 2. 21. 개정)
2. 사용인(출자에 의하여 지배하고 있는 법인의 사용인을 포함한다. 이하 같다)이나 사용인 외의 자로서 본인의 재산으로 생계를 유지하는 자 (2012. 2. 2. 신설)
3. 다음 각 목의 어느 하나에 해당하는 자 (2012. 2. 2. 신설)
   가. 본인이 개인인 경우: 본인이 직접 또는 본인과 제1호에 해당하는 관계에 있는 자가 임원에 대한 임면권의 행사 및 사업방침의 결정 등을 통하여 그 경영에 관하여 사실상의 영향력을 행사하고 있는 기획재정부령으로 정하는 기업집단의 소속 기업[해당 기업의 임원(「법인세법 시행령」 제40조 제1항에 따른 임원을 말한다. 이하 같다)과 퇴직 후 3년(해당 기업이 「독점규제 및 공정거래에 관한 법률」 제14조에

따른 공시대상기업집단에 소속된 경우는 5년)이 지나지 않은 사람(이하 "퇴직임원"이라 한다)을 포함한다] (2019. 2. 12. 개정)

나. 본인이 법인인 경우: 본인이 속한 기획재정부령으로 정하는 기업집단의 소속 기업(해당 기업의 임원과 퇴직임원을 포함한다)과 해당 기업의 임원에 대한 임면권의 행사 및 사업방침의 결정 등을 통하여 그 경영에 관하여 사실상의 영향력을 행사하고 있는 자 및 그와 제1호에 해당하는 관계에 있는 자 (2019. 2. 12. 개정)

4. 본인, 제1호부터 제3호까지의 자 또는 본인과 제1호부터 제3호까지의 자가 공동으로 재산을 출연하여 설립하거나 이사의 과반수를 차지하는 비영리법인 (2012. 2. 2. 신설)
5. 제3호에 해당하는 기업의 임원 또는 퇴직임원이 이사장인 비영리법인 (2019. 2. 12. 개정)
6. 본인, 제1호부터 제5호까지의 자 또는 본인과 제1호부터 제5호까지의 자가 공동으로 발행주식총수 또는 출자총액(이하 "발행주식총수등"이라 한다)의 100분의 30 이상을 출자하고 있는 법인 (2012. 2. 2. 신설)
7. 본인, 제1호부터 제6호까지의 자 또는 본인과 제1호부터 제6호까지의 자가 공동으로 발행주식총수등의 100분의 50 이상을 출자하고 있는 법인 (2012. 2. 2. 신설)
8. 본인, 제1호부터 제7호까지의 자 또는 본인과 제1호부터 제7호까지의 자가 공동으로 재산을 출연하여 설립하거나 이사의 과반수를 차지하는 비영리법인 (2012. 2. 2. 신설)

② 제1항 제2호에서 "사용인"이란 임원, 상업사용인, 그 밖에 고용계약관계에 있는 자를 말한다. (2012. 2. 2. 신설)

③ 제1항 제2호 및 제39조 제1항 제5호에서 "출자에 의하여 지배하고 있는 법인"이란 다음 각 호의 어느 하나에 해당하는 법인을 말한다. (2012. 2. 2. 신설)
1. 제1항 제6호에 해당하는 법인 (2012. 2. 2. 신설)
2. 제1항 제7호에 해당하는 법인 (2012. 2. 2. 신설)
3. 제1항 제1호부터 제7호까지에 해당하는 자가 발행주식총수등의 100분의 50 이상을 출자하고 있는 법인 (2012. 2. 2. 신설)

국세기본법 시행령 제1조의 2 【특수관계인의 범위】.

① 법 제2조 제20호 가목에서 "혈족 · 인척 등 대통령령으로 정하는 친족관계"란 다음 각 호의 어느 하나에 해당하는 관계(이하 "친족관계"라 한다)를 말한다. (2012. 2. 2. 신설)
1. 6촌 이내의 혈족 (2012. 2. 2. 신설)
2. 4촌 이내의 인척 (2012. 2. 2. 신설)
3. 배우자(사실상의 혼인관계에 있는 자를 포함한다) (2012. 2. 2. 신설)
4. 친생자로서 다른 사람에게 친양자 입양된 자 및 그 배우자 · 직계비속 (2012. 2. 2. 신설)

(8) 총자산 또는 사업수익금액의 10% 이상에 해당하는 거래 내역

공시대상 회계기간 중에 발행한 거래 중 거래처별 거래가액이 해당 사업연도의 총자산 또는 사업수입금액의 10% 이상일 경우에는 동 거래에 대한 거래처명, 거래금액, 계정과목 등 그 거래내역을 주석으로 기재한다. 다만, 해당 거래가 '주석 7. 특수관계인과의 중요한 거래의 내용'에 작성되었다면 이 주석에서는 제외한다.

주석은 당기와 전기로 나누어 작성하되, 전기에 10%가 초과되어 작성하였더라도 당기에는 미달하였다면 당기 주석은 작성하지 않아도 된다.

(재)공익의 2020년 재무제표 상 총자산 규모는 100억원이고, 사업수익금액은 20억원이며, 주요 거래내역은 다음과 같다.

날짜	거래처명	적요	금액(원)
2020. 03. 30	A법인	임대료 수입	75,000,000
2020. 03. 30	B법인	임대료 수입	15,000,000
2020. 04. 05	C비영리법인	분배비용(연구비지원)	(50,000,000)
2020. 05. 20	D비영리법인	분배비용(장학금)	(30,000,000)
2020. 05. 20	C비영리법인	분배비용(연구비지원)	(50,000,000)
2020. 06. 30	A법인	임대료 수입	75,000,000
2020. 06. 30	B법인	임대료 수입	15,000,000
2020. 07. 31	C비영리법인	분배비용(연구비지원)	(50,000,000)
2020. 08. 30	D비영리법인	분배비용(장학금)	(15,000,000)
2020. 09. 30	A법인	임대료 수입	75,000,000
2020. 09. 30	B법인	임대료 수입	15,000,000
2020. 10. 22	C비영리법인	분배비용(연구비지원)	(50,000,000)
2020. 12. 30	A법인	임대료 수입	75,000,000
2020. 12. 30	B법인	임대료 수입	15,000,000
2020. 12. 30	D비영리법인	분배비용(장학금)	(30,000,000)

[주석 작성 방법]

① 기준금액 = Min(총자산 × 10%, 사업수입금액 × 10%,)
= Min(10억(100억 × 10%), 2억(20억 × 10%))
= 2억원

② 거래처별 거래금액 집계

거래처명	금액(원)
A법인	300,000,000
B법인	60,000,000
C비영리법인	(200,000,000)
D비영리법인	(75,000,000)

A법인과 C비영리법인과의 거래금액 합계가 기준금액인 2억원(사업수익금액의 10%) 이상이므로 주석공시대상에 해당한다. 그리고 중요성 판단의 기준은 당기 총자산 또는 사업수익금액이기 때문에 전년도 공시대상이 당해 중요성 기준에 미달한다면 공시하지 않아도 된다.

주석 8. 중요한 거래내역[41)]

단일 거래처로부터 발생한 거래규모가 총자산 또는 사업수익금액의 10% 이상인 주요 거래처는 다음과 같습니다.

(1) 당기

(단위: 원)

거래처명	계정과목	거래금액	거래내용
A법인	매출액	300,000,000	임대료수입
C비영리법인	사업수행비용	200,000,000	분배비용

(2) 전기

(단위: 원)

거래처명	계정과목	거래금액	거래내용
A법인	매출액	300,000,000	임대료수입
E법인	기부금수익	500,000,000	현금 기부

(9) 회계연도 말 현재 진행 중인 소송 사건의 내용, 소송금액, 진행 상황 등

재단이 소송의 당사자가 되어 소송계류 중이라면 앞으로 소송의 결과에 따라 손실 또는 이익이 발생할 가능성이 존재한다. 이러한 우발상황은 정보이용자들의 의사결정에 중요한 영향을 끼칠 수 있기 때문에 회계연도 말 현재 진행 중인 소송 사건의 내용, 소송금액, 진행 상황 등에 대하여 주석으로 기재한다.

41) 공익법인회계기준 실무지침서(기획재정부, 2018. 12, p115 주석예시) 참조

주석 9. 회계연도 말 현재 진행 중인 소송사건의 내용, 소송금액, 진행 상황 등

회계연도 말 현재 재단이 피고로 계류 중인 소송사건은 명예훼손에 따른 손해배상청구소송 1건이며, 소송금액은 20,000,000원입니다. 회계연도 말 현재 1심에서는 재단이 원고에게 5,000,000원을 배상할 의무가 있다고 판결하였으며, 이에 대해 재단은 항소하여 2심을 진행 중입니다.

(10) 회계정책, 회계추정의 변경 및 오류수정에 관한 사항

당기에 전기까지 재무제표의 작성에 적용하던 회계정책을 변경하거나 회계적 추정치의 근거와 방법 등을 변경하는 경우 또는 당기 이전 회계연도의 재무제표에 포함된 회계적 오류를 수정하였다면 이에 관한 사항을 주석으로 기재한다.

주석 10. 회계정책, 회계추정의 변경 및 오류수정에 관한 사항

재단은 전기까지 사회복지법인 재무ㆍ회계 규칙 및 자체회계규정을 준용하여 재무제표를 작성하였으나, 당기부터 공익법인회계기준을 준용하여 재무제표를 작성하였습니다. 변경된 회계정책은 원칙적으로 소급하여 적용하며 소급적용에 따른 수정사항을 반영하여 비교재무제표를 재작성하여야 하나 공익법인회계기준 부칙 제3조에 근거하여 공익법인회계기준이 최초 적용되는 당기 재무제표에 대하여는 비교재무제표를 작성하지 아니하였습니다.

(11) 기본순자산의 취득원가와 공정가치를 비교하는 정보에 관한 사항

기본순자산은 공익법인의 설립과 운영의 기초가 되는 핵심적인 자산이다. 그러나 공익법인회계기준 상 공정가치 변동에 따른 평가를 수행할 수 있고 이에 따라 최초 취득한 가액과 평가한 가액이 달라질 수 있다. 이때, 정보이용자의 재무제표와 기본순자산에 대한 이해를 증진시키고 유용한 정보를 제공하기 위해서 기본순자산에 포함된 개별자산의 종류별로 취득원가와 공정가치를 비교하는 정보를 주석에 기재한다.

공익법인회계기준 실무지침서에 따르면 주석을 작성하기 위하여 기본순자산에 해당하는 자산의 공정가치 평가를 별도로 수행할 필요는 없기 때문에 재무제표에 공정가치로 평가한 자산은 공정가치 정보를 제공하고 취득원가로 평가한 자산은 취득원가 부분만 작성하면 된다.

한편, 제 2편 16장 순자산에서 살펴보았듯이 「공익법인 설립·운영에 관한 법률」에 따른 기본재산과 기본순자산은 일치하지 않을 수 있다. 왜냐하면 기본재산은 법률적으로 공익법인의 사후관리를 위해 구분하는 것으로 회계상 개념은 아니기 때문이다.

주석 11. 기본순자산의 시가 정보[42)]

(재)공익의 당기말 현재 기본순자산의 취득원가와 공정가치는 다음과 같습니다.

(단위: 원)

구 분	취득원가	공정가치
정기예금	10,000,000	10,000,000
주식A	30,000,000	35,000,000
토지	200,000,000	평가하지 않음*
건물	100,000,000	평가하지 않음*

* 주석을 작성하기 위해 기본순자산에 해당하는 자산의 공정가치를 별도로 수행할 필요는 없다. 재무제표에 공정가치로 평가한 자산은 공정가치 정보를 제공하고 취득원가로 평가한 자산은 취득원가 부분만 작성하면 된다.

(12) 순자산의 변동에 관한 사항

순자산의 변동에 관한 사항은 재무상태표와 운영성과표와 연계하여 작성해야 하며, 회계연도 말 공익법인의 순자산의 크기와 일정기간 동안의 변동 내용을 포괄적이고 체계적으로 보여줄 수 있다. 순자산의 변동은 다음과 같이 주석으로 기재한다.

42) 공익법인회계기준 실무지침서(기획재정부, 2018. 12, p117 주석예시)

과목	통합				공익목적사업부문				기타사업부문			
	기본순자산	보통순자산		순자산조정	기본순자산	보통순자산		순자산조정	기본순자산	보통순자산		순자산조정
		적립금	잉여금			적립금	잉여금			적립금	잉여금	
전기초	xxx	xxx	xxx	xxx	xxx	xxx	xxx	xxx	xxx	xxx	xxx	xxx
회계정책변경누적효과												
전기오류수정	(xxx)	(xxx)	(xxx)	(xxx)	(xxx)	(xxx)	(xxx)	(xxx)	(xxx)	(xxx)	(xxx)	(xxx)
	(xxx)	(xxx)	(xxx)	(xxx)	(xxx)	(xxx)	(xxx)	(xxx)	(xxx)	(xxx)	(xxx)	(xxx)
수정후 순자산	xxx	xxx	xxx	xxx	xxx	xxx	xxx	xxx	xxx	xxx	xxx	xxx
기본순자산증감	xxx		(xxx)		xxx		(xxx)		xxx		(xxx)	
당기운영이익(손실)			xxx				xxx				xxx	
매도가능증권평가이익				xxx				xxx				xxx
유형자산재평가이익				xxx				xxx				xxx
적립금 전입		xxx	(xxx)			xxx	(xxx)			xxx	(xxx)	
……	xxx	xxx	xxx	xxx	xxx	xxx	xxx	xxx	xxx	xxx	xxx	xxx
전기말	xxx	xxx	xxx	xxx	xxx	xxx	xxx	xxx	xxx	xxx	xxx	xxx
당기초	xxx	xxx	xxx	xxx	xxx	xxx	xxx	xxx	xxx	xxx	xxx	xxx
회계정책변경누적효과												
전기오류수정	(xxx)	(xxx)	(xxx)	(xxx)	(xxx)	(xxx)	(xxx)	(xxx)	(xxx)	(xxx)	(xxx)	(xxx)
	(xxx)	(xxx)	(xxx)	(xxx)	(xxx)	(xxx)	(xxx)	(xxx)	(xxx)	(xxx)	(xxx)	(xxx)
수정후 순자산	xxx	xxx	xxx	xxx	xxx	xxx	xxx	xxx	xxx	xxx	xxx	xxx
기본순자산증감	xxx		(xxx)		xxx		(xxx)		xxx		(xxx)	
당기운영이익(손실)			xxx				xxx				xxx	
매도가능증권평가이익				xxx				xxx				xxx
유형자산재평가이익				xxx				xxx				xxx
적립금 전입		xxx	(xxx)			xxx	(xxx)			xxx	(xxx)	
……	xxx	xxx	xxx	xxx	xxx	xxx	xxx	xxx	xxx	xxx	xxx	xxx
당기말	xxx	xxx	xxx	xxx	xxx	xxx	xxx	xxx	xxx	xxx	xxx	xxx

상기와 같이 순자산 변동에 관한 사항 작성 시 유의해야 할 점은 다음과 같다[43].

① 당기초 금액은 전년도 순자산 변동에 관한 사항 주석의 당기말 금액으로 작성한다.

② 전기말 보고금액이 전기오류수정, 회계정책변경 등으로 인해 변동된 경우, 당기 이전의 손익효과를 구분 기재하여 수정후 순자산 금액을 산출한다.

43) 이하 공익법인회계기준 실무지침서(기획재정부, 2018. 12, p118)

- 공익법인회계기준은 동 기준을 최초 적용하는 재무제표에 대하여 전진법 또는 소급법을 선택 적용하도록 규정하고 있다. 전진법을 적용하는 경우에는 전기 변동내역은 작성하지 않고 당기초 순자산부터 분류체계에 맞게 분류하여 작성하면 된다.

③ 보통순자산에서 기본순자산으로 편입되는 경우, 기본순자산 증가와 보통순자산 감소를 동시에 기재한다. 당기에 지급받은 기부금이나 보조금 등이 기본순자산으로 분류되는 경우 기본순자산의 증감에 인식한다.

④ 당기운영손익에 따른 순자산변동내역은 보통순자산의 잉여금에 반영한다.

- 해당 금액은 운영성과표의 당기운영이익(손실) 금액과 일치해야 한다.

⑤ 매도가능증권평가이익이나 유형자산재평가이익 등 운영성과표에 반영되지 않는 손익은 순자산조정 항목에 반영한다.

⑥ 기초 금액에서 기중 순자산변동내역을 반영하여 당기말 금액을 작성한다.

- 이 때, 기본순자산, 보통순자산, 순자산조정 금액은 재무상태표상 기말금액과 일치해야 한다.

(13) 유형자산 재평가차액의 누적금액

공익법인회계기준 제36조에 따라 유형자산의 재평가를 실시한 경우 재평가차액의 누적금액 정보를 주석으로 기재한다.

주석 13. 유형자산 재평가[44]

(재)공익의 당기말 현재 보유하고 있는 유형자산의 재평가차액은 다음과 같습니다.

(단위: 원)

자산종류	재평가추정방법	재평가 전 장부금액 (A)(*)	재평가금액 (B)	평가 증감 (B-A)
토지	개별공시지가	200,000,000	350,000,000	150,000,000
건물	감정평가	100,000,000	180,000,000	80,000,000
유형자산 합계		300,000,000	530,000,000	230,000,000

(*) 재평가 전 장부금액은 재평가한 시점의 평가전 장부금액을 의미한다.

44) 이하 공익법인회계기준 실무지침서(기획재정부, 2018. 12, p119)

(14) 유가증권의 취득원가와 재무제표 본문에 표시된 공정가치를 비교하는 정보

공익법인은 단기매매증권, 매도가능증권 등을 공정가치로 평가하여 재무제표에 반영하여야 하고, 재무제표 본문에 표시된 유가증권의 공정가치와 취득원가를 비교하는 정보를 주석으로 기재한다. 만약 법인세효과 등의 사유로 인해 공정가치 금액과 장부금액의 차이가 발생할 경우 해당 사유도 주석에 함께 공시한다.

주석 14. 유가증권 평가[45)]

(재)공익의 당기 말 보유하고 있는 유가증권의 내역은 다음과 같습니다.

(1) 지분증권

(단위: 원)

계정명	회사명	주식수	취득원가 (A)	공정가치	장부금액 (B)	평가손익 (B-A)
단기매매증권	㈜ AA(*1)	20주	1,500,000	1,200,000	1,200,000	(300,000)
매도가능증권	㈜ BB(*1)	10주	1,500,000	1,750,000	1,750,000	250,000
	㈜ CC(*2)	30주	5,000,000		5,000,000	-

(*1) 지분증권의 공정가치는 회계연도 말 현재의 종가로 측정하였습니다.
(*2) 해당 주식은 비상장주식으로 합리적인 공정가액을 산정할 수 없어 취득원가로 평가하고 있습니다.

(2) 지분증권

(단위: 원)

계정명	만기일	종목명	취득원가 (A)	공정가치	장부금액 (B)	평가손익 (B-A)
매도가능증권	202×. 2. 25.	ELB	2,000,000	2,016,000	2,016,000	16,000

(15) 일반기업회계기준에 따라 주석기재가 요구되는 사항 중 공익법인에 관련성이 있고 그 성격이나 금액이 중요한 사항

45) 이하 공익법인회계기준 실무지침서(기획재정부, 2018. 12, p120)

2 선택적 주석기재사항

공익법인회계기준과 일반기업회계기준에서 요구하는 주석기재사항 외에도 재무제표의 유용성을 제고하고 공정한 표시를 위하여 필요한 정보는 재무제표 작성자의 판단과 책임하에서 자발적으로 주석을 기재할 수 있다. 예를 들어, 공익법인이 내부관리목적으로 복수의 구분된 단위로 회계를 하는 경우 **각 회계단위별로 작성된 재무제표의 전부 또는 일부를 주석으로 기재**할 수 있다(공익법인회계기준 제42조).

3 공익법인회계기준 개별 조항에서 요구하는 주석기재사항

(1) 기타사업수익의 구분 정보

기타사업수익은 공익법인이 필요하다고 판단하는 경우에는 그 구분정보를 운영성과표 본문에 표시하거나 주석으로 기재할 수 있다(공익법인회계기준 제25조 제4항).

(2) 사업비용의 성격별 구분

사업수행비용은 세부사업별로 추가 구분한 정보를 운영성과표 본문에 표시하거나 주석으로 기재할 수 있다(공익법인회계기준 제27조 제4항).

그리고 **사업수행비용, 일반관리비용, 모금비용에 대해서는 분배비용, 인력비용, 시설비용, 기타비용으로 구분하여 분석한 정보를 운영성과표 본문에 표시하거나 주석으로 기재한다.** 다만, 공익법인이 필요하다고 판단하는 경우에는 더 세분화된 정보를 운영성과표 본문에 표시하거나 주석으로 기재할 수 있다(공익법인회계기준 제27조 제5항).

또 기타사업비용을 인력비용, 시설비용, 기타비용으로 구분하여 분석한 정보는 운영성과표 본문에 표시하거나 주석으로 기재하여야 하며, 그 외 공익법인이 필요하다고 판단하는 구분정보에 대해서는 운영성과표 본문에 표시하거나 주석으로 기재할 수 있다(공익법인회계기준 제27조 제6항). 예를 들어, 기타사업비용을 매출원가와 판매관리비로 구분하여 주석으로 기재할 수 있다.

주석 15. 사업비용의 성격별 구분

운영성과표에는 사업비용이 기능별로 구분되어 표시되어 있습니다. 이를 다시 성격별로 구분한 내용은 다음과 같습니다.

	분배비용(*)	인력비용	시설비용	기타비용	합계
공익목적사업비용	×××	×××	×××	×××	×××
사업수행비용	×××	×××	×××	×××	×××
일반관리비용	-	×××	×××	×××	×××
모금비용	-	×××	×××	×××	×××
기타사업비용	-	×××	×××	×××	×××
합계	-	×××	×××	×××	×××

(*) 분배비용이 없는 공익법인은 해당 계정을 삭제할 수 있다.

또는 공익법인이 선택에 따라 위 정보를 운영성과표 본문에 다음과 같이 직접 표시할 수도 있다.

Ⅰ. 공익목적사업비용	(×××)
1. 사업수행비용	(×××)
분배비용	(×××)
인력비용	(×××)
시설비용	(×××)
기타비용	(×××)
2. 일반관리비용	(×××)
인력비용	(×××)
시설비용	(×××)
기타비용	(×××)
3. 모금비용	(×××)
인력비용	(×××)
시설비용	(×××)
기타비용	(×××)
Ⅱ. 기타사업비용	(×××)
인력비용	(×××)
시설비용	(×××)
기타비용	(×××)

기타비용은 분배비용, 인력비용, 시설비용 외의 비용으로서 여비교통비, 소모품비, 지급수수료, 용역비, 업무추진비, 회의비, 대손상각비 등을 포함하며, 이 경우 **각 공익법인의 특**

성에 따라 금액이 중요한 기타비용 항목은 별도로 구분하여 운영성과표 본문에 표시하거나 주석으로 기재한다(공익법인회계기준 제27조 제5항 제4호).

(3) 퇴직연금운용자산의 구성내역

확정급여형퇴직연금제도와 관련하여 별도로 운용되는 자산은 하나로 통합하여 퇴직연금운용자산으로 표시하고, 퇴직급여충당부채에서 차감하는 형식으로 표시한다. 퇴직연금운용자산의 구성내역은 주석으로 기재한다(공익법인회계기준 제38조 제3항).

주석 16. 퇴직연금운용자산의 구성내역[46)]

(재)공익의 퇴직연금운용자산의 구성내역은 다음과 같습니다.

(단위: 원)

구 분	당기말	전기말
정기예금	30,000,000	40,000,000
매도가능증권	90,000,000	76,000,000
기타	90,000,000	60,000,000
합계	210,000,000	176,000,000

제3절 주석기재방법

주석기재는 재무제표 이용자의 이해와 편의를 도모하기 위하여 다음 각 호에 따라 체계적으로 작성한다(공익법인회계기준 제43조).

1. 재무제표상의 개별항목에 대한 주석 정보는 해당 개별항목에 기호를 붙이고 별지에 동일한 기호를 표시하여 그 내용을 설명한다.
2. 하나의 주석이 재무제표상 둘 이상의 개별항목과 관련된 경우에는 해당 개별항목 모두에 주석의 기호를 표시한다.
3. 하나의 주석에 포함된 정보가 다른 주석과 관련된 경우에도 해당되는 주석 모두에 관련된 주석의 기호를 표시한다.

46) 공익법인회계기준 실무지침서(기획재정부, 2018. 12, p122 주석예시)

재무상태표

과목	통합	공익목적사업	기타사업
자산			
현금및현금성자산(주석2, 3)	×××	×××	×××
단기투자자산	×××	×××	×××
……	×××	×××	×××

[주석]

주석 2. 재단이 채택한 회계정책

재단은 공익법인회계기준에 따라 재무제표를 작성하고 있으며, 재단이 적용하고 있는 중요한 회계정책은 다음과 같습니다.

2-1 현금 및 현금성자산

재단은 통화 및 타인발행수표 등 통화대용증권과 당좌예금, 보통예금 및 큰 거래비용없이 현금으로 전환이 용이하고 이자율 변동에 따른 가치변동이 중요하지 않은 금융상품으로서 취득당시 만기일(또는 상환일)이 3개월 이내인 것을 현금및현금성자산으로 분류하고 있습니다.

주석 3. 사용이 제한된 현금및현금성자산

당기말 현재 사용이 제한된 현금및현금성자산의 내용은 다음과 같습니다.

(단위: 천원)

구분	내용	당기말	전기말
정기예금	질권 설정	10,500	-

제 5 편

공 시

상속세 및 증여세법 제50조의 3 【공익법인등의 결산서류등의 공시의무】

① 공익법인등(사업의 특성 등을 고려하여 대통령령으로 정하는 공익법인등은 제외한다. 이하 이 조에서 같다)은 다음 각 호의 서류 등(이하 이 조에서 "결산서류등"이라 한다)을 해당 공익법인등의 과세기간 또는 사업연도 종료일부터 4개월 이내에 대통령령으로 정하는 바에 따라 국세청의 인터넷 홈페이지에 게재하는 방법으로 공시하여야 한다. 다만, 자산 규모 등을 고려하여 대통령령으로 정하는 공익법인등은 대통령령으로 정하는 바에 따라 간편한 방식으로 공시할 수 있다. (2019. 12. 31. 개정)

1. 재무제표 (2019. 12. 31. 개정)
2. 기부금 모집 및 지출 내용 (2019. 12. 31. 호번개정)
3. 해당 공익법인등의 대표자, 이사, 출연자, 소재지 및 목적사업에 관한 사항 (2019. 12. 31. 호번개정)
4. 출연재산의 운용소득 사용명세 (2019. 12. 31. 호번개정)
5. 제50조 제3항에 따라 회계감사를 받을 의무가 있는 공익법인등에 해당하는 경우에는 감사보고서와 그 감사보고서에 첨부된 재무제표 (2019. 12. 31. 호번개정)
6. 주식보유 현황 등 대통령령으로 정하는 사항 (2019. 12. 31. 호번개정)

② 국세청장은 공익법인등이 제1항에 따라 결산서류등을 공시하지 아니하거나 그 공시 내용에 오류가 있는 경우에는 해당 공익법인등에 대하여 1개월 이내의 기간을 정하여 공시하도록 하거나 오류를 시정하도록 요구할 수 있다. (2010. 1. 1. 개정)

법인세법 시행령 제39조 【지정기부금의 범위 등】

⑤ 제1항 제1호 각 목(마목은 제외한다)의 지정기부금단체등은 지정기간(제4호의 경우에는 지정일이 속하는 연도의 직전 연도를 포함한다) 동안 다음 각 호의 의무를 이행해야 한다. (2020. 2. 11. 개정)

7. 「상속세 및 증여세법」 제50조의 3 제1항 제1호부터 제4호까지의 서류 등을 해당 지정기부금단체등과 국세청의 인터넷 홈페이지를 통하여 공시할 것. 다만, 「상속세 및 증여세법 시행령」 제43조의 3 제1항 제1호에 따른 공익법인등은 제외한다. (2018. 2. 13. 신설)

상속세 및 증여세법 시행령 제43조의 3 【공익법인등의 결산서류등의 공시의무】

① 법 제50조의 3 제1항 각 호 외의 부분 본문에서 "대통령령으로 정하는 공익법인등"이란 제12조 제1호의 사업*을 영위하는 공익법인등을 말한다. (2020. 2. 11. 개정)

(*) 종교의 보급 기타 교화에 현저히 기여하는 사업

② 법 제50조의 3 제1항 각 호 외의 부분 단서에서 "대통령령으로 정하는 공익법인등"이란 법 제50조의 3 제1항에 따른 결산서류등(이하 이 조에서 "결산서류등"이라 한다)의 공시대상 과세기간 또는 사업연도의 종료일 현재 재무상태표상 총자산가액(부동산인 경우 법 제60조 · 제61조

및 제66조에 따라 평가한 가액이 재무상태표상의 가액보다 크면 그 평가한 가액을 말한다)의 합계액이 5억원 미만인 공익법인등을 말한다. 다만, 해당 과세기간 또는 사업연도의 수입금액과 그 과세기간 또는 사업연도에 출연받은 재산가액의 합계액이 3억원 이상인 공익법인등은 제외한다. (2020. 2. 11. 신설)

④ 법 제50조의 3 제1항에 따른 공익법인등은 국세청의 인터넷 홈페이지에 접속하여 기획재정부령으로 정하는 표준서식(법 제50조의 3 제1항 각 호 외의 부분 단서에 따른 공익법인등의 경우 기획재정부령으로 정하는 간편서식을 말한다)에 따라 작성된 결산서류등을 직접 공시해야 한다. (2020. 2. 11. 개정)

⑤ 국세청장은 법 제50조의 3 제2항에 따라 공시요구를 하거나 오류시정을 요구할 때에는 문서로 하여야 하며, 요구를 이행하지 아니하는 공익법인등에 대하여는 법 제78조 제11항에 따라 가산세를 부과하고 해당 공익법인등의 주무부장관에게 관련 사실을 통보하여야 한다. (2008. 2. 22. 신설)

상속세 및 증여세법 제78조【가산세 등】

⑪ 세무서장등은 공익법인등이 제50조의 3에 따른 결산서류등을 공시하지 아니하거나 공시 내용에 오류가 있는 경우로서 국세청장의 공시 또는 시정 요구를 지정된 기한까지 이행하지 아니하는 경우에는 공시하여야 할 과세기간 또는 사업연도의 종료일 현재 그 공익법인등의 자산총액의 1천분의 5에 상당하는 금액을 대통령령으로 정하는 바에 따라 그 공익법인등이 납부할 세액에 가산하여 부과한다. 다만, 제50조의 3 제1항 각 호 외의 부분 단서에 따른 공익법인등의 2022년 12월 31일 이전에 개시하는 과세기간 또는 사업연도분의 공시에 대하여는 본문에 따른 가산세를 부과하지 아니한다. (2019. 12. 31. 단서신설)

결산서류 등의 공시

제1절 • 공시제도에 대한 이해

2020년 1월 1일부터 규모에 상관없이 모든 공익법인(단, 종교의 보급 기타 교화에 현저히 기여하는 사업을 하는 공익법인은 제외)은 다음의 서류를 사업연도 종료일로부터 4개월 이내에 국세청 홈택스와 단체 홈페이지에 게시하여야 한다. 다만, 자산 총액 5억원 미만 또는 수입금액과 출연재산의 합계액이 3억원 미만인 공익법인은 간편서식으로 공시할 수 있다.

1. 공익법인 결산서류 등의 공시 (별지 제31호)
2. 기부금품의 수입 및 지출 명세서 (별지 제31호 부표1)
3. 주식 등의 출연취득보유 및 처분 명세서 (별지 제31호 부표2)
4. 출연자 및 이사 등 주요 구성원 현황 명세서 (별지 제31호 부표3)
5. 출연받은 재산의 공익목적사용 현황 (별지 제31호 부표4)
6. 운용소득 사용명세서 (별지 제31호 부표5)
7. 재무상태표 및 운영성과표

국세청장은 공익법인이 결산서류등을 공시하지 않았거나 공시내용에 오류가 있는 경우에는 해당 공익법인에게 1개월 이내의 기간을 정하여 공시하도록 하거나 오류를 시정하도록 요구할 수 있다. 만약 요구를 이행하지 않는 공익법인에 대하여는 자산총액의 0.5%에 상당하는 금액이 가산세로 부과된다.

제2절 표준 공시서식 작성방법

표준 공시서식(별지 제31호 서식)은 결산서류 등의 공시대상 사업연도의 종료일 현재 재무상태표상 총자산가액(부동산인 경우 「상속세 및 증여세법」 제60조, 제61조, 제66조에 따라 평가한 가액이 재무상태표상의 가액보다 크면 그 평가한 가액)이 5억원 이상이거나 수입금액과 해당 사업연도에 출연받은 재산의 합계액이 3억원 이상인 공익법인등이 작성하는 서식이다. 이 서식에서 통합 재무상태표와 운영성과표는 내부거래를 제거한 후의 금액을 적는다.

이하에서 서식 중요 부분의 작성 방법을 설명하기로 한다.

① 별지 제31호 서식. 공익법인 결산서류 등의 공시_의무공시

[별지 제31호서식](2019. 3. 20. 개정)

공익법인 결산서류 등의 공시_의무공시

※ 뒤쪽의 작성방법을 읽고 작성해 주시기 바랍니다.
※ [ ]에는 해당되는 곳에 √표를 합니다.

(7쪽 중 제1쪽)

1. 기본사항

사업연도(과세기간):	년 월 일 ~ 년 월 일	[ ] 정기공시 [ ] 해산공시	
① 공익법인등 명		② 사업자등록번호 (고유번호)	
③ 대표자		④ 설립연월일	
⑤ 소재지		⑥ 전화번호/팩스	/
⑦ 홈페이지 주소		⑧ 전자우편주소	
⑨ 주무관청		⑩ 기부금(단체) 유형	[ ]법정 [ ]지정 [ ]기타
⑪ 설립근거법			
⑫ 설립유형	[ ]재단법인 [ ]사단법인 [ ]법인으로 보는 단체 [ ]공공기관 [ ]기타		
⑬ 공익사업유형			
⑭ 설립주체	[ ]개인 [ ]기업 [ ]개인·기업 [ ]국가 [ ]지방자치단체 [ ]기타		
⑮ 이사 수	명	⑯ 자원봉사자 연인원 수	명
⑰ 고용직원 수	명		

2. 재무현황 (단위: 원)

구분	⑱총자산가액	⑲부채	⑳순자산			
			㉑소계	㉒기본순자산	㉓보통순자산	㉔순자산조정
ⓐ 총계 (ⓐ=ⓑ+ⓒ)						
ⓑ 공익목적사업						
ⓒ 기타사업						

3. 자산현황 (단위: 원)

구분	㉕총자산가액	㉖토지	㉗건물	㉘주식 및 출자지분	㉙금융자산	㉚기타자산
ⓐ 총계 (ⓐ=ⓑ+ⓒ)						
ⓑ 공익목적사업						
ⓒ 기타사업						

4. 수익현황 (단위: 원)

구분	㉛총계	㉜사업수익					㊳사업외수익	㊴고유목적사업준비금 환입액
		㉝소계	㉞기부금	㉟보조금	㊱회비수익	㊲기타		
ⓐ 총계 (ⓐ=ⓑ+ⓒ)								
ⓑ 공익목적사업								
ⓒ 기타사업								

5. 비용현황 (단위: 원)

구분	㊵총계	㊶사업비용					㊼사업외 비용 등 기타	㊽고유목적 사업준비금 전입액
		㊷소계	㊸사업 수행비용	㊹일반 관리비용	㊺모금 비용	㊻기타		
ⓐ 총계(ⓐ=ⓑ+ⓒ)								
ⓑ 공익목적사업								
ⓒ 기타사업								

6. 세무확인과 회계감사

㊾ 복식부기 여부	[ ]여 [ ]부	㊿ 적용회계기준	
51 세무확인 여부	[ ]여 [ ]부	52 외부 회계감사 여부	[ ]여 [ ]부

210mm×297mm[백상지 80g/㎡ 또는 중질지 80g/㎡]

1. 기본사항

⑨ 주무관청 : 비영리법인의 설립을 허가한 주무관청 명칭을 적고, 주무관청으로부터 관리, 감독 권한을 위임 받은 정부 또는 지방자치단체가 있는 경우에는 위임 받은 기관의 명칭을 괄호에 기록한다. 이때 주무관청이 없는 단체의 경우 관할세무서를 주무관청으로 기록한다.

예) 교육청의 관리 감독을 받는 장학재단인 경우 교육부(교육청), 서울시의 관리 감독을 받는 종교법인의 경우 문화체육관광부(서울특별시)

⑩ 기부금(단체) 유형 : 해당 공익법인이 「법인세법」 제24조 제3항 또는 「소득세법」 제34조 제3항에 따른 법정기부금 대상 단체인 경우 "법정"에, 「법인세법」 제24조 제4항 또는 「소득세법」 제34조 제2항에 따른 지정기부금 대상 단체인 경우 "지정"에, 그 밖의 경우 "기타"에 √표를 한다.

⑪ 설립근거법 : 다음의 공익법인 설립근거법 중에서 해당되는 법을 선택하여 모두 적는다. 1. 민법, 2. 공익법인의 설립 · 운영에 관한 법률, 3. 사회복지사업법, 4. 사립학교법, 5. 의료법, 6. 협동조합기본법, 7. 기타 법률, 8. 해당없음

⑫ 설립유형 : 해당되는 단체유형에 √표를 한다.

- 「민법」이나 「공익법인의 설립 · 운영에 관한 법률」에 따라 설립된 재단법인이나 사단법인인 경우에는 각각 해당란에 √표를 한다.
- 「국세기본법」 제13조에 따른 '법인으로 보는 단체'는 '법인으로 보는 단체'에 √표를 한다.
- 「공공기관 운영에 관한 법률」에 따른 공공기관인 경우에는 공공기관에 √표를 한다.
- 위에 해당하지 않는 공익법인등은 기타에 √표를 한다.

⑬ 공익사업유형 : 1. 교육, 2. 학술 · 장학, 3. 사회복지, 4. 의료, 5. 예술 · 문화, 6. 기타 중에서 하나를 선택하여 적는다.

⑭ 설립주체 : 설립주체(기본재산 출연자)에 √표를 한다.

- (개인) 개인 또는 가족이 설립한 단체
- (기업) 기업이 설립한 단체
- (개인 · 기업) 개인과 기업이 동일한 출연금으로 설립한 단체
- (국가) 국가(정부) 및 공공기관이 설립한 단체
- (지방자치단체) 지방자치단체가 설립한 단체
- (기타) 그 밖의 주체가 설립한 단체

이때 개인과 기업이 함께 출연하여 설립한 경우에는 개인출연금이 기업출연금보다 크면 '개인'을, 기업출연금이 개인출연금보다 크면 '기업'을 선택한다.

⑮ 이사 수 : 사업연도 말 현재 이사회 구성원(등기사항증명서상 이사)인 이사 수를 적는다. 법인이 아닌 단체는 정관요건 충족한 이사를 기재한다.

⑯ 자원봉사자 연인원 수 : 자원봉사자 연인원을 적는다. 예를 들면 1명의 자원봉사자가 365일 봉사활동을 수행했을 경우에는 1×365＝365명으로 적는다.

⑰ 고용직원 수 : 공익법인등의 연평균 상시근로자 수(공익목적사업과 기타사업을 포함한 정규직 및 비정규직의 상시 인원을 합하며, 일용직은 제외)를 적는다. 연 평균 상시근로자 수는 다음과 같이 산출한다.

- 매월 말 상시 고용직원 수 합계 / 사업연도 월수

2. 재무현황

모든 숫자는 사업연도(과세기간) 종료일 현재 「공익법인회계기준」에 따라 작성한 재무상태표상 총자산가액 및 부채, 순자산 가액을 공익목적사업과 기타사업으로 구분하여 적는다. 따라서 각 목의 ⓐ 총계는 재무상태표의 통합분과 일치해야 한다.

이때 '공익목적사업'은 공익법인등의 정관에 기재된 공익목적사업(예 : 문화 · 예술 전시사업, 연주회 등 공익목적으로 하는 사업의 입장료 수익 등은 「법인세법」상 수익사업이지만 공익목적사업부문으로 구분한다)을 말하고 '기타사업'은 공익법인등의 정관에 기재된 공익목적사업 외의 사업을 말한다. 다만, 정관에 기재된 사업이라 하더라도 공익목적활동으로 볼 수 없는 사업은 기타사업부문으로 구분하여야 하며, 공익목적활동의 부수적으로 발생하는 사업이더라도 기념품 판매, 카페 운영, 금융소득 창출을 위한 적극적인 금융자산 투자 등은 기타사업부문으로 구분한다. 이에 대하여는 제2편 제1장 재무상태표의 작성을 참조하기 바란다.

3. 자산현황

㉕ 총자산가액 : 재무상태표의 통합분 "코드 19000번"과 일치해야 한다.

㉖ 토지 : 재무상태표의 통합분 "코드 12210번"과 일치해야 한다.

㉗ 건물 : 건물취득가액에서 감가상각누계액을 차감한 금액으로 적는다. 재무상태표의 통합분 "코드 1220번"에서 코드 1221번"을 차감한 금액과 일치해야 한다.

㉘ 주식 및 출자지분 : 공익법인등이 보유한 주식(보통주, 우선주 포함)이나 출자지분의 재무상태표(대차대조표)상 가액을 적는다.

㉙ 금융자산 : 공익법인등이 보유하고 있는 현금및현금성자산(보통예금, 당좌예금, 취득 시 만기가 3개월인 금융상품등)과 금융기관 등에 예치하고 있는 정기예금, 정기적금, 펀드상품, 저축성 보험상품 등 및 국채, 회사채등 유가증권(주식 및 출자지분 제외)의 재무상태표상 가액을 적는다. 정기예금 등에서 발생한 미수이자는 금융자산 란에서 제외한다.

㉚ 기타자산 : 공익법인등이 가지고 있는 매출채권, 미수이자, 미수임대료, 선급금 등 ㉗부터 ㉙에 해당하지 않는 자산을 적는다.

4. 수익현황

공익법인등의 운영성과표상 사업수익과 사업외수익, 고유목적사업준비금 환입액을 공익목적사업과 기타사업으로 구분하여 적는다.

㉞ 기부금 : 개인이나 단체 등으로부터 수령한 기부금 합계를 공익목적사업에 적는다.

㉟ 보조금 : 국가 및 지방자치단체 또는 공공기관 등과 같은 보조사업자로부터 받은 보조금을 공익목적사업에 적는다. 공익사업과 관련 없이 받은 보조금(예 : 장애인 고용장려금, 장애인촉진 지원금 등)은 사업외수익에 적는다. 여기서 보조사업자란 「보조금 관리에 관한 법률」에 따른 보조금의 교부대상이 되는 사무 또는 사업(보조사업)을 수행하는 자를 말한다.

㊱ 회비수익 : 공익법인등이 회원을 대상으로 받는 회비를 적는다. 회원을 대상으로 발생하지만 일반적인 매출(재화 · 용역 제공) 거래는 회비수익이 아니다. 회원으로부터 받는 회비이지만 납부에 따른 혜택이 없거나, 납부가 강제되지도 않고, 기부금영수증을 발급해주는 경우에는 명목상 회비일 뿐 기부금과 동일한 성격이므로 '기부금'란에 적는다.

㉞, ㉟, ㊱ 각각의 총계는 운영성과표의 통합분 "코드 11000", "코드 12000", "코드 13000"과 각각 일치해야 한다.

㊲ 기타 : 기부금, 보조금, 회비수익 외의 사업수익을 적는다.

㊳ 사업외수익 : 사업수익이 아닌 수익 또는 차익으로서 운영성과표에 사업외수익으로 기재되는 유형 · 무형 자산처분이익, 유형 · 무형자산손상차손환입, 전기오류수정이익 등의 합계액을 적는다.

㊴ 고유목적사업준비금환입액 : 법인세법상 고유목적사업준비금이 법인세법에 따라 수익사업부문에서 고유목적사업부문에 전출되어 목적사업에 사용된 금액과 미사용되어 임의 환입된 금액을 합하여 적는다.

5. 비용현황

공익법인등의 운영성과표상의 사업비용과 사업외비용, 고유목적사업준비금 전입액을 공익목적사업과 기타사업으로 구분하여 적는다.

㊸ 사업수행비용 : 공익법인이 추구하는 본연의 임무나 목적을 달성하기 위해 수혜자, 고객, 회원 등에게 재화나 용역을 제공하는 활동에서 발생하는 비용('11.공익목적사업의 비용 세부현황'의 사업수행비용 총 합계)을 적는다.

㊹ 일반관리비용 : 공익법인등의 기획, 인사, 재무, 감독 등 제반 관리활동에서 발생하는 비용('11.공익목적사업의 비용 세부현황'의 일반관리비용 총 합계)을 적는다.

㊺ 모금비용 : 공익법인등의 모금 홍보, 모금 행사, 기부자 리스트 관리, 모금 고지서 발송 등의 모금활동에서 발생하는 비용('11.공익목적사업의 비용 세부현황'의 모금비용 총 합계)을 적는다.

㊸, ㊹, ㊺, ㊻, ㊼, ㊽ 각각의 총계는 운영성과표의 통합분 "코드 21000번", "코드 22000번", "코드 23000번", "코드 24000번", "코드 50000번", "코드 60000번"과 각각 일치해야 한다.

6. 세무확인과 회계감사

㊾ 복식부기 여부 : 공익법인등이 복식부기 회계처리 방식을 적용한 경우 '복식'에 √표를 하고, 그 외의 경우는 '단식'에 √표를 한다.

㊿ 적용회계기준 : 공익법인이 회계처리 시 적용한 다음의 회계기준 중 하나를 기재하며, 기타의 경우 적용한 해당회계기준 명칭을 괄호 안에 적는다.

1. 공익법인 회계기준, 2. 의료기관 회계기준 규칙, 3. 사학기관 재무회계 규칙, 4. 사학기관 재무회계 규칙에 대한 특례 규칙, 5. 기타(*****기준)

51 세무확인 여부 : 「상속세 및 증여세법」 제50조 제1항에 따른 외부전문가의 세무확인을 받은 경우 "여"에, 받지 않은 경우 "부"에 √표를 한다.

52 외부 회계감사 여부 : 「상속세 및 증여세법」 제50조 제3항에 따른 회계감사를 받은 경우 "여"에, 받지 않은 경우 "부"에 √표를 한다. 이때 공익법인등의 상근 혹은 비상근 내부감사에게만 회계감사를 받은 경우에는 "부"에 √표를 한다.

8. 공익목적사업 세부현황

① 정관에 기재된 공익목적사업 현황

② 사업내용(중복체크 가능)

[ ]문화예술(코드1100) [ ]스포츠(코드1200) [ ]기타 레크리에이션 및 봉사 클럽(코드1300)

[ ]초등 및 중등 교육(코드2100) [ ]고등교육(코드2200) [ ]기타교육(코드2300) [ ]학술연구(코드2400)
[ ]장학(코드2500) [ ]영유아보육(코드2600)

[ ]병원 및 재활시설(코드3100) [ ]요양원(코드3200) [ ]정신 건강 및 위기개입(코드3300) [ ] 기타 보건서비스(코드3400)

[ ]사회복지(코드4100) [ ]긴급상황 및 구호(코드4200) [ ]소득 지원 및 보존(코드4300)

[ ]환경(코드5100) [ ]동물(코드5200)

[ ]경제, 사회 및 지역사회개발(코드6100) [ ]주거(코드6200) [ ]고용 및 훈련(코드6300)

[ ]시민 및 옹호단체(코드7100) [ ]법률 및 법률서비스(코드7200) [ ]정치단체(코드7300)

[ ]배분(지원) 재단(코드8100) [ ]봉사증진(코드8200) [ ]모금활동(코드8300)

[ ]국제활동(코드9100)

[ ]종교단체 및 종교 관련 단체(코드10100)

[ ]비지니스연합(코드11100) [ ]전문가연합(코드11200) [ ]노동조합(코드11300)

[ ]기타(코드12100)

③ 사업대상

[ ]모두 해당, [ ]아동, [ ]청소년, [ ]노인, [ ]장애인, [ ]외국인(다문화), [ ]가족·여성,
[ ]일반대중, [ ]기타

④ 국내 주요 사업지역

[ ]전국, [ ]서울, [ ]부산, [ ]인천, [ ]대전, [ ]광주, [ ]대구, [ ]울산, [ ]강원, [ ]경기,
[ ]경남, [ ]경북, [ ]충남, [ ]충북, [ ]전남, [ ]전북, [ ]세종, [ ]제주, [ ]해당 없음

⑤ 국외 주요 사업지역

[ ]전세계, [ ]유럽, [ ]아시아, [ ]북아메리카, [ ]아프리카, [ ]오세아니아, [ ]남아메리카,
[ ]해당 없음

⑥ 공익목적사업의 사업별 실적

1	코드		사업명		사업수행비용	원
사업내용					사업지역	
2	코드		사업명		사업수행비용	원
사업내용					사업지역	
3	코드		사업명		사업수행비용	원
사업내용					사업지역	
4	그 외 사업		개	사업수행비용		원
합 계	총 공익목적사업		개	사업수행비용 합계		원

8. 공익목적사업 세부현황

① 공익목적사업 현황 : 공익법인등의 정관상 고유목적사업의 주요 업무, 실적 및 향후 계획 등을 적는다.

② 사업내용 : 공익법인등이 실제로 수행하고 있는 사업에 모두 √표를 한다. 모금 후 모금액을 불특정 단체에 배분하거나 지원하는 경우는 "배분(지원) 재단(코드8100)"에 √표를 하고, 모금 후 모금액을 소수의 특정한 단체에 지원하는 경우에는 "모금활동(코드8300)"에 √표를 한다. 사업내용은 중복체크가 가능한다(예 : 재단이면서 사회복지단체를 지원하는 경우, "배분(지원) 재단"과 "사회복지" 모두 √표를 한다).

③부터 ⑤까지 [ ]에는 공익법인등이 실제로 수행하는 사업의 사업대상, 국내 주요 사업지역, 국외 주요 사업지역에 해당되는 곳에 모두 √표를 한다.

⑥ 공익목적사업의 사업별 실적 : 공익목적사업의 사업별 실적(사업명, 사업수행비용, 사업내용, 사업지역)을 적는다. 코드는 "②사업내용"에 해당하는 코드를 적는다. 공익법인등이 수행하는 사업이 3개 이상인 경우 사업수행비용이 많은 3개 사업의 사업실적은 별도로 적고, 나머지는 '그 외 사업'에 합산하여 적는다. 사업수행비용 합계는 "5. 비용현황"의 사업수행비용 총계와 일치해야 한다.

9. 공익목적사업의 수익 세부현황

(단위: 원)

<table>
<tr><td rowspan="2" colspan="3">구 분</td><td colspan="2">사업연도(과세기간)</td></tr>
<tr><td>당 기</td><td>전 기</td></tr>
<tr><td colspan="3">1. 사업수익</td><td></td><td></td></tr>
<tr><td colspan="3">1) 기부금품</td><td></td><td></td></tr>
<tr><td colspan="3">① 개인기부금품</td><td></td><td></td></tr>
<tr><td colspan="3">② 영리법인기부금품</td><td></td><td></td></tr>
<tr><td colspan="3">③ 모금단체, 재단 등 다른 공익법인등의 지원금품</td><td></td><td></td></tr>
<tr><td colspan="3">④ 기타기부금품</td><td></td><td></td></tr>
<tr><td rowspan="2">* 기부물품
①-④에 포함된 기부물품</td><td>당기</td><td>전기</td><td rowspan="2"></td><td rowspan="2"></td></tr>
<tr><td></td><td></td></tr>
<tr><td colspan="3">2) 보조금</td><td></td><td></td></tr>
<tr><td colspan="3">3) 회비수익</td><td></td><td></td></tr>
<tr><td colspan="3">4) 기타공익목적사업수익</td><td></td><td></td></tr>
<tr><td colspan="3">2. 사업외 수익</td><td></td><td></td></tr>
<tr><td colspan="3">3. 고유목적사업 준비금 환입액</td><td></td><td></td></tr>
<tr><td colspan="3">4. 총 합계 (1+2+3)</td><td></td><td></td></tr>
</table>

10. 기타사업의 손익 세부현황

(단위: 원)

<table>
<tr><td rowspan="4">구분</td><td rowspan="4">① 합계</td><td colspan="10">기타사업손익</td></tr>
<tr><td colspan="9">사업손익</td><td rowspan="3">⑩사업외손익</td></tr>
<tr><td colspan="4">금 융</td><td colspan="4">부 동 산</td><td rowspan="2">⑨ 기타</td></tr>
<tr><td>② 소계</td><td>③ 이자</td><td>④ 배당</td><td>⑤ 기타금융</td><td>⑥ 소계</td><td>⑦ 임대</td><td>⑧ 매각</td></tr>
<tr><td>수익금액</td><td></td><td></td><td></td><td></td><td></td><td></td><td></td><td></td><td></td><td></td></tr>
<tr><td>비용</td><td></td><td></td><td></td><td></td><td></td><td></td><td></td><td></td><td></td><td></td></tr>
<tr><td>이익(손실)</td><td></td><td></td><td></td><td></td><td></td><td></td><td></td><td></td><td></td><td></td></tr>
</table>

11. 공익목적사업의 비용 세부현황

(단위: 원)

<table>
<tr><td rowspan="3">구 분</td><td colspan="5">사업연도(과세기간)</td></tr>
<tr><td colspan="4">당 기</td><td rowspan="2">전 기</td></tr>
<tr><td>합계</td><td>사업 수행비용</td><td>일반 관리비용</td><td>모금 비용</td></tr>
<tr><td>1. 사업비용</td><td></td><td></td><td></td><td></td><td></td></tr>
<tr><td>① 분배비용(장학금, 지원금 등 수혜자(단체)에게 직접 지급비용)</td><td></td><td></td><td></td><td></td><td></td></tr>
<tr><td>1) 국 내</td><td></td><td></td><td></td><td></td><td></td></tr>
<tr><td>2) 국 외</td><td></td><td></td><td></td><td></td><td></td></tr>
<tr><td>② 인력비용</td><td></td><td></td><td></td><td></td><td></td></tr>
<tr><td>③ 시설비용</td><td></td><td></td><td></td><td></td><td></td></tr>
<tr><td>④ 기타비용</td><td></td><td></td><td></td><td></td><td></td></tr>
<tr><td>2. 사업외비용</td><td></td><td></td><td></td><td></td><td></td></tr>
<tr><td>3. 고유목적사업준비금전입액</td><td></td><td></td><td></td><td></td><td></td></tr>
<tr><td>4. 총 합계 (1+2+3)</td><td></td><td></td><td></td><td></td><td></td></tr>
</table>

210mm×297mm[백상지 80g/㎡ 또는 중질지 80g/㎡]

9. 공익목적사업의 수익 세부현황

1. 사업수익은 다음과 같이 구분하여 적는다.

   1) 기부금품(①~④의 합)

      ① 개인기부금품 : 개인기부자(후원회원 포함)의 기부금액(기부물품 포함)을 적는다.

      ② 영리법인기부금품 : 기업의 사회공헌으로 기업과 계약을 맺은 기부금 등 영리법인으로부터 받은 기부금액(기부물품 포함)을 적는다. 다만 사회복지공동모금회 등 모금단체를 통하여 지원받은 기부금은 "③모금단체, 재단 등 다른 공익법인등의 지원금"란에 적는다.

      ③ 모금단체, 재단 등 다른 공익법인등의 지원금품 : 전문모금 및 기금배분단체(예 : ○○모금회 등)와 외부공모, 지원사업을 수행하고 있는 단체(예 : 기업이 출연한 재단, ○○협회 등) 등으로부터 지원받은 금액(지원받은 물품포함)을 적는다.

      ④ 기타기부금품 : ①부터 ③까지 외의 기부금(기부물품 포함)을 적는다.

      * 기부물품 : ①~④ 기부금 항목에 포함된 상품, 제품 등 물품(주식 · 채권 제외)으로 기부받은 금액을 적는다.

   2) 보조금 : 국가 및 지방자치단체 혹은 공공기관 등과 같은 보조사업자로부터 받은 보조금을 적는다. 사업과 관련 없이 받은 보조금(예 : 장애인 고용장려금, 장애인 촉진 지원금 등)은 사업외수익에 적는다.

   3) 회비수익 : 기부금이 아닌 회원의 의무에 의해 회원으로부터 받은 회비 수입을 적는다. 기부금 영수증을 발급한 수입금액은 여기에 작성하지 않는다.

   4) 기타공익목적사업수익 : 위 항목에서 작성하지 않은 공익목적사업수익금액을 적는다(예 : 학교법인의 등록금 수익, 사회복지시설의 사용자부담금 등).

2. 사업외수익 : 사업수익이 아닌 수익 또는 차익으로서 운영성과표에 사업외수익으로 기재되는 유형 · 무형자산처분이익, 유형 · 무형자산손상차손환입, 전기오류수정이익 등의 합계액을 적는다.

3. 고유목적사업 준비금 환입액 : 법인세법상 고유목적사업준비금이 법인세법에 따라 수익사업부문에서 고유목적사업부문에 전출되어 목적사업에 사용된 금액과 미사용되어 임의 환입된 금액을 합하여 적는다.

10. 기타사업의 손익 세부현황

공익법인등의 공익목적사업이 아닌 기타사업에서 발생하는 운영성과표상 사업수익, 사업외수익의 합계와 사업비용, 사업외비용의 합계, 고유목적사업준비금전입액, 법인세비용차감전 당기운영이익(손실)을 금융, 부동산 등 발생 원천별로 구분하여 각각 수익금액, 비용, 이익(손실)에 적는다.

① 합계 : "사업손익"란의 수익금액, 비용, 이익(손실)금액을 합한 금액을 각각 적는다.

⑤ 기타금융 : 주식과 채권 등의 매도에 따라 발생한 처분손익 등을 적는다.

⑨ 기타 : 금융, 부동산 임대 · 매각 수익 외의 기타사업의 사업수익, 사업비용 및 사업이익을 적는다.

⑩ 사업외손익 : 공익목적사업 외 기타사업에서 발생한 사업외손익을 적는다. (예 : 부동산을 제외한 유형자산처분손익 등)

11. 공익목적사업의 비용 세부현황

공익법인등의 정관에 기재된 공익목적사업에서 발생하는 운영성과표상 분배비용, 인력비용, 시설비용, 기타비용을 적는다.

① 분배비용(장학금, 지원금 등 수혜자(단체)에게 직접 지급비용) : 공익법인등이 수혜자 또는 수혜단체에 직접 지급하는 비용을 '국내'와 '국외'로 구분하여 적는다.

② 인력비용 : 공익법인등에 고용된 인력과 관련된 비용으로서 급여, 상여금, 퇴직급여, 복리후생비, 교육훈련비 등을 포함하여 적는다.

③ 시설비용 : 공익법인등의 운영에 사용되는 토지, 건물, 구축물, 차량운반구 등 시설과 관련된 비용으로서 감가상각비, 지급임차료, 시설보험료, 시설유지관리비 등을 포함하여 적는다.

④ 기타비용 : 분배비용, 인력비용, 시설비용 외의 비용으로서 여비교통비, 소모품비, 지급수수료, 용역비, 업무추진비, 회의비, 대손상각비 등을 포함하여 적는다.

② 별지 제31호 서식 부표1. 기부금품의 수입 및 지출 명세서

[별지 제31호서식 부표 1] (2020. 3. 13. 개정)

기부금품의 수입 및 지출 명세서

※ 뒤쪽의 작성방법을 읽고 작성해 주시기 바랍니다. (앞쪽)

1. 기부금품의 수입 • 지출 명세

(단위: 원)

① 월별	② 수입	③ 지출	④ 잔액	월별	수입	지출	잔액
전기이월	–	–		8월			
1월				9월			
2월				10월			
3월				11월			
4월				12월			
5월				합계			
6월				차기이월	–	–	
7월							

2. 기부금품 지출 명세서 (국내사업)

(단위: 원)

①(대표)지급처명 (성명 / 단체명)	②주민등록번호 (사업자등록번호)	③지출목적	④수혜인원 (단체) 수	⑤지출액		
				⑥현금	⑦물품	⑧합계
			명/개			
			명/개			
			명/개			
			명/개			
			명/개			
			명/개			
			명/개			
⑨ 합 계						

3. 기부금품 지출 명세서 (국외사업)

(단위: 원)

①(대표)지급처명 (성명 / 단체명)	②국가명	③지출목적	④수혜인원 (단체) 수	⑤지출액		
				⑥현금	⑦물품	⑧합계
			명/개			
			명/개			
			명/개			
			명/개			
			명/개			
			명/개			
			명/개			
⑨ 합 계						

210mm×297mm[백상지 80g/㎡]

이 서식은 「공익법인회계기준」상 기부금 수익인식 방법에 따라 작성한다.

예를 들어 현금·현물을 기부 받은 경우에는 실제 기부 받은 시점으로 가상계좌, CMS, 지로, 신용카드 등 납부방법으로 기부받은 경우에는 기부 결재시점(기부금 납부, 출금요청, 신용카드 승인시점 등)으로 작성한다. 기부금수익으로 계상되지 않고 기본순자산의 증가로 직접 반영되는 기부금(출연금)을 포함하여 작성한다. 그러나 국가·지방자치단체 등으로부터 수령하는 보조금, 다른 공익법인등으로부터 받은 지원금 등은 포함하지 않는다.

개인정보보호법에 의거 주민등록번호 수집이 제한되어 주민등록번호를 수집하지 못한 경우 주민등록번호는 기재를 생략할 수 있다.

1. 기부금품의 수입·지출 명세

① 월별 : 사업연도 개시월부터 사업연도 종료월까지를 차례대로 적는다.

② 수입, ③ 지출 : 월 누계액을 적는다.

만약 설립시 출연받은 자산으로 기금 등을 운영하여 공익사업을 수행하고 추가적인 기부금 수입이 발생하지 않는다면, 설립 당시에만 이 서식에 해당 금액을 기재하고 그 이후엔 수입, 지출에 0원으로 기재한다.

2. 기부금품 지출 명세서 (국내사업)

사업연도 중 동일한 목적으로 유사한 금액을 지출한 비용은 지출목적별로 작성할 수 있다. 단, 연간 100만 원 이상 개별 수혜자 및 수혜단체에 지출한 경우 개별 수혜자 및 수혜단체별로 작성하여야 한다. 불특정 다수에게 지급한 경우는 인적사항 대신 지출사유를 간략히 기재한다.

① (대표)지급처명(성명/단체명) : 사업연도 기간 동안 수혜받은 금액이 100만원 미만인 개인이나 단체를 합산하여 적는 경우 지출금액이 가장 큰 대표적인 수혜자의 성명 또는 수혜단체명(지급처)을 적고, 개별 수혜자 및 수혜단체별로 작성하는 경우에는 개별 수혜자(수혜단체)의 성명(수혜단체명)을 적는다.

③ 지출목적 : 해당 사업연도에 기부금을 지출한 목적을 다음 표와 같이 구분하여 적는다.

구분	수혜자(단체)에게 지출					자산 취득				각종 경비 지출		
	장학	학술	사회복지	문화	기타	금융자산*	부동산	미술품	기타	인건비	임대료	기타
코드	11	12	13	14	15	21	22	23	24	31	32	33

* 금융자산은 현금및현금성자산(보통예금, 당좌예금, 취득 시 만기가 3개월인 금융상품 등)을 제외한 정기

예금, 정기적금, 펀드상품, 저축성 보험상품 등 및 국채, 회사채, 주식 및 출자지분 등 유가증권을 취득한 경우 적는다.

④ 수혜인원(단체) 수 : 지급된 지원금을 수혜받은 인원 또는 단체 수를 적는다.

⑤ 지출액 : 사업연도 기간 동안 지급처에게 지출한 금액을 현금지급과 물품지급으로 구분하여 적는다.

예시 : 홍길동 외 100명에게 사업연도 기간 동안 개인별로 10만원씩 장학금이 지급되고, A복지시설에게 노인복지를 위해 물품으로 200만원을 지원한 경우 아래와 같이 적는다(국외의 내국인에게 지급한 장학금 등 포함).

①(대표)지급처명 (성명)	주민등록번호 (사업자등록번호)	지출목적	수혜인원 (단체)	지출액		
				현금	⑦물품	⑧합계
홍길동 외	ssssss-sssssss	장학	101명	10,100,000		10,100,000
A복지시설	111-11-11111	사회복지	1개		2,000,000	2,000,000

3. 기부금품 지출 명세서 (국외사업)

사업연도(과세기간) 중 동일한 목적으로 유사한 금액을 지출한 비용은 지출목적별로 작성할 수 있다. 단, 연간 100만 원 이상 개별 수혜자 및 수혜단체에 지출한 경우 개별 수혜자 및 수혜단체별로 작성하여야 한다. 불특정 다수에게 지급한 경우는 인적사항 대신 지출사유를 간략히 기재한다.

①부터 ⑦란은 "2. 기부금품 지출명세서(국내사업)"의 작성방법과 동일한 방법으로 작성한다.

③ 별지 제31호 서식 부표2. 주식 등의 출연 · 취득 · 보유 및 처분 명세서

[별지 제31호서식 부표 2] (2019. 3. 20. 개정)

주식 등의 출연 · 취득 · 보유 및 처분 명세서

※ 뒤쪽의 작성방법을 읽고 작성하여 주시기 바랍니다. (앞쪽)

1. 주식 등의 보유현황 (단위 : 주식 수, 원)

주식명	보유 주식수	주식가액 (장부가액)	보유경위			배당현황	비고
			출연	유상 취득	기타		
합 계							

2. 보유주식 등 변동사항 (단위 : 주식 수, 원)

일자	변동 사유	주식명	주식수	주식가액 (장부가액)	출연자와 주식 등의 발행법인과의 관계

3. 주식 등의 보유비율 (단위 : 주식 수, %)

주식명	주식수	보유비율			비고
		총발행주식	보유주식수	보유 비율	

4. 공익법인의 자산총액에서 주식 등이 차지하는 비율 (단위 : 주식 수, %, 원)

자산총액	주식총액	비율	비고

5. 주식 등의 의결권 행사 결과

주식명	의결권 행사일	의결권 행사 주식 수	의결권 행사 주식 비율	비 고

210mm×297mm[백상지 80g/㎡ 또는 중질지 80g/㎡]

1. 주식 등의 보유현황

사업연도말 현재 해당 공익법인이 보유하고 있는 주식 등의 장부가액을 주식 등의 발행회사별로 적는다. 이때 주식 발행회사별 주식의 장부가액을 그 보유한 사유에 따라 구분하여 적는다.

예) 1.10일 대한(주) 발행주식 1,000주(시가 100백만원)를 무상으로 출연받음
2.10일 대한(주) 발행주식 2,000주를 250백만원에 유상 취득
3.10일 대한(주)가 100% 무상증자를 실시해 무상주 3,000주 수령
⇒ 주식가액(장부가액) : 350백만원
보유경위(출연) : 100백만원, 보유경위(유상 취득) : 250백만원,
보유경위(기타) : 0원

이때 출연이란 무상으로 수증받은 경우를 의미하고 유상 취득이란 출연재산, 매각대금 등을 재원으로 유상 취득하는 경우를 의미한다.

2. 보유주식 등 변동상황

기중 보유주식 변동상황을 적는다. 변동사유란에는 보유주식이 증감하게 된 사유를 적되, 다음 구분 중에서 선택하여 적는다. 주식가액(장부가액)란에는 증가의 경우에는 (+) 금액을 적고 감소의 경우에는 (-) 금액을 적는다.

1. 무상 수증 2. 유상 취득 3. 매각 4. 다른 공익법인에 재출연 5. 기타

3. ~4. 주식 등의 보유비율 / 공익법인의 자산총액에서 주식 등이 차지하는 비율

사업연도말 현재를 기준으로 작성한다.

5. 주식 등의 의결권 행사 결과

의결권 있는 주식 등을 발행주식 총수 등의 100분의 5를 초과하여 보유하고 있는 성실공익법인이 해당 주식의 의결권을 행사한 경우 해당 주식명, 의결권 행사일, 의결권을 행사한 주식 수 및 비율을 적는다.

④ 별지 제31호 서식 부표3. 출연자 및 이사 등 주요 구성원 현황 명세서

[별지 제31호서식 부표 3] (2019. 3. 20. 개정)

출연자 및 이사 등 주요 구성원 현황 명세서

※ 뒤쪽의 작성방법을 읽고 작성하여 주시기 바랍니다. (앞쪽)

1. 출연자(기부자) (단위 : 원)

(1) 설립시 출연자(기부자)

①성명 (사업자명)	②주민등록번호 (사업자등록번호)	③출연재산 종류	④출연가액	⑤이사장과의 관계	⑥비고

(2) 당해 사업연도 출연자(기부자)

⑦성명 (사업자명)	⑧주민등록번호 (사업자등록번호)	⑨출연재산 종류	⑩출연가액	⑪이사장과의 관계	⑫비고

2. 이사 등 구성원 현황

⑬성명	⑭상임, 비상임 구분	⑮출연자와의 관계	⑯출연법인과의 관계	⑰다른 이사 와의 관계	⑱직전 5년 계열 기업 임원 근무여 부	⑲비고

210mm×297mm[백상지 80g/㎡ 또는 중질지 80g/㎡]

1. 출연자(기부자)

이 서식의 작성대상은 설립시와 해당 사업연도에 출연(기부)한 출연자이며, 재산출연일 현재 해당 공익법인의 총재산가액(장부가액 기준)의 1%에 상당하는 금액과 2천만원 중 적은 금액 미만을 출연한 자는 제외한다.

"출연재산 종류"는 다음 표에서 선택하여 적는다.

코 드	1	2	3	4	5	6	7	8	9	10
재산종류	현금	예금 · 적금	토지	건물	주식 · 출자지분	기계장치	의료장비	채권	차량운반구	기타

"이사장과의 관계"에는 사업연도말 현재 출연자가 이사장과 「상속세 및 증여세법 시행령」 제2조의 2에 따른 특수관계에 해당하는 경우 다음 표에서 해당 코드를 적는다.

코드	특수관계 설명
1	친족*, 직계비속의 배우자의 2촌 이내의 혈족과 그 배우자 * (1) 6촌 이내의 혈족 (2) 4촌 이내의 인척 (3) 배우자(사실상의 혼인관계에 있는 자를 포함) (4) 친생자로서 타인에게 친양자 입양된 자 및 그 배우자 · 직계비속 (「국세기본법 시행령」 제1조의 2 제1항)
2	사용인*(출자에 의하여 지배하고 있는 법인의 사용인 포함, 이하 같음)이나 사용인 외의 자로서 본인의 재산으로 생계를 유지하는 자 * 임원, 상업사용인 및 그 밖에 고용계약 관계에 있는 자(「상속세 및 증여세법 시행령」 제2조의 2 제2항)
3	다음의 어느 하나에 해당하는 자 (1) 본인이 개인인 경우 – 본인이 직접 또는 본인과 [코드1]에 해당하는 관계에 있는 자가 임원에 대한 임면권의 행사·사업방침의 결정 등을 통하여 그 경영에 대하여 사실상의 영향력을 행사하고 있는 「상속세 및 증여세법 시행규칙」 제2조 제1항에 따른 기업집단의 소속기업(해당 기업의 임원* 포함) * 「법인세법 시행령」 제40조 제1항에 따른 임원과 퇴직 후 5년이 지나지 아니한 그 임원이었던 사람으로서 사외이사가 아니었던 사람 (2) 본인이 법인인 경우 – 본인이 속한 「상속세 및 증여세법 시행규칙」 제2조 제1항에 따른 기업집단의 소속기업(해당 기업의 임원 포함)과 해당 기업의 임원에 대한 임면권의 행사 · 사업방침의 결정 등을 통하여 그 경영에 관하여 사실상의 영향력을 행사하고 있는 자 및 그와 [코드1]에 해당하는 관계에 있는 자
4	본인, [코드1]부터 [코드3]까지의 자 또는 본인과 [코드1]부터 [코드3]까지의 자가 공동으로 재산을 출연하여 설립하거나 이사의 과반수를 차지하는 비영리법인
5	[코드3]에 해당하는 기업의 임원이 이사장인 비영리법인
6	본인, [코드1]~[코드5]의 자 또는 본인과 [코드1]~[코드5]의 자가 공동으로 발행주식총수 등의 30% 이상을 출자하고 있는 법인
7	본인, [코드1]~[코드6]의 자 또는 본인과 [코드1]~[코드6]의 자가 공동으로 발행주식총수 등의 50% 이상을 출자하고 있는 법인
8	본인, [코드1]~[코드7]의 자 또는 본인과 [코드1]~[코드7]의 자가 공동으로 재산을 출연하여 설립하거나 이사의 과반수를 차지하는 비영리법인

2. 이사 등 구성원 현황

이사 등 구성원 현황(⑬~)란에는 공익법인의 전체 이사 및 임원의 명세를 적는다.

⑯ 출연자와의 관계, ⑰출연법인과의 관계, ⑱다른 이사와의 관계 : 이사 등의 구성원이 출연자, 출연법인, 다른 이사와 「상속세 및 증여세법 시행령」 제2조의 2에 따른 특수관계에 해당하는 경우 위의 표를 참고하여 해당 코드를 적는다.

⑱ 직전 5년 계열기업 임원근무 여부 : 특수관계가 있는 기업집단 소속기업의 임원으로 퇴직 후 5년이 경과되었는지 여부를 적는다.

⑲ 비고 : 이사와 임원을 구분하여 적는다.

5 별지 제31호 서식 부표4. 출연받은 재산의 공익목적사용 현황

[별지 제31호서식 부표 4] (2020. 3. 13. 개정)

출연받은 재산의 공익목적사용 현황

※ 뒤쪽의 작성방법을 읽고 작성해 주시기 바랍니다. (앞쪽)

1. 출연재산 공익목적사용 현황

(단위 : 원)

① 공익법인명		② 사업연도	

출연재산 명세				전기 사업연도까지 사용금액			해당 사업연도 사용금액			⑬ 미사용 금액 (⑥-⑦-⑩)	⑭ 미사용 사유 또는 사용계획
③ 출연받은 사업연도	출연재산			⑦ 합계 (⑧+⑨)	⑧ 직접 공익목적 사용금액	⑨ 수익사업 사용금액	⑩ 합계 (⑪+⑫)	⑪ 직접 공익목적 사용금액	⑫ 수익사업 사용금액		
	④ 코드	⑤ 종류	⑥ 가액								

2. 성실공익법인 등의 수익(사업)용 출연재산 공익목적 의무사용 현황

(단위 : 원)

수익용 또는 수익사업용으로 운용하는 재산			④ 의무사용 출연재산대상가액 [①-(②+③)]	⑤ 사용기준금액 (④×1%, 3%)	⑥ 사용실적	⑦ 과부족액 (⑥-⑤)
① 총자산가액	② 부채가액	③ 당기순이익				

210mm×297mm[백상지 80g/㎡]

1. 출연재산 공익목적사용 현황

이 서식은 공익법인등이 출연받은 재산의 공익목적사용 현황에 대하여 출연받은 사업연도부터 사용이 완료되는 사업연도까지 매년 작성한다.

③ 출연받은 사업연도 : 출연일이 속하는 사업연도(예: 2021. 1. ~ 2021. 12.)를 적는다.

④ 코드, ⑤ 종류 : 다음 분류에 따라 적는다.

코드	1	2	3	4	5	6	7	8	9	10
재산종류	현금	예금 · 적금	토지	건물	주식 · 출자지분	기계장치	의료장비	채권	차량운반구	기타

⑥ 가액 : 출연당시의 시가로 적되, 시가를 산정하기 어려운 경우에는 「상속세 및 증여세법」 제61조부터 제65조까지에 따른 평가가액을 적는다.

⑧, ⑪ 직접공익목적사용금액 : 출연재산을 공익법인 등의 정관상 고유목적사업에 사용한 금액(다만, 직접 공익목적사업에 충당하기 위해 수익용 또는 수익사업용으로 운용하기 위하여 사용한 금액과 「상속세 및 증여세법 시행령」 제38조 제2항 각 호의 것을 제외)을 적는다.

⑨, ⑫ 수익사업사용금액 : 출연재산을 직접 공익목적사업에 충당하기 위하여 수익용 또는 수익사업용으로 운용하기 위하여 사용한 금액을 적는다.

⑬ 미사용금액 : 출연재산을 해당 사업연도까지 직접공익목적사업 또는 수익사업에 사용하지 않은 금액을 적는다.

⑭ 미사용사유 또는 사용계획 : 출연재산을 사용하지 못한 사유가 있는 경우 그 사유, 출연재산을 이후 사업연도에 사용할 예정인 경우 그 사용계획을 적는다.
(예: 정관상 사용이 제한된 재산, 20××년 전액 사용 예정)

2. 성실공익법인 등의 수익(사업)용 출연재산 공익목적 의무사용 현황

①~④ 가액 : 직접 공익목적사업에 사용하여야 할 과세기간 또는 사업연도의 직전 과세기간 또는 사업연도 종료일 현재 재무상태표 및 운영성과표를 기준으로 기재한다. 단, 재무상태표상 가액이 상속세및증여세법 제4장에 따라 평가한 가액의 100분의 70 이하인 경우에는 상속세및증여세법 제4장에 따라 평가한 가액을 기재한다.

⑤ 사용기준금액 : 동일한 내국법인의 의결권 있는 주식을 발행주식총수의 100분의 5를 초과하여 보유하고 있는 성실공익법인 등의 경우 ④의무사용 출연재산대상가액의 1%(상증법 제16조 제2항 제2호 가목에 해당하는 성실공익법인 등이 발행주식총수 등의 100분의 10을 초과하여 보유하는 경우는 3%)를 곱한 금액을 기재한다.

⑥ 별지 제31호 서식 부표5. 운용소득 사용명세서

[별지 제31호서식 부표 5](2019. 3. 20. 개정)

운용소득 사용명세서

※ 뒤쪽의 작성방법을 읽고 작성하여 주시기 바랍니다. (앞쪽)

①공익법인명		②사업연도	

1. 전년도 운용소득의 직접공익목적사업 사용실적

구분	⑦ 해당 사업연도	⑧ 1년 전 사업연도	⑨ 2년 전 사업연도	⑩ 3년 전 사업연도	⑪ 4년 전 사업연도	⑫ 5년간의 평균 (⑦~⑪의 평균)
③ 전년도 출연재산 운용소득						
④사용기준액 $(③ \times \frac{(\quad)}{100})$						
⑤1년내 사용실적						
⑥과부족액 (⑤－④)						

2. 해당 사업연도 운용소득의 계산

⑬ 수익사업 등의 소득금액	가산액				차감액			
	⑭ 고유목적 사업준비금	⑮ 해당 사업연도 (과세기간) 중 고유목적사업비로 지출된 금액으로서 손금에 산입된 금액	⑯ 기타	⑰ 소계 (⑭+⑮+⑯)	⑱ 출연재산 양도차익	⑲ 법인세 등	⑳ 이월 결손금	㉑ 소계 (⑱+⑲+⑳)

㉒ 차가감 소득 (⑬+⑰－㉑)	직전 사업연도 운용소득 미달사용액			㉖ 해당 사업연도 운용소득 (㉒+㉕)
	㉓ 기준미달사용액	㉔ 운용소득 미달사용가산세	㉕ 소계 (㉓－㉔)	

210mm×297mm[백상지 80g/㎡ 또는 중질지 80g/㎡]

1. 전년도 운용소득의 직접공익목적사업 사용실적

"⑧"란부터 "⑫"란까지는 "⑦해당사업연도"의 사용실적이 부족한 경우["⑥과부족액"란이 음수(-)인 경우를 말한다]에만 적는다.

③ 전년도 출연재산 운용소득 : 직전 사업연도에 대해 제출한 이 서식의 "㉖해당사업연도 운용소득"의 금액과 일치하여야 한다.

④ 사용기준액 : "③전년도 출연재산 운용소득" 금액에 100분의 70을 곱하여 계산한 금액을 적는다. 다만, 「상속세 및 증여세법」 제16조 제2항에 따른 성실공익법인에 해당하는 경우에는 100분의 80을 적용한다. 홈택스 상에서는 ③ 전년도 출연재산 운용소득을 입력하면 자동으로 70%, 성실공익법인인 경우 80%가 계산되어 입력된다.

⑤ 1년내 사용실적 : 각 사업연도 중 아래사항에 대한 사용실적을 합하여 적는다. 수익용 또는 수익사업용 재산 취득에 사용한 운용소득금액은 직접 공익목적사업 사용금액에 포함하지 않는다.

- 정관에 기재된 공익목적사업을 직접 수행하는 데 소요된 비용
- 정관에 기재된 공익목적사업의 수행을 위해 직접 사용되는 자산을 취득한 비용
- 정관에 기재된 공익목적사업 수행을 위해 사용인의 인건비 등 필요경비로 사용한 비용(「법인세법 시행령」 제56조 제11항에 따라 수익사업에서 발생한 소득을 50%를 초과하여 고유목적사업준비금으로 손금산입한 법인 등이 8천만원을 초과하는 인건비를 지급한 경우 그 초과하는 금액은 제외한다)
- "③전년도 출연재산 운용소득 중 고유목적사업비로 지출된 금액으로서 손금에 산입된 금액"이 포함되어 있는 경우 그 금액

2. 해당 사업연도 운용소득의 계산

⑬ 수익사업 등의 소득금액 : 출연재산을 수익사업이나 예금 등 수익의 원천으로 사용함으로써 생긴 소득금액(「법인세법」 제14조에 따른 각 사업연도 소득금액 계산방법에 따라 계산한 금액을 말한다)을 적는다.

⑭ 고유목적사업준비금 : 각 사업연도 소득금액 계산 시 적용한 「법인세법」 제29조 제1항에 따른 고유목적사업준비금을 적는다.

⑯ 기타 : 출연재산을 수익의 원천에 사용하여 발생한 소득 중 "⑬ 수익사업 등의 소득금액"에 포함되지 아니한 소득금액(예 : 분리과세 예금이자소득 등)을 적는다.

⑱ 출연재산 양도차익 : 수익사업 등의 소득금액에 포함된 출연재산 양도차익을 적는다.

⑲ 법인세 등 : 해당소득에 대한 법인세 · 주민세 · 농어촌특별세 및 토지 등 양도차익에 대한 법인세 등의 합계액을 적는다.

⑳ 이월결손금 : 「법인세법」 제13조 제1호에 따라 수익사업에서 발생한 이월결손금을 적는다.

㉓ 기준미달사용액 : 직전 사업연도에 사용기준금액보다 미달하게 사용한 경우 운용소득을 적고, 이 금액은 직전 사업연도에 대해 제출한 운용소득 사용명세서의 "⑦해당사업연도"(또는 "⑫5년간의 평균")란의 "⑥과부족액"의 금액과 일치하여야 한다(직전 사업연도에 대해 제출한 운용소득사용명세서의 "⑥과부족액"이 음수인 경우에만 그 금액을 절대값으로 적는다).

㉔ 운용소득 미달사용 가산세 : 운용소득 기준미달 사용액에 대한 「상속세 및 증여세법」 제78조 제9항에 따른 가산세를 적는다.

7 재무상태표 및 운영성과표의 작성

국세청 홈택스에 다음과 같은 재무제표 양식이 있으며 회색 음영 표시된 공란에 금액 또는 계정과목을 입력하여 작성한다.

당기분의 통합란은 공익목적사업과 기타사업분을 입력하면 자동으로 합계가 계산된다. 다만, 공익목적사업과 기타사업 부문 간 내부거래가 있는 경우에는 내부거래를 제거한 순합계로 수정하여 입력하도록 한다.

계정과목을 입력할 수 있는 공란은 공익법인마다 특수한 계정과목을 사용할 수 있기 때문에 자유롭게 작성할 수 있도록 만들어 놓았다. 다만, 개수의 제한이 있으므로 지나치게 세분화된 계정과목을 모두 입력할 수는 없으므로 유의해야 한다.

(1) 재무상태표

과목코드	과목	당기			전기		
		통합	공익목적사업	기타사업	통합	공익목적사업	기타사업
10000	자산						
11000	I. **유동자산**						
11100	1. 현금및현금성자산						
11200	2. 단기투자자산						
11300	3. 매출채권						
11310	(-)대손충당금						
11400	4. 선급비용						
11500	5. 미수수익						
11600	6. 미수금						
11610	(-)대손충당금						
11700	7. 선급금						
11800	8. 재고자산						
11900	9. 기타						
11910	가.						
~	~						
11970	사.						
12000	II. **비유동자산**						
12100	1. 투자자산						
12110	가. 장기성예적금						
12120	나. 장기투자증권						
12130	다. 장기대여금						
12140	라. 기타						
12141	①						
~	~						
12146	⑥						
12200	2. 유형자산						
12210	가. 토지						
12220	나. 건물						
12221	(감가상각누계액)						
12230	다. 구축물						
12231	(감가상각누계액)						
12240	라. 기계장치						
12241	(감가상각누계액)						

과목 코드	과목	당기			전기		
		통합	공익목적 사업	기타사업	통합	공익목적 사업	기타사업
12250	마. 차량운반구						
12251	(감가상각누계액)						
12260	바. 건설중인자산						
12270	사. 기타						
12271	① 미술 · 서화 · 골동품등						
12272	② 의료장비						
12273	③						
~	~						
12276	⑥						
12300	3. 유형자산						
12310	가. 지식재산권						
12320	나. 개발비						
12330	다. 컴퓨터소프트웨어						
12340	라. 광업권						
12350	마. 임차권리금						
12360	바. 기타						
12361	①						
~	~						
12377	⑦						
12400	4. 기타비유동자산						
12410	가. 임차보증금						
12420	나. 장기선급비용						
12430	다. 장기미수금						
12440	라. 기타						
12441	①						
~	~						
12447	⑦						
19000	**자산총계**(I + II)						
20000	**부채**						
21000	I. **유동부채**						
21100	1. 단기차입금						
21200	2. 매입채무						
21300	3. 미지급비용						
21400	4. 미지급금						
21500	5. 선수금						

과목 코드	과목	당기			전기		
		통합	공익목적 사업	기타사업	통합	공익목적 사업	기타사업
21600	6. 선수수익						
21700	7. 예수금						
21800	8. 유동성장기부채						
21900	9. 기타						
21910	가.						
~	~						
21970	사.						
22000	II. **비용부채**						
22100	1. 장기차입금						
22200	2. 임대보증금						
22300	3. 퇴직금여충당부채						
22310	(-) 퇴직연금운용자산						
22400	4. 기타비유동자산						
22410	가.						
~	~						
21470	사.						
23000	III. **고유목적사업준비금**						
29000	**부채총계**(I + II + III)						
30000	**순자산**						
31000	I. **기본순자산**						
32000	II. **보통순자산**						
32100	1. 적립금						
32200	2. 잉여금						
33000	III. **순자산조정**						
33100	1. 매도가능증권평가						
33200	2. 유형자산재평가이익						
33300	3. 기타						
39000	**순자산 총계**(I + II + III)						
50000	**부채 및 순자산 총계**						

(2) 운영성과표

과목 코드	과목	당기			전기		
		통합	공익목적 사업	기타사업	통합	공익목적 사업	기타사업
10000	Ⅰ. **사업수익**						
11000	1. 기부금수익						
12000	2. 보조금수익						
13000	3. 회비수익						
14000	4. 투자자산수익						
14100	가. 이자수익						
14200	나. 배당수익						
14300	다. 기타						
1500	5. 매출액						
16000	6. 기타						
16100	가.						
~	~						
16800	아.						
20000	Ⅱ. **사업비용**						
21000	1. **사업수행비용**						
21100	가. 분배비용						
21200	나. 인력비용						
21210	① 급여						
12220	② 상여금						
12230	③ 퇴직급여						
12240	④ 복리수행비						
12250	⑤ 교육훈련비						
12260	⑥ 기타						
21300	다. 시설비용						
21310	① 감가상각비						
21320	② 지급임차료						
21330	③ 시설보험료						
21340	④ 시설유지관리비						
21350	⑤ 기타						
21400	라. 기타비용						
21410	① 여비교통비						
21420	② 소모품비						
21430	③ 지급수수료						

과목 코드	과목	당기			전기		
		통합	공익목적 사업	기타사업	통합	공익목적 사업	기타사업
21440	④ 용역비						
21450	⑤ 업무추진비						
21460	⑥ 회의비						
21470	⑦ 대손송각비						
21480	⑧						
~	~						
21550	⑮						
22000	2. **일반관리비용**						
22100	가. 인력비용						
22110	① 급여						
22120	② 상여금						
22130	③ 퇴직급여						
22140	④ 복리수행비						
22150	⑤ 교육훈련비						
22160	⑥ 기타						
22200	나. 시설비용						
22210	① 감가상각비						
22220	② 지급임차료						
22230	③ 시설보험료						
22240	④ 시설유지관리비						
22250	⑤ 기타						
22300	다. 기타비용						
22310	① 여비교통비						
22320	② 소모품비						
22330	③ 지급수수료						
22340	④ 용역비						
22350	⑤ 업무추진비						
22360	⑥ 회의비						
22370	⑦ 대손상각비						
22380	⑧						
~	~						
22450	⑮						
23000	3. **모금비용**						
23100	가. 인력비용						
23110	① 급여						

과목 코드	과목	당기			전기		
		통합	공익목적사업	기타사업	통합	공익목적사업	기타사업
23120	② 상여금						
23130	③ 퇴직급여						
23140	④ 복리수행비						
23150	⑤ 교육훈련비						
23160	⑥ 기타						
23200	나. 시설비용						
23210	① 감가상각비						
23220	② 지급임차료						
23230	③ 시설보험료						
23240	④ 시설유지관리비						
23250	⑤ 기타						
23300	다. 기타비용						
23310	① 여비교통비						
23320	② 소모품비						
23330	③ 지급수수료						
23340	④ 용역비						
23350	⑤ 업무추진비						
23360	⑥ 회의비						
23370	⑦ 대손상각비						
23380	⑧						
~	~						
23450	⑮						
24000	**4. 기타사업비용**						
24100	가. 인력비용						
24110	① 급여						
24120	② 상여금						
24130	③ 퇴직급여						
24140	④ 복리수행비						
24150	⑤ 교육훈련비						
24160	⑥ 기타						
24200	나. 시설비용						
24210	① 감가상각비						
24220	② 지급임차료						
24230	③ 시설보험료						
24240	④ 시설유지관리비						

과목 코드	과목	당기			전기		
		통합	공익목적 사업	기타사업	통합	공익목적 사업	기타사업
24250	⑤ 기타						
24300	다. 기타비용						
24310	① 여비교통비						
24320	② 소모품비						
24330	③ 지급수수료						
24340	④ 용역비						
24350	⑤ 업무추진비						
24360	⑥ 회의비						
24370	⑦ 대손상각비						
24380	⑧						
~	~						
24450	⑮						
30000	Ⅲ. **사업이익(손실)**(I - II)						
40000	Ⅳ. **사업외수익**						
41000	1. 유형자산처분이익						
42000	2. 유형자산손상차손						
43000	3. 무형자산처분이익						
44000	4. 무형자산손상차손						
45000	5. 전기오류수정이익						
46000	6. 기타						
46100	가.						
~	~						
46710	사.						
50000	Ⅴ. **사업외비용**						
51000	1. 유형자산처분손실						
52000	2. 유형자산손상차손						
53000	3. 무형자산처분손실						
54000	4. 무형자산손상차손						
55000	5. 유형자산재평가손신						
56000	6. 기타의 대손상각비						
57000	7. 전기오류수정손실						
58000	8. 기타						
58100	가.						
~	~						
58700	사.						

과목 코드	과목	당기			전기		
		통합	공익목적 사업	기타사업	통합	공익목적 사업	기타사업
60000	Ⅵ. 고유목적사업준비금전입액						
80000	Ⅷ. 법인세비용차감전순이익						
90000	Ⅸ. 법인세비용						
99000	Ⅹ. 당기운영이익(손실)						

제3절 간편 공시서류 작성방법

① 별지 제31호의2 서식. 공익법인 결산서류 등의 공시 간편서식

[별지 제31호의2서식] (2020. 3. 13. 개정)

공익법인 결산서류 등의 공시 간편서식

※ 뒤쪽의 작성방법을 읽고 작성해 주시기 바랍니다.
※ [ ]에는 해당되는 곳에 √표를 합니다.

(4쪽 중 제1쪽)

1. 기본사항

사업연도(과세기간): 년 월 일 ~ 년 월 일		[ ] 정기공시 [ ] 해산공시	
① 공익법인등 명		② 사업자등록번호 (고유번호)	
③ 대표자		④ 설립연월일	
⑤ 소재지		⑥ 전화번호/팩스	/
⑦ 홈페이지 주소		⑧ 전자우편주소	
⑨ 주무관청		⑩ 기부금(단체) 유형	[ ]법정 [ ]지정 [ ]기타
⑪ 설립근거법			
⑫ 설립유형	[ ]재단법인 [ ]사단법인 [ ]법인으로 보는 단체 [ ]공공기관 [ ]기타		
⑬ 공익사업유형			
⑭ 설립주체	[ ]개인 [ ]기업 [ ]개인·기업 [ ]국가 [ ]지방자치단체 [ ]기타		
⑮ 이사 수	명	⑯ 자원봉사자 연인원 수	명
⑰ 고용직원 수	명		

2. 자산 및 부채현황 (단위: 원)

구분	⑱자산소계	⑲토지	⑳건물	㉑주식 및 출자지분	㉒금융자산	㉓기타자산	㉔부채
ⓐ 총계 (ⓐ=ⓑ+ⓒ)							
ⓑ 공익목적사업							
ⓒ 기타사업							

3. 수익현황 (단위: 원)

구분	㉕총계	㉖사업수익					㉜사업외수익
		㉗소계	㉘기부금	㉙보조금	㉚회비수익	㉛기타	
ⓐ 총계 (ⓐ=ⓑ+ⓒ)							
ⓑ공익목적사업							
ⓒ기타사업							

4. 비용현황 (단위: 원)

구분	㉝총계	㉞사업비용					㊵사업외 비용 등 기타
		㉟소계	㊱사업 수행비용	㊲일반 관리비용	㊳모금 비용	㊴기타	
ⓐ 총계(ⓐ=ⓑ+ⓒ)							
ⓑ공익목적사업							
ⓒ 기타사업							

5. 확인란

본인은 본 결산서와 결산서에 첨부된 명세 및 보고서들을 검토하였으며, 해당정보를 진실하고 성실 하게 작성하였음을 확인합니다.

대표자 : 확인일자 :

「상속세 및 증여세법」 제50조의3제1항·제4항 및 같은 법 시행령 제43조의3에 따라 공익법인등의 결산서류 등을 공시합니다.

년 월 일

법인명

210mm×297mm[백상지 80g/㎡]

이 서식은 결산서류 등의 공시대상 사업연도의 종료일 현재 재무상태표 상 총자산가액(부동산인 경우 「상속세 및 증여세법」 제60조, 제61조, 제66조에 따라 평가한 가액이 재무상태표상의 가액보다 크면 그 평가한 가액)이 5억원 미만이면서 수입금액과 해당 사업연도에 출연받은 재산의 합계액이 3억원 미만인 공익법인이 작성하는 서식이다.

이 서식을 작성할 때는 통합 재무상태표와 운영성과표 작성을 위한 내부거래를 제거한 후의 금액을 적는다.

1. 기본사항

⑨ 주무관청 : 비영리법인의 설립을 허가한 주무관청 명칭을 적고, 주무관청으로부터 공익법인등을 관리, 감독 권한을 위임 받은 정부 또는 지방자치단체가 있는 경우에는 위임 받은 기관의 명칭을 괄호에 기록한다. 이때 주무관청이 없는 단체의 경우 관할세무서를 주무관청으로 기록한다.

예: 교육청의 관리 감독을 받는 장학재단인 경우 교육부(교육청), 서울시의 관리 감독을 받는 종교법인의 경우 문화체육관광부(서울특별시)

⑩ 기부금(단체)유형 : 해당 공익법인이 「법인세법」 제24조 제3항 또는 「소득세법」 제34조 제3항에 따른 법정기부금 대상 단체인 경우 "법정"에, 「법인세법」 제24조 제4항 또는 「소득세법」 제34조 제2항에 따른 지정기부금 대상 단체인 경우 "지정"에, 그 밖의 경우 "기타"에 √표를 한다.

⑪ 설립근거법 : 아래의 설립근거법 중에서 해당되는 법을 선택하여 모두 적는다.

1. 민법, 2. 공익법인의 설립 · 운영에 관한 법률, 3. 사회복지사업법, 4. 사립학교법, 5. 의료법, 6. 협동조합기본법, 7. 기타 법률, 8. 해당없음

⑫ 설립유형 : 해당되는 단체유형에 √표를 한다.

- 「민법」이나 「공익법인의 설립 · 운영에 관한 법률」에 따라 설립된 재단법인이나 사단법인인 경우에는 각각 해당란에 √표를 한다.
- 「국세기본법」 제13조에 따른 '법인으로 보는 단체'는 '법인으로 보는 단체'에 √표를 한다.
- 「공공기관 운영에 관한 법률」에 따른 공공기관인 경우에는 공공기관에 √표를 한다.
- 위에 해당하지 않는 공익법인등은 기타에 √표를 한다.

⑬ 공익사업유형 : 1. 교육, 2. 학술 · 장학, 3. 사회복지, 4. 의료, 5. 예술 · 문화, 6. 기타 중에서 하나를 선택하여 적는다.

⑭ 설립주체 : 설립주체(기본재산 출연자)에 √표를 한다.

-(개인) 개인 또는 가족이 설립한 단체, (기업) 기업이 설립한 단체,(개인 · 기업) 개인과기업이 동일한 출연금으로 설립한 단체
-(국가) 국가(정부) 및 공공기관이 설립한 단체, (지방자치단체) 지방자치단체가 설립한 단체
-(기타) 그 밖의 주체가 설립한 단체
-개인과 기업이 함께 출연하여 설립한 경우에는 개인출연금이 기업출연금보다 크면 '개인'을, 기업출연금이 개인출연금보다 크면 '기업'을 선택한다.

⑮ 이사 수 : 사업연도 말 현재 이사회 구성원(등기사항증명서상 이사)인 이사 수를 적는다(법인이 아닌 단체는 정관요건 충족한 이사 기재).

⑯ 자원봉사 연인원 수 : 자원봉사자 연인원을 적는다.
(예 : 1명의 자원봉사자가 365일 봉사활동을 수행했을 경우, 1×365=365명)

⑰ 고용직원 수 : 공익법인 등의 연평균 상시근로자 수(공익목적사업과 기타사업을 포함한 정규직 및 비정규직의 상시 인원을 합하며, 일용직은 제외)를 적는다.
※ 연 평균 상시근로자 수: (매월 말 상시 고용직원 수 합계 / 사업연도 월수)

2. 자산 및 부채현황

"자산소계~부채 : 사업연도 종료일 현재 「공익법인회계기준」에 따라 작성한 재무상태표상 자산 및 부채가액을 공익목적사업과 기타사업으로 구분하여 적는다.

"공익목적사업"은 공익법인등의 정관에 기재된 공익목적사업을 말한다(예 : 문화 · 예술 전시사업, 연주회 등 공익목적으로 하는 사업의 입장료 수익 등은 「법인세법」상 수익사업이지만 공익목적사업부문으로 구분한다). "기타사업"은 공익법인등의 정관에 기재된 공익목적사업 외의 사업을 말한다. 정관에 기재된 사업이라 하더라도 공익목적활동으로 볼 수 없는 사업은 기타사업부문으로 구분하며, 공익목적활동의 부수적으로 발생하는 사업이더라도 기념품 판매, 카페 운영, 금융소득 창출을 위한 적극적인 금융자산 투자 등은 기타사업부문으로 구분한다. 이에 대하여는 제2편 제1장 재무상태표의 작성을 참조하기 바란다.

㉑ 주식 및 출자지분 : 공익법인등이 보유한 주식(보통주, 우선주 포함)이나 출자지분의 재무상태표상 가액을 적는다.

㉒ 금융자산 : 공익법인등이 보유하고 있는 현금 및 현금성자산(보통예금, 당좌예금, 취득 시 만기가 3개월인 금융상품등)과 금융기관 등에 예치하고 있는 정기예금, 정기적금, 펀드상품, 저축성 보험상품 등 및 국채, 회사채등 유가증권(주식 및 출자지분 제외)의 재무상태표(대차대조표)상 가액을 적는다. 정기예금 등에서 발생한 미수이자

는 금융자산 란에서 제외한다.

㉓ 기타 자산 : 공익법인등이 가지고 있는 매출채권, 미수이자, 미수임대료, 선급금 등 ⑲부터 ㉑에 해당하지 않는 자산을 적는다.

3. 수익현황

공익법인등의 운영성과표(손익계산서)상 사업수익과 사업외수익으로 구분하여 적는다.

㉘ 기부금 : 개인이나 단체 등으로부터 수령한 기부금 합계를 공익목적사업에 적는다. (예 : ○○모금회로부터 수령한 지원금)

㉙ 보조금 : 국가 및 지방자치단체 또는 공공기관 등과 같은 보조사업자로부터 받은 보조금을 공익목적사업에 적는다. 공익사업과 관련 없이 받은 보조금(예 : 장애인 고용장려금, 장애인촉진 지원금 등)은 사업외수익에 적는다. 보조사업자란 「보조금 관리에 관한 법률」에 따른 보조금의 교부대상이 되는 사무 또는 사업(보조사업)을 수행하는 자를 말한다.

㉚ 회비수익 : 공익법인등이 회원을 대상으로 받는 회비를 적는다. 회원을 대상으로 발생하지만 일반적인 매출(재화 · 용역 제공) 거래는 회비수익이 아니다. 회원으로부터 받는 회비이지만 납부에 따른 혜택이 없거나, 납부가 강제되지도 않고, 기부금영수증을 발급해주는 경우에는 명목상 회비일 뿐 기부금과 동일한 성격이므로 "기부금"란에 적는다.

㉛ 기타 : 기부금, 보조금, 회비수익 외의 사업수익을 적는다.

㉜ 사업외수익 : 사업수익이 아닌 수익 또는 차익으로서 운영성과표(손익계산서)에 사업외수익으로 기재되는 유형 · 무형 자산처분이익, 유형 · 무형자산손상차손환입, 전기오류수정이익 등의 합계액을 적는다.

4. 비용현황

공익법인등의 운영성과표상의 사업비용과 사업외비용을 공익목적사업과 기타사업으로 구분하여 적는다.

㊱ 사업수행비용 : 공익법인이 추구하는 본연의 임무나 목적을 달성하기 위해 수혜자, 고객, 회원 등에게 재화나 용역을 제공하는 활동에서 발생하는 비용을 적는다.

㊲ 일반관리비용 : 공익법인등의 기획, 인사, 재무, 감독 등 제반 관리활동에서 발생하는 비용을 적는다.

㊳ 모금비용 : 공익법인등의 모금 홍보, 모금 행사, 기부자 리스트 관리, 모금 고지서 발송 등의 모금활동에서 발생하는 비용을 적는다.

6. 공익목적사업 세부현황

① 정관에 기재된 공익목적사업 현황

② 사업내용(중복체크 가능)

[ ]문화예술(코드1100) [ ]스포츠(코드1200) [ ]기타 레크리에이션 및 봉사 클럽(코드1300)

[ ]초등 및 중등 교육(코드2100) [ ]고등교육(코드2200) [ ]기타교육(코드2300) [ ]학술연구(코드2400)
[ ]장학(코드2500) [ ]영유아보육(코드2600)

[ ]병원 및 재활시설(코드3100) [ ]요양원(코드3200) [ ]정신 건강 및 위기개입(코드3300)
[ ]기타 보건서비스(코드3400)

[ ]사회복지(코드4100) [ ]긴급상황 및 구호(코드4200) [ ]소득 지원 및 보존(코드4300)

[ ]환경(코드5100) [ ]동물(코드5200)

[ ]경제, 사회 및 지역사회개발(코드6100) [ ]주거(코드6200) [ ]고용 및 훈련(코드6300)

[ ]시민 및 옹호단체(코드7100) [ ]법률 및 법률서비스(코드7200) [ ]정치단체(코드7300)

[ ]배분(지원) 재단(코드8100) [ ]봉사증진(코드8200) [ ]모금활동(코드8300)

[ ]국제활동(코드9100)

[ ]종교단체 및 종교 관련 단체(코드10100)

[ ]비지니스연합(코드11100) [ ]전문가연합(코드11200) [ ]노동조합(코드11300)

[ ]기타(코드12100)

③ 사업대상

[ ]모두 해당, [ ]아동, [ ]청소년, [ ]노인, [ ]장애인, [ ]외국인(다문화), [ ]가족 · 여성,
[ ]일반대중, [ ]기타

④ 국내 주요 사업지역

[ ]전국, [ ]서울, [ ]부산, [ ]인천, [ ]대전, [ ]광주, [ ]대구, [ ]울산, [ ]강원, [ ]경기,
[ ]경남, [ ]경북, [ ]충남, [ ]충북, [ ]전남, [ ]전북, [ ]세종, [ ]제주, [ ]해당 없음

⑤ 국외 주요 사업지역

[ ]전세계, [ ]유럽, [ ]아시아, [ ]북아메리카, [ ]아프리카, [ ]오세아니아, [ ]남아메리카,
[ ]해당 없음

⑥ 공익목적사업의 사업별 실적

<table>
<tr><td>1</td><td>코드</td><td></td><td>사업명</td><td></td><td>사업수행비용</td><td>원</td></tr>
<tr><td>사업내용</td><td colspan="4"></td><td>사업지역</td><td></td></tr>
<tr><td>2</td><td>코드</td><td></td><td>사업명</td><td></td><td>사업수행비용</td><td>원</td></tr>
<tr><td>사업내용</td><td colspan="4"></td><td>사업지역</td><td></td></tr>
<tr><td>3</td><td>코드</td><td></td><td>사업명</td><td></td><td>사업수행비용</td><td>원</td></tr>
<tr><td>사업내용</td><td colspan="4"></td><td>사업지역</td><td></td></tr>
<tr><td>4</td><td colspan="3">그 외 사업</td><td>개</td><td>사업수행비용</td><td>원</td></tr>
<tr><td>합 계</td><td colspan="3">총 공익목적사업</td><td>개</td><td>사업수행비용 합계</td><td>원</td></tr>
</table>

6. 공익목적사업 세부현황

① 정관에 기재된 공익목적사업 현황 : 공익법인등의 정관상 고유목적사업의 주요 업무, 실적 및 향후계획 등을 적는다.

② 사업내용 : 공익법인등이 실제로 수행하고 있는 사업에 모두 √표를 한다. 모금 후 모금액을 불특정 단체에 배분하거나 지원하는 경우는 "배분(지원) 재단(코드8100)"에 √표를 하고, 모금 후 모금액을 소수의 특정한 단체에 지원하는 경우에는 "모금활동(코드8300)"에 √표를 한다. 사업내용은 중복체크가 가능하다(예 : 재단이면서 사회복지단체를 지원하는 경우, "배분(지원) 재단"과 "사회복지" 모두 √표를 한다).

③부터 ⑤까지 [ ]에는 공익법인등이 실제로 수행하는 사업의 사업대상, 국내주요사업지역, 국외주요사업지역에 해당되는 곳에 모두 √표를 한다.

⑥ 공익목적사업의 사업별 실적 : 공익목적사업의 사업별 실적(사업명, 사업수행비용, 사업내용, 사업지역)을 적는다. 코드는 "②사업내용"에 해당하는 코드를 적는다. 공익법인등이 수행하는 사업이 3개 이상인 경우 사업수행비용이 많은 3개 사업의 사업실적은 별도로 적고, 나머지는 '그 외 사업'에 합산하여 적는다. 사업수행비용 합계는 "5. 비용현황"의 사업수행비용 총계와 일치해야 한다.

제4절 표준 공시양식 작성 사례

제1편 제4장 제3절 재무제표 작성사례를 이용하여 앞에서 살펴본 공시 서류에 재무정보를 기입하면 다음과 같다.

별지 제31호 서식. 공익법인 결산서류 등의 공시_의무공시

2. 재무현황

(단위 : 원)

구분	⑱ 총자산가액	⑲ 부채	⑳ 순자산			
			㉑ 소계	㉒ 기본순자산	㉓ 보통순자산	㉔ 자산조정
ⓐ 총계	1,434,420,000	42,950,000	1,391,470,000	1,200,000,000	186,470,000	5,000,000
ⓑ 공익목적사업	217,470,000	42,950,000	174,520,000	–	174,520,000	
ⓒ 기타사업	1,216,950,000	–	1,216,950,000	1,200,000,000	11,950,000	5,000,000

3. 자산현황

(단위 : 원)

구분	㉕ 총자산가액	㉖ 토지	㉗ 건물	㉘ 주식 및 출자지분	㉙ 금융자산	㉚ 기타자산
ⓐ 총계	1,434,420,000	–	390,000,000	105,000,000	818,420,000	121,000,000
ⓑ 공익목적사업	217,470,000	–	–		97,470,000	120,000,000
ⓒ 기타사업	1,216,950,000	–	390,000,000	105,000,000	720,950,000	1,000,000

(재)공익이 보유하고 있는 건물은 감가상각누계액을 차감한 금액으로 건물에 작성하고, 매도가능증권은 기말 평가 후의 금액으로 주식 및 출자지분에 작성한다. 예금은 금융자산에 작성한다. 그 외의 자산은 기타자산에 기입한다.

4. 수익현황

(단위 : 원)

구분	㉛ 총계	㉜ 사업수익					㊳ 사업외수익	㊴ 고유목적사업 준비금 환입액
		㉝ 소계	㉞ 기부금	㉟ 보조금	㊱ 회비수익	㊲ 기타		
ⓐ 총계	484,050,000	484,000,000	380,000,000	30,000,000	–	74,000,000	50,000	–
ⓑ 공익목적 사업	410,050,000	410,000,000	380,000,000	30,000,000	–	-	50,000	–
ⓒ 기타사업	74,000,000	74,000,000	–	–	–	74,000,000	–	–

(재)공익의 이자수익과 임대수익은 합산하여 '㊲ 기타'에 작성하고, 잡이익은 사업수익이 아니므로 '㊳ 사업외수익'에 작성한다.

5. 비용현황

(단위 : 원)

구분	㊵ 총계	㊶ 사업비용					㊼ 사업외비용 등 기타	㊽ 고유목적사업 준비금 전입액
		㊷ 소계	㊸ 사업수행비용	㊹ 일반관리비용	㊺ 모금비용	㊻ 기타		
ⓐ 총계	297,580,000	261,600,000	226,400,000	14,100,000	21,100,000	–	30,000	35,950,000
ⓑ 공익목적 사업	235,530,000	235,500,000	200,300,000	14,100,000	21,100,000	– -	30,000	–
ⓒ 기타사업	62,050,000	26,100,000		–	–	26,100,000	–	35,950,000

㊸ 사업수행비용에는 공익목적사업의 사업수행비용만 작성함에 유의한다. 임대사업에 대한 사업수행비용은 ㊻ '기타'에 작성한다.

9. 공익목적사업의 수익 세부현황

(단위 : 원)

구분	사업연도(과세기간)	
	당기	전기
1. 사업수익	410,000,000	–
1) 기부금품	380,000,000	–
① 개인기부금품	80,000,000	
② 영리법인기부금품	300,000,000	
③ 모금단체, 재단 등 다른공익법인등의 지원금품		
④ 기타기부금품		

구분			사업연도(과세기간)	
			당기	전기
* 기부물품 (①~④)에 포함된 기부물품	당기	전기		
2) 보조금			30,000,000	
3) 회비수익				
4) 기디공익목적사업수익				
2. 사업외수익			50,000	
3. 고유목적사업준비금 환입액				
4. 총 합계 (1+2+3)			410,050,000	–

10. 기타사업의 손익 세부현황

(단위 : 원)

구분	1. 합계	기타사업손익								
		사업손익								사업외 손익
		금융				부동산			기타	
		2. 소계	3. 이자	4. 배당	5. 기타금융	6. 소계	7. 임대	8. 매각		
수익금액	74,000,000	26,000,000	26,000,000	–		48,000,000	48,000,000	–		–
비용	62,050,000	–				26,100,000	26,100,000			35,950,000
이익(손실)	11,950,000	26,000,000	26,000,000	–	–	21,900,000	21,900,000	–		35,950,000

11. 공익목적사업의 비용 세부현황

(단위 : 원)

구분	사업연도(과세기간)				
	당기				전기
	합계	사업수행비용	일반관리비용	모금비용	
1. 사업비용	235,500,000	200,300,000	14,100,000	21,100,000	
① 분배비용	150,000,000	150,000,000	–	–	
1) 국내	150,000,000	150,000,000			
2) 국외	–				
② 인력비용	60,500,000	36,300,000	12,100,000	12,100,000	
③ 시설비용	10,000,000	6,000,000	2,000,000	2,000,000	
④ 기타비용	15,000,000	8,000,000	–	7,000,000	
2. 사업외비용	–				
3. 고유목적사업준비금전입액	–				
4. 총 합계 (1+2+3)	235,500,000	200,300,000	14,100,000	21,100,000	

12. 재무상태표

(단위 : 원)

과목 코드	과목	당기		
		통합	공익목적사업	기타사업
10000	**자산**			
11000	I. **유동자산**	819,420,000	97,470,000	721,950,000
11100	1. 현금및현금성자산	818,420,000	97,470,000	720,950,000
11500	5. 미수수익	1,000,000	–	1,000,000
12000	II. **비유동자산**	615,000,000	120,000,000	495,000,000
12100	1. **투자자산**	105,000,000		105,000,000
12120	나. 장기투자증권	105,000,000		105,000,000
12200	2. **유형자산**	410,000,000	20,000,000	390,000,000
12220	나. 건물 *	400,000,000		400,000,000
12221	(감가상각누계액) *	10,000,000		10,000,000
12270	사. 기타	20,000,000	20,000,000	–
12273	③ 비품 **	20,000,000	20,000,000	
12400	4. **기타비유동자산**	100,000,000	100,000,000	–
12410	가. 임차보증금	100,000,000	100,000,000	–
19000	**자산총계**(I + II)	1,434,420,000	217,470,000	1,216,950,000
20000	부채			
21000	I. 유동부채	7,000,000	7,000,000	–
21400	4. 미지급금	7,000,000	7,000,000	
23000	III. 고유목적사업준비금	35,950,000	35,950,000	
29000	**부채총계**(I + II + III)	42,950,000	42,950,000	–
30000	**순자산**			
31000	I. **기본순자산**	1,200,000,000	–	1,200,000,000
32000	II. **보통순자산**	186,470,000	174,520,000	11,950,000
32200	2. 잉여금	186,470,000	174,520,000	11,950,000
33000	III. **순자산조정**	5,000,000		5,000,000
33100	1. 매도가능증권평가	5,000,000		5,000,000
39000	**순자산 총계**(I + II + III)	1,391,470,000	174,520,000	1,216,950,000
50000	**부채 및 순자산 총계**	1,434,420,000	217,470,000	1,216,950,000

* 건물, (감가상각누계액) : 건물과 감가상각누계액을 총액으로 작성한다.

** 비품 : 코드 12210~12260에 비품 항목이 없으므로, 코드 12273에 비품이라고 직접 입력하고 감가상각누계액을 차감한 금액으로 작성한다.

13. 운영성과표

(단위 : 원)

과목 코드	과목	당기		
		통합	공익목적사업	기타사업
10000	Ⅰ. **사업수익**	484,000,000	410,000,000	74,000,000
11000	1. 기부금수익	380,000,000	380,000,000	-
12000	2. 보조금수익	30,000,000	30,000,000	-
14000	4. 투자자산수익	26,000,000	-	26,000,000
14100	가. 이자수익	26,000,000	-	26,000,000
16000	6. 기타	48,000,000	-	48,000,000
20000	Ⅱ. **사업비용**	261,600,000	235,500,000	26,100,000
21000	1. **사업수행비용**	200,300,000	200,300,000	-
21100	**가. 분배비용**	150,000,000	150,000,000	-
21200	**나. 인력비용**	36,300,000	36,300,000	
21210	① 급여	36,300,000	36,300,000	
21300	**다. 시설비용**	6,000,000	6,000,000	-
21320	② 지급임차료	6,000,000	6,000,000	
21400	**라. 기타비용**	8,000,000	8,000,000	-
21480	⑧ 비품감가상각비 *	5,000,000	5,000,000	
21490	⑨ 광고선전비 *	3,000,000	3,000,000	
22000	2. **일반관리비용**	14,100,000	14,100,000	-
22100	**가. 인력비용**	12,100,000	12,100,000	-
22110	① 급여	12,100,000	12,100,000	
22200	**나. 시설비용**	2,000,000	2,000,000	-
22220	② 지급임차료	2,000,000	2,000,000	
23000	3. **모금비용**	21,100,000	21,100,000	-
23100	**가. 인력비용**	12,100,000	12,100,000	-
23110	① 급여	12,100,000	12,100,000	
23200	**나. 시설비용**	2,000,000	2,000,000	-
23220	② 지급임차료	2,000,000	2,000,000	
23300	**다. 기타비용**	7,000,000	7,000,000	-
23390	⑨ 모금행사비 *	7,000,000	7,000,000	
24000	4. **기타사업비용** **	26,100,000	-	26,100,000
24100	**가. 인력비용**	12,100,000	-	12,100,000
24110	① 급여	12,000,000		12,000,000
24150	⑤ 교육훈련비	100,000		100,000
24200	**나. 시설비용**	14,000,000	-	14,000,000
24210	① 감가상각비	10,000,000		10,000,000

과목 코드	과목	당기		
		통합	공익목적사업	기타사업
24220	② 지급임차료	2,000,000		2,000,000
24240	④ 시설유지관리비	2,000,000		2,000,000
30000	**Ⅲ. 사업이익(손실)(I - II)**	222,400,000	174,500,000	47,900,000
40000	**Ⅳ. 사업외수익**	50,000	50,000	-
46000	6. 기타	50,000	50,000	-
46100	가. 잡이익	50,000	50,000	
50000	**Ⅴ. 사업외비용**	30,000	30,000	-
58000	8. 기타	30,000	30,000	-
58100	가. 잡손실	30,000	30,000	
60000	**Ⅵ. 고유목적사업준비금전입액**	35,950,000		35,950,000
80000	**Ⅷ. 법인세비용차감전순이익**	186,470,000	174,520,000	11,950,000
90000	**Ⅸ. 법인세비용**	-		
99000	**Ⅹ. 당기운영이익(손실)**	186,470,000	174,520,000	11,950,000

* 비품감가상각비, 광고선전비, 모금행사비 등 서식에 명확히 언급되지 않은 계정은 기타비용에 해당 계정과목을 직접 입력하여 금액을 작성한다.

** 사업수행비용 중 기타사업 관련 사업수행비용은 코드 24000 이하에 작성하도록 한다.

부 록

기획재정부 고시 제2017-35호

공익법인회계기준

기획재정부(재산세제과)

제1장 총칙

제1조(목적) 공익법인회계기준(이하 '이 기준'이라 한다)은 「상속세 및 증여세법」 제50조의 4 및 같은 법 시행령 제43조의 4에 따라 같은 법 제16조 제1항에 따른 공익법인등(이하 '공익법인'이라 한다)의 회계처리 및 재무제표를 작성하는 데 적용되는 기준을 제시하는 것을 목적으로 한다.

제2조(적용) 이 기준은 공익법인이 「상속세 및 증여세법」 제50조 제3항에 따라 회계감사를 받는 경우 및 같은 법 제50조의 3에 따라 결산서류 등을 공시하는 경우 등에 적용한다.

제3조(보고실체) 이 기준에 따라 재무제표를 작성할 때에는 공익법인 전체를 하나의 보고실체로 하여 작성한다.

제4조(복식부기와 발생주의) ① 이 기준에 따라 회계처리 및 재무제표를 작성할 때는 발생주의 회계원칙에 따라 복식부기 방식으로 하여야 한다.

② '복식부기'란 공익법인의 자산, 부채, 순자산의 증감 및 변화과정과 그 결과를 계정과목을 통하여 대변과 차변으로 구분하여 이중기록·계산이 되도록 하는 부기형식을 말한다.

③ '발생주의'란 현금의 수수와는 관계없이 수익은 실현되었을 때 인식하고 비용은 발생되었을 때 인식하는 개념으로서 기간손익을 계산할 때 경제가치량의 증가나 감소의 사실이 발생한 때를 기준으로 수익과 비용을 인식하는 것을 말한다.

제5조(재무제표) 이 기준에서 재무제표는 다음 각 호의 서류로 구성된다.

1. 재무상태표
2. 운영성과표
3. 위 제1호 및 제2호의 서류에 대한 주석

제6조(다른 법령과의 관계 등) ① 공익법인의 회계처리 및 재무제표 작성에 관하여 이 기준에서 정하지 아니한 사항은 일반기업회계기준에 따른다.

② 제4조 제2항 및 제3항에 따른 공익법인의 회계처리 및 재무제표 작성에 관하여 다른 법령에서 특별한 규정이 있는 경우 외에는 이 기준에 따른다.

제7조(회계정책, 회계추정의 변경 및 오류수정) ① 재무제표를 작성할 때 채택한 회계정책이나 회계추정은 비슷한 종류의 사건 또는 거래의 회계처리에도 동일하게 적용한다.

② '회계정책의 변경'이란 재무제표의 작성에 적용하던 회계정책을 다른 회계정책으로 바꾸는 것을 말한다.

③ 이 기준에서 변경을 요구하거나, 회계정책의 변경을 반영한 재무제표가 신뢰성 있고 더 목적적합한 정보를 제공하는 경우에만 회계정책을 변경할 수 있다.

④ '회계추정의 변경'이란 환경의 변화, 새로운 정보의 입수 또는 경험의 축적에 따라 회계적 추정치의 근거와 방법 등을 바꾸는 것을 말한다. 이 경우 회계추정에는 대손의 추정, 감가상각자산에 내재된 미래 경제적 효익의 예상되는 소비형태의 유의적인 변동, 감가상각자산의 내용연수 또는 잔존가치의 추정 등이 포함된다.

⑤ 변경된 회계정책은 소급하여 적용하며 소급적용에 따른 수정사항을 반영하여 비교재무제표를 재작성한다.

⑥ 회계추정의 변경은 전진적으로 회계처리하여 그 효과를 당기와 그 이후의 회계연도에 반영한다.

⑦ '오류수정'이란 전기 또는 그 이전 회계연도의 재무제표에 포함된 회계적 오류를 당기에 발견하여 수정하는 것을 말한다.

⑧ 당기에 발견한 전기 또는 그 이전 회계연도의 오류는 당기 운영성과표에 사업외손익 중 전기오류수정손익으로 보고한다. 다만, 전기 또는 그 이전 회계연도에 발생한 중대한 오류의 수정은 비교재무제표를 재작성하여 반영한다. 중대한 오류는 재무제표의 신뢰성을 심각하게 손상할 수 있는 매우 중요한 오류를 말한다.

제8조(재무제표의 구분·통합 표시) 중요한 항목은 재무제표의 본문 또는 주석에 그 내용을 가장 잘 나타낼 수 있도록 구분하여 표시한다.

제9조(비교재무제표의 작성) ① 재무제표의 기간별 비교가능성을 제고하기 위하여 전기 재무제표상의 모든 계량정보를 당기와 비교하는 형식으로 표시한다.

② 전기 재무제표상의 비계량정보가 당기 재무제표를 이해하는 데 관련된 경우에는 이를 당기의 정보와 비교하여 주석으로 기재한다.

제2장 재무상태표

제10조(재무상태표의 목적과 작성단위) ① 재무상태표는 회계연도 말 현재 공익법인의 자산, 부채 및 순자산을 표시함으로써 다음 각 호의 정보를 제공하는 것을 목적으로 한다.

1. 공익법인이 정관상 목적사업을 지속적으로 수행할 수 있는 능력
2. 공익법인의 유동성 및 재무건전성

② 재무상태표의 작성은 공익법인을 하나의 작성단위로 보아 통합하여 작성하되, 공익목적사업부문과 기타사업부문으로 각각 구분하여 표시한다.

제11조(재무상태표 작성기준) ① 재무상태표에는 회계연도 말 현재 공익법인의 모든 자산, 부채 및 순자산을 적정하게 표시한다. 〔별지 제1호 서식 참조〕

② 재무상태표 구성요소의 정의는 다음 각 호와 같다.

1. '자산'이란 과거의 거래나 사건의 결과로 현재 공익법인에 의해 지배되고 미래에 경제적 효익을 창출할 것으로 예상되는 자원을 말한다.
2. '부채'란 과거의 거래나 사건의 결과로 현재 공익법인이 부담하고 있고 미래에 자원이 유출되거나 사용될 것으로 예상되는 의무를 말한다.
3. '순자산'이란 공익법인의 자산 총액에서 부채 총액을 차감한 잔여 금액을 말한다.

③ 자산과 부채는 각각 다음 각 호의 조건을 충족하는 경우에 재무상태표에 인식한다.

1. 자산: 해당 항목에서 발생하는 미래 경제적 효익이 공익법인에 유입될 가능성이 매우 높고, 그 원가를 신뢰성 있게 측정할 수 있다.
2. 부채: 해당 의무를 이행하기 위하여 경제적 자원이 유출될 가능성이 매우 높고, 의무의 이행에 소요되는 금액을 신뢰성 있게 측정할 수 있다.

④ 자산, 부채 및 순자산은 다음 각 호에 따라 구분한다.

1. 자산은 유동자산 및 비유동자산으로 구분하고, 비유동자산은 투자자산, 유형자산, 무형자산 및 기타비유동자산으로 구분한다.
2. 부채는 유동부채, 비유동부채로 구분하며 고유목적사업준비금을 부채로 인식할 수 있다.
3. 순자산은 기본순자산, 보통순자산, 순자산조정으로 구분한다.

⑤ 자산과 부채는 유동성이 높은 항목부터 배열한다.

⑥ 자산과 부채는 상계하여 표시하지 않는다.

제12조(유동자산) ① '유동자산'은 회계연도 말부터 1년 이내에 현금화되거나 실현될 것으로 예상되는 자산을 말한다.

② 유동자산에는 현금및현금성자산, 단기투자자산, 매출채권, 선급비용, 미수수익, 미수금, 선

급금 및 재고자산 등이 포함된다.

③ 매출채권, 미수금 등에 대한 대손충당금은 해당 자산의 차감계정으로, 재고자산평가충당금은 재고자산 각 항목의 차감계정으로 재무상태표에 표시한다.

제13조(투자자산) ① '투자자산'이란 장기적인 투자 등과 같은 활동의 결과로 보유하는 자산을 말한다.

② 투자자산에는 장기성예적금, 장기투자증권과 장기대여금 등이 포함된다.

제14조(유형자산) ① '유형자산'이란 재화를 생산하거나 용역을 제공하기 위하여, 또는 타인에게 임대하거나 직접 사용하기 위하여 보유한 물리적 형체가 있는 자산으로 1년을 초과하여 사용할 것으로 예상되는 자산을 말한다.

② 유형자산에는 토지, 건물, 구축물, 기계장치, 차량운반구와 건설중인자산 등이 포함된다.

③ 유형자산의 감가상각누계액과 손상차손누계액은 유형자산 각 항목의 차감계정으로 재무상태표에 표시한다.

④ 유형자산을 폐기하거나 처분하는 경우 그 자산을 재무상태표에서 제거하고 처분금액과 장부금액의 차액을 유형자산처분손익으로 인식한다.

제15조(무형자산) ① '무형자산'이란 재화를 생산하거나 용역을 제공하기 위하여, 또는 타인에게 임대하거나 직접 사용하기 위하여 보유한 물리적 형체가 없는 비화폐성자산을 말한다.

② 무형자산에는 지식재산권, 개발비, 컴퓨터소프트웨어, 광업권, 임차권리금 등이 포함된다.

③ 무형자산은 상각누계액과 손상차손누계액을 취득원가에서 직접 차감한 잔액으로 재무상태표에 표시한다.

④ 무형자산을 처분하는 경우 그 자산을 재무상태표에서 제거하고 처분금액과 장부금액의 차액을 무형자산처분손익으로 인식한다.

제16조(기타비유동자산) ① '기타비유동자산'이란 투자자산, 유형자산 및 무형자산에 속하지 않는 비유동자산을 말한다.

② 기타비유동자산에는 임차보증금, 장기선급비용과 장기미수금 등이 포함된다.

제17조(유동부채) ① '유동부채'는 회계연도 말부터 1년 이내에 상환 등을 통하여 소멸할 것으로 예상되는 부채를 말한다.

② 유동부채에는 단기차입금, 매입채무, 미지급비용, 미지급금, 선수금, 선수수익, 예수금과 유동성장기부채 등이 포함된다.

제18조(비유동부채) ① '비유동부채'란 유동부채를 제외한 모든 부채를 말하며, 고유목적사업준비

금을 부채로 인식하는 경우에는 유동부채와 고유목적사업준비금을 제외한 모든 부채를 말한다.

② 비유동부채에는 장기차입금, 임대보증금과 퇴직급여충당부채 등이 포함된다.

제19조(고유목적사업준비금) ① 고유목적사업준비금이란 법인세법 제29조에 따라 고유목적사업이나 지정기부금에 사용하기 위해 미리 비용으로 계상하면서 동일한 금액으로 인식한 부채계정으로, 유동부채와 비유동부채로 구분하지 않고 별도로 표시한다.

② 제1항은 고유목적사업준비금을 부채로 인식하는 경우에 한하여 적용한다.

제20조(기본순자산) ① '기본순자산'이란 사용이나 처분에 '영구적 제약'이 있는 순자산을 말한다.

② '영구적 제약'이란 법령, 정관 등에 의해 사용이나 처분시 주무관청 등의 허가가 필요한 경우를 말한다.

제21조(보통순자산) ① '보통순자산'이란 '기본순자산'이나 '순자산조정'이 아닌 순자산을 말한다.

② '보통순자산'은 잉여금과 적립금으로 구분하고, 적립금은 미래 특정 용도로 사용하기 위하여 적립해두는 준비금이나 임의적립금 등이 해당한다.

제22조(순자산조정) '순자산조정'이란 순자산 가감성격의 항목으로서 매도가능증권평가손익, 유형자산재평가이익 등이 포함된다.

제3장 운영성과표

제23조(운영성과표의 목적과 작성단위) ① 운영성과표는 해당 회계연도의 모든 수익과 비용을 표시함으로써 다음 각 호의 정보를 제공하는 것을 목적으로 한다.

1. 공익법인의 사업 수행 성과
2. 관리자의 책임 수행 정도

② 운영성과표의 작성은 공익법인을 하나의 작성단위로 보아 통합하여 작성하되, 공익목적사업부문과 기타사업부문으로 각각 구분하여 표시한다.

제24조(운영성과표 작성기준) ① 운영성과표에는 그 회계연도에 속하는 모든 수익 및 이에 대응하는 모든 비용을 적정하게 표시한다. 〔별지 제2호 서식 참조〕

② 운영성과표는 다음 각 호에 따라 작성한다.

1. 모든 수익과 비용은 그것이 발생한 회계연도에 배분되도록 회계처리한다. 이 경우 발생한 원가가 자산으로 인식되는 경우를 제외하고는 비용으로 인식한다.
2. 수익과 비용은 그 발생 원천에 따라 명확하게 분류하고, 수익항목과 이에 관련되는 비용항

목은 대응하여 표시한다.

3. 수익과 비용은 총액으로 표시한다.
4. 운영성과표는 다음 각 목과 같이 구분하여 표시한다.
   가. 사업수익
   나. 사업비용
   다. 사업이익(손실)
   라. 사업외수익
   마. 사업외비용
   바. 고유목적사업준비금을 부채로 인식하는 경우 고유목적사업준비금전입액
   사. 고유목적사업준비금을 부채로 인식하는 경우 고유목적사업준비금환입액
   아. 법인세비용차감전 당기운영이익(손실)
   자. 법인세비용
   차. 당기운영이익(손실)

제25조(사업수익) ① '사업수익'은 공익목적사업과 기타사업의 결과 경상적으로 발생하는 자산의 증가 또는 부채의 감소를 말한다.

② 사업수익은 공익목적사업수익과 기타사업수익으로 구분하여 표시한다.

③ 공익목적사업수익은 공익법인의 특성을 반영하여 기부금수익, 보조금수익, 회비수익 등으로 구분하여 표시한다.

④ 기타사업수익은 공익법인이 필요하다고 판단하는 경우에는 그 구분정보를 운영성과표 본문에 표시하거나 주석으로 기재할 수 있다.

⑤ 이자수익 또는 배당수익과 처분손익 등이 공익목적사업활동의 주된 원천이 되는 경우에는 사업수익에 포함한다.

제26조(기부금 등의 수익인식과 측정) ① 현금이나 현물을 기부 받을 때에는 실제 기부를 받는 시점에 수익으로 인식한다.

② 현물을 기부 받을 때에는 수익금액을 공정가치(합리적인 판단력과 거래 의사가 있는 독립된 당사자 사이의 거래에서 자산이 교환되거나 부채가 결제될 수 있는 금액을 말한다. 이하 같다)로 측정한다.

③ 납부가 강제되는 회비 등에 대해서는 발생주의에 따라 회수가 확실해지는 시점에 수익을 인식할 수 있다.

④ 기부금 등이 기본순자산에 해당하는 경우 사업수익으로 인식하지 않고 기본순자산의 증가

로 인식한다.

제27조(사업비용) ① '사업비용'은 공익목적사업과 기타사업의 결과 경상적으로 발생하는 자산의 감소 또는 부채의 증가를 말한다.

② 사업비용은 공익목적사업비용과 기타사업비용으로 구분하여 표시한다.

③ 공익목적사업비용은 활동의 성격에 따라 다음 각 호와 같이 사업수행비용, 일반관리비용, 모금비용으로 구분하여 표시한다.

1. '사업수행비용'은 공익법인이 추구하는 본연의 임무나 목적을 달성하기 위해 수혜자, 고객, 회원 등에게 재화나 용역을 제공하는 활동에서 발생하는 비용을 말한다.
2. '일반관리비용'은 기획, 인사, 재무, 감독 등 제반 관리활동에서 발생하는 비용을 말한다.
3. '모금비용'은 모금 홍보, 모금 행사, 기부자 리스트 관리, 모금 고지서 발송 등의 모금활동에서 발생하는 비용을 말한다.

④ 사업수행비용은 세부사업별로 추가 구분한 정보를 운영성과표 본문에 표시하거나 주석으로 기재할 수 있다.

⑤ 사업수행비용, 일반관리비용, 모금비용에 대해서는 각각 다음 각 호와 같이 분배비용, 인력비용, 시설비용, 기타비용으로 구분하여 분석한 정보를 운영성과표 본문에 표시하거나 주석으로 기재한다. 다만, 공익법인이 필요하다고 판단하는 경우에는 더 세분화된 정보를 운영성과표 본문에 표시하거나 주석으로 기재할 수 있다.

1. '분배비용'은 공익법인이 수혜자 또는 수혜단체에 직접 지급하는 비용으로 장학금, 지원금 등을 포함한다.
2. '인력비용'은 공익법인에 고용된 인력과 관련된 비용으로서 급여, 상여금, 퇴직급여, 복리후생비, 교육훈련비 등을 포함한다.
3. '시설비용'은 공익법인의 운영에 사용되는 토지, 건물, 구축물, 차량운반구 등 시설과 관련된 비용으로서 감가상각비, 지급임차료, 시설보험료, 시설유지관리비 등을 포함한다.
4. '기타비용'은 분배비용, 인력비용, 시설비용 외의 비용으로서 여비교통비, 소모품비, 지급수수료, 용역비, 업무추진비, 회의비, 대손상각비 등을 포함한다. 이 경우 각 공익법인의 특성에 따라 금액이 중요한 기타비용 항목은 별도로 구분하여 운영성과표 본문에 표시하거나 주석으로 기재한다.

⑥ 기타사업비용을 인력비용, 시설비용, 기타비용으로 구분하여 분석한 정보는 운영성과표 본문에 표시하거나 주석으로 기재하여야 하며, 그 외 공익법인이 필요하다고 판단하는 구분정보에 대해서는 운영성과표 본문에 표시하거나 주석으로 기재할 수 있다.

제28조(사업외수익) 사업외수익은 사업수익이 아닌 수익 또는 차익으로서 유형·무형자산처분이익, 유형·무형자산손상차손환입, 전기오류수정이익 등으로 한다.

제29조(사업외비용) 사업외비용은 사업비용이 아닌 비용 또는 차손으로서 유형·무형자산처분손실, 유형·무형자산손상차손, 유형자산재평가손실, 기타의 대손상각비, 전기오류수정손실 등으로 한다.

제30조(공통수익 및 비용의 배분) 어떤 수익과 비용항목이 복수의 활동에 관련되는 경우에는 해당 수익과 비용의 성격에 따라 투입한 업무시간, 관련 시설면적, 사용빈도 등 합리적인 배분기준에 따라 활동 간에 배분하며, 그 배분기준은 일관되게 적용하여야 한다.

제31조(고유목적사업준비금 전입액과 환입액) ① '고유목적사업준비금전입액'이란 공익법인이 법인세법에 따라 수익사업부문에서 발생한 소득 중 일부를 고유목적사업부문이나 지정기부금에 지출하기 위하여 적립한 금액을 말한다. 이에 상응하여 동일한 금액을 부채에 '고유목적사업준비금'이라는 과목으로 인식한다.

② '고유목적사업준비금환입액'이란 고유목적사업준비금이 법인세법에 따라 수익사업부문에서 고유목적사업부문에 전출되어 목적사업에 사용되었거나 미사용되어 임의 환입된 금액을 말한다.

③ 제1항과 제2항의 내용은 고유목적사업준비금을 부채로 인식하는 경우에 한하여 적용한다.

제32조(법인세비용) 공익법인이 법인세를 부담하는 경우에는 일반기업회계기준 제22장 '법인세회계'와 제31장 '중소기업 회계처리 특례'의 법인세 회계처리를 고려하여 회계정책을 개발하여 회계처리한다.

제4장 자산·부채의 평가

제33조(자산의 평가기준) ① 자산은 최초에 취득원가로 인식한다.

② 교환, 현물출자, 증여, 그 밖에 무상으로 취득한 자산은 공정가치를 취득원가로 한다.

③ 이 기준에서 별도로 정하는 경우를 제외하고는, 자산의 진부화 및 시장가치의 급격한 하락 등으로 인하여 자산의 회수가능액이 장부금액에 중요하게 미달되는 경우에는 장부금액을 회수가능액으로 조정하고 그 차액을 손상차손으로 처리한다. 이 경우 회수가능액은 다음 제1호와 제2호 중 큰 금액으로 한다.

1. 순공정가치: 합리적인 판단력과 거래 의사가 있는 독립된 당사자 사이의 거래에서 자산의 매각으로부터 수취할 수 있는 금액에서 처분부대원가를 차감한 금액

2. 사용가치: 자산에서 창출될 것으로 기대되는 미래 현금흐름의 현재가치

④ 과거 회계연도에 인식한 손상차손이 더 이상 존재하지 않거나 감소하였다면 자산의 회수가능액이 장부금액을 초과하는 금액은 손상차손환입으로 인식한다. 다만, 손상차손환입으로 증가된 장부금액은 과거에 손상차손을 인식하기 전 장부금액의 감가상각 또는 상각 후 잔액을 초과할 수 없다

제34조(미수금, 매출채권 등의 평가) ① 원금이나 이자 등의 일부 또는 전부를 회수하지 못할 가능성이 있는 미수금, 매출채권 등은 합리적이고 객관적인 기준에 따라 대손추산액을 산출하여 대손충당금으로 설정하고, 기존 대손충당금 잔액과의 차이는 대손상각비로 인식한다.

② 미수금, 매출채권 등의 원금이나 이자 등의 일부 또는 전부를 회수할 수 없게 된 경우, 대손충당금과 상계하고, 대손충당금이 부족한 경우에는 그 부족액을 대손상각비로 인식한다.

③ 미수금과 매출채권에 대한 대손상각비는 사업비용(공익목적사업비용이나 기타사업비용 중 관련이 되는 것)의 대손상각비로, 그 밖의 채권에 대한 대손상각비는 사업외비용의 기타의대손상각비로 구분한다.

제35조(유형자산과 무형자산의 평가) ① 유형자산과 무형자산의 취득원가는 구입가격 또는 제작원가와 자산을 가동하기 위하여 필요한 장소와 상태에 이르게 하는 데 직접 관련되는 원가를 포함한 금액을 말한다.

② 최초 인식 후에 유형자산과 무형자산의 장부금액은 다음 각 호에 따라 결정한다.

1. 유형자산: 취득원가(자본적 지출을 포함한다. 이하 이 조에서 같다)에서 감가상각누계액과 손상차손누계액을 차감한 금액
2. 무형자산: 취득원가에서 상각누계액과 손상차손누계액을 차감한 금액

③ 취득원가에서 잔존가치를 차감하여 결정되는 유형자산의 감가상각대상금액과 무형자산의 상각대상금액은 해당 자산을 사용할 수 있는 때부터 내용연수에 걸쳐 배분하여 상각한다.

④ 유형자산과 무형자산의 내용연수는 자산의 예상 사용기간이나 생산량 등을 고려하여 합리적으로 결정한다.

⑤ 유형자산의 감가상각방법과 무형자산의 상각방법은 다음 각 호에서 자산의 경제적 효익이 소멸되는 형태를 반영한 합리적인 방법을 선택하여 소멸형태가 변하지 않는 한 매기 계속 적용한다.

1. 정액법
2. 정률법
3. 연수합계법
4. 생산량비례법

⑥ 전시 · 교육 · 연구 등의 목적으로 보유중인 예술작품 및 유물과 같은 역사적 가치가 있는 유형자산은 일반적으로 시간이 경과하더라도 가치가 감소하지 않으므로 감가상각을 적용하지 아니한다.

제36조(유형자산의 재평가) ① 최초 인식 후에 공정가치를 신뢰성 있게 측정할 수 있는 유형자산은 재평가를 할 수 있다. 이 경우 재평가일의 공정가치에서 이후의 감가상각누계액과 손상차손누계액을 차감한 재평가금액을 장부금액으로 한다.

② 유형자산을 재평가할 때, 재평가 시점의 총장부금액에서 기존의 감가상각누계액을 제거하여 자산의 순장부금액이 재평가금액이 되도록 수정한다.

③ 유형자산의 장부금액이 재평가로 인하여 증가된 경우에 그 증가액은 순자산조정으로 인식한다. 그러나 동일한 유형자산에 대하여 이전에 운영성과표에 사업외비용으로 인식한 재평가감소액이 있다면 그 금액을 한도로 재평가증가액만큼 운영성과표에 사업외수익으로 인식한다.

④ 유형자산의 장부금액이 재평가로 인하여 감소된 경우에 그 감소액은 운영성과표에 사업외비용으로 인식한다. 그러나 그 유형자산의 재평가로 인해 인식한 순자산조정의 잔액이 있다면 그 금액을 한도로 재평가감소액을 순자산조정에서 차감한다.

제37조(유가증권의 평가) ① 유가증권은 취득한 후 만기보유증권, 단기매매증권, 그리고 매도가능증권 중의 하나로 분류한다.

② 유가증권의 평가는 일반기업회계기준에 따른다. 다만, 매도가능증권에 대한 미실현보유손익은 순자산조정으로 인식하고 당해 유가증권에 대한 순자산조정은 그 유가증권을 처분하거나 손상차손을 인식하는 시점에 일괄하여 당기손익에 반영한다.

제38조(퇴직급여충당부채의 평가) ① 퇴직급여충당부채는 회계연도 말 현재 모든 임직원이 일시에 퇴직할 경우 지급하여야 할 퇴직금에 상당하는 금액으로 한다.

② 확정기여형퇴직연금제도를 설정한 경우에는 퇴직급여충당부채 및 관련 퇴직연금운용자산을 인식하지 않는다. 다만 해당 회계기간에 대하여 공익법인이 납부하여야 할 부담금을 퇴직급여(비용)로 인식하고, 미납부액이 있는 경우 미지급비용(부채)으로 인식한다.

③ 확정급여형퇴직연금제도와 관련하여 별도로 운용되는 자산은 하나로 통합하여 '퇴직연금운용자산'으로 표시하고, 퇴직급여충당부채에서 차감하는 형식으로 표시한다. 퇴직연금운용자산의 구성내역은 주석으로 기재한다.

제39조(공통자산 · 부채의 배분) 어떤 자산 또는 부채 항목이 복수의 활동에 관련되는 경우에는 관련 시설면적, 사용빈도 등 합리적인 배분기준에 따라 활동 간에 배분하고, 그 배분기준은 일관되게 적용하여야 한다.

제5장 주 석

제40조(주석의 정의) '주석'이란 재무제표 본문(재무상태표, 운영성과표를 말한다)의 전반적인 이해를 돕는 일반사항에 관한 정보, 재무제표 본문에 표시된 항목을 구체적으로 설명하거나 세분화하는 정보, 재무제표 본문에 표시할 수 없는 회계사건 및 그 밖의 사항으로 재무제표에 중요한 영향을 미치거나 재무제표의 이해를 위하여 필요하다고 판단되는 정보를 추가하여 기재하는 것을 말한다.

제41조(필수적 주석기재사항) 공익법인은 이 기준의 다른 조항에서 주석으로 기재할 것을 요구하거나 허용하는 사항 외에 다음 각 호의 사항을 주석으로 기재한다.

1. 공익법인의 개황 및 주요사업 내용
2. 공익법인이 채택한 회계정책(자산·부채의 평가기준 및 수익과 비용의 인식기준을 포함한다)
3. 사용이 제한된 현금및현금성자산의 내용
4. 차입금 등 현금 등으로 상환하여야 하는 부채의 주요 내용
5. 현물기부의 내용
6. 제공한 담보·보증의 주요 내용
7. 특수관계인(상속세 및 증여세법 제2조 제10호의 정의에 따른다)과의 중요한 거래의 내용
8. 총자산 또는 사업수익금액의 10% 이상에 해당하는 거래에 대한 거래처명, 거래금액, 계정과목 등 거래 내역
9. 회계연도 말 현재 진행 중인 소송 사건의 내용, 소송금액, 진행 상황 등
10. 회계정책, 회계추정의 변경 및 오류수정에 관한 사항
11. 기본순자산의 취득원가와 공정가치를 비교하는 정보에 관한 사항
12. 순자산의 변동에 관한 사항
13. 유형자산 재평가차액의 누적금액
14. 유가증권의 취득원가와 재무제표 본문에 표시된 공정가치를 비교하는 정보
15. 그 밖에 일반기업회계기준에 따라 주석기재가 요구되는 사항 중 공익법인에 관련성이 있고 그 성격이나 금액이 중요한 사항

제42조(선택적 주석기재사항) 이 기준과 일반기업회계기준에서 요구하는 주석기재사항 외에도 재무제표의 유용성을 제고하고 공정한 표시를 위하여 필요한 정보는 재무제표 작성자의 판단과 책임하에서 자발적으로 주석을 기재할 수 있다. 예를 들어, 공익법인이 내부관리목적으로 복수의 구분된 단위로 회계를 하는 경우 각 회계단위별로 작성된 재무제표의 전부 또는 일부를 주석으로 기재할 수 있다.

제43조(주석기재방법) 주석기재는 재무제표 이용자의 이해와 편의를 도모하기 위하여 다음 각 호에 따라 체계적으로 작성한다.

1. 재무제표상의 개별항목에 대한 주석 정보는 해당 개별항목에 기호를 붙이고 별지에 동일한 기호를 표시하여 그 내용을 설명한다.
2. 하나의 주석이 재무제표상 둘 이상의 개별항목과 관련된 경우에는 해당 개별항목 모두에 주석의 기호를 표시한다.
3. 하나의 주석에 포함된 정보가 다른 주석과 관련된 경우에도 해당되는 주석 모두에 관련된 주석의 기호를 표시한다.

부 칙

제1조(시행일) 이 기준은 2018년 1월 1일부터 시행한다.

제2조(일반적 적용례) 이 기준은 이 기준 시행 이후 개시하는 회계연도부터 적용한다.

제3조(재무제표 작성 적용례) 이 기준이 최초 적용되는 재무제표에 대하여는 제9조에 따른 비교재무제표를 작성하지 아니할 수 있다.

제4조(재무제표 작성 경과규정) 이 기준은 공익법인이 원하는 경우 이 기준 시행 이전에 개시하는 회계연도에 적용할 수 있다.

제5조(소규모 공익법인의 한시적 단식부기 등 적용특례) 이 기준 시행 이후 최초로 개시하는 회계연도의 직전 회계연도 종료일의 총자산가액의 합계액이 20억원 이하인 공익법인과 이 기준 시행일부터 2018년 12월 31일까지의 기간 중에 신설되는 공익법인은 이 기준 시행 이후 최초로 개시하는 회계연도와 그 다음 회계연도에는 단식부기를 적용할 수 있으며, 제41조의 필수적 주석기재사항의 기재를 생략할 수 있다.

[별지 제1호 서식]

재 무 상 태 표

제×기 20××년×월×일 현재

제×기 20××년×월×일 현재

공익법인명 (단위 : 원)

과 목	당 기			전 기		
	통합	공익목적사업	기타사업	통합	공익목적사업	기타사업
자 산						
유동자산	×××	×××	×××	×××	×××	×××
현금및현금성자산	×××	×××	×××	×××	×××	×××
단기투자자산	×××	×××	×××	×××	×××	×××
매출채권	×××	×××	×××	×××	×××	×××
(−) 대손충당금	(×××)	(×××)	(×××)	(×××)	(×××)	(×××)
선급비용	×××	×××	×××	×××	×××	×××
미수수익	×××	×××	×××	×××	×××	×××
미수금	×××	×××	×××	×××	×××	×××
(−) 대손충당금	(×××)	(×××)	(×××)	(×××)	(×××)	(×××)
선급금	×××	×××	×××	×××	×××	×××
재고자산	×××	×××	×××	×××	×××	×××
……	×××	×××	×××	×××	×××	×××
비유동자산	×××	×××	×××	×××	×××	×××
투자자산	×××	×××	×××	×××	×××	×××
장기성예적금	×××	×××	×××	×××	×××	×××
장기투자증권	×××	×××	×××	×××	×××	×××
장기대여금	×××	×××	×××	×××	×××	×××
……	×××	×××	×××	×××	×××	×××
유형자산	×××	×××	×××	×××	×××	×××
토지	×××	×××	×××	×××	×××	×××
건물	×××	×××	×××	×××	×××	×××
(−) 감가상각누계액	(×××)	(×××)	(×××)	(×××)	(×××)	(×××)
구축물	×××	×××	×××	×××	×××	×××
(−) 감가상각누계액	(×××)	(×××)	(×××)	(×××)	(×××)	(×××)
기계장치	×××	×××	×××	×××	×××	×××
(−) 감가상각누계액	(×××)	(×××)	(×××)	(×××)	(×××)	(×××)
차량운반구	×××	×××	×××	×××	×××	×××
(−) 감가상각누계액	(×××)	(×××)	(×××)	(×××)	(×××)	(×××)
건설중인자산	(×××)	(×××)	(×××)	(×××)	(×××)	(×××)
……	×××	×××	×××	×××	×××	×××
무형자산	×××	×××	×××	×××	×××	×××
지식재산권	×××	×××	×××	×××	×××	×××

과 목	당 기			전 기		
	통합	공익목적사업	기타사업	통합	공익목적사업	기타사업
개발비	×××	×××	×××	×××	×××	×××
컴퓨터소프트웨어	×××	×××	×××	×××	×××	×××
광업권	×××	×××	×××	×××	×××	×××
임차권리금	×××	×××	×××	×××	×××	×××
……	×××	×××	×××	×××	×××	×××
기타비유동자산	×××	×××	×××	×××	×××	×××
임차보증금	×××	×××	×××	×××	×××	×××
장기선급비용	×××	×××	×××	×××	×××	×××
장기미수금	×××	×××	×××	×××	×××	×××
……	×××	×××	×××	×××	×××	×××
자 산 총 계	×××	×××	×××	×××	×××	×××
부 채						
유동부채	×××	×××	×××	×××	×××	×××
단기차입금	×××	×××	×××	×××	×××	×××
매입채무	×××	×××	×××	×××	×××	×××
미지급비용	×××	×××	×××	×××	×××	×××
미지급금	×××	×××	×××	×××	×××	×××
선수금	×××	×××	×××	×××	×××	×××
선수수익	×××	×××	×××	×××	×××	×××
예수금	×××	×××	×××	×××	×××	×××
유동성장기부채	×××	×××	×××	×××	×××	×××
……	×××	×××	×××	×××	×××	×××
비유동부채	×××	×××	×××	×××	×××	×××
장기차입금	×××	×××	×××	×××	×××	×××
임대보증금	×××	×××	×××	×××	×××	×××
퇴직급여충당부채	×××	×××	×××	×××	×××	×××
(−) 퇴직연금운용자산	(×××)	(×××)	(×××)	(×××)	(×××)	(×××)
……	×××	×××	×××	×××	×××	×××
고유목적사업준비금	×××	×××	×××	×××	×××	×××
부 채 총 계	×××	×××	×××	×××	×××	×××
순자산[*1]						
기본순자산	×××	×××	×××	×××	×××	×××
보통순자산	×××	×××	×××	×××	×××	×××
적립금	×××	×××	×××	×××	×××	×××
잉여금	×××	×××	×××	×××	×××	×××
순자산조정	×××	×××	×××	×××	×××	×××
순 자 산 총 계	×××	×××	×××	×××	×××	×××
부채 및 순자산 총계	×××	×××	×××	×××	×××	×××

[별지 제2호 서식]

운 영 성 과 표

제×기 20××년×월×일부터 20××년×월×일까지
제×기 20××년×월×일부터 20××년×월×일까지

공익법인명 (단위 : 원)

과 목	당 기			전 기		
	통합	공익목적 사업	기타사업	통합	공익목적 사업	기타사업
사업수익	×××	×××	×××	×××	×××	×××
기부금수익	×××	×××	–	×××	×××	–
보조금수익	×××	×××	–	×××	×××	–
회비수익	×××	×××	–	×××	×××	–
투자자산수익	×××	×××	–	×××	×××	–
매출액	×××	×××	–	×××	×××	–
......	×××	×××	–	×××	×××	–
사업비용[*2]	×××	×××	×××[*3]	×××	×××	×××[*3]
사업수행비용	×××	×××	–	×××	×××	–
○○사업수행비용	×××	×××	–	×××	×××	–
△△사업수행비용	×××	×××	–	×××	×××	–
......	×××	×××	–	×××	×××	–
일반관리비용	×××	×××	–	×××	×××	–
모금비용	×××	×××	–	×××	×××	–
......	×××	–	×××	×××	–	×××
사업이익(손실)	×××	×××	×××	×××	×××	×××
사업외수익	×××	×××	×××	×××	×××	×××
유형자산손상차손환입	×××	×××	×××	×××	×××	×××
유형자산처분이익	×××	×××	×××	×××	×××	×××
무형자산손상차손환입	×××	×××	×××	×××	×××	×××
무형자산처분이익	×××	×××	×××	×××	×××	×××
전기오류수정이익	×××	×××	×××	×××	×××	×××
.....	×××	×××	×××	×××	×××	×××
사업외비용	×××	×××	×××	×××	×××	×××
기타의 대손상각비	×××	×××	×××	×××	×××	×××
유형자산손상차손	×××	×××	×××	×××	×××	×××
유형자산처분손실	×××	×××	×××	×××	×××	×××
유형자산재평가손실[*4]	×××	×××	×××	×××	×××	×××
무형자산손상차손	×××	×××	×××	×××	×××	×××

과 목	당 기			전 기		
	통합	공익목적사업	기타사업	통합	공익목적사업	기타사업
무형자산처분손실	×××	×××	×××	×××	×××	×××
전기오류수정손실	×××	×××	×××	×××	×××	×××
......	×××	×××	×××	×××	×××	×××
고유목적사업준비금전입액	×××	×××	×××	×××	×××	×××
고유목적사업준비금환입액	×××	×××	×××	×××	×××	×××
법인세비용차감전 당기운영이익(손실)	×××	×××	×××	×××	×××	×××
법인세비용	×××	×××	×××	×××	×××	×××
당기운영이익(손실)	×××	×××	×××	×××	×××	×××

*1 순자산의 변동에 관한 사항은 아래와 같이 주석으로 기재한다.

과 목	통합				공익목적사업부문				기타사업부문			
	기본순자산	보통순자산		순자산조정	기본순자산	보통순자산		순자산조정	기본순자산	보통순자산		순자산조정
		적립금	잉여금			적립금	잉여금			적립금	잉여금	
전기초	×××	×××	×××	×××	×××	×××	×××	×××	×××	×××	×××	×××
회계정책변경누적효과												
전기오류수정	(×××)	(×××)	(×××)	(×××)	(×××)	(×××)	(×××)	(×××)	(×××)	(×××)	(×××)	(×××)
	(×××)	(×××)	(×××)	(×××)	(×××)	(×××)	(×××)	(×××)	(×××)	(×××)	(×××)	(×××)
수정후 순자산	×××	×××	×××	×××	×××	×××	×××	×××	×××	×××	×××	×××
기본순자산증감	×××		(×××)		×××		(×××)		×××		(×××)	
당기운영이익(손실)			×××				×××				×××	
매도가능증권평가이익				×××				×××				×××
유형자산재평가이익				×××				×××				×××
적립금 전입		×××	(×××)			×××	(×××)			×××	(×××)	
......	×××	×××	×××	×××	×××	×××	×××	×××	×××	×××	×××	×××
전기말	×××	×××	×××	×××	×××	×××	×××	×××	×××	×××	×××	×××
당기초	×××	×××	×××	×××	×××	×××	×××	×××	×××	×××	×××	×××
회계정책변경누적효과												
전기오류수정	(×××)	(×××)	(×××)	(×××)	(×××)	(×××)	(×××)	(×××)	(×××)	(×××)	(×××)	(×××)
	(×××)	(×××)	(×××)	(×××)	(×××)	(×××)	(×××)	(×××)	(×××)	(×××)	(×××)	(×××)
수정후 순자산	×××	×××	×××	×××	×××	×××	×××	×××	×××	×××	×××	×××
기본순자산증감	×××		(×××)		×××		(×××)		×××		(×××)	
당기운영이익(손실)			×××				×××				×××	
매도가능증권평가이익				×××				×××				×××
유형자산재평가이익				×××				×××				×××
적립금 전입		×××	(×××)			×××	(×××)			×××	(×××)	
......	×××	×××	×××	×××	×××	×××	×××	×××	×××	×××	×××	×××
당기말	×××	×××	×××	×××	×××	×××	×××	×××	×××	×××	×××	×××

*2 사업비용의 기능별 구분과 성격별 구분에 관한 정보를 아래와 같이 주석으로 기재한다.

주석기재 예시

주석 YY. 사업비용의 성격별 구분

운영성과표에는 사업비용이 기능별로 구분되어 표시되어 있습니다. 이를 다시 성격별로 구분한 내용은 다음과 같습니다.

	분배비용	인력비용	시설비용	기타비용	합계
공익목적사업비용	×××	×××	×××	×××	×××
사업수행비용	×××	×××	×××	×××	×××
일반관리비용	–	×××	×××	×××	×××
모금비용	–	×××	×××	×××	×××
기타사업비용	–	×××	×××	×××	×××
합계	–	×××	×××	×××	×××

* 분배비용이 없는 공익법인은 해당 계정을 삭제할 수 있다.

또는 공익법인이 선택에 따라 위 정보를 운영성과표 본문에 다음과 같이 직접 표시할 수도 있다.

Ⅰ. 공익목적사업비용	(×××)
1. 사업수행비용	(×××)
분배비용	(×××)
인력비용	(×××)
시설비용	(×××)
기타비용	(×××)
2. 일반관리비용	(×××)
인력비용	(×××)
시설비용	(×××)
기타비용	(×××)
3. 모금비용	(×××)
인력비용	(×××)
시설비용	(×××)
기타비용	(×××)
Ⅱ. 기타사업비용	(×××)
인력비용	(×××)
시설비용	(×××)
기타비용	(×××)

*3 공익법인회계기준 제27조 제6항에 따라 기타사업비용을 더 상세하게 구분한 정보를 주석으로 기재할 수 있다. 예를 들어, 기타사업비용을 매출원가와 판매관리비로 구분하여 주석으로 기재할 수 있다.

*4 유형자산재평가손실은 사업외비용으로 표시한다.

본 서와 공익법인회계기준 조문 연계

매뉴얼 목차			관련조문
제1편 총론	제1장	공익법인회계기준의 이해	1조, 2조, 3조, 6조, 부칙
	제2장	복식부기와 발생주의	4조
	제3장	회계순환과정	4조
	제4장	재무제표	5조, 8조, 9조
	제5장	회계정책, 회계추정의 변경, 오류수정	7조
제2편 재무상태표	제1장	재무상태표의 작성	10조, 11조, 별지1호
	제2장	자산·부채의 평가기준	11조, 33조
	제3장	현금 및 현금성자산	12조
	제4장	투자자산	13조
	제5장	유가증권	12조, 13조, 37조
	제6장	매출채권 및 미수금	12조, 34조
	제7장	기타유동자산	12조
	제8장	대손충당금	34조
	제9장	재고자산	12조
	제10장	유형자산	14조, 35조, 36조
	제11장	무형사산	15조, 35조
	제12장	기타비유동자산	16조
	제13장	부채	17조, 18조, 38조
	제14장	고유목적사업준비금	19조, 31조
	제15장	공통자산·부채, 수익·비용의 배분	30조, 39조
	제16장	순자산	20조, 21조, 22조, 주석
	제17장	정부보조금	26조
제3편 운영성과표	제1장	운영성과표의 작성	23조, 24조, 별지2호
	제2장	사업수익	25조, 26조
	제3장	사업비용	27조, 주석 중 사업비용
	제4장	사업외수익비용	28조, 29조, 주석 중 사업외비용
	제5장	법인세비용	32조
	제6장	통합재무제표와 내부거래	
제4편 주석	제1장	주석	40조, 41조, 42조, 43조
제5편 공시	제1장	국세청 공시양식 작성 방법	

저 자 소 개

변 영 선

- 자격: 한국공인회계사, 세무사
- 학력: 성균관대학교 경영학사, 서울시립대학교 세무전문대학원 조세법 석사
- 경력:
  - 삼일회계법인 비영리법인지원센터 센터장
  - 기획재정부 세제발전심의위원회 위원
  - 기획재정부 공익법인회계기준 심의위원회 위원
  - 법무부 공익신탁자문위원회 위원
  - 사회복지공동모금회 기획분과 위원
  - 한국장학재단 기부금품위원회 위원 외 다수
- 저서:
  - 비영리법인의 회계와 세무실무(2019, 삼일인포마인)
  - 알기쉬운 공익법인회계기준 매뉴얼(2018, 삼일인포마인)
  - 비영리조직의 세무·회계와 관리실무(2015, 삼일인포마인)

정 미 향

- 자격: 세무사
- 학력: 숙명여자대학교 경영학사
- 경력:
  - 삼일회계법인 비영리법인지원센터 근무
  - 국세청 비영리법인 세법 교육 강사(2018~)
- 저서:
  - 세무실무편람(2019, 삼일인포마인)
  - 비영리법인의 회계와 세무실무(2019, 삼일인포마인)
  - 알기쉬운 공익법인회계기준 매뉴얼(2018, 삼일인포마인)

함 주 희

- 자격: 한국공인회계사
- 학력: 서강대학교 국어국문학과/경영학과
- 경력: 삼일회계법인 비영리법인지원센터 근무

박 성 호

- 자격: 한국공인회계사
- 학력: 고려대학교 식품자원경제학과
- 경력: 삼일회계법인 비영리법인지원센터 근무

고 부 석

- 자격: 미국공인회계사
- 학력: 단국대학교 회계학과
- 경력: 삼일회계법인 비영리법인지원센터 근무
- 저서: 비영리법인의 회계와 세무실무(2019, 삼일인포마인)

최신판 **공익법인회계기준 실무해설**

2020년 11월 4일 초판 인쇄
2020년 11월 13일 초판 발행

저 자 삼일회계법인 비영리지원센터
발 행 인 이 희 태
발 행 처 **삼일인포마인**

서울특별시 용산구 한강대로 273 용산빌딩 4층
등록번호 : 1995. 6. 26 제3－633호
전 화 : (02) 3489－3100
F A X : (02) 3489－3141
I S B N : 978－89－5942－906－6 93320

저자협의 인지생략

♣ 파본은 교환하여 드립니다.

정가 50,000원